新世纪高等学校教材·旅游管理核心课

U0645701

（第二版）课程思政版

会议策划与组织

Planning and Organization of Convention

周健华◎编著

作序力荐 陈泽炎

联袂推荐 武少源 刘大可 蓝 星 姚 歆 张 凡
范培康 兰宇鑫 赵 伟 许 锋 武 君

配套资源

思政元素　教学大纲　配套课件　微课视频　思维导图　行业案例　表单模板　综合试卷

北京师范大学出版集团
BEIJING NORMAL UNIVERSITY PUBLISHING GROUP
北京师范大学出版社

图书在版编目(CIP)数据

会议策划与组织 / 周健华编著. —2 版. —北京:北京师范大学出版社,2024.6(2025.1重印)

(新世纪高等学校教材·旅游管理核心课系列)

ISBN 978-7-303-29707-8

Ⅰ. ①会… Ⅱ. ①周… Ⅲ. ①会议—组织管理学—高等学校—教材 Ⅳ. ①C931.47

中国国家版本馆 CIP 数据核字(2024)第 007432 号

图书意见反馈:gaozhifk@bnupg.com 010-58805079
营销中心电话:010-58802181 58805532

HUIYI CEHUA YU ZUZHI

出版发行:北京师范大学出版社 www.bnupg.com
        北京市西城区新街口外大街 12-3 号
        邮政编码:100088
印   刷:保定市中画美凯印刷有限公司
经   销:全国新华书店
开   本:787 mm×1092 mm 1/16
印   张:20
字   数:495 千字
版   次:2024 年 6 月第 2 版
印   次:2025 年 1 月第 8 次印刷
定   价:49.80 元

策划编辑:陈仕云   责任编辑:陈仕云
美术编辑:焦 丽   装帧设计:焦 丽
责任校对:陈 民   责任印制:马 洁

专家推荐

作者对会议策划有很深的见解，指导学生在全国会议方面的学科竞赛中历年均荣获一等奖。该教材内容结构层次分明、框架清晰，主要聚焦于商务会议领域，理论与实践紧密结合，涵盖了行业新近的观点、案例，具有较强的思想性、科学性、先进性和启发性，对会展专业的学生以及从事会议策划的人士有很大的帮助。

——姚歆　中国国际贸易促进委员会、商业行业委员会秘书长、亚洲营销联盟（AMF）第二副主席

会议业的教材难写，原因在于行业边界模糊，加之我国尚无主管会议业的行政部门，相关法规及管理制度滞后。《会议策划与组织》这本教材逻辑清楚、结构合理、内容丰富，对会议业专业知识的归纳和会议项目操作方法的介绍力求详尽，且内容具有实用性和创新性，在同类主题的教材中可谓出类拔萃。

——张凡　中国会展经济研究会统计委员会副主任、中国会展集训营创始人

得悉周老师编著的《会议策划与组织》再版，令人欣慰。本书让我过目难忘，读来耳目一新。当前，国内会议产业方兴未艾，本书的再版无疑将为会议专业的从业者和会展专业学生提供更为丰富的学习素材，有助于拓宽视野，激发思维，健全策划，加强组织。会议产业的实践性较强，尤重统筹协调创新的能力建设，相信本书会为广大读者带来对会议产业更多的新认知和新体验。

——范培康　中国贸易报社总编辑

该教材是一项颇具特色的教学成果。教材体系新颖、内容编排有新意，教学内容具有前沿性和应用性，教材主线清晰、重点突出、结构合理，既注重了会议策划的内在逻辑，又体现了与会议行业接轨的趋势，使学生在有限学时的学习中对会议策划活动有一个全景式的认识，便于学生掌握相关知识。

——兰宇鑫　《中国会展》杂志社总编辑

周健华老师是我认识的教育界非常活跃的会展老师，有着一颗积极热忱的心，经常活跃在会展业的活动中，也非常热心地组织学生参与到会展的各类竞赛中，是一个对会展、对教育充满了正能量的优秀教育工作者。

《会议策划与组织》是一本理论与实践结合极强的优秀教材，书中提供了大量翔实的图例与文字范本，并以精准的数据为支撑，是一部可以让学生在学习过程中不会产生枯燥感的好教材。对于一些没有相关行业经验的读者来说，它也是一本不可多得的工具书与学习宝典。

——赵伟　《中外会展》杂志社总编辑

很多人觉得有丰富的实践经验就可以做好会议策划，其实不然。其忽视了理论体系的重要性。当前国内会议教学领域欠缺系统、专业的理论教材，该教材的出版为会议行业和会展院校提供了丰富的教学素材。该教材章节编排严谨，理论与实践结合紧密，阅读起来酣畅淋漓，不仅可以拓宽我们的专业视野，更能培养我们的创新能力，激发创新思维和实践操作。

——许锋　中国会展经济研究会副秘书长、会展三新展组委会秘书长、"会展 BEN"公众号主理人

"没有过程的结果既不可控，也很难复制"。

非常喜欢本书的流程篇，衷心希望广大读者能够认真阅读和学习此教材。日常项目工作中的每一件小事都有其促成成功的先后步骤，此书可以让大家认知从会议策划到执行过程中清晰的先后顺序，对实践应用有着很好的逻辑基础；相较于以工作模块划分的主流会展类教材，此书兼顾创新性与实用性，依据流程步骤重组了知识结构，相信它能够为读者的学习和职业发展带来收益和成就。

——武君　北京优联信驰信息科技有限公司总经理、"会 E 人实践教学"创始人

新世纪高等学校教材·旅游管理核心课系列
编写指导委员会

序

周健华老师编著的《会议策划与组织》教材即将再版，我很高兴为此书再版撰写序言。

本书所论及的会议，包括大会、年会、工作会、研讨会、论坛等多种表现形式；涉及政府、企业、协会、社团等各类主办单位；规模有大有小，时间有长有短。会议是古已有之、今更发达的人们聚集议事的一种活动。随着会议活动的日益频繁，为会议活动提供策划与组织等各种服务的业态应运而生，并逐步发展起来，与展览业一起并称为"会议展览服务业"，即会展业。

党的十八大以来，我国会议业面对新形势和新需求，有了新发展和新提升，概括而言，体现在以下方面。

第一，开会、办会有了明确的规范。即中央八项规定及其实施细则所提出的要求。其主要内容有：精简会议活动，切实改进会风；提高会议实效，开短会、讲短话，力戒空话、套话；减少会议活动；控制会议活动规模和时间；提高会议活动效率和质量；严格控制会议活动经费；等等。

第二，我国会议业制定了基础性的国家标准。这就是《会议分类和术语》（GB/T 30520—2014）。

第三，明确在中国举办国际会议必须遵循"服务发展、确保重点、规范管理、精简务实"的原则。

第四，积极向国际知名会议论坛学习。习近平总书记把世界经济论坛称为"施瓦布经济学"，并进一步指出，中国同世界经济论坛的合作与中国改革开放进程几乎同步。双方要与时俱进，加强合作。

第五，习近平总书记多次出席世界重要会议，并向在我国召开的一些国际会议发来贺信或祝贺视频，表明党和政府高度重视国际会议的作用。

第六，会议的功效就在于搭建"平台"。习近平总书记说："我们倡议将中国共产党与世界政党高层对话会机制化，使之成为具有广泛代表性和国际影响力的高端政治对话平台。"2018年11月，习近平总书记在上海举办的首届中国国际进口博览会上还指出，这是个大平台，今后要年年办下去。这不是一般性的会展，而是我们主动开放市场的重大政策宣示和行动。

第七，作为中国主场外交的会展活动在构建人类命运共同体、提出中国方案、讲好中国故事等诸多方面，越来越多地发挥出极为重要的作用，也进一步提升了中国会议业的地位，带动了中国会议业整体水平的提升。

第八，举办重要会议与城市建设及社会发展关系密切。"办好一次会，搞活一座城"的有益经验，值得进一步总结和借鉴。

为了与上述新形势、新发展相适应，我国会议业教育培训也需要有新的认知和新的改进。我们注意到，从2002年开始，我国就在高校开设了会展专业，也陆续出版了相关专业的各种教材。但会议方面的教材与展览方面的教材相比，其编写和出版的数量都相对少一些。这与我国会议业比展览业发展得要晚一些、慢一些的状况相一致。但现在会议业的发展速度已经快了起来，值得我们给予更多关注。

我们看到，相对于其他教材，会议方面的教材写作具有一定难度。周健华老师编著的《会议策划与组织》这本教材紧密结合会议行业前沿动态，内容系统深入，层次分明、条理清楚，注重理论联系实际，对实践具有指导作用。加之这本教材现在需要再版，也说明它受到读者的欢迎，得到了市场的认可。

预祝本书在会议业高等教育中进一步发挥更加重要的作用，为会议行业培养更多的后备人才。

中国会展经济研究会学术指导委员会常务副主任

第二版 前言

党的二十大报告提出，要"构建优质高效的服务业新体系，推动现代服务业同先进制造业、现代农业深度融合"。会议业作为现代服务业的重要组成部分，是现代区域经济的"助推器"，也是衡量区域开放度、经济活力和发展潜力的重要标志之一。

从"十四五"时期开始，我国已开启全面建设社会主义现代化国家的新征程。在构建"双循环"新发展格局的背景下，会议业迎来了最好的发展时期和重要发展机遇。人才是推动会议产业高质量发展的核心力量。我国会议产业在贯彻新发展理念、构建新发展格局的过程中需要多方面的努力和推动，更离不开专业的会议人才培养。作为高等院校商科专业的重要核心课程之一，会议课程及其教材建设对培养创新型会议行业专业人才具有重要的意义。

承蒙读者的厚爱，本书自2018年3月第1版出版以来已加印6次，在全国高校中产生了积极影响。众多院校将其作为会展、旅游、管理类专业本科生教材或辅助参考书，较好地满足了商科专业中会议课程教学的需要，适应了社会和行业的发展需求，落实了立德树人根本任务。同时，本书也被业界人士广泛认可，得到了以陈泽炎、武少源为代表的业界专家的联袂推荐，并成功入选全国会展职业经理人职业资格证书培训参考教材、全国会展业产学合作联盟推荐教材。此外，本书也助推我校会展专业通过了市级特色专业结项、市级一流专业立项建设项目入选国家"双万计划"省级一流专业建设点。

本书全面落实立德树人根本任务，遵循认知规律，坚持成果导向教育（OBE）理念，以"理论够用、强调实践、重在技能"为原则，对教学内容进行重构，一改以往教材"重理论、轻实践"的思维习惯，搭建起以"工作过程导向"为特征的"理实一体化"内容框架。本书的主体内容按照会议认知、会前策划、会议筹备、会议执行、会议收尾的会议工作流程展开，旨在为读者提供会议策划与组织的观念、知识与技能，帮助读者掌握会议策划与组织的基本工作程序、基本方法和操作技能。

全书共分三篇：第一篇为认知篇（第一章至第三章），主要内容涉及会议业回顾与展望、会议及会议策划基本概念和基础理论；第二篇为流程篇（第四章至第九章），主要内容涉及会议活动的工作流程，包括会前策划、会议筹备、会议执行、会议收尾等阶段；第三篇为拓展篇（第十章至第十一章），主要内容涉及会议经济效益、会议仪式礼仪等。为方便任课教师开展课程思政教学，本书还附有课程思政元素。

为适应会展行业的发展和人才培养要求，满足高等院校对会议课程改革的要求，编者对第一版进行了修订。第二版保持了第一版的体例及框架，修订内容主要包括以下方面。

（1）贴近立德树人要求。本书将党的二十大精神与会议行业的实际工作相结合，立足岗位需求，以社会主义核心价值观为引领，注重培养读者自信自强、守正创新、踔厉奋发、勇毅前行的精神，强化社会责任意识和奉献意识，从而全面提高人才自主培养质量，着力造就拔尖创新人才。

（2）突出新文科特色。本书及时将行业新知识、新技术、新成果纳入教材。注重通过行业优秀案例讲好中国会议故事，引导学生扎根中国大地，树牢中国情怀，注重将国家会议产业现代化发展等融入知识体系，塑造学生敢闯敢拼的劳动精神，淬炼敢为人先的创新精神，培养新时代社会主义核心价值观和精益求精的大国工匠精神，引领一流会议人才培养。

（3）注重思想道德教育。本书坚持"以思政育人为先"的教学理念，深入学习贯彻党的二十大精神，首次融入了思政元素。习近平总书记在全国高校思想政治工作会议上指出"其他各门课都要守好一段渠、种好责任田，使各类课程与思想政治理论课同向同行，形成协同效应"。第二版教材在每章中均嵌入思政元素，使读者更加深入理解会议策划与组织理论的基本原理和具体应用，由此将思政课程和专业知识更好地融合，引导学生关注行业和现实，推进铸魂育人建设，培养学生的社会主义核心价值观，发挥课程的价值引领作用。

（4）保持内容与时俱进。基于当前会议行业的发展和岗位需求变化，本书不仅对原版内容进行了优化，还更新了案例和知识点。例如：整体更新了第一版中的导论内容，更新了各章节陈旧的知识点，对时间稍远的案例进行了更换，突出本土案例；以二维码的形式增加了一些拓展性的资料和案例；以金句的形式概括总结各章节内容；增加了具有代表性的行业会议案例，并以二维码形式呈现，读者可扫码浏览会议现场实况。

本书适合作为高等院校会展经济与管理、旅游管理、工商管理、文秘等专业专科生、本科生的教材或教师教学参考书，同时也可作为在职人员进行职业培训、职业资格考试、工作实践的指导用书。

由于编者水平所限，书中不足之处在所难免，恳请各相关院校的师生和其他读者朋友在使用本书的过程中给予关注，并将意见和建议及时反馈给我们，以便我们进行修订和完善。

周健华

于 2024 年 2 月

第一版前言

会议，作为信息交流与传播的重要手段，古已有之，但能够形成一个产业则主要得益于经济的快速发展与社会交往活动的增多。在国际上，会议产业与旅游业、展览业一样，是一个具有较强社会经济影响力的服务性产业。随着我国社会经济的深入发展，会议产业正步入一个全新的发展时期。如果说改革开放以来形成的深厚的社会经济发展积淀是我国会议产业产生的基础，那么，经济的持续增长与国际、国内社会交往的旺盛需求则是会议产业快速发展的主要推动力。

近年来，我国会议产业发展迅猛，成绩显著。会议组织者正走向专业化，会议策划与组织的效果越来越好，会议中心与会议酒店硬件设施快速改善，服务水平也进一步提高。综合来看，我国会议产业目前正处于发展的转型时期。

党的十九大报告提出建设现代化经济体系，指出要促进贸易和投资自由化、便利化，推动经济全球化朝着更加开放、包容、普惠、平衡、共赢的方向发展，这为会议产业的发展指明了方向。会议产业已成为衡量一个城市开放度、城市活力和发展潜力的重要标志之一，是打造国际化都市的"必备软件"。会议产业快速发展的积极意义可以从其获益者的长长的链条中得到诠释。会议产业最大的受益者首先是国家与各地方政府，举办高端国内外会议可以提升国家与城市的形象，与此同时，会议产业对于增加就业与税收以及拉动旅游、交通运输、城市建设、购物、休闲娱乐等相关产业的增长也具有重要的现实意义；其次是产业链内的企业（会议中心与会议酒店、会议公司、会议组织者等）以及与之相关的企业（旅游、交通、购物、餐饮、娱乐、设计、制作、礼仪、礼品等）；最后是会议产业从业者个人。

在我国会议业的转型时期，正面临以下两个重要的转型因素。

一是政府角色转变。2012年年底发布的《十八届中央政治局关于改进工作作风、密切联系群众的八项规定》特别强调，要控制政府会议规模，提高会议效率，倡导"新会风"，此举使我国会议业的总体收入近几年呈现大幅下滑，很多过去靠政府及相关机构生存的企业陷入了经营困境。会议业转型升级的触发点就来源于此。从国际角度看，"政府会议"本来就不应该有自己专属的"市场"或"产业链"，中国"政府会议"市场份额的减少，符合社会进步的基本方向。从这个意义上说，过去一直靠"政府会议"吃饭的人，转型是必要的。从另一个角度看，无论从复杂程度还是从消费层次分析，"政府会议"在会议市场中都处于中低端的范畴，"政府会议"产业链中下游企业，在转型的同时还需要升级换代。

二是我国消费结构发生深层次变化，这是会议业步入转型时期的根本原因。经过改革开放四十年来的发展和积淀，我国消费市场正在发生深层次的变革，低端消费群体大幅减少，而高端人群不断增加，中端阶层已经发展成为中国消费阶层的核心群体。与此相适应，长期占据统治地位的简单化、同质化的产品和服务，已无法满足变化了的多层次消费市场的实际需求。

要快速应对会议业转型期间面临的种种问题，离不开会议专业人才的培养。纵观已有同类教材，较少有专门从会议策划与组织角度进行系统论述，大多是从会议服务、会议管理角度编写而成。会议按照主办单位划分，可以划分为政府会议、事业单位会议、公司会议、协会会议四大类。我国目前的会议市场，占比最高或正蓬勃发展的正是公司会议。因此，本教材主要立足于公司会议角度，突破已有教材模式，透视会议工序流程，对会议环节各知识点和技能点进行整合。概括而言，本教材具有以下三个基本特点。

一是定位准确。本书从编写的指导思想，到内容选择、体系设计、编写模式，都以培养应用型人才的综合能力为出发点。

二是内容实用。通过吸收国外在会议业研究方面的先进成果，结合国内发展实践，站在策划管理战略高度、立足于企业管理实务提出全新的知识点，使会议策划与管理的研究现状更加清晰；同时，从会议主办方的实际需要出发，选择适用的内容，突出实践在课程中的主体地位，用案例来引领理论，使理论从属于实践，最终实现理论与实践一体化。

三是形式创新。本书内容以行业需求为导向，透视会议工序流程，按照会议策划、会议筹备、会议执行、会后收尾的会议工序流程展开，通过学习目的、重点内容介绍每章主要知识点。在每章结束后，要求学生在自学、争辩、讨论的氛围中完成学习任务。同时，为满足融媒体教学需要，本书精选了一部分内容实用的延伸阅读资料，读者可通过扫描书中二维码在线阅读，与本书作者及编辑进行在线交流。

本书既可以作为应用型本科高校旅游管理专业和会展专业学生的教材，也可以作为会展业、旅游业以及相关行业从业人员的工作参考书。

本书的出版是会展教育的成果，也是重庆文理学院会展经济与管理市级特色专业建设的结晶，期待这一成果能在全国会展专业教育中开花结果。

本书在撰写过程中，参考了大量文献资料，在此谨向这些文献资料的作者深表谢意！本书的出版得到了重庆文理学院特色应用型教材建设的立项资助，得到了北京师范大学出版社的大力支持和帮助，在此表示感谢！同时，感谢我国会议产业专家、中国会议酒店联盟常务副会长武少源先生无私分享历年《中国会议统计分析报告》。最后要感谢本书责任编辑陈仕云老师，编辑的认真负责使本书增色不少。由于作者水平和时间有限，虽尽力减少谬误，不足之处在所难免，恳请业界、学界同仁和广大读者不吝赐教指正。

周健华
于重庆文理学院

课程思政元素

本书的课程思政元素设计以"习近平新时代中国特色社会主义思想"为指导,运用可以培养大学生理想信念、价值取向、政治信仰、社会责任的题材与内容,全面提高学生缘事析理、明辨是非的能力,培养自信自强、守正创新、踔厉奋发、勇毅前行的精神,强化社会责任意识和奉献意识,从而使他们成为德才兼备、全面发展的人才。

本书课程思政元素类型见表1。

表1　本书课程思政元素类型

序号	思政元素类型	思政元素名称
1	职业素养与责任意识	1. 职业素养、敬业奉献 2. 诚实守信、求真务实 3. 严谨细心、精准思维 4. 勤奋好学、专业使命感
2	团队协作与沟通能力	1. 团队合作、沟通协作 2. 全局意识 3. 友善尊重
3	创新思维与科学发展	1. 创新意识、技术创新、科学素养 2. 全局意识、标准化意识、辩证思维 3. 新发展理念、可持续发展 4. 目标导向、问题导向
4	文化自信与国际视野	1. 中国国情、文化自信 2. 文化传承、交流互鉴 3. 国际视野
5	社会责任与服务意识	1. 社会责任感 2. 为人民服务 3. 勤俭节约、节能减排

每章课程思政元素的教学活动过程都包括内容导引、研讨重点、思政元素三个环节,有助于教师和学生共同参与到课程思政教学活动过程中。在课堂教学中,教师可结合表2中的内容导引,针对相关的知识点或案例,引导学生进行思考或展开讨论。

表2　本书课程思政元素汇总表

章节	内容导引 (案例或知识点)	研讨重点 (思政内涵)	思政元素
第一章 导论	案例：国家展会中的会议活动促进产业发展，提振士气 知识点： 1. 会议在会展业中的作用 2. 我国会议业发展历程与展望 3. 会议策划的基本要求	1. 会议和展览是否是一回事，会议会展的表述是否正确 2. 你对我国会展业发展历程、未来发展趋势有哪些了解 3. 如何理解和达到会议策划与组织的能力要求和职业素养要求	1. 辩证思维、精准思维 2. 行业发展、中国国情、文化自信 3. 勤奋好学、专业使命感、职业素养
第二章 会议认知	案例：会议产业对于城市的价值与经济拉动性测算 知识点： 1. 会议的起源与发展 2. 会议的内涵与类型 3. 会议的功能与作用 4. 会议产业的带动性	1. 如何正确认识会议的起源与发展 2. 如何辨别不属于会议的活动，如何理解会议的四大目的和四大类型 3. 如何看待会议的功能以及积极作用与消极作用 4. 如何理解会议产业的带动性	1. 沟通协作，坚持用历史思维认识发展规律 2. 目标导向和问题导向相结合 3. 深化文明、交流互鉴 4. 行业发展、科学素养
第三章 会议策划认知	案例：毛泽东：如何开会 知识点： 1. 会议策划的特点与要素 2. 会议策划的方法 3. 会议策划的内容(5W2H) 4. 会议产品的层次性	1. 如何理解会议策划的特点及其构成要素 2. 如何理解并运用会议策划的个体创意方法、群体创意方法 3. 简述会议策划的内容(5W2H) 4. 简述会议产品的核心层次、形式层次、延伸层次	1. 求真务实、创新意识、全局意识 2. 创新意识、沟通协作 3. 职业素养、科学素养、标准化意识 4. 行业发展、全局意识、创新意识
第四章 会前策划阶段	案例：什么是可行的会议策划方案 知识点： 1. 会议主题和议题 2. 会议形式 3. 合作单位的构成 4. 会议选址与选时 5. 媒介推广计划的内容与制定 6. 会议的资金来源及预算计划	1. 如何理解会议策划方案的可行性，举例说明商务会议和政府会议的会议方案框架有何不同 2. 如何理解会议主题与会议议题的区别 3. 如何选择不同的会议形式 4. 简述会议常见的合作单位构成 5. 会议选址、选时应考虑的因素和原则分别是什么 6. 如何制定会议的媒体推广计划 7. 如何制定会议的预算计划	1. 全局意识，坚持目标导向和问题导向相结合的理念 2. 促进世界和平与发展，推动构建人类命运共同体 3. 科学素养、创新意识 4. 团结合作、职业素养 5. 全局意识、辩证思维 6. 新发展理念 7. 全局意识、节能减排

章节	内容导引 (案例或知识点)	研讨重点 (思政内涵)	思政元素
第五章 会议前期 筹备阶段	案例：会议主持人的四种选择方式 知识点： 1. 会议报备的工作内容 2. 会议工作团队设置 3. 会场选择的渠道 4. 会议文化体验 5. 人员邀请 6. 会议媒介计划 7. 后勤保障安排	1. 请解释会议报备的流程及所需材料 2. 如何理解会议常见工作团队设置的具体内容 3. 会场选择的渠道有哪些，在线预定会场的主流平台有哪些 4. 如何理解会议文化体验，其表现形式、具体内容有哪些 5. 会议中的人员邀请主要有哪些类型 6. 如何描述执行媒介计划的主要工作内容 7. 如何识别会议后勤保障的关键组成部分以及主要工作内容	1. 职业素养、实战能力 2. 团队合作、沟通协作 3. 求真务实、技术创新 4. 讲好中国故事，全心全意为人民服务 5. 严谨细心、沟通协作 6. 创新意识、全局意识 7. 实战能力、全局意识
第六章 会议中期 筹备阶段	案例：近年来国内会议承办机构办会情况 知识点： 1. 会议服务外包 2. 拟定会议议程和日程 3. 拟发会议通知 4. 设计会议视觉材料 5. 选择会议礼品 6. 草拟会议讲话稿	1. 简述会议服务外包含义及其特点、解释外包服务的审核和评价方法 2. 如何辨别会议议程、日程和程序的区别与联系 3. 如何理解会议通知与会议邀请函的区别与联系 4. 简述会议通知的内容 5. 会议需要设计哪些视觉材料来吸引参会者 6. 掌握选择会议礼品应考虑的因素和禁忌 7. 简述会议讲话稿的书面结构和写作技巧	1. 职业素养、全局意识 2. 实战能力、专业使命感 3. 创新意识、敬业奉献 4. 中国国情、国际视野 5. 创新意识、文化自信 6. 文化传承、社会责任感 7. 文化自信、严谨细心
第七章 会议 倒计时 阶段	案例：山东：重大活动举办前至少进行1次检验性演练 知识点： 1. 召开工作协调会 2. 会场布置 3. 会议接待准备 4. 会前检查	1. 工作协调会的具体内容有哪些 2. 讨论如何根据不同的会议形式来对会场进行合理布置 3. 简述会议接待工作的标准和接待方案的内容 4. 掌握会前检查的内容与方式	1. 专业使命感、全局意识 2. 创新意识、职业素养 3. 求真务实、敬业奉献 4. 全局意识、严谨细心

章节	内容导引 (案例或知识点)	研讨重点 (思政内涵)	思政元素
第八章 会议 执行阶段	案例：会议记录的十大 建议 知识点： 1. 接站与引导 2. 会议报到与签到 3. 会议现场服务 4. 会议记录	1. 掌握会议接站与引导观众的 注意事项 2. 如何理解会议中的报到与签 到，新型的签到方式有哪些 3. 简述会议现场服务的具体 内容 4. 如何完成好会议记录	1. 严谨细心、敬业奉献 2. 创新意识、实战能力 3. 团队合作、职业素养 4. 诚实守信、实战能力
第九章 会议 收尾阶段	案例：错误的感谢信 知识点： 1. 会场收尾与送离安排 2. 寄发感谢信 3. 结算会议费用 4. 会议资料存档 5. 会议评估与总结	1. 简述会场收尾的工作内容 2. 如何理解感谢信的特点和写 作结构 3. 如何理解会议费用的结算 方式 4. 理解并掌握会议资料归档汇 总的具体信息，不同媒体报道 的资料在存档时有哪些要求 5. 如何理解评估与总结的关 系，会议评估报告和总结报告 的具体内容分别是什么	1. 沟通协作、职业素养 2. 诚实守信、职业素养 3. 严谨细心、全局意识 4. 专业使命感、敬业奉献 5. 求真务实、创新意识
第十章 会议 经济效益	案例：会议成本的误区 知识点： 1. 会议经济效益 2. 会议财务预测 3. 会议预算编制 4. 会议成本控制 5. 会议赞助 6. 会议财务风险	1. 如何描述会议经济效益管理 的主要内容，能否根据不同的 会议制定会议财务目标 2. 如何理解会议财务预测的具 体内容 3. 理解并掌握会议预算编制的 具体构成 4. 理解并掌握会议成本控制的 重点与流程 5. 简述会议赞助的步骤 6. 简述会议财务风险的表现形 式和处理方法	1. 全局意识、实战能力 2. 职业素养、可持续发展 3. 节能减排、勤俭节约 4. 创新意识、安全意识 5. 社会责任感、诚实守信 6. 实战能力、可持续发展
第十一章 会议 仪式礼仪	案例：参加国际会议的礼 仪常识与易犯的七种差错 知识点： 1. 会议仪式礼仪规范 2. 签字仪式礼仪 3. 商务谈判礼仪 4. 会见仪式礼仪 5. 会议迎送礼仪	1. 不同类型会议的礼仪规范有 哪些 2. 签字仪式的准备工作有哪些 3. 出席商务谈判的礼仪要求有 哪些 4. 如何理解会见仪式现场布置 的工作内容 5. 会议迎送礼仪的具体内容是 什么	1. 文化传承、友善尊重 2. 严谨细心、标准化意识 3. 辩证思维、沟通协作 4. 深化文明、交流互鉴 5. 文化传承、友善尊重

目　录

第一篇　认知篇

第一章　导　论 ·· 2
　第一节　会议与展览辨析 ······································ 3
　第二节　我国会议业发展历程与展望 ·················· 8
　第三节　会议策划与组织的基本要求 ·················· 14

第二章　会议认知 ·· 22
　第一节　会议的起源与发展 ································ 23
　第二节　会议的内涵 ·· 25
　第三节　会议的类型 ·· 31
　第四节　会议的功能与作用 ································ 38
　第五节　会议产业 ·· 41

第三章　会议策划认知 ······································ 48
　第一节　会议策划概述 ······································ 49
　第二节　会议策划的方法 ···································· 55
　第三节　会议策划的内容 ···································· 64
　第四节　会议产品 ·· 68

第二篇　流程篇

第四章　会前策划阶段 ······································ 76
　第一节　拟写会议策划方案 ································ 77
　第二节　确定会议主题和形式 ···························· 86
　第三节　确定合作单位 ······································ 93
　第四节　会议选址与选时 ···································· 96
　第五节　媒介推广计划 ······································ 101
　第六节　资金来源及预算计划 ···························· 116

第五章　会议前期筹备阶段 ······························ 123
　第一节　会议报备 ·· 124
　第二节　组建工作团队 ······································ 129
　第三节　会场选择 ·· 133
　第四节　筹备文化体验活动 ································ 137
　第五节　人员邀请 ·· 141
　第六节　执行媒介推广计划 ································ 146
　第七节　后勤保障安排 ······································ 149

第六章　会议中期筹备阶段 ·· 157
　第一节　会议服务外包 ··· 158
　第二节　拟定会议议程和日程 ··· 162
　第三节　拟发会议通知 ··· 168
　第四节　设计会议视觉材料 ··· 172
　第五节　选择会议礼品 ··· 174
　第六节　草拟会议讲话稿 ·· 176

第七章　会议倒计时阶段 ·· 183
　第一节　召开工作协调会 ·· 184
　第二节　会场布置 ·· 187
　第三节　会议接待准备 ··· 201
　第四节　会前检查 ·· 203

第八章　会议执行阶段 ·· 208
　第一节　接站与引导 ··· 209
　第二节　会议报到与签到 ·· 212
　第三节　会议现场服务 ··· 216
　第四节　会议记录 ·· 223

第九章　会议收尾阶段 ·· 229
　第一节　会场善后 ·· 230
　第二节　结算会议费用 ··· 231
　第三节　会议资料存档 ··· 234
　第四节　寄发感谢信 ··· 236
　第五节　会议评估 ·· 240
　第六节　会议总结 ·· 244

第三篇　拓展篇

第十章　会议经济效益 ·· 252
　第一节　会议经济效益概述 ··· 253
　第二节　会议财务预测 ··· 255
　第三节　会议预算编制 ··· 258
　第四节　会议成本控制 ··· 261
　第五节　会议赞助 ·· 265
　第六节　会议财务风险 ··· 271

第十一章　会议仪式礼仪 ··· 277
　第一节　会议礼仪规范 ··· 278
　第二节　签字仪式 ·· 284
　第三节　商务谈判 ·· 290
　第四节　会见仪式 ·· 294
　第五节　迎送礼仪 ·· 296

第一篇 认知篇

第一章 导 论

第二章 会议认知

第三章 会议策划认知

第一章
导　论

【学习目的】

　　刚刚进入会议领域的知识学习，一定要明白会议与会展有何不同。通过本章的学习，读者应能辨别会议与展览的区别和联系，能总结我国会议业发展历程各阶段的特点，把握会议业未来发展趋势，能说出学习会议策划与组织的重要性，领会并达到会议策划与组织的能力要求和职业素养要求。

【思政内容】

　　党的二十大报告指出，要"建设现代化产业体系"。会议业和展览业是现代化产业体系的重要组成部分，是推动更高水平开放，全面推进中国式现代化和经济高质量发展的重要平台。当前，中国经济已由高速增长迈向中国式现代化发展阶段。会议业作为现代社会发展进程中，由会展领域细分出来的一种新兴产业形式，自20世纪90年代开始，便成为推动中国经济发展的重要媒介和载体。它不仅是衡量一个城市综合竞争力和国际影响力的重要标志，也是衡量城市发展承载力的重要指标。作为高端服务业态的会议业，在服务政治外交、稳定经济发展、带动市场活力、推动文化交流、促进产业融合、保障民生发展等方面起到了重要的拉动与维护作用。

　　步入"十四五"新发展阶段，会议业要立足产业巩固发展，结合技术突破创新，围绕政策精准发力，助力我国经济社会发展。因此，会议业各领域发展要时刻把握新发展阶段，贯彻新发展理念，构建新发展格局，为新时期会议业发展树立新模式，创造新机遇。

　　通过本章的学习，学生应树立科学发展观和辩证唯物主义世界观。依据会议与展览的辨析，对我国会议业发展历程进行梳理，加强学生对我国会议业发展历程、发展展望的了解，树立文化自信，促使学生注重专业知识的积累与学习能力的培养，提升学生的专业信心和专业使命感；使学生明确新时代背景下会议业对高质量发展和从业的要求，立志为会议业的高质量发展做出贡献。

【重点内容】

- 会议、展览、大会展的概念
- 会议在会展业中的作用
- 我国会议业发展历程及其各阶段特点
- 我国会议业未来发展展望
- 学习会议策划与组织的基本要求

第一节 会议与展览辨析

一、会展业的内涵

(一)行业现象

一直以来，国内对于"会议""展览"等相关概念的定义一直没有形成统一认识，如早期"会展业"一般被理解为"展览业"。究其原因，人们认为会展就是以德国为代表的、工业标准化条件下企业之间商业交易活动(B2B)意义上的国际化展览会，因为德国展览业比较发达、影响较大。在这种限制条件下，其他活动都不算会展，甚至以推动消费为目的的、国内或区域性消费类展览活动都不能称为严格意义上的会展。

目前，仍有很多人把"会展"当成"展览"，所以我们才会经常看到"会议会展"之类的说法。例如，根据天眼查网站的查询结果，目前国内存续的企业名称中包含"会议会展"字样的企业已超过 10 万家。严格地讲，这种名称表述是欠妥当的。

随着会展行业的发展及其业态模式的创新，业界对会展概念的理解也进一步深入。业界人士发现，会议活动和展览活动都伴随着大规模的人群聚集，且具有一定的积极带动作用，于是他们将"会展"概括为"会议+展览"，即会展业是会议业与展览业的合称。但这个观点仍然是对"会展"狭义上的认知。

"会议"和"展览"两个概念之所以经常被人们混在一起使用，是因为这两种活动类型在现实市场运行当中确实常常交织在一起，而且随着会议业和展览业的进一步发展，"会中带展""展中带会"的情况越来越多。

考虑到"会议"与"展览"活动从活动形态上都属于"旅游"的范畴，而且这两者又常常与"旅游"活动交织在一起，国际上普遍将"会议"和"展览"归属于"旅游业"，并由旅游业来进行统一管理与协调，因此也就出现了发达国家普遍存在的由会议与旅游局(CVB)统一管理协调旅游、会议、展览的情况。

(二)根据《国民经济行业分类》定义的会展业

我国正式将会展业视为一个独立的行业，首见于 2002 年公布的《国民经济行业分类》国家标准(GB/T 4754—2002)。该文件将会议及展览服务作为商务服务业中的细分行业，行业代码为 7491(该标准的 2011 年版调整为 7292)。我国的《国民经济行业分类》标准与联合国统计署《全部经济活动的国际标准产业分类》标准是一致的。因此，我国会展业作为国民经济中的一个独立行业是符合国际通行标准的。这一国家标准将会议及展览服务定义为"为商品流通、促销、展示、经贸洽谈、民间交流、企业沟通、国际往来而举办的展览和会议等活动"。

在会展业中，展览业所指的展览会系经济贸易展览会。《经济贸易展览会 术语》国家标准(GB/T 26165—2010)将经济贸易展览会定义为"以贸易、投资和经济合作等商务活动为主要功能的展览会"。

(三)根据活动产业定义的"大会展"

"大会展"的英文缩写是 MICE。其中，M 代表 meeting(会议)，I 代表 incentive(奖励旅游)，C 代表 convention(协会或社团会议)，E 代表 exhibition(展览)。也就是说，大会展包含了奖励旅游与会议、展览等彼此关联的市场活动产业。

2004 年发布的《国家统计局关于印发〈文化及相关产业分类〉的通知》(国统字〔2004〕24 号),将"会议及展览服务"列为"其他文化服务"中的"广告和会展文化服务"类别,具体包括:文艺晚会的策划、组织活动,运动会的策划、组织活动,大型庆典的策划、组织活动,艺术、模特大赛的策划、组织活动,艺术节、电影节等的策划、组织活动,展览、博览会的策划、组织活动,民族、民俗活动的策划、组织服务,等等。行业代码为 7491。

2005 年,在《中国会展》杂志社举办的首届中国国际会展文化节上,有专家提出会展活动包含会议、展览、节庆、赛事、演艺五种形式。之后又有专家提出,会展活动应加上奖励旅游(会奖旅游),共包含六种形式。

2008 年,《国务院办公厅关于搞活流通扩大消费的意见》(国办发〔2008〕134 号)指出,要"大力促进节假日和会展消费"。2009 年,《国务院关于加快发展旅游业的意见》(国发〔2009〕41 号)指出,"以大型国际展会、重要文化活动和体育赛事为平台,培育新的旅游消费热点,特别要抓住举办 2010 年上海世界博览会的机遇,扩大旅游消费"。这是国务院文件首次提出节事、旅游活动与会展业相结合的要求。

当前,融合了会议、展览、节庆、赛事、演艺、会奖旅游等多种活动的"大会展"概念逐步形成,被业界定义为广义的会展业。时至今日,会展涵盖展览、会议、节庆、赛事、演艺五大业态基本成为业界共识,各地会展产业发展规划大都涉及这五大业态,但由于行业主管部门行政归属的关系,会展主管部门主要规划的是展览、会议、节庆三大业态,不少城市对会展的统计也大都涵盖这三方面的内容。

从上述观点可以看出,会展业的内涵和外延是不断拓展的。"大会展"理念扩充了会展的内涵,拓展了会展的外延,增加了会展涵盖的业态模式,为提升会展整体地位、推进中国会展业发展壮大提供了必要的理论依据。

二、会议在会展业中的作用

会议在会展业中扮演着至关重要的角色。它不仅为参会者提供了交流、合作和学习的机会,还促进了行业的创新和发展。通过举办高质量的会议,会展活动能够获得更大的影响力和成功。因此,会议在会展中具有不可替代的地位,对于行业的繁荣和参会者的个人发展都具有重要意义。

(一)会议是会展的核心活动之一

举办会议可以吸引来自全球各地的专业人士和企业代表参加。参会者们汇聚在一起,共同分享来自不同地区和行业的最新行业趋势、技术和研究成果。这种跨地域和跨行业的参与模式使得会议成为提供丰富资源和专业知识的交流平台。同时,在会议中聆听行业专家和权威代表的演讲和互动,对于参会者具有重要意义。通过与专家的深入交流,参会者能够获得权威的见解和反馈,拓宽自己的视野和思路。这种互动不仅丰富了参会者对行业的理解,还能够激发创新思维,引领他们探索新的业务机会。此外,会议也为参会者提供了结识其他业界精英并建立长期业务关系的机会。参会者可以通过分组讨论、社交活动等形式,与其他行业领导者或同行进行深入交流,建立良好的人际关系,为业务网络的扩张寻找机会。这种合作与知识交流不仅有助于参会者扩展业务网络,还能够促进合作与创新;不仅推动了参会者个体的发展,也促进了行业的繁荣和进步。

(二)会议是会展的重要营销工具

通过举办高质量的会议,会议主办方(发起者)可以进一步提高自己的品牌形象和知名度，并吸引各界专业人士的关注，这在会议相关的媒体报道和口碑传播中体现得尤为明显。媒体对于高质量会议的关注常常以新闻报道、专题采访和社交媒体推广等方式呈现。这些媒体的报道和传播可以为会议提供更广泛的曝光度和知名度，吸引更多专业人士的目光。同时，会议也是推广企业和展品的良机。在会议中，企业可以利用演讲、展示区等形式向潜在客户介绍他们的产品和服务。这种直接的宣传方式使得企业能够将自己的特色和优势直接传达给目标受众。与此同时，会议也为企业提供了与参会者进行深入沟通和交流的机会。企业代表们可以与参会者面对面交流，回答他们的问题、聆听他们的需求，并为与之建立起良好的关系奠定基础。这种互动不仅加深了参会者对企业的认知，还有助于企业树立良好的形象。此外，会议的成功和声誉也会吸引更多潜在客户和合作伙伴的关注。优质的会议内容和专业的组织能力是吸引潜在客户和合作伙伴的重要因素。参会者对于高质量的会议印象深刻，其会后回顾和分享等带来的口碑传播可以为会议增加额外的宣传效果，吸引更多人的关注。

（三）会议为会展提供了重要的收益来源

除了传统的参会注册收入和赞助收入，会议主办方还可以通过出售会议纪念品、会议报告、会议论文集和专业咨询等附加服务来获得更多的收益。出售会议纪念品是一种常见的附加服务。会议主办方可以设计和制作独特的印有会议的标志和口号的纪念品，这些纪念品的售卖不仅给参会者带来了参与感，还可以在会后继续推广会议品牌，从而为会议主办方带来额外的收益。会议报告和会议论文集的销售也是一项重要的附加服务。会议主办方可以将会议的主题演讲和研究报告整理成精美的报告或论文集，并提供给参会者购买。这些报告和论文集包含了行业内领先的观点和最新的研究成果，对于参会者具有很大的实用价值。通过销售这些资料，会议主办方既为参会者提供了学习借鉴的资料，又为自己创造了更多的收益。此外，会议主办方还可以提供专业咨询服务，为参会者提供个性化支持和专家意见。这些专业咨询服务可以涵盖各个领域，例如市场营销、战略规划、技术咨询等。通过与参会者的沟通和合作，会议主办方可以帮助他们解决实际问题，提供行业相关的建议。这种专业咨询服务不仅对于参会者来说有具体的价值，也为会议主办方带来了额外的收入。

综上所述，会议在会展业中具有非常重要的作用，它不仅是会展的核心活动之一，也是会展的重要营销工具和收益来源。

【小资料1-1】 国家展会中的会议活动促进产业发展，提振士气

作为2022第五届中国国际进口博览会的重要组成部分，第五届虹桥国际经济论坛如期举办。同期举办的还包括"RCEP与更高水平开放"高层论坛、《世界开放报告2022》发布暨国际研讨会以及多场分论坛。第五届虹桥国际经济论坛以"激发全球开放新动能 共享合作发展新机遇"为主题，聚焦全球开放合作领域热点议题。其中，"RCEP与更高水平开放"高层论坛重点围绕RCEP和区域经济一体化、更高水平开放等重要议题，为构建开放型世界经济，以及推动世界经济复苏和增长建言献策。

此外，中国进出口商品交易会、中国（北京）国际服务贸易交易会、中国国际消费品博览会等政府主导型展览会也召开了多种形式的论坛与会议活动。其中，在中国（北京）国际服务贸易交易会上召开的"服务贸易开放发展新趋势高峰论坛"，聚焦"以高水平开放，加速构建新发展格局"主题，开展系统深入的对话与研讨。服务贸易是各国融入经济全球化、参与国际合作与竞争的重要途径，特别是21世纪以来，服务贸易在全球价值

链中的地位日益提升，成为全球贸易和经济增长的新动力。

而在第二届中国国际消费品博览会上举办的"全球消费论坛"，以"可持续消费，驱动低碳未来"为主题，旨在呼应国家"双碳"目标，深入探讨和分享领先企业的可持续消费与生产实践。

综上所述，在我国各大展会上举办论坛活动的这一形势，不仅成功稳住了中国外贸基本盘，为会议业提振了士气，还促进了产业经济的发展。首先，中国政府高度重视会展活动中的会议板块，以及其在推动国际交流、落实国家战略、提升国家形象等方面的功能，这决定了由政府主导的赛事、展览、会议等活动将拥有持续增长的空间。其次，随着中国向更加注重经济增长质量和人民生活品质的新时代迈进，会议、展览业将从以促进经贸为主转型升级为以促进经济、文化、艺术、体育等多轮联动为主要目标，会议、展览活动的功能将更加多元，类型将更加丰富，对社会经济生活的影响会更加深远。

资料来源：裴超：《"会"聚新动能 会议业对新时期经济发展所起到的赋能与创新作用》，载《中国会展(中国会议)》，2023(4)：24－29＋8。

三、会议与展览的区别和联系

会议和展览都属于会展产业，可以说是两个不同的细分行业，它们就像兄弟俩，既有血脉上的相通性，又有各自不同的性格特点。在相通性方面，两者既可以是工具，为参与者创造价值；又可以是产业形态，为社会经济发展做出贡献。在差异性方面，展览业比会议业起步要早一些，也更容易受到政府的重视。原因在于，展览是贸易活动的一个组成部分，可以对经济发展产生直接促进作用，而会议的作用主要体现在学习、讨论、社交、业务促进等方面，其刚性程度不如展览。在表现形式上，展览与会议也有较大差异：单个展览活动的规模更大，场面也更热烈，感染力、传播力都更强；会议虽然总量比展览多得多，但单个会议的平均规模相对较小，这可能也是一些地方政府"重展轻会"的主要原因。

(一)会议与展览的区别

1. 功能途径不同

展览主要通过展示商品、展品、产品、样品、艺术品、成果等，搭建贸易、交流及信息的平台，专业展览的主办方必须撮合参展商和买家、专业观众相聚一堂。而会议主要是交流信息和知识，分享方案和应用，促进决策，凝聚团队精神的集体活动，一般不展示展品。

2. 举办场所不同

展览对场地的依赖性较大，主要在展览馆或者会展中心举办，仅有少数展览在体育馆、露天的封闭区域举办。而会议通常需要在专业的会议场所举行，例如星级酒店、会议中心、高等院校或科研院所的会议厅、会议室等具有会议功能的空间。尽管展馆也可以改成会场，但是水泥地以及层高都可能影响会议的视听体验效果。

3. 营销对象不同

展览主要围绕核心展品、商品进行营销推广，服务参展商，吸引观众观展。而会议主要围绕热点议题或热门演讲人来进行营销，以吸引参会者支付会议注册费。

4. 市场化程度不同

展览的市场化程度要大大高于会议。展览的主办方多为商业公司，为争夺有限的展览资源和展览市场，竞争十分激烈。而会议的主办方多以官方或半官方的协会、非政府组织、媒体机构为主。例如，公司会议预算主要来自企业内部，协会社团会议不以营利为目的，而作为政府会议的政府主办方一般也不能直接对会议进行收费。近年来，尽管市场上出现了由商业公司独自进行市场运作的专业会议公司，但是总量仍然很少。

5. 流动性不同

展览较"笨重"，以固定的时间、周期在固定的城市举办为主，流动性较弱，轮流举办的商业展览较少。而会议较"轻巧"，流动性较强。轮流在各地举办的会议以协会/社团会议为主。目的地城市为了争夺会议举办权会全年开展竞争，而展览目的地需要竞标的情况较为少见。

6. 盈利模式不同

展览具有一定的规模效应，其收入来源主要是展位租赁费，展览的专业观众通常是免费观展，甚至有展览主办方花钱邀请专业观众观展。而会议收入主要是注册收入和赞助收入，会议的参会者一般需要付费参加（免费的会议通常是说明会或各类推介会）。此外，展会的营收远远大于会议，投资回报率通常也高于会议。

7. 仪式性强弱不同

展览更注重销售和市场推广，尽管也有开幕式等仪式性活动，但相对会议而言，展览的商业色彩更浓厚，仪式感更欠缺。而会议更侧重于知识、见解的深度沟通，具有强链接、强社交、高情感、富内容等特点。正因为会议的高情感链接，会议的仪式性更强，民主表达、激励、投票、选举、决策、检讨、表彰、上传下达等都可以通过会议来实现。因此，会议中的座次、站位也具有很强的仪式性。

8. 政府的态度不同

政府重视展览业的发展，主要是看重展览的外部经济带动性和商业交易属性。政府严格管控会议，关注的是会议的政治属性。展览和会议的审批部门及审批流程也不一样，其中政府部门主导的展览和会议的营销推广机构也不一样。例如，但凡政府和国有企事业单位举办的会议，需要报上级主管单位批准，国际会议还要报外事部门审批。会议审批中对于意识形态、知识产权、政治问题的审批，其严格程度远远高于展览。

9. 与旅游接待的关系不同

展览的流动性不强，因而展览对于本地旅游市场而言是存量；而会议的流动性较强，会议中参会人员的流动较展会中展品和参展企业的流动更容易。因此，各地旅游局、会议局和观光局比较重视会议，看重的是"人"的属性，即看重高质量参会者对于提升当地消费和社会影响力的作用。

10. 信息发布的谨慎程度不同

企业参展，会在展览会后积极主动宣传，这是企业的一种市场营销行为。由于展览有固定的场馆，主办方也乐于推广，所以展会信息容易统计。而企业参会（甚至是内部年会）则比较收敛，对会议的消费、议题和决策内容都比较敏感。由于会议举办场地及参会人员都很分散，主办方也很低调，出于知识产权和信息保密的要求，会议信息比较碎片化，往往难以统计。

11. 开放性程度不同

展览的开放性更高，更具外部性，展览就怕人少，人气越多则展会越旺。相较于展览，会议的封闭性更强，参会时要么需要付费，要么需要审核身份，对议题和内容的审核要求更高。例如，每年各大高等院校主办的会议不计其数，但因其非公开性，或仅针对特定的专业人群，大多无法为外界所知晓。

12. 人们的看法不一样

当前,普通大众对展览的认知度要高于会议。一听到展览,如进博会、广交会、上海车展,人们大都知道是做什么的,与自己有什么关系。而会议的议题通常离普通大众的生活较远或专业性、知识性较强,比如博鳌论坛,一般只有专业人士才会关注。

(二)会议与展览的联系

会议与展览密切相关,共同构建了一个综合性的信息传递、专业交流、学习和提升、推广和展示的平台。

1. 信息传递

会议和展览都致力于提供信息和知识,满足参与者对行业最新动态和知识的需求。通过演讲、研讨会、展览展示等形式,参与者可以得到灵感和启发,获得新的见解和经验,提高自己的业务能力,拓宽自己的思路和知识储备。

2. 专业交流

会议和展览都提供了交流和互动的平台,使参与者能够与行业专家、同行或相关人员进行深入交流与合作。会议期间,参会者可以与专家进行面对面的沟通互动,加深对行业挑战和解决方案的理解。而在展览中,观展者可以与不同企业代表交流,了解不同产品、服务和研究成果,促进商业合作和技术交流。

3. 学习和提升

会议和展览也为参与者提供了学习和提升的机会。通过聆听来自权威人士和行业领导者的讲演和展览展示,参与者可以从他人的经验和见解中汲取营养。这样的学习机会有助于参与者不断更新自己的知识和技能,提升自身的专业水平。

4. 推广和展示

会议和展览对于推广和展示产品、服务、研究成果等都具有重要意义。在演讲、发布、展览展示以及展台宣传等方面,会议和展览都提供了机会,使参与者能够将自己的产品、服务、研究成果等推广给潜在客户或合作伙伴。参与者可以通过展示自身的专业知识和创新思维,吸引潜在客户关注并建立业务合作关系。会议和展览的活动和环境为参与者提供了一个广阔的舞台,能够有效地展示他们的实力和价值,加强其品牌形象和市场认知度。

📑 **本节金句**

办好一个会,提升一座城。

第二节　我国会议业发展历程与展望

一、我国会议业发展历程

(一)萌芽初现阶段(1949—1978 年)

在新中国成立初期,国家经济基础非常薄弱,各行各业百废待兴,会议产业也处于萌芽状态。在这个时期,会议活动主要由政府组织承办,会议规模相对较小,多以政治会议和党政机关会议为主,用于实现国家建设和政策制定等目标。这一时期会议产业发展缓慢,但政府对于会议的重视程度逐渐加深。1949 年 11 月 16 日至 12 月 1 日,亚洲澳洲工会代表会议在北京召开，这次会议是新中国诞生后举行的第一次国际会议，这次会议预示着以中国为代表的第三世界国家开始登上世界政治舞台。在这个时期，政府主导了会议产业的发展。政府认识到会议对于国家经济和社会发展的重要性，开始投资建设会议场馆和设施。例如，1959 年 9 月 30 日，人民大会堂正式启用并开始举办各种规模的政治和文化活动，成为中国最具代表性的大型会议场馆之一。本阶段会议业发展的特点如下。

一是会议活动的规模较小。由于历经战乱和经济困难，会议活动规模相对较小，大多集中在政府机构和行业协会内部，一般以政治宣传和政策布置为主。

二是会议组织形式简单。这时期的会议缺乏专业化的会议策划队伍，常由政府机构或部门自行组织和安排，会议筹备和执行工作相对简单。

三是国外交流与合作较少。受制于当时的国际政治环境和经济条件，中国的会议产业与国际接轨较少，国际会议交流与合作有限。

四是会议设施与服务设施相对落后。会议场所多为简单的大会堂或政府机关内的会议室，设施较为简陋，服务水平相对较低。

（二）初步发展阶段（1979—1992 年）

改革开放政策的实施为中国的会议产业带来了新的发展机遇，政府开始鼓励和支持民间组织举办各种类型的会议，如学术研讨会、国际会议和商务会议等。这一时期的会议规模逐渐扩大，参与者也开始多元化，包括政府官员、企业家、学者、专家和普通民众等。本阶段会议业发展的特点如下。

一是召开了国际会议。改革开放后，中国开始召开国际会议，积极进行国内外的会议交流，加强与国际接轨。

二是会议类型和规模多元化。会议的种类和规模逐渐增多，涵盖了政治、文化、学术、经济等领域。政府逐渐放开了对会议产业的控制，允许社会各界自主组织和举办各种类型的会议，会议活动也开始向跨区域和国际化扩展。

三是政府支持力度加大。政府对会议产业的重视与支持不断增加，通过政策引导、会议设施建设和赞助等方式，积极推动会议产业的发展。

（三）迅速发展阶段（1993—1999 年）

本阶段是中国会议产业迅速发展的时期。会议规模迅速扩大，会议场馆建设和配套设施跟进发展。这个阶段也是中国会议产业大幅提升国际影响力的时期。本阶段会议业发展的特点如下。

一是会议主题和内容专业化。会议主题和内容开始呈现出更加专业化和多样化的特点。各行业、各领域的专业性会议逐渐增多，涉及的领域也更加广泛。同时，会议内容开始注重实践经验和案例分享，推动了学术理论与实践应用的结合。

二是场馆设施和服务能力提升。会议场馆建设迅速，配套设施得到改善，并提供了先进的会议设备和技术支持。同时，会议服务质量也有了显著提升。

三是国际影响力提升。这一时期中国举办了一些重大的国际会议和峰会，如 1995 年世界妇女大会、1997 年亚太区域旅游协会年会、1999 年《财富》全球论坛会议等，为中国会议产业赢得了国际认可和关注。

（四）高速发展阶段（2000—2012 年）

随着中国加入世界贸易组织（WTO），2001 亚太经合组织（APEC）领导人非正式会议、北京奥运会以及上海世博会的成功举办，推动了中国会议产业的快速发展。在本阶段，中国会议产业进入了一个高速发展的时期，会议规模和质量得到提升，会议产业开始向多元化和国际化方向发展。本阶段会议业发展的特点如下。

一是国际化发展。中国会议产业开始加强与国际接轨，积极参与国际会议组织和机构，吸引更多国际会议在中国举办，以提高中国会议产业的国际影响力。中国加入WTO后，各类国际会议纷纷涌入中国，吸引了大量国内外参会者，进一步推动了会议产业的国际化发展。如2008年夏季达沃斯论坛在中国的成功举办，对中国的会议产业向国际化方向发展起到了推波助澜的作用。

二是品牌化建设。会议产业开始注重品牌建设，通过举办高水平、高品质的会议，树立了一批国际知名的会议品牌，如广州白云国际会议中心、国家会议中心等。

三是专业化发展。会议产业从沿海城市、一线城市发展并逐渐延伸到地市级城市。会议策划与执行逐渐专业化，出现了一大批会议策划公司和机构，提供专业化的会议服务，包括会务组织、项目管理、场地布置等，会议策划与组织的效果越来越好。

四是会议设施升级。随着会议活动以及参会人数的不断增多，酒店最初的规模已经无法满足会议的基本需求。酒店规模的扩大也从侧面反映出会议产业逐步进入高速发展阶段。同时，各地会议设施不断升级改造，新建了一批高标准的国际会议中心和会展中心，设备设施更加先进完善，可以满足不同类型会议的需求。

(五)创新发展阶段(2013年至今)

2012年年底，《十八届中央政治局关于改进工作作风、密切联系群众的八项规定》(以下简称"中央八项规定")发布，其中第二项内容对会议市场产生深刻的影响。党政机关、政府部门主办的会议，包括计划、资金都有所改变，或取消或压缩，会议形式简化，会议产业链上的会议公司、服务公司、酒店收入明显减少。这些规定主要影响的是政府会议，因为政府会议在财政资金支持上比较多。但与此同时，整个会议产业，特别是市场化会议，如企业会议、社团会议仍在稳步、积极创新发展，民营企业会议、社团会议、民间会议仍十分活跃，市场呈现大型、小型会议"两头热"。

自2013年至今，中国会议产业进一步加速创新与转型发展，会议市场的重心聚焦到各类公司会议、协会/社团会议上，数字化转型成为主要趋势。中国会议产业逐渐发展成为集会议策划、会议组织、场馆管理、会务服务等多个领域于一体的完整产业链。本阶段会议业发展的特点如下。

一是创新性发展。会议策划和设计注重创新，注重用户体验和个性化需求，涌现出一批能体现创意性和差异化的会议活动，提升了会议的吸引力和影响力。

二是数字化转型。随着云计算、大数据、人工智能等技术的发展，数字化会议成为主流趋势。远程会议、虚拟会议、混合会议等形式的广泛应用，提供了更灵活、高效的会议方式，既节约了时间和成本，也实现了参会者之间的远程互动和信息共享。

三是会议服务智能化提升。智能化技术在会议服务中得到广泛应用，智能会议系统、语音识别、人脸识别等技术推动了会议服务的自动化和个性化。同时，会议场馆与周边设施的数字化建设也增强了参会者的体验感，提高了参会便利度。如2022年上海国家会展中心引入了人脸识别系统，提供便捷的入场和参会流程，为参会者提供了个性化的会议服务。

四是可持续发展。环境保护和可持续发展理念日益成为会议产业关注的焦点，促使人们不断落实绿色会议、低碳会议的理念和实践，减少会议活动对资源的消耗和对环境的影响。绿色会议受到越来越多人的推崇。

随着我国会议产业的不断发展壮大和数字化转型，未来会议行业将继续扮演重要角色，推动经济的发展和文化的交流。

二、新时代我国会议业发展展望

（一）会议产业步入创新新时代

在党的二十大报告中，"创新"一词出现了55次，习近平总书记强调"创新是第一动力"。创新包括理论创新、实践创新、制度创新、文化创新以及其他各方面创新，中国正在加快建设创新型国家。新时代我国经济社会发展正在为会议业发展带来新的动能，各地区、各行业一系列新的发展目标、发展战略、发展理念、发展模式、发展部署，都将为会议业带来新的策划灵感、项目主题、会议资源、科技手段、资本投入、运作模式等。党的二十大创新精神的贯彻落实也将成为促进会议业发展的重要推动力。

1. 创新推动了会议内容和形式的变革

会议的创新包括内容创新和形式创新。内容创新是指会议目的和会议内容都要与时俱进，服务于改革发展的大局。为此，要按照中央八项规定及其实施细则所要求的："不开泛泛部署工作和提要求的会""需要安排讨论的会议，要精心设置议题，充分安排讨论时间，提高讨论深度"。创新内容的呈现方式也成为吸引参会者的关键。当前，传统的会议形式已经无法满足现代参会者的需求和期望。形式创新即要充分运用现代信息技术手段改进会议形式，提高会议效率。借助数字化技术、虚拟现实和增强现实等设备，会议内容能以更多元、更生动的方式呈现，激发参会者的兴趣。形式创新还要注重互动、参与和共创。例如，沙龙式会议、主题研讨和工作坊等新颖的形式不仅可以提高会议的趣味性和吸引力，而且能促进参会者之间的交流和合作。

2. 创新推动了会议技术与设备的升级

会议产业正积极探索和应用前沿技术，如人工智能、物联网、大数据技术、虚拟现实技术等。这些技术的运用不仅提高了会议的效率和便捷性，更改变了会议的交互方式和场景体验。例如，语音识别和翻译技术使得跨语言交流变得更加顺畅和高效，智能化的会务管理系统实现了会议管理过程的自动化和信息化，提升了会议的运行效率和参会者体验感。

3. 创新推动了会议产业与其他相关行业的融合发展

会议产业正越来越多地与旅游、酒店、展览、文化创意等行业紧密结合，形成了协同发展的合作模式。例如，会议旅游的兴起使得参会者能够在会议之余体验当地文化，欣赏当地风景并品尝当地美食，丰富了参会者的旅程安排。会议场馆的创新设计和设施配备也为举办展览、演出等文化活动提供了便利和支持。这种融合发展为会议产业带来了更多的商机，也让参会者收获了更丰富多样的体验和价值。

（二）会议产业进入智慧新时代

党的二十大报告提出要加快发展数字经济，促进数字经济和实体经济深度融合，打造具有国际竞争力的数字产业集群。《中华人民共和国国民经济和社会发展第十四个五年规划和2035年远景目标纲要》提出，加快数字化发展，建设数字中国。在数字化浪潮下，数字会展科技将承担新的使命，会议业将加速线上线下融合发展趋势。随着新时代数字经济的发展，会展业已初步构建数字会展新格局。

随着信息技术、人工智能和大数据等前沿技术的广泛应用，线上线下融合成为行业发展新模式，为会议行业创造了更多机遇，为会议产业带来了巨大的变革和创新。会议不再受制于空间和距离的限制,极大地扩大了会议的受众范围。在线会议、虚拟会议已经成为常见的数字化会议形式。智慧会议的应用范围非常广泛,包括政府会议、企业内部会议、行业协会会议、学术交流会议等。在政府会议方面,智慧会议可以实现远程视频连线,提高会议效率和决策质量;在企业内部会议方面,智慧会议可以实现远程培训、远程评估等功能,提高企业内部沟通和协作效率;在行业协会会议和学术交流会议方面,智慧会议可以实现远程学术报告、在线交流等功能,促进行业和学术研究的交流。

1. 智慧会议的兴起使会议形式和内容得以全面升级

传统的静态演讲和简单的互动已经无法满足现代参会者的需求。智慧会议通过引入虚拟现实、增强现实和混合现实等技术,为会议参与者提供了身临其境的互动体验。会议的策划、组织、宣传、报名、签到、讲演、交流等环节都可以通过互联网完成,这不仅方便了参会者,也提高了会议的效率和品质。与此同时,智能化的内容推送、个性化的议程安排以及实时互动和问答等功能,使会议内容更加丰富和有趣。

2. 智慧会议为会议主办方提供了高效率的管理工具和决策支持

借助大数据和人工智能技术,会议主办方可以更好地了解参会者的喜好和需求,精确制定会议议程和内容,提高会议的质量和参与度。智能化的会议管理系统能够自动化完成注册、签到、安排场地等各项事务,极大地减轻了主办方的负担。此外,通过数据分析和预测模型,会议主办方能够及时了解会议效果和参会者反馈,为下一次会议的改进和策划提供有力支持。

3. 智慧时代的到来也对会议场馆和设施提出了新的要求

智能化的场馆设计和设备配备不仅为参会者提供了更好的会议体验,还具备了更强的环境控制和安全管理能力。例如,自动调节的空调系统和智能灯光系统能够按照会议需求调整室温和照明,提供舒适的环境。而智能安保系统和人脸识别技术则保障了会议的安全与私密性。此外,智慧场馆还具备网络覆盖和数据传输能力,为会议的互联互通提供了便利。

智慧会议将是未来中国会议产业的发展趋势,它可以为参会人员提供更加高效、便捷、舒适的服务。同时,智慧会议也将为会议产业带来更多的商机和发展空间。

(三)会议产业迎来绿色新时代

自碳达峰、碳中和目标提出以来,我国加速推动产业绿色、低碳转型。党的二十大报告指出,推动经济社会发展绿色化、低碳化是实现高质量发展的关键环节;要发展绿色低碳产业,倡导绿色消费,推动形成绿色低碳的生产方式和生活方式。在新时代,绿色会议也成为会议产业发展的重要方向和关键要素。

1. 绿色会议推动了会议产业的生态转型

传统会议常常伴随着大量的能源消耗、废物产生和碳排放。而绿色发展要求会议产业减少对环境的负面影响,充分利用可再生能源、低碳技术和环保设施,实现能源的高效利用、废物的减量化和碳排放的降低。在新时代,我国会议业将注重减少资源消耗、降低碳排放,提倡使用可再生能源和环保材料,推行电子化会务管理和线上会议形式,以减少纸质文件和会议物资的使用。例如,会议材料的选择和会议餐饮的供应重点考虑环保因素,减少一次性用品的使用和食品浪费,推动绿色低碳的会议实践。同时,会议场地和设施将更加注重节能环保,鼓励使用低碳技术和绿色建筑标准,推广控制系统智能化管理,减少能源的浪费,为参会人员提供更加舒适和环保的会议环境。

2. 绿色会议引领了会议产业的绿色创新

绿色创新不仅包括会议的精简务实和会风的简朴节约，而且包括会议形式、内容和技术的创新，旨在通过创新思维和绿色理念，推动会议产业向更加环保、可持续的方向发展。新颖的会议形式可以融入可持续发展、环保等绿色元素，让参会者获得更深入的体验和启发。在会议内容方面，绿色会议鼓励推广绿色技术、绿色经济、生态文明等相关主题，将环境保护与会议内容相结合，逐渐向新能源汽车、智能制造、环保等领域延伸，传递可持续发展的理念，激发参会者的环保意识和责任感。此外，绿色会议还促使会议产业与科技创新深度融合，借助云计算、大数据分析等技术提升会议管理的绿色水平和效率。

3. 绿色会议需要会议产业与多方共建绿色生态系统

会议产业需要与政府、企业以及社会各界合作共建绿色生态系统。政府机构可以加强政策支持和监管力度，推动绿色会议的标准化和认证，推动绿色会议在全国范围内普及和推广，打造更具可持续性的会议产业模式；企业可以通过绿色供应链管理，选择环保材料和合作伙伴，共同推动会议产业的绿色发展；同时，社会各界也发挥着重要作用，鼓励和支持绿色会议的举办。社会组织和公众可以通过意识提升和参与行动，形成会议产业的绿色意识和责任。在多方共同努力下，会议产业将与社会、企业、政府形成有机的合作体系，共同建设绿色生态系统。

新时代，会议产业正朝着绿色发展的方向迈进。我国会议产业在绿色发展的引领下，将实现可持续发展，为构建美丽中国贡献力量。

(四)会议产业践行共享新时代

党的二十大报告提出，高质量发展是全面建设社会主义现代化国家的首要任务。中国特色社会主义进入新时代，我国经济已由高速增长阶段转向高质量发展阶段。会展作为链接国内外经贸对接合作不可或缺的服务平台，在联动上下游产业链和国内外供应链、价值链的同时，还发挥着先导性作用，成为世界经济增长的重要推动力。因此，必须完整、准确、全面贯彻新发展理念，实现共享成为根本目的的高质量发展，推动经济发展的质量变革、效率变革、动力变革。

1. 共享经济理念推动了会议资源的共享与优化利用

共享是会议的基本属性。传统的会议产业存在着资源浪费与碎片化的问题，例如场地闲置、设备闲置以及人力资源利用不充分等。在新时代，会议产业将积极引入共享经济理念，优化利用会议资源，促进行业内资源的共享与合作，激发全社会参与以促进会议产业的发展。例如，在线会议平台和共享场地平台使得会议场地和设备的利用率得以提高，将空闲资源与需求方进行匹配，实现资源的共享与共赢。同时，共享经济还促进了会议服务和人力资源的共享，提高了会议产业的效率和质量。

2. 共享经济理念推动了会议信息的共享与互联互通

会议产业积累了大量的会议信息和经验，这些信息的共享和传播对于促进行业的创新和发展至关重要。共享新时代通过举办学术交流、专题研讨、在线会议平台、会议社交网络和知识共享平台等手段，促进学术界、产业界和政府部门之间的知识分享和合作，推动行业的创新和进步。参会者可以随时获取丰富的会议资料、演讲记录和专家见解，增强了会议的学术性和实用性。同时，会议的在线传播和直播技术也使得会议信息在全球范围内得以共享，促进了国际交流与合作。

3. 共享经济理念推动了会议经验的共享与协同创新

会议产业经验的共享有助于优化会议组织和执行过程，提高会议品质和会议效果。

共享新时代倡导会议主办方之间的协作与交流，通过分享成功案例、经验教训和最佳实践，形成良好的行业共同体和合作网络，共同提升会议组织和执行的能力。共享经济平台和社交网络为会议主办方提供了交流和合作的机会，形成了开放的创新生态系统。这种协同创新的模式不仅促进了会议产业的专业化和标准化，还激发了创新思维、独特体验和个性化服务的发展。

会议产业作为一个具有广泛影响力的领域，在促进经济发展、推动创新和提升国际影响力等方面都具有重要作用。会议产业已经进入了共享发展的新时代，共享知识和经验将成为会议产业新时代的重要特征，加强行业间创新和合作，推动行业可持续发展。

在当前全球化的背景下，会议产业"走出去""引进来"步伐将进一步加快。会议产业已经成为国际交流和合作的重要平台，同时也是推动国际经济合作和文化交流的重要手段。中国会议业将在充分引进国际重要活动、著名企业的同时，更加注重"走出去"战略，积极开拓国外市场，让中国会议企业、会议活动、会议品牌走向国际市场。

> **本节金句**
>
> 前路漫漫，唯有奋斗，方能推动会议产业高质量发展。

第三节　会议策划与组织的基本要求

会议是展示企业形象、推广产品、加强交流的重要渠道，而会议策划是完善会议效果、提高客户满意度、促进参会人员积极性的关键环节。近年来，随着北京、上海、杭州等地的国家级大型会议项目的顺利开展，我国会议产业在国民经济中的地位稳步提升。在蓬勃发展的同时，会议产业的发展与升级也需要大批专业人才的支持。预计在未来相当长的一段时间内，会议产业对处于人才结构顶端的高级会议策划和管理人才需求旺盛。

一、学习会议策划与组织的重要性

掌握会议策划与组织的知识与技能非常重要，具体来说主要体现在以下三个方面。

(一)个人能力培养

1. 提升综合能力

在学习会议策划的过程中，学生需要关注会议行业的最新动态、市场需求和创新趋势，不断更新自己的知识和理念。同时，会议策划人员需要具备跨学科的知识和技能，例如市场调研、活动策划、市场营销、项目管理、会务组织、协调能力等。通过学习会议策划，会展专业的学生可以锻炼各方面的能力，提升自己的综合素质和竞争力。

2. 培养创新思维

会议策划需要不断提供新颖的想法和创意，以吸引参会者和提升会议的效果。会议策划要求创新和突破传统，包括选时选址、场地布置、议题设计、嘉宾邀请、活动策划等。通过学习会议策划，学生将学会从不同角度思考问题，提出独特的解决方案，进而培养学生的创新思维和解决问题的能力，提高他们的创造力，培养创新精神。

3. 提升时间管理和组织能力

会议策划需要合理安排时间，并有效组织各项活动，因此，学习会议策划可以培养学生的时间管理和组织能力，提高学生的工作效率和执行力。

（二）职业发展成长

1. 拓宽就业领域

掌握了会议策划技巧，学生毕业后有机会在政府部门、事业单位、商会/协会/社团、公关/广告/传媒/地产公司、会议策划公司、展览公司、旅游机构、酒店等行业从事活动策划、品牌推广、市场营销等相关工作，拓宽了他们的就业领域。

2. 提升职业竞争力

会议策划不仅是会展行业中的核心环节之一，也是一个需要专业知识和经验积累的领域。具备会议策划能力的学生在就业市场中将拥有更多竞争优势，更容易获取高薪、高职位的工作。

3. 促进职业晋升

学好会议策划可使学生在职业发展中逐渐成为专业的会议策划师，承担更高层次的会议策划工作，担任项目经理、团队负责人等职位，并在行业中建立自己的专业声誉。

（三）扩大社会影响

1. 促进会展行业发展

会议策划是会展行业的重要组成部分。通过精心谋划和精细化组织，会议活动的质量和效果可以得到提升，从而推动行业向更加专业化、多元化和国际化的方向发展，进一步促进经济增长和文化交流。

2. 促进会议产业链升级

会议策划工作需要与各个环节的供应商和服务商，如会议设备企业、会议技术企业、会议场地(酒店、场馆等)、会议服务企业(物料制作、场地布置、摄影摄像、同传翻译等)、餐饮企业等进行紧密合作，形成良好的产业循环。产业链各环节之间的密切合作可以提升会议业服务品质和效率，满足客户需求。同时，这也有助于推动相关供应商和服务商的专业水平和技术创新，促进会展产业链的不断升级和发展。

3. 促进国家形象塑造

国际会议和展览是国家形象宣传的重要窗口，而会议策划作为会议运营管理的核心环节，具有重要影响力。合理地策划和组织国际会议可以展示国家的发展成就、文化魅力和创新能力，提升国家形象和国际影响力。

二、会议策划与组织的能力要求

会议策划与组织的工作内容一般包括会议项目前期考察，挖掘可用创意点及客户喜好；参与会议项目前期会议，根据甲方需求独立完成创意策划方案，并制作 PowerPoint (简称 PPT)等；在会议筹备、执行过程中所需相关文案的撰写，如会务手册、主持词、讲话稿、视频脚本、节目编剧、新闻稿、营销软文，活动宣传文案策划，活动总结报告的撰写；负责与项目客户沟通协调，将创意想法准确、精彩地予以表达；与设计师、项目经理、客户等沟通协调，落实策划方案，并协助项目负责人执行活动，等等。

不同岗位对能力有不同的要求。就会议策划机构而言，主要有策划助理、项目经理和总监(创始人)三个岗位层次，各岗位层次对策划人的能力要求有所差异。策划助理应重点培养研究能力、创新能力和传播能力；项目经理要在此基础上提升建构能力、管理能力和商务能力；而总监(创始人)级别的策划人，还要强化方向引领能力、孵化领导能力和社会影响能力。

(一)基础能力

1. 沟通能力

成功的会议策划者要具备良好的沟通技巧和表达能力,需要与各种利益相关者进行沟通,包括客户、供应商、演讲嘉宾、参会者、团队成员等。因此,会议策划人员需要具备良好的沟通能力,特别是进行提案汇报时(又称讲标),能够清晰地表达自己的想法和要求,解决不同意见间的冲突,并有效地倾听和理解各方的需求。此外,商务谈判能力也是必不可少的,它有助于促成合作和达成最优惠的价格。

2. 组织协调能力

会议策划人员要具备一定的组织协调能力,能够整合各方资源,统筹安排各项工作,合理安排时间、场地、人员和资源,以实现项目目标。例如,会议策划人员要能领导和管理团队,协调各方面利益关系,灵活应对变化,确保会议顺利进行;会议策划人员应在兼顾各种相关主体利益的前提下,有效沟通,精心组织,合理安排,积极稳妥地推动会议策划工作顺利开展。

3. 时间管理能力

会议活动通常有严格的时间限制,策划者要能够合理安排时间,高效地完成各项工作。会议策划人员要有良好的时间管理能力,能够制订详细的计划并按时完成各项任务。良好的时间管理能力可以帮助策划人员避免工作拖延,确保会议按计划进行,并且能够灵活应对突发情况。时间管理具体包括制订工作计划、设置优先级、合理分配时间和资源等。

(二)核心能力

1. 会议策划能力

会议策划人员要具备会议策划的专业知识和扎实的专业技能,包括掌握市场调研、明确会议目标、确定会议主题、制定会议议程、邀请嘉宾、安排餐饮和住宿等方面的专业知识和技能。一个优秀的会议策划者既要考虑到参会者的需求和期望,也要考虑到主办方的办会诉求,在权衡实现多方利益主体目标的前提下,确保会议目标得以实现。

会议策划能力落实到实践中,主要体现在方案撰写与呈现(文案输出)上。创意只有通过"文案"这种特定的载体呈现出来,才能付诸实践。重点清晰、利益点突出的方案会对会议的最终效果起到极大的作用。无论是视觉海报还是宣传长文,都需要由会议策划者来完成。因此,方案撰写与呈现能力是会议策划人员职业能力的重要体现。会议策划人员必须重视培养自己专业的方案写作能力,不断提高自己的文字表达能力和文案写作水平,并使所撰写的方案具有一定的逻辑性和视觉美观性,以适应会议策划工作职位的需要。同时,会议策划人员还应该未雨绸缪,提前准备备选方案,一旦出现突发状况,就可以采用备选方案。

2. 会议执行能力

再好的活动创意也需要严厉的执行方案和实际落实,才能够取得预期效果。会议策划人员需要具备会议执行的专业知识和技能,包括现场布置、设备调试、嘉宾接待、会务服务等方面。执行能力具体细分,又包括现场环境和设施管理能力、设备操作和维护能力、嘉宾接待和服务水平控制能力等。

3. 项目管理能力

最能体现会议策划人员项目管理能力的关键步骤是任务拆解,它可以帮助项目管理者更好地理解和规划项目,并将项目分解为可管理的任务单元。由于会议策划涉及许多具体的任务和细节，故拆解任务至关重要。策划者需要将整个策划过程分解成可管理的任务，并针对每个任务明确相关责任人和任务截止日期，这有助于确保每个任务按时完成，并协调整个策划团队的工作。因此，会议策划人员需要具备项目管理的专业知识和技能，包括预算、供应商协调、活动流程和人员安排、项目计划制订、项目进度控制、项目风险管理等，以保证项目顺利推进。

4. 创新创意能力

会议是一个展示创新和创意的平台。策划者需要有创新思维和创造力，能够提供新颖的活动主题和形式，设计具有吸引力的互动环节。会议策划人员需要跟上最新的会议技术和趋势，能够根据不同行业和市场需求提出新颖独特的会议方案和活动创意，以吸引参会者的眼光，激发参与度，提升会议的新鲜感和吸引力。因此，创新创意能力在整个策划过程中起着最为关键的作用。从思维的创新、概念的创意到策略的设计，从方案的表现到现场的汇报，创新贯穿会议策划的每一个阶段和环节，是会议策划人员的核心能力之一。

5. 问题解决能力

在会议项目中，许多潜在的问题和风险可能会出现。会议策划人员需要具备敏锐地发现问题和解决问题的能力，推进项目的成功实施。会议中常见的问题主要有供应商的合同风险、技术故障、参会者投诉等。因此，策划者需要具备解决问题和处理突发状况的能力，制定风险评估和监测机制，以及相应的危机管理计划，以确保会议的平稳进行。

(三)综合能力

1. 营销推广能力

一个会议项目经过策划推向市场之后，如果没有卖点，不能产生效益，那么注定是要失败的。因此，会议策划人员必须具备过硬的营销推广能力，制订全面的营销策略和推广计划，包括市场调研、定位、宣传和促销策略，能够通过各种渠道宣传推广会议和活动，吸引更多的参会者。具体而言，营销推广能力又包括品牌建设和推广策略制定能力、网络营销和社交媒体运营能力、市场调查和分析能力等。

2. 复盘总结能力

一个优秀的会议策划人员要能从每场会议中总结经验教训。例如，在会议项目结束后，复盘总结，深入思考活动成功的关键因素并能争取将其借鉴到新的会议项目中；若有不足之处，及时吸取经验，积极寻找改善的方法，以避免下次办会时再次出错。通过复盘总结，会议策划人员可以梳理出一套SOP(标准操作流程)，将以往经验放置到各个环节里，在新的会议项目开始策划时就对照着来执行。

3. 财务管理能力

会议策划与执行涉及预算编制、费用控制和成本核算等方面的财务管理内容。策划人员需要制订详细的预算计划，并在整个过程中进行费用的监控，确保会议项目财务预算的可持续性；需要与财务部门、供应商以及利益相关者进行协调，在预算范围内合理安排各项支出；还需要与财务部门合作，核算和审计会议成本和收益，以评估会议的价值和效益。

具备以上能力，将使从业者在会议策划与执行中更具竞争力，能够为客户提供独特的体验和高质量的服务。需要强调的是，这些能力需要不断学习和实践积累才能不断提升。

三、会议策划与组织的职业素养要求

(一)政治觉悟和道德素质

较高的思想政治觉悟和职业道德素质是决定会议策划人员整体素质的核心,对于会议项目的成功至关重要。具体包括以下三个方面。

1. 政治素质

会议策划人员要有正确的政治思想、信念、立场和观点,具备准确的政治判断力和敏锐的洞察力,对所负责的会议项目、项目涉及的政治事件和思想问题应有深入的了解和正确的认识。此外,会议策划人员还应该遵守与企业策划有关的各项政策法规,自觉遵纪守法,热爱本职工作,勇于奉献,积极传递正能量。

2. 职业道德

会议策划人员要有良好的职业道德,在经营活动中必须遵守会议行业的道德规范。一是要重视维护企业的信誉,不为谋取个人利益而牺牲企业或集体利益,不搞欺诈行为;二是要严格保守国家秘密、客户和企业的商业秘密,确保企业信息安全;三是要致力于提供优质的会议产品和服务,以满足客户需求,赢得客户的信任。

3. 开拓创新精神

会议策划人员要有积极发展会议事业和开拓会议市场的精神,不怕挫折和失败,具有卧薪尝胆、百折不挠的勇气;要善于接受新事物,敢于摒弃旧观念、树立新观念,有在会议领域中开拓新局面和在会议企业竞争中力争上游的决心与信心。

(二)精细化服务意识

精细化服务意识是指在会议全过程中,提供高品质的服务和专业解决方案的意识。在会议策划过程中,会议策划人员要从客户需求、参会人员特点、场地环境等因素全面考虑,打造一个完美的会议体验。除了在场地布置、会议现场和技术支持等方面提供优质服务外,还应提供有针对性的会务服务,为客户打造符合预期效果的会议。

1. 了解各方需求

在会议项目策划和组织过程中,策划人员需要充分了解主办方、客户、受众的需求和期望,并根据各方的要求进行定制化服务。

2. 把控会议细节

会议策划人员要关注细节,从会议流程各阶段来仔细梳理,对各项细节进行逐一确认,包括方案策划、选时选址、嘉宾邀请、场地布置、设备调试、注册服务、现场管理、会议服务、会后总结等方面。只有每个细节都得到妥善处理,才能够提供高质量的服务体验,满足客户的期望和要求。因此,会议策划人员需要具备细致入微的工作态度和责任心,注重对每一个环节的质量把控。

3. 持续改进和优化

会议项目需要不断进行改进和优化,以提高服务质量和客户满意度。这就需要会议策划人员具备创新思维和开放心态,能够接受各方的反馈和建议,并及时采取措施进行改进,以便更好地发现问题并加以解决。

(三)团队合作意识

在会议项目中,团队合作至关重要。在团队中,每个人都有其独特的角色和职责,需要相互协作来实现团队目标。只有建立高效的团队合作机制,才能确保会议顺利进行。

1. 有效的沟通与协调

团队成员之间要互相协调、合作，建立开放、诚信的团队沟通机制，及时交流信息、需求和进展，确保各成员间顺畅协作，确保会议顺利进行。只有在充分沟通与有效协商的前提下，才能为客户带来满意的会议服务。

2. 明确的分工与协同

团队成员要密切合作，明确团队成员的角色和职责，形成高效的、有条不紊的工作方案，并将其与其他团队成员共享。这样可以确保最终的方案和落地执行具有创造性和可操作性，并且符合客户的期望。

3. 共同的目标与凝聚力

成功的会议策划者能够明确共同的会议目标，激发团队成员的归属感与凝聚力，推动他们的合作和协同效应，形成团队合力以应对挑战，从而实现会议的共同目标。

（四）工匠精神

工匠精神主要体现在注重细节，追求完美，并在实践中不断探索和创新等方面。在会议项目中，会议人应发扬工匠精神，不断追求卓越品质和持续提升。只有在实践中不断弘扬工匠精神，才能为客户提供更加优质的服务体验，推动会议行业的健康发展。

1. 精益求精

工匠精神强调精益求精的态度和追求卓越品质的精神。在会议项目中，策划人员需要不断追求卓越品质和高标准服务水平，不断提高自身的专业水平和竞争力，这就要求其具备自我驱动力和自我激励能力，能够自我学习和不断进步。

2. 责任心和使命感

在会议项目中，策划人员需要认真对待每一个环节，尽职尽责地完成每一个任务。同时，还需要具备强烈的使命感，为各方利益相关者创造价值，为行业发展做出贡献。只有具备责任心和使命感，才能够在实践中积极完成各项工作任务。

3. 持续改进

持续改进是工匠精神的实践路径。会议活动的质量直接关系到参会者的满意度和口碑。策划人员应结合客户反馈和自身的经验，总结经验教训，不断寻找提升会议质量的机会和方法，努力追求卓越，不断完善自己的工作方式和流程，进而为参会者提供最满意的会议体验。

综上所述，从事会议策划与执行相关工作需要具备多种能力和素质，包括基础能力、核心能力和综合能力。只有具备了这些能力和素质，才能够胜任会议策划与执行工作，为客户提供高质量的服务。

> **本节金句**
>
> 肩负历史使命，练就过硬本领，投身会议强国伟业。

【复习与思考】

一、本章小结

• 会议不等于展览，两者既有联系又有区别。将会展概括为"会议＋展览"是对"会展"狭义上的认知。

• 会展涵盖展览、会议、节庆、赛事、演艺五大业态。

• 会议在会展中扮演着至关重要的角色。会议是会展的核心活动之一，是会展的重要营销工具，为会展提供了重要的收益来源。

· 我国会议业发展历程分为五个阶段，分别为：萌芽初现阶段(1949—1978年)、初步发展阶段(1979—1992年)、迅速发展阶段(1993—1999年)、高速发展阶段(2000—2012年)、创新发展阶段(2013年至今)。

· 进入新时代，我国会议业的发展机遇明显，将步入创新新时代、进入智慧新时代、迎来绿色新时代、践行共享新时代。

· 学习会议策划与组织，有助于个人能力培养、职业发展成长、扩大社会影响。

· 会议策划与组织的能力要求分为基础能力、核心能力、综合能力。其中，基础能力包括沟通能力、组织协调能力、时间管理能力；核心能力包括会议策划能力、会议执行能力、项目管理能力、创新创意能力、问题解决能力；综合能力包括营销推广能力、复盘总结能力、财务管理能力。

· 会议策划与组织的职业素养要求包括政治觉悟和道德素质、精细化服务意识、团队合作意识、工匠精神。

二、思考讨论题

1. 会议和展览是不是一回事？
2. "会议会展"的表述是否正确？
3. 大会展涵盖了哪些业态？
4. 我国会议业发展主要经过几个阶段，每个阶段各有哪些特点？
5. 新时代我国会议业迎来哪些发展机遇？
6. 学习会议策划与组织的重要性表现在哪些方面？
7. 会议策划与组织的能力要求具体包括哪些？如何才能具备这些能力？
8. 会议策划与组织的职业素养要求包括哪些？应该如何养成这些职业素养？

【综合案例分析】

材料1：

2022年，世界布商大会在浙江省绍兴市柯桥区举办，世界电池产业大会在四川省宜宾市举办，世界川菜大会在四川省雅安市举办，世界工业设计大会在山东省烟台市举办，世界入海口城市合作发展大会在山东省东营市举办。我国更多中小城市开始承接国际会议。出现这一趋势说明我国经济社会日益发达，中小城市会议设施日益完善。世界发达国家的情况也是如此。例如，瑞士的达沃斯、德国的美因茨、日本的轻井泽，以及举办过G7峰会的英国海滨度假胜地卡比斯贝、法国滨海小城比亚里茨、意大利的西西里岛陶尔米纳小镇。而在我国，除了上述中小城市以外，还有海南的博鳌、内蒙古的库布齐、黑龙江的亚布力、福建的武夷山、四川的都江堰等地，也都是著名论坛的永久会址或曾举办过知名的国际会议的城市。可以看出，新形势下国际会议的目的地不仅青睐传统的北上广深等大城市，对中小城市的需求也在逐渐增加，这必然会对会议人才产生新的需求。

材料2：

诸多行业人士认为，会议行业需要理论基础扎实、综合能力强、人文素质好、创新思维敏捷的创新型人才，即具备"一专多能"特质的人才。一专，即具备一项专业核心竞争力。多能，指的是多种能力，包括运营能力、创意策划能力、数字营销能力、资源整合能力、沟通协调能力、社会交往能力、语言文字能力等。对于会议人才而言，既要有让会议项目"生出来"的项目创意策划能力、让会议项目"长起来"的项目运营能力、让会议项目"强起来"的项目数字营销与品牌建设能力，还要敢于创新，突破常规；掌握说话的艺术，学会随机应变；锻炼写作能力，发挥写作技巧；在学习专业和行业知识的同时，需要脚踏实地地干，不断提升自身的综合能力。对于刚毕业的大学生而言，总体来讲是可以适应的，他们可塑性强，可以将企业需要和个人学习力及驱动力多方面结合，确定未来的职业发展路线。

材料3：

中国会展经济研究会统计委员会副主任、中国会展集训营创始人张凡先生曾受邀为某高校的会展专业大学生策划方案进行方案评审。他对18个项目方案（PPT＋视频）逐一审阅并给出评审意见。在评审意见中，他指出学生提交的PPT普遍存在不专业、不美观的问题。

张凡认为："做不好PPT与审美有关。会展专业学生做的PPT不专业、不美观的问题表现为：所选模板不合适（不能配合课件内容），主色调不鲜明或色系混乱，画面设计缺乏整体感和连贯性，用PPT写文章，字型使用随意，图片运用不得体。PPT做得不好，入行后遇到机会（如需要PPT演讲，或为上级领导做PPT），也很难获得赞赏与关注。至于为什么做不好：一是逻辑化思维能力不强（如运用思维导图能力偏弱）；二是缺乏美术设计概念（PPT整体包括每个页面都可以视为平面设计）。从深层次讲，这两方面的不足都与审美有关。然而，启发学生的审美觉悟并提高审美品位，是非常复杂的问题。"

案例分析与讨论：

1. 我国中小城市承接国际会议的需求为什么会增加？

2. 创新型会议人才应具备哪些特质？在校学生如何锻炼和培养这些特质？

3. 为什么行业如此看重PPT设计能力？在校学生如何提高PPT审美和设计能力？

4. 除了PPT设计能力，你认为会议行业从业者还应该具备哪些能力？

第二章
会议认知

【学习目的】

会议是人类最常见的沟通方式之一，是社会组织之间及社会组织内部协商事宜、交流信息、沟通情感、达成共识的一种重要行为过程。通过本章的学习，读者应了解会议的内涵，掌握会议的类型，理解会议的功能与作用，对会议产业形成基本的认识。

本章思维导图

【思政内容】

党的二十大报告提出，要"构建优质高效的服务业新体系，推动现代服务业同先进制造业、现代农业深度融合"。当前，我国经济发展正处于转型升级的重要阶段，正从工业大国走向服务业大国，以现代服务业为主导的经济结构正在形成。在国家倡导大力发展现代服务业的全局战略下，会议业作为现代服务业的重要组成部分，是现代区域经济的"助推器"，也是衡量区域开放度、经济活力和发展潜力的重要标志之一。

通过举办各种类型的会议活动，加强国际交往，同时透射出中国的"朋友圈"越来越大、好伙伴越来越多。对中国而言，积极发展全球伙伴关系，不仅是合作共赢的新型国际关系的重要组成部分，更与构建人类命运共同体一脉相承。对世界来说，中国智造、中国服务、中国方案直面全球发展挑战，扩大同各国的利益交汇点，将为全球经济做出更大贡献，而这些也对会议业的发展提出了更高的要求。

通过本章的学习，学生可以了解会议的起源与发展，加强对会议发展历程的了解，提升对会议的喜爱度和自信度；真正理解开会的原因和目的，培养坚持目标导向和问题导向相结合的能力，坚持严谨求实的科学态度；督促自己坚定不移听党话、跟党走，怀抱梦想又脚踏实地，敢想敢为又善作善成，树立远大理想，将个人的追求与会议产业的发展相联系，充分发挥会议产业助推产业、拉动消费、营销城市的作用，助力深化文明交流互鉴，推动中华优秀文化走向世界。

【重点内容】

- 会议的定义、目的
- 会议的类型及其划分依据
- 会议产业的定义

第一节　会议的起源与发展

一、会议的起源

人类在文明产生前的存在形式，一是劳动，二是思想。最初的劳动可以独立进行，甚至独立完成。但是，思想从一开始就注定不可能独立进行和独立完成，因为思想依赖于语言，而语言产生于交流，交流一定发生在两个人或两个人以上。所以，一旦发生两个人以上的语言交流，起源于思想交流的"会议"就产生了。

简言之，劳动生产的物质产品刺激了交换和物质产品市场的形成。思想交流则导致了会议的出现。因此，与物质产品的生产和交换相对应，会议即思想的市场，人们在这里交换思想。原始形态的会议很可能就是在人们的行动与劳动中进行的，可以说会议的历史悠久，几乎和劳动同时存在。和物质交易市场的交换一样，作为思想市场的会议交流也一定是开放的、平等的。也就是说，人类文明是从两个轮子开始的：一个轮子是出售劳动物质产品的物质交易市场；另一个轮子是自由开放形式的思想市场。这两个轮子最终让人类文明得以转动。

伴随着人类文明的发展，会议形式日益多样化。其中，对话是最早的会议形式之一。古希腊思想家通常是在广场上演讲，古希腊的广场就如同自由的思想市场。柏拉图的"对话"、苏格拉底倡导的"问答法"至今仍然是一种重要的教学方法。在我国古代，《诗经》通过朗读和唱诵得以传播，《论语》是孔子与学生对话的记录，或者说，属于会议记录。通过教学对话实现知识传播也是一种特殊的会议。

二、会议的产生

人类开会的历史可谓源远流长，"会议"一词最早出现在什么年代，尚待考证。在我国古代，相传大禹曾在浙江绍兴的会稽山召集了全国的部落首领，庆功封爵并商讨全国的财政问题。据说，会稽山原名茅山，因召开此会而更名。公元前681年，齐桓公召集宋、陈、蔡、邾四国诸侯，在北杏会盟，这是最早的诸侯各国的集会。随着经济和军事实力的增强，齐国召开会议的频率越来越高，规模也越来越大。

《史记·平津侯主父列传》中就有关于"会议"一词的记载："每朝会议，开陈其端，令人主自择，不肯面折廷争。"这句话的意思是：每当朝会议事时，他总是先陈述种种事情，让皇上自己选择做决定，不愿意当面驳斥和当庭争论。会议最初的含义是倾听各方面的多种意见，以利于正确决策。《韩非子·八经》中提到执政者集思广益的道理时说，下等的君主"尽己之能"，中等的君主"尽人之力"，上等的君主"尽人之智"，所以在需要作出决策的时候，应当调动各方面的智慧，"一听而公会"。也就是说，要想全面地听取各种意见，则开会这种形式的效果最好。

《尚书·周官》云："议事以制，政乃不迷。"这是针对政治性会议而言的，强调民主议事。汉代学者蔡邕在《独断》中说："凡章表皆启封，其言密事，得皂囊盛；其有疑事，公卿百官会议。"这是对会议历史作用的客观论述。

古代国家与国家间的会议主要体现为外交活动，最初是两个国家的代表会晤并探讨有关两国利益的问题，后来发展到数个国家以集会的方式解决涉及各自利益的问题。在古代，无论是东方，还是西方，从诸侯国战争或城邦间战争中都可以初步窥见国际会议的雏形。

在东方,古代中国春秋战国时期就出现了诸侯国集会的先例,如北杏会盟,又如公元前678年,即周釐王四年,齐、鲁、宋、陈、卫、郑、许等国国君会盟于幽州。而在西方,荷马史诗《伊利亚特》中已有各方召开会议讨论战争或媾和问题的描述;古代希腊则有过城邦之间的邦际会议,如有名的"近邻同盟",每年春、秋两季各召开一次,讨论共同关心的问题,并作出有约束力的决定。

【拓展阅读 2-1】

我国古代如何
开会议政

进入中世纪之后,随着封建君主制的巩固和民族国家的成长,会议内容在西方获得了新的发展,其突出表现是由罗马教皇多次召开的"万国宗教会议"。这些会议的参加者既有欧洲各国的僧侣代表,也有世俗国家的使节。会议不仅讨论宗教问题,还涉及世俗问题。到了15世纪,宗教会议除讨论那些重大的宗教问题之外,还探讨一些政治性问题,如国际冲突等,对当时的国际关系产生了不小的影响。在这些会议上,国君及其使节开始发挥重要作用,参会的代表团初步具有了"民族"的性质。可以说,万国宗教会议是现代国际会议的前身。

三、会议的发展

会议的沿革,经历了三个发展阶段。

(一)雏形阶段

这一阶段的会议仅为获得具体的劳动对象(如狩猎或采集)而召开,且由某一个个体示意召集而成,是一个临时的、简单的群体商议过程。这个简单的商议过程已经具备了会议活动应具备的三个要素:有三人或三人以上参加,有共同的议题、目的,有公认的召集人或组织者。这一阶段的会议活动具有很大的偶然性、自发性和不稳定性,它只是人类简单劳动的一个组成部分。

(二)草创阶段

在人类的群体活动有了初步的组织形式之后,会议已不再是简单劳动的组成部分,而是对群体事务进行管理的一种方式。原始社会末期出现的氏族议事会、部落议事会和部落联盟议事会,就是这个阶段的会议活动。这些会议已有了相对稳定的形式、规模、参加人和召集人(如氏族酋长或部落最高军事首领),具备了对群体活动进行管理的复杂劳动的属性。会议的议题已不再是具体的劳动对象,而是群体内部的一些重要事务,如商议决定群体的迁徙、对战俘的处理和对相邻氏族(部落)的宣战与媾和等。但由于文字尚未出现,人们参与会议的方式还比较粗放,会议的进行还仅仅表现为提议、附议或表决的形式。例如,"围立"是人类社会早期会议活动的一个代名词,是对人类早期会议活动的直观描述。"围立"一词最早见于古代德意志人法庭用语,是指在人类社会的会议活动尚处在草创阶段的时候,当氏族乃至部落中有会议活动时,男男女女都站在会场的周围,参加讨论,发表意见,并以特有的声势和情绪来影响会议的决定。

(三)完善阶段

这一阶段,文字开始被实际运用于会议活动;会议成为国家管理活动必不可少的手段;会议的形式和内容越来越多;各种会议活动的功能、职能、方式、程序和效力都有了较严格的规定。人们利用文字将会议的过程和决策记录下来,使其得以在更大范围和更长的时间内发挥作用,从而使会议结果获得了超越时空的传播。这个阶段的会议形式，才是今天人们所认识到的真正体现会议本质和功能的形式。

真正具有现代意义的国际会议，首推17世纪中叶召开的威斯特伐利亚会议。会议分别在德国威斯特伐利亚州首府明斯德和奥斯纳布鲁克两处举行。在奥斯纳布鲁克出席会议的有神圣罗马帝国皇帝、德意志新教诸侯和瑞典的代表，而在明斯德出席会议的除了神圣罗马帝国皇帝外，还有法国、西班牙和德意志的天主教诸侯。会议经过长时间的艰苦谈判，终于在1648年10月签署了《威斯特伐利亚和约》，从而结束了使欧洲大陆饱受战乱之苦的30年战争。在此后的一个多世纪中，该和约对欧洲大陆的国际关系产生了重要影响。威斯特伐利亚会议更是开创了近代国家之间通过举行大规模国际会议来解决重大国际问题的先例。这次会议虽然在组织和程序上还不完善，但在接待礼仪、嘉宾排位、代表权限等会议细节方面为以后的国际会议提供了宝贵经验。

现代会议的组织机构主要有三大类：政府、协会和企业。第二次世界大战以后，原来的殖民地、半殖民地国家纷纷独立，国家政府间的国际组织也迅速增多，包括联合国、阿拉伯国家联盟、东南亚国家联盟、北约、华约等；各个国家内部及全球性的协会组织，包括学术类、行业类、联谊类等纷纷成立，以协会及协会会议为工作对象的专业机构也开始成长起来，如国际协会联盟（UIA）、国际大会及会议协会（ICCA）、美国社团管理协会（ASAE）等；1963年，国际大会及会议协会（简称ICCA）成立，此协会是全球国际会议最主要的机构组织之一。截至2019年8月，ICCA在全世界90多个国家和地区拥有1 100余名会员。目前中国（不含港澳台地区）以77家会员数量位列世界第一。ICCA每年针对全球各个国家及地区/城市会议统计数据撰写的排名报告，成为全球会议产业具有权威和公信力的指标之一，也是专业会议组织者（professional conference organizer，PCO）选择理想会议举办地的重要参考数据。

此外，以营利为目的的企业类组织开始进入爆发式增长阶段，其中一些企业不断开拓跨国业务，进而成为全球性企业及企业集团。政府类、协会类、企业类组织机构的发展壮大，为全国性会议、区域性会议、全球性会议的发展奠定了坚实的基础，有力地推动了现代会议的进一步发展。

城市化进程的加快，为会议的高频化、规模化提供了可能。城市将大量的陌生人聚集在一起，并在此交流、合作，大大地提高了劳动生产率。21世纪以来，会议与城市之间的积极互动关系迅速普遍化。城市发展从会议及会议产业发展中受益，全球会议中心、会议酒店设施数量快速增加，种类也更加齐全，会议服务水平逐年提高。向"会议目的地城市""国际会议城市"方向发展也成为全球大多数城市的共同选择，这又为会议产业向规模化、专业化、国际化等方向发展奠定了坚实的基础。

📑 **本节金句**

会议是实现信息深层次传递的主流形式。

第二节　会议的内涵

在人类社会的发展历程中，会议作为一种重要的沟通方式，始终扮演着至关重要的角色。从古至今，无论是政治、经济、文化还是科技领域，会议都是人们探讨问题、交流思想、制定决策的重要平台。然而，要想真正理解会议，应先从会议的定义入手。

一、会议的定义

当今世界，每时每刻都在进行着名目繁多的会议，大到各种国际组织、国家机关，小到家庭内部或亲朋之间。无论国家之间建立外交关系，进行涉外交涉，还是一个国家、一个组织管理内部事务，对外开展政治、经济、科技、教育、文化方面的合作与交流，抑或人们之间协调关系、交流思想、联络感情、解决矛盾，无不需要会议的帮助。会议已经存在于人类社会活动各个领域，成为人类社会活动不可或缺的一种交往方式。

(一)不同个人和组织的解释

1. 孙中山的观点

对于会议的定义，孙中山先生曾在其著作《民权初步》中提出："凡研究事理而为之解决，一人谓之独思，二人谓之对话，三人以上而循一定规则者，则谓之会议。"

2. 会议在汉语中的解释

在《现代汉语词典》中，会议有以下两个解释：一是指一种经常商讨并处理重要事务的常设机构或组织，如政协会议；二是指有组织有领导地商议事情的集会，如工作会议。

前者在多数时候被认为是一个机构，或是会议主办方；而后者将会议解释为"有组织的临时性集会"，未能解释清楚何种集会才是会议，有组织的集会也会产生歧义，如明星演唱会、单位联欢会、各类赛事活动等都符合"有组织的集会"，但该解释并非我们要讨论的会议。

3. 维基百科的解释

维基百科给出的中文版定义为：会议是人类社会的一种社交、公关、政治、意见交流、讯息传播及沟通的活动，由两位或多位人士参与。

维基百科给出的英文版定义是：A meeting is a gathering of two or more people that has been convened for the purpose of achieving a common goal through verbal interaction, such as sharing information or reaching agreement.

维基百科对会议的英文版定义，强调了会议通过语言交流，具有实现共同目标和达成协议的目的。

4. 世界旅游组织的解释

根据世界旅游组织(UNWTO)的解释，"会议"主要是指"一群人聚集到某个地方，来商讨某件事情，或举办一项活动"。会议的主要目的是激励参与者、开展业务活动、分享观点以及学习等。

同时，该组织指出，"会议"应具备三个条件：

(1)会议持续时间。例如四小时(半天)。

(2)会议规模。例如不少于10人。

(3)会议场所。例如在签约场所举行。

5.《会议分类与术语》国家标准

2014年发布的《会议分类与术语》国家标准，给"会议"做了规范的界定，即在特定的时间或空间，通过发言、讨论、演示、商议、表决等多种形式以达到议事协调、交流信息、传播知识、推介联络等目的的一定人数的群体活动。

6. 行业人士的解释

中国会展经济研究会统计委员会副主任、中国会展集训营创始人张凡先生对会议的定义也有自己的观点，他认为，凡是在租赁场地召开会议，能够产生 GDP(国内生产总值)的活动(社会消费)都应称之为会议，即属于会议产业统计的会议。

(二)本书的定义

综上所述，本书将会议定义为：三个或三个以上的人按一定的组织原则聚合在一起，围绕某些共同关心的内容而进行临时性的多向沟通。

会议必须具备以下三个条件：一是必须有两个以上的人(最少为三人)参与；二是必须有一定的议题和目标；三是必须通过一定的程序达到目标。

(三)不属于会议的活动

1. 展览不属于会议

在会展业发展如火如荼的今天，仍然有相当多的人认为，会展就是"会议＋展览"，甚至一些城市的政府主管部门也仅仅关注会议、展览，而忽略了会展活动的其他类型，如节庆、奖励旅游等。在行业实践中，展览附带会议、会议附设展览也较为常见。会议和展览有各自的特性，两者的区别也非常明显。如布展、开展、撤展与会前、会中、会后的工作内容大相径庭，尤其是婚博会、房交会、家装建材展、车展等常见消费性展览会，现场订货和现场交易的特点十分明显。应注意的是，如果主体活动是展览，又附带了会议、论坛、推介会、产品发布会等，那么这类附带的活动属于会议范畴。

2. 节庆不属于会议

《现代汉语词典》将节庆解释为"节日""庆祝日"，常指有很多人参与、时间超过两天、多个表演展示比赛活动且表演比赛地点分散的大型群体性活动。一般情况下，节庆活动不仅有本地居民参加，还有外地居民甚至外国人参加。

3. 体育比赛不属于会议

体育比赛名目繁多，各大洲、各国、各单项组织经年累月组织了各种比赛，但这些均不属于会议。值得注意的是，在体育比赛前、中、后的新闻发布会则属于会议。

4. 名称上带"会"的不一定属于会议

凡是活动名称上带"会"的，不一定是会议，例如全国糖酒商品交易会(简称"糖酒会")、中国进出口商品交易会(简称"广交会")、中国西部国际投资贸易洽谈会(简称"西洽会")等。糖酒会、广交会、西洽会等著名的会展活动，虽然里面有附带会议，但其主体形式是展览，会议仅是其辅助或次要形式。判断是否属于会议，一定要把握该活动的主体形式。例如由中国会展杂志社举办的历届中国国际会展文化节活动，名称上虽有"节"字，但其活动主体是会议，并辅以展览、项目签约、推介活动等多项子活动，因此，中国国际会展文化节仍属于会议范畴。

5. 固定培训和考试不属于会议

最为常见的考研培训班，公务员培训班，托福、雅思培训班，高校开设的总裁培训班、研究生课程培训班，政府部门下属的交流中心、社团和企业开设的名目繁多的培训班，以及出国外语考试、考研考试等，这些均不属于会议，而是属于商品买卖的范畴。这类商品的购买者往往是以获得某种资质、证书或提高某方面能力为目的的个人。

6. 人才招聘会、高校毕业生双选会不属于会议

企业或者机关、事业单位到校园里举行的招聘会、双选会，均不属于会议，其本质是展览，是 B2C 形式，即用人单位对个人的展览。

二、会议的特征

现代会议形形色色，但有其共同特点。

(一)目的性

会议具有目的性，这是因为会议是一种围绕特定目标进行的、以口头发言或书面交流为主要方式的、有组织有计划的商务活动。会议的目的包括：促进业务推广与扩大品牌影响，促进教育培训和激励士气，促进信息共享和交流沟通，促进问题解决和决策制定。会议使不同的人、不同的想法汇聚一堂，相互碰撞，擦出火花，从而产生一些富有创意、切实可行的"金点子"，并通过会议进行决策，是实现决策科学化、民主化的有效手段。

(二)必要性

召开会议前，我们应提出这样的问题：是否非要开会？是否有其他方法可以代替？如果答案"是"，即不开会就解决不了问题或解决问题有难度，而且没有其他方法可以替代，那就说明开这个会很有必要；否则就没有必要，可以不开。

(三)组织计划性

会议不仅要有明确的目标，而且要有一定的组织计划性。一般会议都会有主持人，一些大型的会议有时还要设立会议组织机构，包括秘书组、学术组、会务组等。组织一场会议，常常要经过确定会议目标、制定会议议题、选择会场、确定会议时间等一系列程序。会议只有具备高度组织性，才能有序地进行，从而实现会议的目标。

(四)群体沟通性

会议是一种至少有三人参加的群体沟通活动。随着科技的迅猛发展，人们的沟通方式越来越多，现在人们可以通过短信、电话、E-mail、多媒体等各种形式进行沟通，但是面对面的群体沟通，即会议这种方式，是任何其他沟通方式都难以替代的，因为这种方式最直接、最直观，也最符合人类原本的沟通习惯。

(五)交流方式多样性

传统的会议是以口头交流为主、书面交流为辅的活动方式，但是从现代会议所采用的交流方式来看，在会场上还可以运用图片、图表、幻灯片、语音或视频等方式进行交流。会议是一个集合的载体，大家聚集在一起共同讨论、交流，从而产生新想法。许多高水准的创意就是开会期间不同观念相互碰撞的产物。

三、开会的原因

开会的原因通常是想要解决某个问题或者讨论某个议题，而开会的目的则是希望通过讨论找到解决问题的方法。例如，公司要召开一个会议来讨论新项目的进展情况，这就是开会原因。在这个例子中，公司召开会议的目的可能是确保新项目按计划进行，并就如何改进该项目的进展达成共识。因此，召开会议的目的是确保项目的成功实施。简言之，开会的原因是解释为什么要开会，而开会的目的则是明确希望达到或实现的结果。

(一)大多数企业在会议中决定其基本走向

一方面，企业90%以上的重大决策是通过会议制定的。如果不定期召开会议，大部分团体和组织就无法正常运作。例如，国企的决策机制是民主集中制，凡企业"三重一大"事项，须先提交党委会，留好会议记录，做好领导班子成员签字工作，随后才能转交经营管理层人员进行讨论决策。部分重要的事项还需要经过董事会讨论通过才可执行，如涉及公司组织架构重大调整、重大业务投资等事宜。若不通过会议讨论来解决，很难形成统一的意见。因此，每当遇到上述重要事项，管理者便会组织各种大会小会，确保企业的各条战线不出现重大决策失误。

另一方面，"一夫当关"的英雄时代已经过去，加强团队合作才能顺利成就事业。由全体成员共同参加的会议的效果远远超过集体中每个个体力量的简单加总，而且企业内部存在的问题可能错综复杂，甚至超出了领导者个人能力范畴，因此，将具有不同背景和观点的人聚集在一起，共同探讨并作出决策变得越来越重要。

（二）由主要领导者的管理思路决定

企业开会多，除了和企业性质有关外，和领导的管理理念、风格也有很大关系。例如，某些民营企业的领导喜欢集思广益，倾向于充分听取下属团队的意见后再做决策。在此风格领导下，该公司的会议必然会偏多。通常，中小型民营企业的领导较少通过开会来解决问题，而更倾向于扁平快的工作方式。

（三）开会是企业常见的管理方式

开会是企业管理中不可或缺的一环，是企业常见的一种管理方式。首先，企业通过会议可以传达上级通知和重要会议精神，从而实现信息的快速传递和认知的统一。其次，会议能够督促工作进度和开展工作部署，管理层可以通过会议了解每个部门的工作情况和工作进度，及时解决问题和制订计划。再次，开会还能促进成员之间的沟通和交流，加强团队合作，让每个岗位的员工更加了解彼此的工作。最后，适当地开会有利于提高工作效率和决策效果，通过讨论和协商可以快速作出决策，提升工作质量和效果。

【小资料 2-1】一份美国的调查统计

> 经理级干部和专业人员每周大约要花 1/4 的时间在开会上；
> 中上级的经理约 1 周 2 天；
> 资深行政人员则多达 1 周 4 天。
> 研究显示，除了一对一的会议，3 人以上的会议平均所占的时间最多。

四、会议的目的

会议的目的多种多样，大体可归纳为以下四个方面。

（一）促进业务推广与扩大品牌影响

会议可以作为一种有效的推广工具，帮助主办方宣传和推广其产品、服务和品牌形象。这类会议既包括企业组织的销售会议、新产品发布会、新产品说明会、招商会，也包括政府机关组织的经验推广会、新闻发布会，还包括各类单位组织的招聘会、各类社团组织的会员招募会等。推广、销售从本质而言是为了"做生意"，政府的招商说明会，非营利组织/社团为了吸引赞助商或合作伙伴、招募发展更多会员、留住老会员而举办的新闻发布会、介绍说明会、年会等同样出于该目的。

会议还可以邀请行业专家或媒体代表出席，增加曝光率，扩大主办方的知名度和影响力。在会议策划时，主办方会调动身边的一切资源，通过各种途径进行宣传、造势和邀约。会议现场各个流程完美配合，无形之中展示了主办方的实力和文化。

在此目的下，企业办会的目的还可以细分为拓展客户、品牌曝光、销售转化、促活留存四种类型。(详见本书第四章第一节小资料 4-2)

(二)促进教育培训和激励士气

现代企业竞争激烈，员工需要不断学习新知识和新技能以适应市场需求。因此，会议可以作为培训和学习的场所，提供一个分享知识和技能的专业平台。企业可以组织内部培训会议、研讨会等，让员工学习新的工具、方法和最佳实践，从而提升个人能力和整体业务水平。这里所指的教育培训除了最常见的知识传播和分享、学术交流、学术研讨会外，还包括企业组织的提高员工、经销商、合作伙伴的销售技能、增进感情、团队建设、加强合作的培训会议、说明会、颁奖和奖励旅游等。需要注意的是，由社团、协会和企业定期组织的考前培训不归入此类。

同时，会议可以作为企业激励员工的一种方式，如通过召开会议来表扬优秀员工或组织团队活动等方式来激励士气。企业对员工的激励和鼓舞，有助于他们更好地完成工作任务。此外，各类报告会也属于教育和激励范畴，如×××先进事迹报告会、×××诞辰/×××作品发表周年纪念会、摄影作品鉴赏会、动员会、誓师大会、表彰会、颁奖晚会/颁奖典礼、庆功大会、庆祝大会等。

(三)促进信息共享和交流沟通

会议为不同部门和岗位的员工提供了一个集中交流的平台，让他们得以相互了解对方正在进行的工作、计划或想法，以促进信息的共享和沟通。通过举办部门会议、团队讨论等，企业能够促进内部沟通和协作，加强团队之间的合作关系。此外，会议还可以邀请外部嘉宾或专家出席，分享最新的行业动态和技术趋势，促进信息的交流和沟通。最终，通过信息不断共享和交流沟通，参会者可以共享他们的研究成果、决策案例、最佳实践等，进而促进不同部门或团队之间的交流和协作，打破信息孤岛，提高组织的整体协同效能。

需要注意的是，很多交流形式本身就是教育的一部分，例如茶歇、酒会上的交流很可能就是刚结束的会议的延续，学术会议独有的论文张贴区交流、问答则明显属于教育的范畴。

(四)促进问题解决和决策制定

会议是人们为了解决某个共同的问题，或出于不同的目的聚集在一起进行讨论、交流的活动。一般在下面三种情形下，可以通过会议来促进问题的解决：一是能力范围内解决不了的问题，需要寻求帮助；二是权限范围内解决不了的问题，需要领导协调；三

【拓展阅读 2-2】

为什么要开会？

是不可控或意料之外的问题，需要领导商量。通过举办讨论会、研讨会或决策会议，企业能够集思广益，吸收各方意见，共同研究和解决问题。

无论是政府机关，还是协会社团或企业，往往都需要商议和讨论、表决，并作出一些重要的决策，例如战略规划、项目投资等。而会议可以让高层领导集思广益，吸收各方意见，集中讨论，共同制定决策方案，通过尽可能减少个人主观因素影响的方式，来提高决策的准确性和可行性，从而促使制定的政策更具有广泛性和科学性。

> **本节金句**
>
> 会而不议，议而不决，决而不行，行而无果，是企业最大的浪费。

第三节 会议的类型

会议的类型多种多样，可以根据不同的划分标准进行分类。

一、按会议主办单位划分

在《中国会议统计分析报告》中，按主办单位划分，会议主要分为公司会议、协会会议、政府会议、事业单位会议四种类型。

（一）公司会议

公司会议是由企业主办的，以行政、管理、技术、营销等为内容，以促进企业内部沟通、业务讨论、项目汇报、战略规划等为主要目的的会议。公司会议的参与者一般是公司的员工、管理层和合作伙伴，有时也邀请外部专家参与。公司会议可以是日常的团队会议、部门会议，也可以是重要的年度股东大会、战略规划会议等，其议题和形式根据具体目的而定。公司会议通常以管理、协调和技术等为主题，具体可分为销售会议、经销商会议、技术会议、管理者会议及股东会议等。

公司会议具有以下特点。

（1）频率高且无规律。与其他类型的会议相比，公司会议的频率较高，这与公司的运营需要和决策形式有关。此外，这些会议的召开也受到外部环境和公司内部变化的影响，使得会议的频率明显缺乏规律性安排。

（2）会议筹备时间短。由于会议的频率较高，会议筹备时间必须相应缩短，以满足紧迫的时间要求。这意味着会议主办方不仅需要摸清会议的需求，还要迅速安排场地、准备会议议程、通知与会人员等，以确保会议的顺利进行。因此，公司会议的筹备工作通常需要进行高效的规划和协调。

（3）会议人数确定早。在筹备过程中，公司会议的参会人数通常会在较早的阶段就确定下来。这样做的目的是确保会议的规模、场地等准备工作能够与参会人数相适配，从而保证会议的顺利进行。提早确定参会人数还有助于会议主办方更好地安排日程表、控制会议时间并提前为参会人员提供相关信息。表 2-1 所列为近年来公司会议参会人数情况。

表 2-1 近年来公司会议参会人数情况

序号	会议名称	人数	主办单位
1	2022 第 9 届李曼中国养猪大会	8 200＋	美国明尼苏达大学 世信朗普国际展览（北京）有限公司
2	2022 第 5 届中国纱线质量峰会	6 000＋	中国纱线网
3	2022 视觉健康创新发展国际论坛	5 500＋	国药励展展览有限责任公司
4	2023 移动云大会	4 900＋	中国移动通信集团有限公司

续表

序号	会议名称	人数	主办单位
5	2022第五届食品科技创新论坛	3 000+	《食品工业科技》杂志社 食品伙伴网
6	2023中国医院竞争力大会	3 000+	广州艾力彼管理顾问有限公司

(4)全体或特定部门员工必须参加。公司会议通常涉及全体员工或某些特定部门的员工，因此员工必须参加。这有助于确保所有人都能了解公司的最新信息和决策，并且能够及时采取行动。

(5)资金来源和费用支付方式不同。公司会议的资金来源和费用支付方式通常取决于会议的目的和受众。对内的公司会议通常由公司全额支付会议资金，参会者不需要交费。这种类型的会议主要面向公司内部员工，旨在促进内部协作、沟通和共享信息。公司承担会议费用，以确保员工能够充分参与会议，推动内部团队的发展和目标的实现。对外进行市场化运作的公司会议，通常需要参会者支付参会费用。这种类型的会议主要针对外部参与者，如行业专业人士、合作伙伴和其他感兴趣的个人或组织。参会者需要支付费用来参加会议，以获取特定行业的见解、交流经验和拓展人脉。

(二)协会会议

协会会议是由协会、工会、妇联、学联、学会、商会、基金会、研究团体等各种社会团体主办的会议。目前，我国的协会会议以学术会议为主，其中，医药类会议、医学类会议占有绝对优势。协会会议在会议市场中同样占有相当重要的位置。

根据区域范围，协会会议可分为小型地区性组织、省市级协会、全国性协会、国际性协会等。根据主体构成，协会会议大致可以划分为行业协会、专业和科学协会、教育协会和技术协会等类型。其中，行业协会被认为是会议业最值得争取的市场之一，因为协会的成员多为业内成功管理人员。协会会议常常与展览结合举行。

协会会议主要具有以下特点。

(1)商业化运作。协会会议大多采用商业化运作方式，参会者自愿参加并需要支付参会费用。每位参会者对费用支付都有其明确的价值期望，只有认为"会有所值"时才会自愿参加。

(2)筹备周期长。协会会议的筹备周期通常较长，跨度通常要超过一年，如国内会议需要1～2年，国际会议甚至需要2～8年的筹备时间。长时间的筹备是为了确保会议的顺利进行和会议内容的高质量。

(3)举办有风险。协会会议的举办面临着经济风险、自然风险和文化差异风险。

经济风险包括商业运作失败和汇率风险减少。例如，协会会议一般没有政府财政资金支持，往往需要自筹资金或寻求商业运作。一旦商业运作不成功，参会者人数将会减少。此外，协会会议往往参会人数多，有的会议可能还会面向国外参会者，若遇上经济形势变化、汇率变化，参会者交纳的参会费折算成人民币会贬值，往往导致会议经费减少。

自然风险，如自然灾害等不可抗力事件以及传染病、恶劣天气、交通限制等的发生，会导致会议延期或暂停举办。参会者可能会选择不参加会议，以避免带来不必要的麻烦。

文化差异也可能影响国际参会者数量。例如，在某些国家，出于对特定疾病的态度和规定，如果会议主题涉及这些敏感问题，可能会导致一些人因法律和道德观念的冲突而选择不参加会议。此外，语言和沟通障碍也是文化差异的表现形式。如果会议交流使用的主要语言并非参会者的母语，或者会议没有提供足够的翻译服务，就有可能会造成沟通障碍，使一些参会者选择不参加该会议。

（4）规模比较大。协会会议通常涉及广泛的专业领域，因此参会人数通常较多（见表2-2）。在国内和国际的协会会议中，参会人数通常从几十人到数千人不等，规模较大的协会会议甚至可能吸引数万人参加。同时，协会会议还会有丰富的活动项目，如包括多个主题演讲、分组会议、专题研讨会、学术报告等，以满足不同参会者的需求和兴趣。

表 2-2　近年来大型协会会议参会人数情况

序号	会议名称	人数	主办单位
1	2023 第 17 届东方心脏病学会议	52 000＋	上海市医学会
2	2023 第 25 届全国临床肿瘤学大会	40 000＋	中国临床肿瘤学会
3	2023 第 17 次重症医学大会	15 000＋	中华医学会重症医学会分会
4	2018 世界哲学大会	5 000＋	国际哲学团体联合会、北京大学
5	2017 中国材料大会	5 000＋	中国材料研究学会
6	2023 第 3 届中国医药流通贸易大会	5 000＋	中国医药物资协会
7	2019 第 3 届全球 AI 智适应教育峰会	3 000＋	中国自动化学会等

（5）支出相对较高。协会会议的支出相对较高。在协会会议中，常见的大额支出项目有场地租金、餐饮支出、嘉宾邀请和演讲支出、会议设备租赁支出、宣传推广支出、交通支出等。会议组织者需要认真核算这些费用，并合理规划和控制预算，以确保会议的顺利举办和经费的合理利用。

【拓展阅读 2-3】

公司会议与协会
会议的区别

（三）政府会议

政府会议是指执政党内不同职能部门以行政发文的形式举办的会议，包括直接由财政经费（会议费）支持的会议和间接由参会人员所在行政部门列支财政会议费开支的会议两类。简言之，政府会议由政府组织或政府部门主办，以商讨政府各项事宜为主要目的，主要参会者一般为政府官员、政策制定者、行业专家、学者以及来自相关领域的代表等。政府会议通常在大型会议中心或政府机构内部举行，但有时会涉及高级别的国际会议，以促进跨国合作和交流。

政府会议具有以下特点。

（1）规模固定且受限。政府会议都是以行政发文形式来进行组织，所以具有一定的强制性，因而政府会议的规模在参会人数和经费上有明确的规定和限制，通常具有固定的会议规模和会期。同时，政府的工作会议较多且组织形式较简单，没有太多策划的内容，因而无须与专业的会议公司合作。若是由政府部门主办的商务会议，则常与社会机构合作举办。近年来，中央对政府会议进行了改革，明确规定了会议数量、规模、会期和经费的标准。

（2）区域范围广但有行政级别限制。政府会议的地点选择与行政级别相关，高级别会议有更广泛的地域选择范围，而全国人民代表大会和中国人民政治协商会议（简称"全国两会"）则固定在特定地点举行。中央部门的会议可以在全国各地召开，而省市和县市级别的会议必须在相应行政区域内举行。

（3）高接待规格及 VIP 接待。政府会议通常会有行业主管领导和当地政府领导出席，因此会议的接待规格相对较高。此外，政府会议还涉及大量的 VIP 接待，这使得会议的接待规格变得更加重要。

（4）数量和占比下降，组织周密且保密性要求高。自 2013 年起，中央对政府会议进行了具体调控，故各地政府会议数量呈下降趋势。同时，政府会议的组织非常周密，且对服务机构和人员的资质要求较高。此外，政府会议具有一定的保密性要求，包括对领导的安全保障和对会议内容的保密。

（四）事业单位会议

事业单位会议是指由学校、医院、科研机构、文艺团体等事业单位组织主办的，以文化、教育、卫生、体育、科学技术为主要内容的会议。事业单位是经济社会发展中提供公益服务的主要载体，是我国社会主义现代化建设的重要力量。

事业单位会议具有以下特点。

（1）会议规模较小。相较于公司会议和协会会议，事业单位会议规模通常较小，参会人数也相对较少。

（2）内部工作会议较多。事业单位会议主要面向内部成员，是组织机构内部交流和协调工作的重要平台。会议的目的是促进内部沟通、探讨问题、制定方案、协调合作，并加强内部团队的凝聚力和协作效率，较少涉及对外的市场化运作。

（3）审批管理严格。根据《中华人民共和国行政许可法》《事业单位登记管理暂行条例》《中共中央 国务院关于分类推进事业单位改革的指导意见》（中发〔2011〕5 号）等法律法规和文件规定，事业单位会议受政府部门主管部门的管理和监督。例如，建立健全会议审批和会议费内部管理制度，严格控制会议数量、会期、规模，注重会议质量，提高会议效率；各单位召开会议应尽量使用单位内部的宾馆、招待所、会议室和车辆，不得租用高级宾馆、饭店召开会议，也不得到党中央、国务院严禁召开会议的风景名胜区召开会议；等等。

【拓展阅读 2-4】

我国公款举办的政府及事业单位会议加快缩减

（4）注重学术性和专业性。作为学校、医院、科研机构、文艺团体等组织主办的会议，事业单位会议的内容通常围绕学术研讨、专业交流和学科发展展开。会议主办方力求邀请权威的专家、学者，提供高质量的学术报告和专题讨论，以推动学术进步和行业发展。需要注意的是，在医学会议的办会实践中，除了由医院作为主办单位的情况，还有医药公司自办会议（属于公司会议）、医药公司捐赠给基金会并由基金会主办（属于协会会议）、医学会/协会主办（属于协会会议）的情况。

二、按会议规模划分

会议规模是指参会总人数。2014 年发布的《会议分类与术语》国家标准中，会议规模的划分情况如表 2-3 所示。

表 2-3 会议规模划分

分类依据	会议类型	参会代表人数
会议规模	小型会议	10～199 人
	中型会议	200～799 人
	大型会议	800～1 999 人
	特大型会议	2 000 人及以上

对于有的地区和城市而言，500 人规模的会议就是当地的一个超大活动了，但对于北京、上海、广州这样的一线城市来说却很平常，几乎每天都有 500 人规模的会议在这些城市举办。

需要指出的是，参会代表应该是按照主办单位要求，完成全部注册程序并取得正式参会资格的人员。因此，工作人员、志愿者、随行人员、参展商、赞助商或邀请的媒体记者，如果没有经过正式注册或注册时其身份未被认定为"参会代表"，就不应计入参会代表人数。

【小资料 2-2】我国财政部对国际会议规模的认定

2010 年 1 月 19 日，财政部印发了《在华举办国际会议费用开支标准和财务管理办法》的通知，其中对国际会议的规模作了如下规定。对按照会议正式代表（不含工作人员）的人数，在华举办国际会议分为三类：会议正式代表在 300 人以上的，为大型国际会议；会议正式代表在 100 人以上、300 人以下（含 300 人）的，为中型国际会议；会议正式代表在 100 人以下（含 100 人）的，为小型国际会议。

三、按参会者的国别划分

参会者的身份是指他（她）的国籍，按参会者的国别，可将会议划分为国际会议和国内会议。

（一）国际会议

1. 对国际会议认定的分歧

国内对于如何认定国际会议，分歧由来已久。公众、政府官员和媒体普遍认为一个会议有境外人士参加，这个会议就应该是一个国际会议。2006 年，中共中央办公厅、国务院办公厅发布了关于在华举办国际会议的管理办法的文件，规定该文件适用范围的国际会议是指"在我国境内（不含港澳台地区）举办、参会者来自三个或三个以上的国家和地区（不含港澳台地区）的会议、论坛、研讨会、报告会和交流会等"。该文件同时指出，"国际会议类型主要包括：由我国有关地区和部门主办的会议；与国际组织及外国有关团体、机构共同举办或受其委托由我国有关单位承办的年会、例会及其他会议；国际组织及外国有关团体、机构单独举办的各类会议"。该文件是一个管理办法，适用对象是需要报批的国际会议，而不需要报批的国际会议就不是上述适用范围的国际会议。显然，上述文件对国际会议的定义并不全面。

成立于 1963 年，总部在荷兰的阿姆斯特丹的国际大会及会议协会（ICCA）作为会议行业颇具影响力的国际组织，将国际会议分为两类，即协会会议和企业会议。其中，协会会议包括国际政府组织会议、国际非政府组织会议，而企业会议包括内部会议、外部会议、内外部会议。ICCA对国际会议的认定标准为：只有参会人数在50人以上，至少在3个国家轮流举行的固定性会议才被纳入国际会议活动的统计范围。

目前，北京统计局每年均对在北京举办的国际会议进行统计，并发布在《北京统计年鉴》中。该机构统计国际会议时的认定标准是：由来自3个或3个以上的国家或地区(含港澳台地区)的代表参加的会议。按照该标准，有的会议如果一半参会者都是外国人，但仅仅来自两个或一个国家，则不可计入国际会议。显然这一认定标准也不妥当。

2. 本书对国际会议的认定

国际会议应指由来自3个或3个以上的国家或地区(含港澳台地区)的代表参加的会议，或境外参会代表占全部参会人数40%(含)以上的会议。

3. 国际会议召开的时间

从全球来看，1月召开的国际会议最少，占2%；9月召开的国际会议最多，占17%；5至6月、9至10月召开的国际会议数量相对较多。

(二)国内会议

国内会议即在国内举办的会议，规模和影响力较国际会议有一定差距。按照上述对国际会议的认定，国内会议的定义可以这样概括：由来自2个或2个以下的国家或地区(含港澳台地区)的代表参加的会议，或境外参会标准不足全部参会人数40%的会议。

国内会议无明显淡旺季之分，在我国，一般2月国内会议最少，1月国内会议最多。

四、按会议的举办周期划分

按会议的举办周期，可以将会议划分为定期会议和不定期会议。无论是政府、事业单位，还是企业、协会，都有定期会议和不定期会议，基本上都有规律可循。

(一)定期会议

定期会议即按照规定的时间或时间间隔召开的会议，通常以一年一次、两年一次、三年一次、四年一次等为召开频率。其中，协会的定期会议的"定期"性质最为明显。如博鳌亚洲论坛年会就固定在每年4月，世界经济论坛新领军者年会(夏季达沃斯论坛)固定在每年9月，中国国际贸易促进委员会主办的中国会展经济国际合作论坛(CEFCO)每年1月中旬举办。股东大会、董事会、干部会议等会议，一般也是定期举行的。

(二)不定期会议

不定期会议即不按固定周期召开的会议，有时会因临时或突发性事件而召开，或因主办机构对于下次会议何时召开未能达成共识，不能下定决心而临时决定开会。由于主办方缺少承诺和投入且在主题和议题设置上投入不够，难以招募到足够多的参会者，也难以邀请到高质量的演讲嘉宾，企业没有足够的预算安排员工参会或出资赞助、参展等，因此不定期会议的质量很难保证。

五、按会议性质划分

(一)常见的统计口径

1. 法定性会议

法定性会议即根据有关法律与法规规定必须举行的会议，以及特定组织为履行法定职责而举行的会议。前者如各级人民代表大会、企业的董事会议和股东大会等，后者如各种法定组织的领导人办公会议等。

2. 非法定性会议

非法定性会议即在法律和法规允许的、法定性会议以外的会议，如决策性会议、各类研讨会、新闻发布会、交流恳谈会、经贸洽谈会等。

(二)《中国会议统计分析报告》统计口径

会议的目的决定了会议的性质。《中国会议统计分析报告》归纳了六种最常见的会议性质，如表2-4所示。

表2-4　按会议性质划分

分类依据	会议类型	典型会议举例
会议性质	工作研讨会议	工作会、例会、理事会、研讨会、谈判会、碰头会、评估会、汇报会、布置会、务虚会、验收会、评估/评价会、分析会、核验会等
	学术交流会议	学术会、学会/协会年会、专题研讨会、专题交流会、高峰论坛、学术峰会、学术座谈会、学术论坛等
	签约发布会议	签约仪式、发布会、启动会、开幕/开盘仪式/庆典、颁奖仪式/典礼、奠基仪式、成立大会、首映仪式/典礼等
	培训学习会议	专题培训班、专题/项目/培训班、时政/理论学习班/会、读书班/会、演讲会、大讲堂、讲座、研修班、训练营、拓展会、阐述会、考核、公开课等
	总结报告会议	(单位或系统的)年终总结会、年会、述职大会、报告会、表彰/奖励会、群英会、职代会、员工代表大会、动员/誓师大会、党代会、人大/政协会议、宣讲会、年度务虚会、团拜会、茶话会、新年论坛等
	营销订货会议	营销/销售/订货会、产品推介/推广会、经销商/供应商大会、砍价/团购/采购会、展销/展示会、招商会、直供会、品鉴会、试驾会、义卖会、答谢会、分享会、商务大会等

2011—2020年，不同性质的会议在国内会议市场占比情况如表2-5所示。

表2-5　会议性质分类统计数量占比

会议规模	2011年	2012年	2013年	2014年	2015年	2016年	2017年	2018年	2019年	2020年
工作研讨会议	44.7%	38.5%	30.1%	26.7%	25.3%	27.2%	26.1%	22.3%	26.7%	28.2%
培训学习会议	8.7%	13.4%	14.9%	15.9%	17.9%	23.1%	25.4%	34.1%	29.1%	33.5%
学术交流会议	13.1%	11.8%	16.9%	19.3%	21.3%	19.0%	18.6%	14.2%	16.2%	10.4%
总结报告会议	16.5%	18.1%	11.6%	11.6%	8.7%	10.3%	13.7%	13.8%	16.2%	17.2%
营销订货会议	13.2%	13.3%	21.2%	19.0%	19.4%	13.9%	9.4%	9.9%	7.3%	6.9%
签约发布会议	3.8%	4.9%	5.4%	7.5%	7.4%	6.6%	6.7%	5.7%	4.5%	3.8%

工作研讨会议由2011年的44.7%逐年递减到2015年的25.3%。其原因是《中国会议统计分析报告》统计的会议样本主要来自会议型酒店，而中央八项规定出台后，大量工作会议不再到酒店举办。营销订货会议增加幅度较大，由2011年的13.2%逐渐升至2015年的19.4%，可以认为是企业在经济转型期间加大市场化运作的必然结果。而其他会议占比在后几年中都没有较大变化。

【拓展阅读2-5】

其他会议类型

【拓展阅读2-6】

广州CBD早餐会

【小资料2-3】不同会议形式的英语表述

1. meeting：一般意义的"会议"，如家长会(parents meeting)。

2. conference：比较正式、规范意义上的会议。如××国际会议。

3. symposium：专题讨论会，规模比conference小。

4. seminar：大学里教师指导下的研讨班与专题讨论会、专家讨论会、学术研讨会。

5. workshop：就某个议题而进行的一段交流与讨论：研习会、讲义班。通常需当场做练习。

6. congress：代表大会、国会。

7. summit：最高级会议、峰会、首脑会议。如八国峰会(G8 Summit)。

8. forum：论坛、公开讨论会。通常有专家和观众参加讨论。

9. fair：展览会、展销会、市集，以交易为目的。

10. plenary：全体会议(全体出席的)。如全体议员出席会议(a plenary session of the council)。

11. session：主要指议会、政府(一次)会议，在计算机网络应用中被称为"会话"。

12. exhibition：展览会。

13. exposition：博览会。

📖 **本节金句**

公司会议是会议市场的主力军。

第四节　会议的功能与作用

一、会议的功能

英国作家安东尼·杰伊(Antony Jay)在1976年发表的关于有效职场沟通的著作《如何举办会议》(*How to Run a Meeting*)一书中描述了会议的六大功能。

(一)地位象征

会议在企业和组织中可以作为一种地位象征的方式。参加重要的会议不仅意味着一个人在组织中具有重要的角色和地位，还能够展示其被认可和尊重的程度。会议通常由高层管理人员或核心团队成员组织和主持，而被邀请的参会者往往是组织中具有关键职责和专业知识的人士。通过参加会议，人们可以展示自己的经验和能力，进而提升自己在组织中的地位。

（二）科学决策

会议为决策制定提供了一个科学和系统的平台。通过举办会议，会议主办方可以邀请相关专家和关键利益相关者参与讨论，收集各种观点和意见，并基于这些信息作出最佳决策。会议可以通过形式化的投票、协商一致或达成共识等方式，确保决策的规范性和可行性。此外，会议还可以为决策提供必要的背景资料和参考信息，帮助参会者全面理解问题并作出明智判断。

（三）发扬民主

会议是发扬民主的一个重要途径。通过会议，各方有机会表达观点、提出意见和建议，并参与共同决策的过程。会议提供了一个平等参与和公正表达观点的机会，会议中的自由讨论和辩论使各方能够充分表达自己的观点，并通过权威决策的方式，综合各方意见以达成共识或妥善处理分歧。通过这种民主参与的过程，会议能够提高团队成员的参与感和认同感，增强组织的凝聚力和效率。

（四）产生权威

会议可以产生权威，给予会议决策和结果以决断力、教育力和实施力。在会议中，相关的问题和议题经过全面的讨论和权威的决策，从而产生具有约束力和权威性的结果。这些结果基于参会者的专业知识和实践经验，代表了集体的智慧和选择。通过参与会议决策的过程，各方能够在决策背后建立和承认会议的权威性，为组织提供明确的方向和目标，并增强组织内外对其的信任和接受程度。

（五）信息沟通

会议是信息传递和沟通的重要手段。通过会议，组织可以向参会者传达重要信息、新闻或最新进展。参会者也可以相互交流、分享信息和经验，加强彼此之间的理解和联系。会议为参会者提供了面对面交流的机会，有助于建立信任和亲密关系。通过会议，参会者可以参与互动、提问和回答问题，促进信息的双向传递和共享，确保信息的准确性和及时性。此外，会议还提供了一个获取反馈和解决问题的渠道，有助于改善沟通与协作的效果。

（六）联络感情

会议有助于建立和维护人际关系，加强工作关系和团队协作。通过会议，参会者可以亲临现场，进行面对面的互动和交流。这有助于建立更紧密的工作关系，加深彼此之间的了解和认同。会议提供了共同讨论问题和解决难题的机会，可以促进团队成员之间的交流协作。通过会议，参会者可以分享经验和观点，共同寻求解决方案，增进团队凝聚力，培养共同的价值观和团队文化。

尽管会议拥有上述六个功能，但并不表示会议在任何情况下都能实现这些功能。任何一个会议都有可能浪费时间，成为影响组织目标实现的障碍。因此，只有认识到会议的利弊才能成功地驾驭会议。

二、会议的作用

（一）积极作用

会议是人类在社会活动中形成的一种互动方式。随着社会的不断发展和信息流量的迅速增加，会议这种互动方式越来越受到人们的重视。不同的会议有不同的作用，概括起来主要有以下几个方面。

1. 集思广益、科学决策

各机关、单位基本上都会通过会议这种形式对一些重大问题进行决策，并经过深入的分析研究和群策群力，最后得出结论性的意见，这就体现了会议的决策作用。会议的召开便于各级领导充分掌握有关信息，充分发挥干部群众的智慧，这为决策的制定与实施奠定了基础。同时，各级领导也可以在会议的讨论中，了解基层群众、下属员工的实际情况和思想动向，对领导认识上的差别可以及时进行纠正，对反映出来的问题可以进行具体的分析和解决。召开会议的过程通常是把群众的智慧集中起来，变为领导的智慧，进而丰富领导思想和完善领导决策的过程。

2. 发扬民主、宣传动员

会议是领导机关和各级领导密切联系群众的纽带。参会者来自不同单位、不同行业，召开会议可以认真听取参会者的意见和要求，了解各行各业的具体情况。有些会议经过对领导决策的讨论、领会，将领导意图转化为群众的思想和行动，起到了动员群众、组织群众的作用。也有一些会议，旨在进行思想教育、鼓舞斗志或者介绍经验，以达到某种宣传和教育的目的，如积极分子典型事迹报告、先进集体和先进个人的表彰、重大历史事件的通报和形势报告、情况传达等，都采用了会议的形式，起到了宣传典型人物、教育广大干部群众的作用。

3. 传达信息、交流共享

各机关、单位担负着上情下达、下情上传的任务，因此需要召开各种会议，尽快将信息上传下达。可以说会议是信息的"聚集地"，也是信息的"发散地"。各类经验交流会、汇报会、广播会、座谈会、调查会，经过汇报、交流、学习、讨论的过程，可达到沟通信息、交流情况、统一思想和协调工作的目的，使各方都能够互相理解与支持。

在会议中，参会人员之间可以正面交换意见，信息共享，相互学习，对工作中经常出现的问题互相交流工作经验，营造企业内部良好的学习文化氛围。例如，技术人员在会上可以进行技术交流或新技术的学习、研讨，以获得经验总结、技术攻关对策以及技术创新的灵感。通过信息交流以及相互学习，人们可以从新的角度、新的观点以及更广阔的认知空间来思考问题，擦出思想的火花。因此，会议活动既是一种信息的共享过程，也是一个有效的智力开发过程。

4. 协调矛盾、统一思想

会前，人们往往会对同一个问题的看法存在某些差异。但在会议上，大家可以围绕一个共同的目标展开讨论、研究和论证，求同存异，最终达成共识、形成合力，从而起到推动工作的作用。许多公司或部门的常规会议的主要目的是检查员工工作任务的执行情况，了解员工的工作进度和工作状态；同时，还会借助会议这种"集合"的、"面对面"的沟通形式，来有效协调上下级以及员工之间的矛盾。

5. 国际交流、文化沟通

随着我国改革开放和全球化进程的加快，国际交往日益频繁，越来越多的会议发挥着国际交流和跨文化沟通的作用。以北京为例，近年来，北京承办的各种级别的国际会议、大会越来越多，也得到了会议主办方和参会代表的肯定和赞许。根据国际大会及会议协会(ICCA)统计报告，中国入围2014年全球十大最佳会议国家，以全年接待340场国际会议而名列第八。在全球会议城市排名中，北京以105场位列第18名。2011年，北京曾首次被列入全球会议城市排行榜前十。进入ICCA 2013年榜单的12个中国会议城市中，北京承接国际会议的场次遥遥领先于国内其他城市。数据显示，北京国家会议中心自营业到 2014 年 6 月底，共承接会议项目 3 601 个，其中承接的最大规模的国际会议是 2012 SAP 中国商业同盟会，参会人数高达 2 万人。目前，国家会议中心已成为我国重大外事国务活动的接待场所之一，也是国内城市最为繁忙的会议场馆。

（二）消极作用

1. 浪费时间、精力

美国一位管理学家说过，"领导人相当的一部分生命要在会议中度过"。苏联的一位文秘专家卡婕琳娜曾引用一份研究资料指出："会议比重占指挥员和专家工作时间的 30％～33％。"日本效率协会统计发现"全日本科长以上管理班人员工作时间的 40％ 是在开会"。在我国，领导人员开会的比重究竟占多少，目前尚无统计数据，预计不会低于上述所列百分点。如果领导者都陷入会海，无疑耗费时间和精力。

2. 浪费金钱

召开会议必定涉及财务支出，一般来说越高级、越长、越大型的会议支出越多。有些会议费用的支出是必需的，但有些是可有可无的，有些则纯属铺张浪费。

3. 信息重复、浪费

有些会议只是层层传达，复述上级意见，或者走过场、搞形式，本身并不能结合实际，其结果只会制造重复信息，滋长文牍主义。

4. 助长不正之风

长期以来，有少数干部成了专门开会的"职业开会者"；有些人极力争取参加各种会议，无非是借机公费旅游；还有些人积极"开会"，开完会也不认真传达贯彻会议精神，这些人就是典型的会议型官僚主义者。而利用会议敛财，收取各种名目的赞助的行为，更进一步助长了不正之风。

📑 **本节金句**

召开会议是为了解决问题，而不是重复问题。

第五节 会议产业

会议产业真正的产生时间很难判断。通常，判断一种产业是否真正形成的客观标准是该产业协会的成立。因此，会议业协会的成立标志着会议作为一种产业而存在。如在欧洲，会议产业产生于 20 世纪中叶到晚期。

一、会议产业的定义

会议产业是指以规模化、集中化、现代化的手段运作会议及相关活动的行业。会议产业作为正在形成和发展的产业，学术界一直没有形成对会议产业的统一的定义。

（一）国外定义

世界旅游组织在其发布的《会议产业经济重要性评价报告》（*Measuring the Economic Importance of the Meetings Industry*）中指出，会议产业主要包括会议、展览及奖励旅游三个方面。这是迄今为止国际上对于"会议产业"最权威的解释。

美国会议产业理事会（CIC）2011 年年初发布的《美国会议产业经济影响力报告》就是依据此标准来进行统计的。

(二)国内定义

从我国目前的情况分析来看，可以将"会议产业"定义为：围绕着会议策划、会议组织、会议管理、会议接待(会议场所)、会议服务、会议教育与研究、会议技术与设备、会议附加活动等而展开的一系列市场行为的总和。

对上述定义的理解应注意把握以下几方面。

第一，会议产业是一项综合性的产业，它能给会议活动的举办地带来可观的直接经济效益和巨大的间接经济效益。

第二，与旅游业一样，会议产业不像传统产业那样容易被界定，但这恰恰说明了会议产业具有综合性特点，而不能改变其客观存在的产业本质。

第三，这个定义是以需求为取向的，换句话说，会议产业是以服务对象——参会者和专业观众为标准的，而不是提供相同业务或产品的企业。

由此形成的"会议产业链"主要包括会议组织者、会议接待场所、会议城市、会议策划与服务公司、会议技术与设备企业等有关方面。

二、会议产业的归属

(一)归属变迁

会议产业属于第三产业，是一种新兴的产业形式，是市场经济发展到一定阶段的产物。目前，我国统计部门还没有形成专门的会议产业门类统计规范。2011年，《国民经济行业分类》(GB/T 4754－2011)将"会议及展览服务"列入"其他商务服务业"范畴，具体是指为商品流通、促销、展示、经贸洽谈、民间交流、企业沟通、国际往来而举办的展览和会议等活动。2012年，国家统计局发布了《文化及相关产业分类》，对部分产业分类做了调整，将"会展服务"门类调整到"文化产品生产的辅助生产"门类下，主要是指"会议及展览服务"。

一个产业从某个中心逐渐延展，发展壮大并逐渐走向成熟，往往需要较长的历史过程，会议产业也是如此。从归属上看，会议产业是会展产业的一部分，虽然会议和展览等其他会展形式在组织形式上存在区别，但在内在属性上具有相同性。

(二)会议产业划分

1. 按部门划分

会议产业按部门不同，可以分为以下几类。

一是会议生产机构，包括会议主办单位、承办单位。

二是会议供应机构，包括场馆、视听设备供应商、租赁服务商、通信服务商、交通运输公司、翻译公司、展台搭建商、新技术服务商、礼仪服务商、广告公司、安保公司、保洁公司等。

三是会议中介机构，包括代理商、目的地营销机构、场地中介、活动和公关公司、演讲人服务公司、会议物流公司、会议金融服务机构等。

四是其他机构，包括行业与专业协会、行业媒体、外部监管机构、咨询机构、教育机构等。

2. 按产业链划分

会议产业链具有以下特点：一是传统产业价值链是上游利润空间最大，从上至下依次降低，而会议产业价值链呈U字形；二是中游机构的利润率相对较低，一般维持在

10％左右；三是由于硬件的稀缺性，使下游的硬件利润率较高，可达 35％左右。

会议产业按产业链划分具体包括三个方面。

一是会议产业链上游，包括会议发起机构、会议策划机构。

二是会议产业链中游，包括专业会议组织者（PCO）、目的地管理公司（DMC）。

三是会议产业链下游，包括会议中心、会议型酒店等硬件，如交通运输商、翻译、设备、网络、礼品、演出、印刷等辅助公司。

【小资料 2-4】PCO 与 DMC

专业会议组织者（professional conference organizer，PCO）与目的地管理公司（destination management company，DMC）之间究竟有何不同？

PCO 是会展业的核心，在国际上主要是指为筹办会议、展览及有关活动提供专业服务的公司，而 DMC 则负责会展活动在主办地的现场协调、会务和旅行安排等工作。

PCO 提供的典型服务项目有：会议选址、预订和联系；参会代表住宿的预订和管理；活动的营销；会议程序的策划、发言人员的选择和情况介绍；组织展览和展示等。PCO 有丰富的人际关系，在排队管理、会议登记管理、演讲人联络和管理方面具有丰富的经验，面对大规模的人员聚集和流动，这种高水平的专业知识和精细策划是不可或缺的。总的来说，一个好的 PCO 担当着一个经验丰富的画家的角色，给会议添加色彩，一步一步地完善最终产品的设计，使会议让客户感到自豪，让参会人员感到兴奋，让赞助商感到值得。

DMC 在国外已经有一百多年的发展历史，但在国内还是一个全新的旅游专业名词，它的中文解释为"目的地管理公司"，即利用区域性的优势，为会议组织者和专业会议组织者提供协助的公司，也是针对会奖旅游的专业化公司。目的地管理组织以不同的组织规模和类型分布在世界各地，许多目的地管理组织属于政府机构，其他的属于半官方性质。

在国际会展旅游界，DMC 不同于传统意义上的会议公司和旅行社，DMC 是将会议展览所需的资源进行有机整合，为会议展览定制更专业、更全面的目的地所需的一切服务，弥补了传统的会议公司及旅行社服务的功能缺陷。DMC 的全方位服务包括策划组织安排国内外会议、展览、奖励等旅游，以及其延伸的观光旅游；策划组织安排国内外专业学术论坛、峰会、培训等活动；其他特殊服务，如餐饮、宴会、娱乐、旅馆预订、交通及导游等。

国际会展的举办通常都是由国际专业会议组织者和国际专业展览组织者进行组织，在选定会展目的地城市之后，将会展的服务以及会展奖励旅游和主题活动交由 DMC 公司负责。

三、会议产业的特征

（一）会议产业属于朝阳产业

市场经济的发展，使更多的个人和组织成为经营主体，而如何推销自己及其产品和思想，并建立起广泛的商业关系也就成为十分紧迫的任务。营销的有效手段是高效沟通，虽然现代通信技术与传播手段使人们之间的信息沟通变得十分便利，但是仅靠通信工具与传播手段并不能达到高效沟通的效果。会议作为面对面的双向沟通方式，可以通过某一主题吸引与之有关的各方参与其中，并围绕主题共同探讨发展思路，交流经验和文化，传播信息、知识、观念，寻找投资项目或投资者，最终获得一般场合难以获取的收获。因此，会议产业会随着市场经济的发展而不断发展壮大。

(二)会议产业以文化为其基本内涵

会议产业就其本质而言是一个传递信息的枢纽，起着上传下达、科技推广、信息交流等作用。它的参与者不是来自行政指派，而是来自市场。会议吸引人们参加的唯一原因是会议的主题符合自己的需要。因此，以产业形式组织的会议，必须以重大的文化主题作为号召，并邀请重要人物参加，从而使会议真正成为当前思想、信息、技术交流的前沿舞台。

(三)会议产业与旅游业密切相关

旅游是人类休闲的一种方式，但旅游与会议产业的结合则体现了经济生活的需要。让参会者同时兼顾旅游的这种方式，既是单位对员工的奖励，也是会议接待单位对客人的奖励。目前，"国际会议旅游"形式发展迅速，因为参会者来自全球各国的大企业，所以，会议旅游具有规模大、档次高、成本低、停留时间长、利润丰厚等特点，对所在城市的经济发展起着巨大的推动作用。

(四)会议产业具有带动性

会议产业的发展，可以拉动城市建设、完善城市功能、扩大城市影响力、提高城市知名度、促进社会就业、传播信息、扩大交流等，其经济和社会效益十分明显。一个国家举办国际会议的多少，象征着该国家的经济、政治、文化、科技等方面的实力高低。同样，召开国际会议的多少也是衡量一个城市是否称得上国际大都市的标志之一。正因如此，世界各国对国际会议举办权的竞争日趋激烈，很多国家也形成了相应的会议产业，建有众多会议旅行社、专业会展组织机构等。

会议产业被认为是高收入、高盈利、带动力强的环保型朝阳产业，它还可以带动商贸、影视、信息、餐饮、宾馆、交通、娱乐、服装、旅游、广告和印刷等相关产业的发展。据测算，国际上会展业的产业带动系数大约为1：9。

会议业的直接收益主要来自场租收益、城市交通、航空运输、城市建设等。

会议业的间接收益主要来自服务业、饭店业、餐饮业、旅游业、零售业和手工业、通信业等。

【小资料2-5】酒店会议厅报价表示例

北京中信金陵酒店会议厅报价如表2-6所示。

表2-6　北京中信金陵酒店会议厅报价

类型	人数	价格/(元/人)	服务提供内容	总费用/万元
全天董事会报价	10~20	888	全天会场；会议设施：投影、幕布、茶水/矿泉水、纸笔、薄荷糖、靠垫转椅、两场茶歇、全日二餐	1.776
半天董事会报价	10~20	448	一场茶歇、一次正餐，其余同	0.896
培训会议全天报价	20~80	468	全天会场；会议设施：投影、幕布、茶水/矿泉水、纸笔、薄荷糖、转椅、白板、一次茶歇、全日二餐	3.744
培训会议半天报价	20~80	188	一次茶歇，其余同	1.504

四、会议产业的市场分析

由于对会议产业的统计较少，很难用数据直接说明会议产业的"蛋糕"到底有多大。会议市场这块"蛋糕"可以分为两大块：营利性会议和非营利性会议。有人认为政府的工作性会议、商务会议、宣传教育会议等不营利的行为不属于会议产业。其实不然，只要存在消费和能拉动相关行业发展就会形成产业经济效能。为便于分析和研究，我们将整个会议产业市场分为国际会议、商务会议、市场化运作的会议三大类。

（一）国际会议

国际会议一般是指与国外某机构联合举办，或有一定数量国别和外国人员参加的会议。无论是营利性会议还是非营利性会议，按其性质可分为规定性会议、专业性会议、活动性会议、学术性会议、政治性会议、文化交流性会议等。根据业内"分析展览看场馆，分析会议看酒店"（根据酒店会场使用统计）的惯例，国际会议可通过酒店反映的数据进行大致分析。

（二）商务会议

商务会议一般是指不以营利为目的的会议，其中规定性会议、日常性会议、专业性会议、度假型会议、政治性会议和以签字仪式、年终总结、洽谈业务为主的商务会议比较多。就北京而言，作为全国政治文化中心，中央政府所在地，高等院校、科研院所集中的地方，商务会议的市场空间非常大。从我国的主要大城市来看，这类会议的数量在增多，对会议服务的要求也越来越高。

（三）市场化运作的会议

市场化运作的会议是以营利为目的的会议，从事这个行业的机构大致可分为四类：第一类是咨询公司，主要以会议策划为主；第二类是科研机构和大专院校；第三类是培训中心；第四类是媒体。这些机构在市场调查的基础上，可以根据社会需求策划会议内容，整合会议服务资源，满足参会者的需要，从而得到社会承认。最近几年，市场化运作的会议在整个会议产业中扩张较快，一些国际会议和商务会议也在挤入市场化运作市场。由于政府对会议审批的内容和范围减少，市场放开逐渐加大，越来越多的人发现，成功组织一次市场化运作的会议可以取得不薄的盈利，而从事这一行业的人也发现，这一行业不仅投资少见效快，而且有非常广阔的发展前景。

上述会议类别呈现出相互交叉且形式多样化的趋势。会议的多样灵活性使会议难分淡季、旺季，有业内人士认为1—2月是会议产业淡季，也有人认为7—8月是会议产业淡季。其实，这几个月主要是展览业的淡季，而1—2月正是各单位总结和举办联欢活动比较多的阶段，会议与旅游结合后7—8月的会议也被看好，会议产业也不会是淡季。由此可见，要想开发会议产业这一市场，吃好会议市场这块大"蛋糕"，必须看到会议产业的特殊性，认真研究会议市场的需求和变化规律。

【拓展阅读2-7】

会议市场中的二八定律

【拓展阅读2-8】

会议产业对于城市的价值与经济拉动性测算

📑 **本节金句**

举办国际会议的多少，可以衡量一个城市的综合实力。

【复习与思考】

一、本章小结

• 会议起源于思想交流。在东方，古代中国春秋战国时期就出现了诸侯国集会的先例。万国宗教会议是现代国际会议的前身。真正具有现代意义的国际会议是 17 世纪中叶召开的威斯特伐利亚会议。

• 会议的定义：是指在特定的时间或空间，通过发言、讨论、演示、商议、表决等多种形式以达到议事协调、交流信息、传播知识、推介联络等目的的一定人数的群体活动。

• 会议的目的主要有：促进业务推广与扩大品牌影响，促进教育培训和激励士气，促进信息共享和交流沟通，促进问题解决和决策制定。

• 会议的类型多种多样，可以按会议主办单位、会议规模、参会者的国别、会议的举办周期、会议性质等不同划分标准进行分类。其中，按会议主办单位划分，可将会议分为公司会议、协会会议、政府会议、事业单位会议。公司会议、协会会议是目前会议市场占比较大，也是应重点发展的会议类型。

• 会议具有地位象征、科学决策、发扬民主、产生权威、信息沟通、联络感情六大功能；同时，会议既有积极作用，也有消极作用。

• 会议产业属于第三产业，是一种新兴的产业形式，是市场经济发展到一定阶段的产物。会议产业是指围绕着会议策划、会议组织、会议管理、会议接待(会议场所)、会议服务、会议教育与研究、会议技术与设备、会议附加活动等而展开的一系列市场行为的总和。

二、重点概念

会议	公司会议	协会会议
政府会议	事业单位会议	会议产业

三、思考讨论题

1. 为什么要举行会议？

2. 论述会议的目的、功能与作用。

3. 会议的含义与特征是什么？

4. 会议的类型有哪些？

5. 公司会议、协会会议的区别在哪里？

6. 大、中、小型会议的划分依据是什么？

7. ICCA 对国际会议的认定标准是什么？

8. 会议产业按部门不同可以分为哪几类？会议产业的特征有哪些？

【综合案例分析】从 ICCA 年会谈会议的价值

2013 年 11 月初 ICCA 第 52 届年会在上海举行，来自全球七十多个国家和地区的近千名代表参加了本次全球会议产业界的年度盛会。本次会议受到了中国会议与奖励旅游业界的高度关注，其原因至少有以下两个方面：一是 ICCA 作为全球会议产业界最具影响力的行业组织首次在中国举办年会，给中国会议工作者提供了一个很好的向国际同行学习并与其开展交流的机会；二是"会议"在 2013 年是最吸引眼球的词汇之一——无论是中央八项规定等关于举办会议的一系列新的规定的出台，还是在"葛兰素史克事件"中"会议"所扮演的特殊角色等，都将"会议"的受关注度提升到了最高点。人们一直在思考，"会议"在社会经济生活中究竟扮演着一个什么样的角色，"会议"的价值到底是什么？

世界旅游组织相关报告认为，"会议"的价值包括六个方面，即学习、观点分享、讨论、社交、开展业务、激励参会者。年会，分为协会年会、企业年会两大类，是会议市场最具影响力、最受追捧的会议类型之一。协会年会是会员学习、交流乃至开展业务的综合性平台，在该行业或专业领域发展中扮演着十分重要的角色。国际协会类年会是世界各国、各主要城市竞争申办的核心会议类型。很多国际知名协会的年会拥有超过 100 年的举办历史，已经成为名副其实的品牌性会议。ICCA 是国际会议产业界最具影响力的行业组织，拥有全球领先的运作理念，超过五十届的办会经验，充分保证了其举办的每届年会都能为参会者带来多重的参会价值和丰富的参会体验。ICCA 上海年会除了丰富的专业教育活动之外，还设计了一系列机会让代表进行交流、讨论等，使他们在提升专业和业务能力的同时，加强相互间的业务合作。

ICCA 年会的参会体验的确与众不同，其中有以下两点较为深刻。

一是办会理念。ICCA 作为经验丰富的会议组织者，充分了解参会者的心理期望，并通过举办数十场不同类型的会议及活动，满足他们多样化的参会需求。以参会者价值的最大化为宗旨，没有多余的形式，也没有铺张浪费，力求高效、务实、节俭，与中央八项规定倡导的"新会风"具有内在的一致性。

二是办会方式。在会议组织形式方面，与国际先进水平相比，国内大多数会议组织者确实稍逊一筹。ICCA 会议，除了专业性，也给参会者轻松、自然之感，不管是活动设计与组织，还是演讲方式、演讲内容，都能给人以举重若轻之感。反观国内组织的很多会议，之所以不能达到寓教于乐的效果，不能给人留下轻松美好的记忆，与其单一老套的组织形式直接相关。会议价值的实现仅靠内容是不够的，轻松活跃的表现形式往往更为重要。当然，要真正做到这一点，还需要时间和历练。

不难看出，会议作为人类社会交流的一种工具，随着社会经济的发展，其作用必将变得愈加重要。近年来，"会议"成为热点话题，促使我们反思当"会议"被我们用作手中的工具时，它是否发挥了应有的价值。我们应剔除那些附着在"会议"身上的与"会议"价值无关的东西，让"会议"闪烁出它应有的光芒。需要警惕的是，矫枉过正会给会议及会议产业的健康发展带来危害。

资料来源：《会议》杂志官方网站，2014-02-19。

案例分析与讨论：

1. 举办会议的价值具体有哪些？
2. 结合案例分析积极吸引和举办协会会议的作用。
3. 结合案例分析举办会议，特别是举办国际会议对办会城市的积极影响。

第三章
会议策划认知

【学习目的】

一个高效会议的举办，离不开周密完善的策划。"有备无患，未雨绸缪"，只有经过充分完整的策划和准备，并彻底灵活地实施执行，才能打造一流的会议。而会议策划最终要通过策划书的形式反映出来，这就是会议策划方案。通过本章的学习，读者应了解会议策划的内涵和会议策划的方法、内容，理解会议产品的内涵及卖点。

本章思维导图

【思政内容】

党的二十大报告提出："加快实施创新驱动发展战略。坚持面向世界科技前沿、面向经济主战场、面向国家重大需求、面向人民生命健康，加快实现高水平科技自立自强。以国家战略需求为导向，集聚力量进行原创性引领性科技攻关，坚决打赢关键核心技术攻坚战。"坚持创新战略有利于设计并制定出可以满足特定参会群体需求的综合性服务产品方案。

会议业作为服贸领域的主要组成部分，对促进我国经贸发展、对外交往、文化互通、产业互联、供应互链起到重要保障作用。会议业的创新发展，决定着市场活力。因此，遵循习近平总书记对创新发展的指导要求，会议业应大力提升行业发展的创新水平，以紧跟市场发展脉搏，满足产业发展需要，更好地服务于人民群众，做到惠业利民。

通过本章的学习，学生可以锻炼系统思维、创新意识、全面思考的能力。会议策划人员应充分践行社会主义核心价值观，牢固树立政治意识、大局意识、责任意识，切实负起政治责任，提高会议策划与服务的质量，满足参会者的参会需求，提升参会者的满意度，确保会议成为宣传科学理论、传播先进文化、弘扬社会正气的重要阵地。

【重点内容】

- 会议策划的内涵
- 会议策划的方法
- 会议策划的内容
- 会议产品的内涵与卖点

第一节　会议策划概述

一、策划的起源与内涵

（一）策划的起源

"策"字在我国古代典籍中的含义有十几种。在《辞海》中有多种解释：一是当名词用，指古代的一种马鞭，这种马鞭头上有尖刺；二是当动词用，有用鞭子打马之意，如"策马扬鞭"；三是指古代用竹片或木片记事著书，成编的叫"简"，如"简策"或"策书"；四是指古代考试的一种文体，即"对策""策论"，类似于现在的议论文；五是指计谋，如决策、献策、束手无策等。

"划"字有两种读音，一般有四种含义：一是指用尖锐的东西将其他东西隔开或从上面擦过，如划火柴；二是指用桨拨水前进，如划船；三是指按利益情况计较相宜不相宜，如划得来、划不来；四是指划分、计划，即工作计划、规划、谋划。"策划"中的"划"即第四种含义。

"策划"一词最早见于《后汉书·隗嚣公孙述列传》："是以功名终申，策画复得。""画"字通"划"，这里的"策画"即策划。此外，《淮南子·要略》中也有提及："擘画人事之终始者也。""擘画"有打算、计谋、安排之意，与"策划"语意相通。

"策划"在中国有悠久的历史。原始社会的集体打猎行为就有策划思维的萌生。可以说，中国古代的文明史就是一部策划史。早在原始社会时期就出现了策划活动，当时的人类，技术能力和认知能力有限，生存环境恶劣，部落之间的矛盾和冲突接连不断，为了生存，策划也就应运而生了。人类进入奴隶制社会以后，诸侯间在政治上争权夺利，以个人咨询为特征的策划早在几千年前就已出现。随着战争规模越来越大，军事谋略方面的策划日益受到重视，由此产生了"策划"的概念。古代军队里的军师、官府里的师爷，还有藏身于豪门富户中的谋士等，他们的行为是典型的以个人咨询为主的策划活动。

在中国古代，策划主要集中于政治、军事和外交活动之中，是为政治、军事、外交服务的。"凡事预则立，不预则废"以及诸葛亮《隆中对》中"三分天下"的主张，都反映了古人对策划的认识和运用。此外，商鞅变法、吴起变法、王安石变法等古代变法本身就是一种观念的更替，也可以视为一种权力的更替过程，风险很大，所以只有进行周密的策划才能提出具体的变法方案，并保证目标的实现。

"策划"一词成为中国大众耳熟能详的"热词"，这一语言现象的出现应该是在20世纪80年代以后。改革开放后，随着招商引资尤其是引进境外工商企业的经营管理经验，"策划"开始作为一种全新的经营理念由外而内，得以迅速传播。而作为一种战略管理和营销方法，"策划"逐渐渗透于社会上许多行业，会展业就是其中之一。如今，"策划"不再仅仅是书面词语，而是十分流行的大众化用词。无论是经济发展、社会治理还是文化传承，策划都发挥着重要的作用，为实现目标和推动进步提供了有力支持。

（二）策划的内涵

1. 策划的含义

"策划"一词有广义和狭义之分。

广义的策划泛指一切策划活动，是指人们为了达成某种特定的目标，借助一定的科学方法和信息素材，对某一项活动或行动的方向、目标、内容、程序等进行全面周详的预先安排和设计解决方案的一种思维过程。狭义的策划是指人们为推动经济社会发展，在现代工商企业或其他组织机构中所进行的一种获利性的创新活动。狭义的策划主要运用于现代企事业单位中。

综上所述，策划是指思维主体运用知识和能力，围绕一个中心(特定目标)，来全面构思、设计、选择合理可行的行动方法。完整的策划是一个节奏分明、出谋献策、提前规划的周全计划。

2. 策划的特点

(1)思维性。策划是人类一种具有优势性的思维特质。它是针对未来和未来发展所做的当前决策，能有效地预测和指导未来工作的开展，并取得良好的成效。策划要求定位准确、审时度势、把握主观与客观，辩证、客观、发散、动态地把握各种资源。

(2)目的性。策划必须根据企业或甲方的需求来设计项目，旨在指导行动、解决问题、提供指导和决策，并通过不断优化来实现预期的结果，进而最大限度地实现企业的社会价值和其产品(服务)的市场价值。衡量一个项目是否成功，要看它是否"出成果、出机制、出人才、出品牌"。

(3)预测性。策划具有前瞻性、预测性。策划是人们在一定思考以及调查的基础之上进行的科学的预测，要在事先设计好的前提下对策划项目运营过程实施监督与管理。

(4)可行性。这是策划方案的前提，指策划方案在现实中要切实可行。如果一个策划连最基本的可行性都没有，那么这个策划方案即使创意再好也是一个失败的方案。分析论证策划方案的可行性主要围绕策划的目标定位、实施方案以及经济效益三个方面进行。

(5)科学性。策划是人们在调查的基础之上、进行总结、科学的预测。策划不是一种突然的想法或者突发奇想的方法，它是建立在科学的基础之上进行的预测、筹划。因此，策划是科学决策的前提，也是实现预期目标、提高工作效率与效益的重要保证。

二、会议策划的内涵

(一)会议策划的概念

1. 广义的概念

广义的会议策划是对会议进行管理和决策的一种程序，它是一种对会议活动的进程以及会议活动的总体战略进行前瞻性规划的活动。它是在会议活动开始的最初阶段就要进行的，有时甚至贯穿于会议活动始终的一种优先的、提前的指导性活动。

2. 狭义的概念

狭义的会议策划是指在会议召开之前，会议的主办单位或承办单位根据会议目标，对一个具体会议的形式、会议的规模、会议的地点、会议的时间、会场的布置、会议的议程、参会人员组织、会间活动安排、会议的财务开支等进行构想和设计，并形成系统、完整的会议活动方案。

总的来说，会议策划是指为了使会议取得预期目的，而进行构思、设计，并选择合理可行方案的过程。

（二）会议策划的特点

1. 会议策划的实质：对未来会议活动的组织、管理和执行的安排

会议策划的实质包含三层含义，分别点明了会议策划的时间指向、性质指向和内容指向。

（1）时间指向是未来。这决定了会议策划必须具有一定的前瞻性，要对未来的外部环境与市场需求变化进行预测，并提出具有超前性的应对方案。例如，根据行业发展趋势和技术创新，提前布局虚拟会议、元宇宙会议等新型会议形式，以满足不断变化的市场需求。

（2）性质指向是一种计划性安排。会议策划方案将来要被甲方或上级单位付诸实践以指导参会者组织、会议执行、宣传推广等活动，必须客观可行、具有可操作性。因此，会议策划人员需要具备丰富的行业经验和专业知识，以确保策划方案能够切实解决实际问题，进而提高会议的成功率和满意度。

（3）内容指向是会议产品生产、营销与交换活动。内容指向既包括会议吸引力、服务、活动，又包括会议形象、营销、融资，还包括会议附设展览、文化体验活动、餐饮住宿等后期服务，其外延是十分宽泛的。同时，内容指向还指会议策划要关注会议的可持续发展，通过绿色会议、公益会议等方式，提升会议的社会价值和品牌影响力。

2. 会议策划的任务：以最优的方式实现策划目标

会议策划的最终任务是实现策划目标，一般表现为产生最大的经济效益、社会效益和环境效益，可以细化为两种类型：一种是为解决影响委托方发展的实际问题的会议策划，另一种是为实现委托方的发展愿景的会议策划。在政府会议中，社会效益往往大于经济效益，所以成本并不是首先考虑的因素；而在企业会议中，成本却是企业优先考虑的因素。因此，在策划会议时需要根据委托方的不同需求和预算，选择最合适的方式和手段，以达到最优的效果。会议策划的任务就是要在此基础上，选出一条最佳路径。所谓最佳路径，通常是指能够以最优的方式、最合适的时间和地点、最合适的方式和手段获得最好效果的途径。这就要求策划人员不但要具有灵活的头脑、独特的眼光、过人的胆识，而且要充分考虑预算和资源的利用效益，以确保在有限的资源下达到最佳的会议效果。

3. 会议策划的依据：会议资源、会议需求与相关信息

会议资源、会议需求与相关信息是产生会议创意、形成策划方案的依据。

在会议资源方面，策划者需要综合考虑主办单位自身资源、承办单位资源和行业资源。主办单位的规格、级别，以及承办单位的经验和专业能力，都对会议的规模和可行性产生重要影响。此外，行业内的专家、学者、企业和机构等也是宝贵的资源，通过合作和邀请演讲嘉宾等方式，可以提升会议的专业性和吸引力。

在会议需求方面，策划者需要综合考虑主办单位需求、承办单位需求、参会者需求、政府的行业主管部门需求以及媒体需求。主办单位的需求包括会议目标、宗旨、预期效果和其他特殊需求，这些需求对于策划方案的制定至关重要。承办单位的需求包括场地租用、设备设施和人员配备等方面，这些需求需要被充分了解，以确保会议的顺利进行。参会者的需求也必须被纳入考虑，包括参会时间、地点、议程内容和交流互动方式等，以确保作出具有吸引力的活动和议程安排。此外，政府的行业主管部门的政策和要求，以及媒体的需求，也需要被充分了解，以确保会议符合相关法规和规范，从而增加会议的曝光度和影响力。

在相关信息方面，策划者需要关注行业动态，包括行业的最新研究成果、前沿技术和热点话题等，以保证会议内容与时俱进、具有前瞻性。另外，了解参会者的背景、职业和兴趣爱好等信息，有助于制定定制化的议程和活动安排，提高参会者的参与度和满意度。此外，了解市场竞争情况也是必要的，包括其他行业会议的时间、地点和内容等，以避免冲突并选择最佳的策划方案。

因此，策划者需要综合考虑会议资源、会议需求和相关信息，制定详细的策划方案，以确保会议的顺利进行并达到预期目标。

4. 会议策划的核心：运用智慧对未来进行运筹和谋划

会议策划的核心是策划主体对未来会议产品及会议活动的组织、管理和执行的运筹、谋划、构思和设计，运筹和谋划是其根本特征。运筹、谋划、构思和设计通常表现为无中生有、借鸡生蛋、一举多得、以少胜多、点石成金等策略，目的是实现会议效果最优化。策划者需要考虑到会议的整体目标，预测未来可能遇到的问题，并制定相应的解决方案。他们需要具备智慧和创造力，以应对各种挑战和变化。例如，在会议策划中，如果预算有限，可以通过借用外部资源(场地、设备等)来降低成本；如果参会人数较多，可以通过合理安排会议的时间、地点和规模等方式来提高效率；如果会议主题复杂，则可以通过简化议程和内容等方式来使会议主题更加清晰明了。

在具体实践中，运用智慧对未来进行运筹和谋划需要从多个方面入手。首先，要了解客户的需求和目标，确定会议的主题、议程和形式等关键要素，以确保会议能够达到预期效果。其次，要根据客户的预算和时间限制，合理安排会议的时间、地点、规模和费用等方面，以确保会议的经济性和可行性。同时，还要考虑到会议期间的服务细节，如餐饮、礼仪、翻译等服务，以确保会议能够顺利进行和达到预期效果。最后，还需要密切关注市场变化和竞争动态，及时调整策略和方案，以保持竞争优势和发展动力。

策划人员只有具备灵活的思维和创新的能力，善于发现机会和解决问题，才能够制定出最优的会议策划方案，实现客户的期望目标。

5. 会议策划的灵魂：新颖、独特、实用的会议创意

在策划会议时，需要提供吸引参会者的创新和独特的活动或内容。这需要策划人员具备创新思维和创造力，能够从不同的角度思考问题，提出独具特色、有新意的会议主题和活动形式，以吸引参会者的注意力和兴趣。同时，这些创意还要具有实用性，能够解决实际问题或满足参会者的需求和期望。

在实践中，新颖、独特、实用的会议创意可通过会议主题和议题设计、会议内容、活动安排、会议视觉、会议技术应用、会议服务等多个板块来体现。会议创意通常体现在以下方面。

(1)突破传统框架，提出新的会议主题和议程安排。例如，可以结合当前热点话题或行业趋势，设计独特的会议主题和议程，使会议内容更加丰富多彩、富有吸引力和实用性。

(2)利用新兴技术手段，打造全新的会议体验。例如，可以利用虚拟现实、增强现实等技术手段，为参会者带来全新的视觉和听觉体验；也可以利用在线直播等平台，将会议内容实时传播到更广泛的受众群体中。

(3)结合互动元素，增加会议的参与度和趣味性。例如，可以设计各种互动游戏、抽奖环节等活动，让参会者积极参与其中，增强对会议内容的理解和记忆；也可以利用社交媒体等工具，与参会者进行实时互动和交流。

6. 会议策划的成果：会议策划方案

会议策划的成果是形成一套切实可行的会议策划方案。会议策划经过一系列的规划活动，最终要形成一套切实可行的执行方案，并以书面的形式反映在会议策划书中，简称会议策划文案，供客户（或决策者）评价与分析，以决定是否执行。

　　对于会议策划方案的字数，并没有明确的规定或标准，因为这取决于会议的规模、复杂性、目标受众等多方面因素。在现实中，有的会议策划人员被主管要求撰写上万字的长篇大论式的策划方案，这显然是不合理的。即使在会议策划方案撰写完毕后，仍然需要根据实际情况进行不断调整和逐步完善。同时，在会议项目的具体实施过程中，可能会出现各种意外情况或变化，导致原计划需要进行调整或修改。可以说，任何策划方案都不可能一开始就很完美，只有根据实际情况进行不断调整和逐步完善，才能保证会议策划方案顺利实施并取得预期效果。

　　因此，一个好的会议策划方案应该在不断调整和优化完善的基础上，确保方案具备清晰明了的目标、合理的安排和周全的服务支持。只有这样才能确保会议顺利进行并达到预期效果。

三、会议策划的要素

　　一份完整的会议策划包括策划目标、策划主体、策划对象、策划依据、策划方案、策划效果评估等核心要素。

（一）策划目标

　　会议策划的核心要素之一是会议策划的目标。策划目标可以是单一目标，也可以是复合目标。单一目标是指会议策划中的具体策略问题，如会议主题、会议名称、会议宣传推广、参会者邀请等；复合目标是指策划方案涉及的两个或两个以上的活动目标，如市场占有率、销售利润率，或同时对价格、渠道、促销等各项活动的预定目标进行策划。

（二）策划主体

　　策划主体是指进行创意、规划、提出策划方案的会议组织机构，在会议项目中起着"智囊"的作用。策划主体可以是个人，也可以是某一机构、组织。策划是一种高智力密集型的创造性活动，对策划主体在知识、文化、能力、素质方面有着更高的要求。会议策划活动策划主体的素质会直接影响会议成果的质量。

（三）策划对象

　　策划对象既可以是某项整体会议活动，也可以是会议诸要素中的某一要素（会议时间策划、会议地点策划等）。

（四）策划依据

　　策划依据既包括策划者的知识结构、信息储存以及有关策划对象的专业信息，也包括会议项目立项的主客观条件。会议策划要想顺利进行，会议组织机构必须获取大量一手材料，掌握相关信息。会议策划主体则必须根据策划目标的要求，收集、整理与策划目标有关的各种信息，包括会议项目内部可控信息和不可控的环境信息、参会者需求信息和竞争对手信息等。

（五）策划方案

　　策划方案是指策划者为实现策划目标，而针对策划对象进行设计创意的一套策略、方法和步骤，也是策划活动的结晶、思想的载体、交付的凭证。任何一次策划最后都需要通过策划方案来体现。

　　从方案形式来看，策划方案不必拘泥于书面文本、文字的多少，可以口头表达、实践指导、交流培训等。从方案内容来看，一个完整的方案应包括"5W2H"要素，即明确"why"(为什么)——策划的假设、原因、必要性和可行性分析等；"what"(什么)——策划目标、主题等；"who"(谁)——策划主体、客体、利益相关者等；"where"(何处)——策划涉及的地域、场所、空间等；"when"(何时)——策划涉及的周期、时间节点等；"how"(怎样)——解决问题和达到目标的具体策略、方式等；"how much"(如何)——策划方案的实施预算、经济效益和社会效益回报等。从质量要求来看，策划方案应观点鲜明、论证充分、策略得当，具有较强的创新性和实操性。从格式来看，策划方案一般包括策划封面、内容提要、正文目录、主体内容、效益评估和风险规避等。

(六)策划效果评估

策划效果评估是对实施策划方案后可能产生的效果进行预先的判断和评估。在会议策划中，效果评估既是一项会议活动的终点，又是下一次会议活动的起点，它不仅为以后的会议项目策划提供决策依据，也为会议的品牌成长提供可参考的依据。

以上所述会议策划诸要素之间是一个相互影响、相互制约的体系。要想构建好一个完整的系统工程，还需要会议组织机构及其他利益主体的默契配合和高效运作。

四、会议策划的流程

会议策划不可能一蹴而就，仅有零散的创意和书面文本还远远不够。会议策划是一项系统工程，需要有专业的策划能力、会议主题所覆盖的行业知识、参会者需求把握、市场营销知识、项目管理经验、宣传推广基本知识等。一项完整的会议策划活动一般要经过以下几个流程。

(一)会前调研

会前调研能够帮助策划人员提升预测会议市场趋势的能力，发现更多的市场机会，提高分辨市场机会的能力和成功举办会议的可行性，从而为会议主办方进行科学决策提供重要依据和坚实基础。会前调研有助于会议主办方发现新的会议市场需求和确立发展方向，有助于会议主办方把握参会者需求，有助于会议主办方制定有针对性的宣传推广策略，有助于会议主办方掌握市场上同类会议项目的举办情况，了解竞争对手在会议营销和会议组织方面所采取的策略和方法，从而做到知己知彼，以增强本会议项目的竞争力。

(二)会前策划

在经过广泛、深入的调查研究，取得大量有用资料后，策划人员就应着手进行会议项目策划。会议项目策划是之后进行会议项目管理的行动指南。会议项目策划是否恰当，直接关系到会议主题是否具有吸引力，是否有参会者参会，如何有效地执行好会议项目，甚至直接关系到整个会议项目工作的成败。因此，在进行会议项目策划时，首先应确定会议目标，并对目标进行分解和量化；其次应确定参加会议的受众范围、类型、需求等；最后是确定会议主题，并针对会议受众的特点，选择能突出会议主题、实现目标的传播渠道。

(三)会议筹备

会议筹备是将会议策划方案的各项事宜落实到行动和现实的过程。在筹备会议之前，要明确会议的目的是什么，是要传达上层决策者的精神，还是要解决某个具体的问题或危机。不管具体目标如何，召开会议的基本目的都是传达并贯彻执行经营方针，使各个部门的经营策略与公司目标保持协调一致，群策群力，找到解决问题的最佳方案。因此，在进行会议筹备时，应明确举办会议的目标、会议的主办单位，并与相关领导团队进行沟通，了解他们的想法（包括会议的形式、办会经验、需要的资源、预算等）。

（四）会议执行

会议能否取得预期效果，不仅要看会议策划方案制定得是否可行，更重要的是要看会议的执行情况如何。再好的创意，如果执行不到位，或执行打折扣，那么效果往往不能尽如人意。会议执行环节要考虑人力、财力、物力的有效配比、资源的有效利用。可借助甘特图的项目管理的思路来对会议的工作进行管理，包括会议项目的里程碑、分工、时间点、需要的资金、相关人员及物料设备等。在会议执行前，应与会议相关利益机构，如主办单位、承办单位、合作媒体等事先约定到位，明确各方在执行环节的职责，随时对会议执行进行把控，并在执行过程中适时检查、调整计划。

（五）会后收尾

会后收尾阶段主要是对会议进行全面的回顾和评价。这一阶段的任务比较繁重，包括对会议所有细节的梳理，对文件资料的归档，对参会人员的反馈进行收集和整理，对会议效果进行评估并整理出一份详细的会后报告等。通过这个阶段，策划人员可以不断改进和提升会议策划能力，确保下一次会议更加成功和有成效。此外，还应根据会议讨论的结果和决策，制订相应的会后行动计划，并明确责任人和时间表，以确保会议的成果能够得到有效的落实和执行。

> ▣ **本节金句**
>
> 会议策划的质量决定着会议的成败。

第二节 会议策划的方法

根据参与创意的主体不同，会议策划的方法可以分为两类：一类是个体创意方法，另一类是群体创意方法。

一、个体创意方法

常用的个体创意方法包括类比联想法、拆解法、移植嫁接法、逆向思维法和排除法等。

（一）类比联想法

1. 含义

类比联想法的核心是通过对已知事物与未知事物之间的比较，从已知事物的属性去推测未知事物也有类似属性。在会议策划中，我们可以运用类比联想法来激发创意灵感，以提高会议策划的质量和效果。类比联想法的关键在于联想，如果没有很强的联想能力，就无法在已知与未知之间架起桥梁，也就谈不上类比。所以，训练联想及想象能力是掌握这种技法的基础。

2. 具体应用

在会议项目策划中，类比联想法的应用有以下几种情形。

（1）主题类比。在策划会议主题时，策划人员可以将不同领域的主题进行类比，找到它们之间的共性,从而提炼出具有创新性和吸引力的主题。例如,将科技与人文相结合,可以策划一场以"科技与人文的交汇"为主题的会议;将商业与艺术相结合,可以策划一场以"商业与艺术的碰撞"为主题的会议等。

(2)嘉宾类比。在邀请嘉宾时,我们可以对嘉宾的特长和背景进行类比,找到他们之间的相似之处,从而更好地发挥他们在会议上的作用。例如,如果我们需要邀请一位擅长演讲的嘉宾,我们可以将其与其他擅长演讲的嘉宾进行类比,找到他们之间的共同特点,从而确定最合适的邀请人选。

(3)活动环节类比。在策划会议活动环节时,我们可以根据已有的活动环节进行类比,找到它们之间的关联性,从而设计出更具创意和趣味性的活动环节。例如,可以将游戏环节与其他互动环节进行类比,找到它们之间的契合点,从而设计出更具吸引力的游戏环节。

(4)资源整合类比。在策划会议的过程中,策划人员需要整合各种资源,包括场地、设备、人员等。我们可以将这些资源进行类比,找到它们之间的联系和互补性,从而实现资源的最优配置。例如,将场地与设备进行类比,找到它们之间的协同作用,从而实现场地和设备的高效利用。

在会议策划过程中,运用类比联想法可以帮助我们突破逻辑思维的局限,寻找新的创意灵感。通过培养联想能力、多读书、多思考、多交流、多实践,我们可以更好地运用类比联想法进行创意策划,提高会议的质量和效果。

(二)拆解法

1. 含义

拆解法就是将一个问题或一个系统分解为更小的部分。这种方法可以帮助我们更好地理解问题的本质,找到问题的根源,从而解决问题。合理拆解方案,就是将客户需求与创意融于方案的每一部分,再有机整合,形成逻辑性强、能满足人性化需求的整体,使方案的呈现和效果更上一层楼。

2. 类型

拆解法包括分支拆解、流程拆解和公式拆解。

(1)分支拆解,是指将一个问题或任务分解为多个相互独立的子任务。在会议项目策划中,我们可以将会议的目标、主题、规模、时间、预算等要素进行分支拆解。例如,如果会议的目标是推广新产品,那么可以将其拆解为市场调研、产品展示、客户反馈等子目标,并为每个子目标制定相应的议程。

(2)流程拆解,是指将一个过程或活动分解为若干个步骤,以便更好地理解和优化这个过程。在会议策划中,我们可以将会议的筹备和执行过程进行流程拆解。例如,在筹备阶段,我们可以将前期筹备、中期筹备和倒计时阶段三个环节进行拆解,然后每个阶段再细分为具体的任务,如确定会议主题、邀请嘉宾、安排场地、制定议程、组织活动等。通过这种方式,我们可以更好地把握整个会议的脉络,确保每个环节都得到充分的考虑和准备。

(3)公式拆解,是指将问题拆解成一个具体的公式,再针对公式里的每个要素,去一一击破。例如,在营利性的会议项目中,会议收入主要来源是参会者的注册费,可以拆解成:会议销售额=参会人数×注册费。拆解成这个公式之后,就可以从参会人数、注册费两方面来提升销售额。要增加参会人数,可开展广告宣传、促销等活动;要提高注册费,可以策划满减、满赠、关联销售等活动。再如,将会议的成功因素拆解为目标明确、主题吸引人、嘉宾阵容强大、场地布置精美、议程紧凑、活动丰富多样等要素,然后针对每个要素制定相应的策略和措施。通过这种方式，我们可以形成一套完整的会议策划公式，以指导我们在实际工作中进行策划和实施。

（三）移植嫁接法

1. 含义

移植嫁接法是指将某一领域已成熟的技术、方法、原理或构思移植到另一个领域，从而创造新事物或创造新结果。它是现有成果在新情境下的延伸、拓展和再创造，为新事物的产生提供了多种途径，甚至为非专业的人员进行专业创新提供了极重要的可能性。

实施移植嫁接法的思路一般有两种：一是从现有的成果出发去寻找新的载体，以有所创新，这种思路属于成果推广型移植嫁接；二是从问题出发去寻找其他现有成果以解决问题，这种思路属于解决问题型移植嫁接。

2. 类型

移植嫁接法主要分为以下四种类型。

（1）原理移植嫁接，指将某种科学技术原理转用到新的研究领域。例如，电子语音合成技术最初被用在制作贺年卡上，后来被用到了倒车提示器上；还有人把它用到了玩具上，从而制作出会哭、会笑、会说话、会唱歌、会奏乐的玩具。

（2）结构移植嫁接，指将某事物的结构形式和结构特征转用到另一个事物上，以产生新的事物。例如，将缝衣服的线移植到手术中，出现了专用的手术线；将用在衣服鞋帽上的拉链移植到手术中，完全取代了用线缝合的传统技术，"手术拉链"比针线缝合快10倍，且不需要拆线，大大减轻了病人的痛苦。

（3）方法移植嫁接，指将新的方法转用到新的情景中，以产生新的成果。例如，时任香港中旅集团有限公司总经理马志民赴欧洲考察，参观了融入荷兰全国景点的"小人国"，回来后就把荷兰的"小人国"的微缩处理方法移植到深圳，融中华自然风光、人文景观于一炉，集千种风物、万般锦绣于一园，建成了具有中国特色和现代意味的崭新名胜"锦绣中华"，开业以来游人如织，十分红火。

（4）材料移植嫁接，指将材料转用到新的载体上，以产生新的成果。例如，用纸造房屋，经济耐用；用塑料和玻璃纤维取代钢来制造坦克的外壳，不但减轻了坦克的重量，而且具有避开雷达的隐形功能。

3. 具体应用

在会议项目策划中，移植嫁接法的应用有以下情形。

（1）复制已有的会议模式。会议具有流动性，在不同城市办会可借鉴和移植往届会议成功的模式和做法，这不仅可以节省会议策划和筹备的时间，还可以降低风险和提高成功的概率。在实施时需要注意，要确保被移植的会议模式能够适用于新的会议举办地。不同的会议举办地在文化背景、人口结构和经济发展水平等方面均存在差异，需要综合考虑新的会议举办地的特点，以确保适用性；同时，还要注意移植嫁接的前后差异。即使是同样的会议模式，移植嫁接后还需要对新的会议项目进行适当的调整和改进，以确保会议顺利进行。

（2）创造独特的会议主题。根据移植嫁接法的思想，策划人员可以从其他领域中寻找灵感，并将其移植到会议策划中，创造新颖的会议主题。例如，观察其他行业内的优质会议项目，如主题演讲、分组讨论、互动环节等，并将其应用到自己的会议策划中。在会议项目实施时，可以将开场白和主题演讲的顺序进行调整，增加互动环节的时间，从而提高参会者的参与度和体验感。

（3）设计新颖的会议场景。通过移植已知的场景或环境，策划人员可以在强调会议主题的同时创造出独特的氛围和体验。例如，借鉴其他行业的品牌形象设计，如标志、色彩搭配等，将其移植应用到自己的会议视觉设计中；模仿星级酒店的会议服务理念，将其移植嫁接于高端商业会议，为参会者提供一流的待遇和体验，从而营造出专业而舒适的会议氛围；观察其他行业内的优秀场地布置，如舞台布景、灯光效果等，对其进行分析和研究，从中获取灵感和创意，并将其移植到自己的会议场地布置中。

(4)整合跨领域的演讲嘉宾。移植嫁接法也可以应用在演讲嘉宾的选择上，将来自不同领域的专业人士引入会议，让他们分享自己的经验和知识，从而创造出跨界交流的机会。例如，将一位来自设计行业的专家邀请到市场营销会议上演讲，让他以设计的视角来解读市场营销的新趋势和创新思路。

(5)创新会议的互动活动。移植嫁接法还可以帮助策划人员设计创新的会议互动活动。通过从其他领域获取灵感，引入新的互动方式，提升参会者的体验感。例如，借鉴电影行业的团队合作理念，可以将一场角色扮演活动引入会议，让参会者在扮演不同角色的过程中学习与合作，从而达到更好的协作效果。

(四)逆向思维法

1. 含义

逆向思维法可称为反向思维，是指从常规思维相反的角度、过程出发去思考问题的方式，是一种与原有事物故意唱反调的思维方法。逆向思维法要求我们意识到传统的方法可能存在局限性，并寻找与之相反的解决方案。当然，这种反其道而行的思维方法，其结果不一定总是可行的，但至少可以帮助我们迅速脱离思维过程中的困境。这种思维方式可以激发创造力，帮助我们发现新的视角和可能性。

2. 具体应用

在会议项目策划中，逆向思维法的应用有以下情形。

(1)逆向主题设计。传统的会议主题往往从正面角度出发，强调目标、成就等。而通过逆向思维法，我们可以选择一个与会议内容相悖的主题，刻意唱反调。例如，对于一个培训会议，通常主题可能是"追求卓越"，但通过逆向思维，可以选择"失败即成功"作为主题，以质疑传统思维，并通过探讨失败与成功的关系来带来新的洞见。

(2)逆向议题设置。传统的会议议题通常按照顺序逐步展开，逐渐引导参会者进入主题。通过逆向思维法，我们可以颠覆这种顺序，先引入一些看似无关的议题，或者采用非线性的思路展开会议内容。这样做可以激发参会者的好奇心，增加思维的活跃度，并帮助他们从不同的角度思考问题。

(3)逆向参与方式。在一般的会议中，参会者被视为被动接受者，而通过逆向思维法，可以将参会者视为会议的创造者和决策者。例如，在一个行业论坛中，可以先让参会者分组，各自提出一个与会议主题完全相反的观点，并形成辩论。这样的安排可以激发参会者的思考和讨论参与度，促进不同观点的交流和碰撞。

(4)逆向环境设计。传统会议一般采用标准化的会场布置和氛围营造，而通过逆向思维法，可以创造出与众不同的环境。例如，在某个创新创业大会上，可以将会场打造成废墟景象，营造一种危机感，以鼓励参会者找到应对挑战的新思路，或者创造一个反重力的空间，以打破常规思维，激发创新灵感。

总之，在会议策划中运用逆向思维法可以激发创新思维，打破常规，提升参会者的参与积极性。然而，逆向思维法并非适用于所有情况。有些问题可能需要直接和传统的逻辑思维相结合来解决。逆向思维法所得出的结果不一定总是可行的，因此需要结合实际情况进行判断和筛选。

（五）排除法

1. 含义

排除法是由阿诺思·特维斯基（A. Tversky）提出的，是将众多的备选条件、备选方案按一定顺序排列起来，通过寻找各个条件、方案存在的缺点并将其排除在序列外，来达到选择最优方案的目的的方法。

2. 注意事项

此方案在选择时，应注意以下问题。

（1）将各个备选条件、方案按照一定的层次、顺序排列。要满足不同层次策划目标的方案和条件，则需要在相应的层次条件上进行比较和排除，不能越级越层比较。

（2）确定科学的排除标准。优缺点总是相对的，在一定条件下是缺点的方面，在另一条件下可能是优点。因此，要合理预测各个方案所要求的条件与后果的性价比，用科学的标准排除不合适的方案。

（3）排除不是最终目的，排除是为了避免问题，防患于未然。排除的目的是更好地创新，通过对各个条件、方案的缺点和不足的考察，有效规避策划过程中的风险，并通过对风险的控制，完善方案，实现方案创新。

二、群体创意方法

（一）头脑风暴法

1. 含义

头脑风暴法又称智力激励法，是一种群体策划方法，由美国创造工程学家奥斯本（A. F. Osborn）在1939年创立的，早期主要用于创造发明学上，后来逐步引入策划领域，成为重要的群体策划方法之一。

头脑风暴法是一种专家会议形式，目的是进行决策预测和策划方案的设计。这种专家会议是在一种非常融洽和轻松的气氛下进行的，人们可以畅所欲言地发表自己的看法。头脑风暴法的心理基础是一种集体自由联想而获得创造性设想的方法，它可以创造知识互补、思维共振、相互激发、开拓思路的条件，因此可收到思考流畅、思考领域扩大的效果。

这种方法适用于研讨战略性决策问题，可以从中产生出新思想、新观念、新方法、新成果。但这种方法受参会者主观素质条件的限制，整理分析要花相当长的时间，甚至会延误决策。

2. 原则

掌握以下几个原则是成功运用头脑风暴法的关键。

（1）互不批判原则。为了消除每个参会者的心理压力，创造一个融洽、自由、轻松、活泼的气氛，保证思维的发散性和流畅性，头脑风暴会议中不得对任何人提出的任何想法有丝毫批判的意思，任何人也不得作出判断性结论。为了确保互不批判原则彻底执行，会议中应禁止吹捧、溢美之言。互不批判原则是头脑风暴法中最重要的原则，是其他各项原则的前提和基础。

（2）自由奔放原则。为了使人的主观想象力得到充分发挥，参会者的思维需要保持在自由奔放的状态，以便提出各种新颖、奇特的构想，突破各种束缚和障碍，形成富有创造性的设想和方案。

（3）数量最大化原则。头脑风暴会议中提出的各种设想不在乎质量的高低，其目的在于获得最大数量的设想，因此鼓励参会者自由地、大胆地展开想象、踊跃发言，提出的方案越多越好。在各种设想大量增加的条件下，各种优质设想就会蕴藏在其中。

(4)借题发挥原则。该原则旨在鼓励对他人的设想加以改善或将他人的设想加以结合，巧妙地利用他人的设想，从而提出更加新奇的设想，以促成思维的连锁裂变反应。

3. 实施程序

头脑风暴法的具体实施程序大体有如下几个步骤。

(1)会前准备。会前准备有以下四个环节。

第一，确定会议主题。即确定策划所要集中解决的问题。

第二，选择主持人。主持人关系到会议的成败。主持人必须十分熟悉会议的主题，熟悉掌握头脑风暴法，同时要求平易近人、头脑灵活、健谈幽默，善于启发和提示，善于制造气氛和保持气氛。主持人不一定是群体中最高权威者或最高领导者，可以是群体中地位、资历、学识等居于中等程度但同时符合以上标准的人员。

第三，组成专家小组。小组成员可以是各领域的人员，一般以8～15人为宜。专家小组的人员选择有三个原则：其一，参加者如果相互认识，要从同一级别的人员中选取。原则上领导人员不应参加，否则可能对参加者造成某种心理压力。其二，如果参加者互不认识，则可从不同级别的人员中选取。这时，不论成员的职称或级别高低，都应同等对待。其三，参加者的专业应尽量与所讨论的中心问题相一致，同时专家组中最好包括一些学识渊博、对所论及问题有较深理解的其他领域的专家。

头脑风暴法的专家小组主要由下列人员组成：一是方法学者，即策划领域的专家；二是设想产生者，即专业领域的专家；三是分析者，即专业领域的高级专家；四是演绎者，即具有较高逻辑思维能力的专家。

第四，确定会议时间。经验证明，头脑风暴会议的最佳时间要控制在20～60分钟。

(2)会议召开。会议的程序大体上包括以下几项。

第一，会议开始，主持人宣布讨论议题，申明头脑风暴的四项原则。

第二，自由发言。会议发言必须把自由和集中统一起来。自由指的是会议气氛轻松，大家言论无拘无束；集中是指会议要有重点、有针对性，而不是漫无边际地夸夸其谈。此时如果出现冷场，主持人可抛出事先准备好的设想，以起到抛砖引玉的作用。

第三，随时公布方案。应有两名记录员参加会议，一人做书面记录，另一人随时整理发言。会议上的发言可以利用黑板或投影仪反映出来，以相互启发，相互激励。

第四，适时宣布休会。会议已达到预期效果或已超过预期时间时，要适时宣布散会，同时请大家继续思考，有了新的构想后立即予以补充。

(3)加工处理。会议结束后，会议主持人和记录员要及时把会议讨论的问题进行归纳分类，并进行全面的技术性分析、可行性论证和评估及系统化处理。有的方案还可以建立数学模型，然后一并让策划者优化选择。

【拓展阅读 3-1】

头脑风暴不等于
胡说八道

(4)评价筛选。头脑风暴会议上提出的设想虽然很多，但并不都是正确的，有的可能是荒诞古怪而无法实现的，甚至是反科学的，这就需要评价筛选。评价可由专家或内行完成，具体评价标准也可由专家们自行决定。如果方案的思路可行，但不太完备，可召集第二次头脑风暴会议，也可由专家们进行补充，直到具体实施方案没有困难为止。对于那些确有突破性而又有悖于已知科学真理的方案，或价值重大、但一时难以实现的创意方案，要加以重视，不可弃之不顾。

（二）KJ 法

KJ 法是由日本人文学家、著名创意策划大师川喜田二郎（Kawakita Jiro）在 1964 年提出的，以他的英文名字的第一个字母命名的方法。

1. 含义

KJ 法又称为"亲和图法""A 型图解法"，是针对某一问题，充分收集各种经验、知识、想法和意见等语言、文字资料，并利用这些资料间的相互关系归类综合作图，旨在从复杂现象中整理出思路，打破现状，进行创造性思维，抓住实质，从而找出解决问题的方法。

2. 操作步骤

（1）选定主题。需要 5～8 人参与，设定 1 名主持人，并准备好笔和卡片等材料。

（2）制作基础卡片。采用头脑风暴法进行资料收集，每个人把自己的设想概括成 2～3 行的短句，并写在卡片上，这些卡片被称为"基础卡片"。

（3）汇总与整理卡片。按卡片内容的相似点，将卡片归类到不同组，并根据各组内容选定标题，称为"小组标题卡"。若有不能归类的卡片，则需要分别自成一组。

（4）建立联系，绘制亲和图。完成归类后，将卡片按其隶属关系排列，用恰当的符号连接成亲和图，称为"A 型图解"。一般来说，隶属关系包括因果关系、相反关系、影响关系等（见表 3-1）。

表 3-1　KJ 法中隶属关系符号及其含义

关系符号	含义
→	表示顺序、因果、上步到下步的关系
⟩⟨	表示相反或相对的关系
↔	表示相互影响关系
＝	表示相等关系

（5）书面报告，构思方案。最后，用口头或书面形式将亲和图表达出来，也就是"B 型叙述"（见图 3-1、图 3-2）。

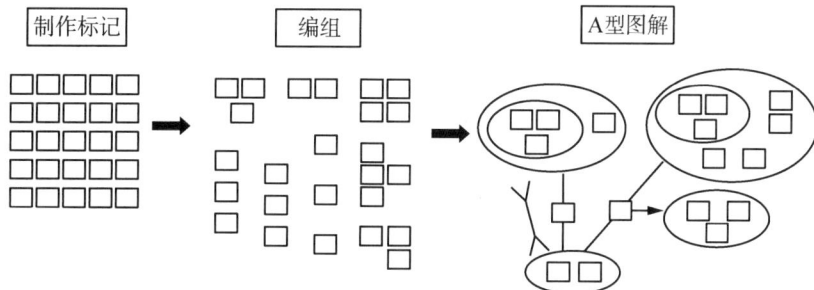

图 3-1　KJ 法的操作步骤 1

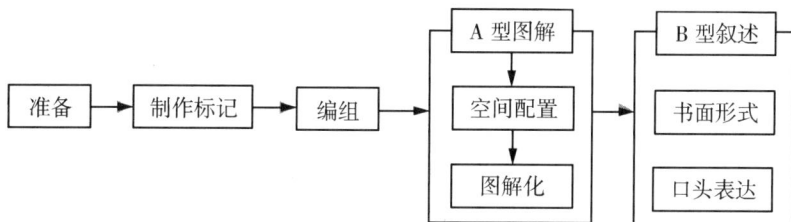

图 3-2　KJ 法的操作步骤 2

3. 应用情境

以下会议情境中，适宜采用 KJ 法。

(1)团队意见纷纭时，可依据 KJ 法归纳、整理出较接近的想法，促进团队成员间互相启发，达成共识。

(2)问题理不出头绪时，可使用 KJ 法将感觉转换成语言文字，并归类成图，使问题清晰化。

(3)现场纷乱或只有他人片段语音时，可使用 KJ 法归纳成文字纸片，依据亲和性整理，找出问题的关键。

(4)产品研发遇到瓶颈时，使用 KJ 法可以激发灵感，形成新思路，设计出新产品。

(三)列举法

1. 含义

列举法是由美国内布拉斯加大学的罗伯特·克劳福特(Robert Crawford)提出的，这是一种借助对某一具体事物的特定对象(特点、优缺点等)从逻辑上进行分析并将其本质内容全面罗列出来的手段，用以启发创造性设想，找到创造性主题的创造技法。

2. 分类

列举法不是一般性的列举，而是要从所列举出来的项目中挖掘出发明创造的主题和启发创造性的设想。列举法可分为特性列举法、缺点列举法、希望点列举法等。

(1)特性列举法。该方法又称为属性列举法，即针对创意对象的属性，一一列举、详尽分析，迫使人们逐项思考和探究，提出解决方案，进而诱发创造性设想的技法。该方法操作简单，既适用于个人，也适用于群体。

召开特性列举会议，每次可有 5～10 人参加。特性列举法主要分为三个步骤。

一是准备工作阶段。会前由会议主持人选择一件需要创新的事情或事物作为创意对象。研究主题确定后，提前通知参会者准备话题。

二是召开创意会议阶段。会中发动参会者围绕这一主题列举创意对象的特征：名词特性、形容词特性和动词特性。以会议项目为例，这些特性可以是：主题、参与度、内容、活动形式、时间安排、技术应用、场地选择等；随后，对每个特性进行进一步的细化和展开，提问或自问，启发广泛联想，产生各种设想。

三是评价筛选阶段。会后将提出的各种特性进行整理，从中选出目前可能实现的若干项进行研究，确定经济效益高、可行具体的创意方案。

在运用该方法时，对创新对象特性的分析越详细越好，并尽量从多角度提出问题和解决办法。

(2)缺点列举法。该方法是一种通过发散思维，发现和挖掘事物的缺点，并把缺点一个个列举出来，然后通过分析，找出其主要缺点，据此提出克服缺点的方案的创造性思维方法。

运用缺点列举法，第一步是找出事物的缺点；第二步是分析缺点产生的原因；第三步是针对缺点产生的原因，有的放矢地提出解决方法。运用缺点列举法时可以采用扩散思维的方法，比如以某公司年会为主题，可以首先列出它的缺点和不足之处，如缺乏参与度、内容枯燥、缺乏个性化、时间安排冗长、缺乏后续跟进等，然后挑出主要的缺点，最后逐个研究，形成切合实际的创新优化方案。

缺点列举法为会议策划提供了一个系统性的方法，使策划人员能够全面了解现有会议的问题，并为其提供创新和改进的解决方案。它促使策划人员思考与会议有关的全过程、全流程，并帮助策划人员更好地满足参会者的需求，使参会者获得更有吸引力和价值的会议体验。

（3）希望点列举法。该方法是特性列举法的特例。这是一种不断提出各种"希望"、不断想办法解决"怎么样才会更好"的理想和愿望，以探求解决问题和改善对策的技法，也是一种通过提出和列举创新对象的希望或期望点，并根据所列希望或期望点进行持续创新的方法。它是与缺点列举法相对应的创造技法，但不必拘泥于原有事物，可以在一无所有的前提下开始，所以说希望点列举法是主动型的创造技法。

每一个人都有美好的愿望和希望，这也是人的主观能动性的直接体现。要把这些愿望变成现实，就需要创意。希望点列举法就是让每一个人充分展示自己美好希望的创意技法。它允许人们根据自己的理想和愿望，主动地对现有的产品、设备、材料、方案或管理制度等提出明确的要求，从而找到解决的途径或对策。这种方法可以一个人使用，也可以群体使用，群体使用时其效果会更好，因为在相互感染的情况下，人的理想或愿望可能会提升得更高。

希望点列举法简便易行，实施步骤大致如下。

一是准备工作阶段。确定参会者和需要改进的事务，参会者一般为5～10人，问题确定后，应提前通知参会者，以便大家有所准备。

二是召开创意会议阶段。主持人应善于启发、诱导大家踊跃提出自己的希望，引导参会者从希望或愿望这一视角着眼，展开创意思维，寻找问题的答案。

三是评价筛选阶段。在希望点列举会上获得的方案，可组织专家或内行进行可行性筛选，并对可行性较高但尚不完备的希望点提出补充修改意见，再组织实施。

（四）纸牌法

纸牌法由日本新力公司的小林茂先生命名，该方法是KJ法的变形。小林茂先生希望有更简便、更好的新方法，于是创造出了由集体创造的"新法"，即"纸牌式集体创意法"，简称"纸牌法"。

纸牌法是事先分配好数张卡片，请参会人员在每张卡片上写一个创意。随后，选定一名主持人，由主持人将各成员的卡片全部收集起来，以洗纸牌的方式将卡片混合、打乱顺序，之后再将卡片分给每一位成员，每人获得的卡片数目大致相同。参会成员仔细阅读手中的卡片，若有不明白之处，可向原作者提出疑问。假如手中的卡片有相似之处，就自行先予以归类。

从主持人的右侧开始，每个人将自己手中卡片的内容一一念出来，并当场放在桌上。在座的成员若听到与自己手中内容相似的卡片时，也拿出来归类到一处。如此经过一轮之后，放一张封面卡片在相似的卡片上面，标明这些相似内容卡片的共同特点。重复进行这种程序，便会形成数堆集合以及仅有一张的"单独卡片"。对"单独卡片"和整堆的封面卡片再重复以上程序，最后会形成四五堆集合，接着就与KJ法一样做关联图。

纸牌法的作者表示，这不仅是收集创意的创意法，而且是成员利用纸牌法对一个题目进行探究的过程，会产生各种讨论而帮助理解。最后做关联图时，会激起所有成员的团队精神，并强烈地关心问题的解决方式。因此，作者又将其命名为"组织复苏法"。

📖 本节金句

只要思想不滑坡，方法总比问题多。

第三节 会议策划的内容

【小资料 3-1】邀请的参会人员不肯赏光

昨天是某公司新研发产品发布的日子,公司特意组织了一场新产品发布会。但董事长的脸上却难见笑颜,原因是:会议预定在 9:30 开始,可已经 9:20 了,到场的参会者还寥寥无几。是邀请的客人不肯赏光,还是某一接待环节出了纰漏?

一问到场的来宾,原来是请柬上将公司所在位置标错了。而会务人员在距离公司500 米之内的路旁只设置了 3 个不起眼的指示牌,若不放慢车速就不容易看到。

问题:

1. 如果你是公司的会议策划者,在确定会议地点后还应该做些什么?

2. 会议策划的内容有哪些?

3. 本案例对会议策划人员有何启示?

会议策划的内容可以概括为"5W2H",这不仅是会议的构成要素,也能帮助策划人员快速建立分析问题的框架,使其考虑问题更加全面(见表 3-2)。"5W2H 法"又称为"七何分析法",是在第二次世界大战中由美国陆军兵器修理部首创。该方法简单、方便,易于理解、使用,富有启发意义,被广泛用于活动管理中,对制定决策和执行性的活动措施也非常有帮助,有助于弥补考虑问题的疏漏。

表 3-2 会议策划的 5W2H 分析法

名称	具体内容
why(何因)	为什么要开会?会议的目的是什么?
who(何人)	谁来办会?谁来参与?谁来主持?
what(何事)	会议怎么开?会议的主题是什么?会议的成果是什么?
when(何时)	何时开会?会议开始和结束的时间是何时?具体的会议时间表是怎样的?
where(何处)	在哪里开会?为什么选择在这里开会?从哪里入手?
how(何法)	怎么开会?会议形式是什么?如何实施?会务工作有哪些?开会的细节、风险有哪些?
how much(何量)	成本多少?实施预算、经济效益和社会效益回报如何?

"5W2H"主要分为三个阶段:一是描述初始情况并确认情况;二是确定关键因素并优先考虑,然后找到关键因素;三是提出合适的、有效的行动思路,并提供最终的解决方案。

提出疑问、发现问题和解决问题是极其重要的。创造力强的人,都具有善于提问题的能力。善于提出问题是解决问题的基础。一般认为,在进行会议策划时,如果现行的做法或方案经过 7 个问题的审核已无懈可击,便可认为这一做法或方案创意可取。如果7 个问题中有一个答复不能令人满意,则表示这方面有待改进。

一、确定会议目的(why)

召开会议就是为了达到某种目的或完成某项任务。会议目的不仅是参与者追求的价值,也是会议组织者的期望,是会议所要完成的具体任务。它要回答的问题是:为什么要举办该会议?它对于组织者、参与者有什么意义?

确定会议目的,就是要解决为什么开会这一基本问题。只有目标清晰、任务明确,会议才能发挥应有的作用。此外,还应注意到,办会一定要有成果。会议成果主要以决议、决定、公告、报告、协议、签约、倡议、备忘录等书面形式呈现。

二、确定参与者(who)

确定参与者是会议策划的重要内容,主要指明确"谁"来办会、参会的人都有"谁"、"谁"来主持,即主办方、参会人员、主持人三类群体。

(一)主办方

会议的主办方是会议的发起者和具体组织者,其任务主要是根据会议的目标和规则制定具体的会议方案并加以实施,为会议提供必要的场所、设施和服务,以确保会议正常进行。广义上,主办方包括会议发起、策划、主办、承办、协办的机构或个人;狭义上,主办方即会议的主办单位,对会议举办负有首要责任。大型会议可能出现多个单位联合主办,或多个单位联合承办的情形。

(二)参会人员

参会人员即参加会议的对象,通常又称为会议成员。参会人员是会议的主体,因而是会议成功与否的重要因素。广义上的参会人员包括会议发言人、会议嘉宾、普通参会者等。其中,会议发言人主要包括会议主持人、致辞人、演讲人。狭义上的参会人员仅指普通参会者。根据会议内容,考虑是否邀请不同类型的参会人员,如政府官员、行业主管或中外专家、学者等,这些人员的参加将有助于提升会议的级别和层次。

(三)主持人

主持人作为会议进行的媒介,是必不可少的要素之一。主持人是会议过程中的主持者和引导者,也往往是会议的组织者和召集者,对会议的正常开展和取得预期效果起着领导和保证作用。主持人的主要任务是按照议程有效地组织管理会议、控制会议进程,引导参会者积极参会和发言,制止破坏会议正常开展的行为,营造会场气氛。

三、确定会议主题、议题(what)

(一)会议主题

会议主题不能理解为会议的名称,它是说明开会目的及任务,包含贯彻落实内容、研究工作事项、部署工作任务等内容,通常一句话讲一件事项,点到为止、简明扼要,不需要具体展开。好的会议主题能够显示会议主办方的思想目的、宗旨意识和独特视角,增强会议的吸引力和号召力。

(二)会议议题

举行会议是为了议事,议题即会议评论协商的事项。任何会议,都应有议题,议题即开会的理由和根据。会议议题是围绕会议主题,根据会议目标确定并提交会议讨论或解决的一个个具体问题，是会议主题的具体化和必备要素。一个会议至少有一项议题，无议题或议题不清晰，等于盲目开会，浪费时间。

一般来说，会议的议题是由会议的参与方自己拟定的，这主要是由会议内容决定的。会议议题是否恰当，能否满足参会者的需求是会议能否成功的关键因素。一般情况下，会议议题是参会者提前讨论得出的；而确定重大会议的议题，所需要的流程可能更为复杂，需要代表先"提案"再汇总，最后等待审核，审核通过后才能作为正式议题列入会议议程。(更多关于会议主题和议题的介绍，详见第四章第二节)

四、确定会议时间(when)

会议时间主要包括起讫时间、会期、会议周期三层含义。

会议起讫时间(大时间)是指会议何时开始，何时闭会。一般情况下，会议召开时间应尽量避开重要节假日、会议和事件，以保证领导出席和参会者参会。会务组织者提出召开时间前，应尽量多了解情况。按照规定，下级单位时间要服从上级单位安排。

会期时间(小时间)是指一次会议的时间跨度，会期的长短与会议成本和效果紧密相关。会期依照会议类型有所不同，一般情况下，2天的市场化运作的会议最为常见，极少数会议会期为1天或5天以上。一般情况下，9：00—11：30，15：00—17：30是人们精力最旺盛、思维能力及记忆力最佳的时机。所以可以将全体会议安排在上午，下午分组讨论，晚上则安排一些文娱活动。

会议周期是指同类会议之间的时间间隔，应当按照相应的法律法规、组织章程和行业实际来确定。例如，由公司或协会主办的年会一般是每年召开一次。

此外，会议时间还需要考虑会务相关时间安排(注册、报到、交通、接送、入住、用餐、离店等)、会议日程安排及流程规划。在前期策划时，先要敲定会议的起讫时间(大时间)和会期长短(小时间)，然后会议时间由策划人员提出建议方案，最后由召开会议的领导敲定。会议时间要注意不与上级单位重要活动冲突，尽量不与下级单位的重大活动冲突，防止给下级单位带来两难选择。

五、确定会议地点(where)

会议地点的重要性不容置疑，需要考虑在哪个城市开会(大地点)，以及在城市具体哪个场所开会(小地点)。

大地点的选择一般要综合考虑会议的性质、主题、时间、接待能力、交通条件和气候环境等因素。一般情况下，会议组织者直接参与会议选址工作，也可以交由第三方会务公司完成，也可以根据会议对周边环境的要求，确定具体举办地点。

小地点即会议举行的具体场所(又称为会址)。会场要根据参会人员数量合理选择会议室。一般单位都有大、中、小不等的会议室。选择会议室通常考虑三个原则：一是大小适配原则，参会人数跟会议室座位数相适配，如参会人多就选大会议室，参会人少就选小会议室。二是领导适配原则，如为单位主要领导召开会议，除大小适配原则外，还要根据主要领导开会习惯合理安排。

六、确定会议形式和会务工作(how)

(一)会议形式

会议形式，即将会议价值及内容传递给参与者的途径和方式。它要回答的问题是：

参会者如何获得会议的内容？他们如何得到会议带给他们的价值？常见的会议形式有：全体会议、平行会议/分组论坛、培训、论坛、圆桌会、讨论会、对话、展览、沙龙、酒会、洽谈会、考察等。（更多关于会议形式的介绍，详见第四章第二节）

（二）会务工作

会务工作是确保会议如期、正常、顺利召开的一系列事务工作的总称。会务工作包括参会者吃、住、行的安排，会议全过程管理，会议宣传推广，以及会议的消防、卫生、防疫、应急等工作的处理。会务工作涉及面广、具体琐碎，会务工作人员必须牢固树立"会务工作无小事"的思想，竭尽全力，一丝不苟地将会务工作做实、做细、做到位。

【拓展阅读 3-2】

毛泽东：如何开会

七、确定会议预算（how much）

会议预算要回答的问题是：会议经费从哪儿来？如何获得这些经费？最终获得的经费数额与会议的效果是何关系？会议支出的原则是什么？有何具体要求？谁来管控和审定会议支出？经费来源有三种主要途径：财政资金、组织者全额承担与参与者群体承担等。参与者群体承担的具体体现方式主要有：参会费、展览费、推广费、赞助费及其他资助等。

会议的成本预算策划，一般包括两个部分：一是显性成本，即会议明显的耗费，如场地费、设备租赁费、住宿费、餐饮费、服务费、杂费等。二是隐性成本，指参会者因参加会议而损失的劳动价值，一般是不为人所关注的成本，例如会议服务人员筹备时间、参会人员的路途时间等。

【小资料 3-2】某公司招商会例会"5W2H"分析示例

名称	具体内容
why	汇报招商会的参会报名情况，布置下一阶段改进工作
what	召开招商会项目组例会
where	公司会议室
when	5月31日15：00—17：00
who	公司及各部门领导参加，市场部主持（具体名单见通知）
how	市场部汇报5月招商会运行情况，各部门提出需要解决的问题，总经理提出要求
how much	会上只汇报本月的重大问题和急需解决的问题

本节金句

内容为王，方能创造会议价值。

第四节　会议产品

　　会议策划人员就像产品经理一样，需要对产品进行需求分析、设计策划、资源整合和质量评估，以确保会议顺利进行和参与者满意。与产品一样，会议策划需要关注用户体验、品质管理和持续改进，以确保会议的成功和参与者满意，达到预期目标。因此，用产品的观点来解释会议策划，能够更清晰地理解其作为一个全过程的规划、组织和执行过程，将各项要素融合在一起，实现优质的会议体验和效果。

一、产品的内涵

　　产品是指能够提供给市场，被人们使用和消费，并能满足人们某种需求的任何东西，包括有形的物品、无形的服务、组织、观念或它们的组合。狭义上的产品仅指被生产出的物品。

　　产品一般可以分为三个层次，即核心产品层次、形式产品层次、延伸产品层次。核心产品层次是指产品提供给购买者的直接利益和效用；形式产品层次是指产品在市场上的物质实体外形，包括产品的品质、特征、造型、商标和包装等；延伸产品层次是指产品提供给顾客的一系列附加价值，包括运送、安装、维修、保质等在消费领域给予消费者的好处。

二、会议产品的内涵

(一)会议产品的含义

　　在会议项目中，既要用到各种设施、设备等实物用品，又需要会议场所等空间和场地设施，还需要交通、食宿、娱乐、旅游、金融、通信等相关机构的有力配合。由此可见，会议产品是把有形的物品和无形的服务、组织、观念等融合在一起，设计并制定出来的可以满足特定参会群体需求的综合性服务产品。

　　会议产品也包含三个层次(见表3-3)。

1. 核心产品层次(产品核心)

　　在该层次上，会议主办方通过会议活动的精心策划和设计，通过提供信息交流的平台，为参会者提供全面的会议体验，包括具有吸引力的会议主题和议题、各种专业活动和社交活动等。在核心产品层次中，会议的信息交流是整个会议产品的核心，这既是参会者在整个会议过程中得到的核心收益，也是参会者参会、会议主办方办会的首要目的。

2. 形式产品层次(产品形体)

　　在该层次上，会议主办方提供了有助于会议产品推向市场的价值，例如为参会者提供令人向往的会议目的地和会议场所，提供各种优质的配套服务(餐饮、住宿、交通等)，提供参会的学分证明或培训证书等。通过这些形式产品，参会者可以更好地体验和获得核心产品的价值。

3. 延伸产品层次(附加价值)

　　在该层次上，为使会议更具有吸引力和竞争力，会议主办方为参会者提供了额外的延伸配套服务，如娱乐、表演、休闲、旅游、翻译、礼仪、评奖服务等。这些延伸产品旨在让参会者在会议之外获得额外的愉悦和享受，获得全方位的会议体验。参会者可以通过参加这些延伸配套服务，放松心情，增加社交活动，进一步拓展与其他参会者建立联系和合作的机会。

表 3-3　会议产品层次与价值表

序号	会议产品层次	特点	具体内容
1	核心产品层次	提供信息交流的平台	会议的主题和议题、会议特邀报告人
2	形式产品层次	有助于将会议产品推向市场	会议专业活动、学术访问安排 会议附设展览、社会活动（如开幕式） 会议目的地和会址、提供各类证书 各种配套服务（如餐饮、住宿、交通等）
3	延伸产品层次	区别于上述两项之外的，额外提供的	娱乐、表演、休闲、旅游、翻译、礼仪、评奖服务

（二）会议产品的特点

1. 个性化定制

会议产品的策划需要根据不同客户的需求和主题进行个性化定制，以满足客户的特定需求。这需要策划人员具备较强的沟通能力和创意能力，能够深入了解客户需求并提供专业的解决方案。

2. 组织高效性

会议产品的策划需要在有限的时间内完成，同时保证会议的质量和效果。这需要策划人员具备较强的时间管理和组织能力，能够合理安排会议的时间、场地、设备等资源，确保会议的顺利进行。

3. 业务专业性

会议产品的策划需要考虑到各种细节问题，包括会议的主题、议程、演讲嘉宾、场地布置、设备调试等方面。这需要策划人员具备较强的专业知识和技能，能够为客户提供专业的服务和建议。

4. 产品创新性

会议产品的策划需要具备一定的创新性和独特性，倡导不同领域和行业的跨界融合，如通过邀请跨学科和跨行业的专家和嘉宾，为会议提供了跨界交流和思想碰撞的平台。这种跨界融合促进了新的思维和创新的发展，有助于吸引更多的参会者加入和提高主办方的品牌形象。这需要策划人员具备较强的创意能力和市场敏感度，能够不断推陈出新，提供新颖的会议方案和服务。

5. 情感体验性

会议产品的策划需要注重参会者的情感体验。通过精心设计的会议主题、氛围、活动和精细化的现场服务，会议能给参会者带来沉浸式的体验和情感连接。参会者在会议中可以感受到鼓舞、启发和激励，这是会议为参会者提供的一种情感上的满足和独特的感受。

（三）会议产品的范围

1. 针对参会者的产品

会议产品的首要目的是为参会者提供具有核心价值的产品和服务。这包括但不限于会议的主题和议题策划、内容安排和精彩演讲，以满足参会者对于知识学习、经验分享和交流合作的需求。此外，会议还可为参会者提供便利和舒适的形式产品，如会议场地和配套的设施、餐饮、住宿和交通等，旨在打造一个全面且有价值的会议体验。

2. 针对随行人员的产品

除了参会者，会议还涉及随行人员，如陪同人员、家属等。为了照顾这部分人群的需求，会议产品可以提供相应的安排和服务。例如，安排特定的活动和行程，使随行人员能够在会议期间进行有益的娱乐和休闲活动，并为其提供专门的餐饮和住宿安排，以确保他们的需求能够得到满足。

3. 针对参展商的产品

参展商是会议中重要的利益相关方，会议产品也需要为他们提供相应的产品和服务。这包括展位的布局和设计、展示和展示物资的提供、与观众的配对洽谈等。会议还可以为参展商搭建交流和合作的平台，促进他们与其他参会者的互动和商务合作，以发现更多的商机和合作机会。

4. 针对广告商、赞助商的产品

广告商和赞助商在会议中扮演着重要的角色，他们为会议提供了资金支持，并希望通过会议产品来提升品牌形象和推广效果。会议产品可以为广告商和赞助商提供定制化的广告宣传渠道，包括会议场地和会议材料上的品牌展示、专属广告位的设置以及提供广告投放的机会。此外，会议还可以为这些合作伙伴提供指定礼品、指定用车等增值服务，以提升他们在会议中的体验和参与度。

5. 针对合作伙伴的产品

会议产品还需要考虑到与媒体、境内外其他行业协会等合作伙伴的关系。合作伙伴可以为会议提供宣传推广的支持，同时也能够为参会者带来更丰富的资源和专业知识。会议产品可以为合作伙伴提供合理的合作机会，包括媒体合作、专题研讨会等，以促进合作伙伴之间的交流与合作。另外，会议还可以考虑为合作伙伴提供置换服务，进一步增进合作伙伴之间的合作关系。

三、会议产品的卖点

经过详细的策划，会议产品具有了很多的吸引力要素，也可以说是"卖点"。会议产品的卖点如下。

(一)会议的主题、议程及其他活动项目

会议的主题是体现会议目标的实质性要素，会议主题要鲜明、独特、富有吸引力。会议议程及其他活动项目在内容、方式和期限上因会议而异。总的来说，议程及其他活动项目要安排得妥当、丰富、衔接自然，紧紧围绕主题。

(二)会议举办地

在挑选会议场所时，较之其他方面的单项标准，会议主办方更重视举办会议的所在地。会议在哪个国家哪座城市举办，地理位置和交通状况如何，天气怎样，城市环境和基础设施如何，有什么著名景点，这些都是影响会议吸引力的重要因素。

(三)会议地点

会议地点是指会议的具体举办地点。会议地点主要包括酒店、专门的会议中心、学术机构的会议地点以及市政会议地点等。会议地点的吸引力要素比较复杂，既包括会议室条件、客房条件、视听设备等硬件要素，也包括服务质量、接待会议经验等软件要素。

(四)演讲人和嘉宾

演讲人的专业水平和嘉宾的档次在很大程度上决定着会议信息交流的质量和会议的

影响力。选择好演讲人和分组讨论的主持人，是保障会议成功举办的重要因素。一般会邀请政府相关人员、行业协会人员、行业杂志的编辑、大学教授等担任演讲人和嘉宾。

（五）人际交流氛围

参会者选择参会，不仅是因为在会议的正式议题之中能够学到东西，还因为会议能够为参会人员提供非正式的人际关系网络以及社会交往的机会。因此，会议要给参会者留下难忘的记忆。

（六）各项专业活动

专业活动一般包括大会特邀报告、分组会议报告和张贴报告。

特邀报告人一般是该学科领域中最著名的学者，主持人一般也是由该领域中有声望的前辈学者担任。通常报告时间为 25 分钟，回答提问时间为 5 分钟。

分组会议报告具有灵活性的特点，参会者可以选择自己感兴趣的报告去听。报告时间一般是 10～15 分钟，主持人一般也是要有一定学术地位的专家、学者。

张贴报告一般是论文质量不高的一些口头发言有困难的人的论文。

【小资料 3-3】中国会议产业大会的"三位一体"模式卖点

中国会议产业大会（China Meetings Industry Convention，CMIC），由《会议》杂志于 2009 年发起举办，是当前中国会议与奖励旅游行业的年度盛会。大会主要设置与会议及奖励旅游行业、会议场馆、会议酒店、特色会奖资源、会奖服务等相关议题，同期举办"会议及奖励旅游展览会"及洽谈会，以及会议附设展览。每届大会参加人数超过 1 500 人，已成为业界具有规模和影响力的活动。

历届参会代表主要来自会议组织机构、城市政府部门、会议公司、会议中心与会议酒店、会议技术提供商等，其中，会议组织机构有关负责人占绝大多数。

大会发起方为提升该会议产品的卖点，吸引更多的行业人士参会，每年均会邀约各地政府会展主管部门、旅游主管部门以及中国会展经济研究会来共同主办。首届会议于 2009 年举办，截至 2023 年年底，已成功举办十五届大会。中国会议产业大会已形成"会议＋展览＋洽谈"三位一体的会议模式，是会议与奖励旅游从业者学习新知、交流思想、对接业务、开展商务社交不可或缺的重要平台。

在会议研讨方面，大会关注会议行业发展热点问题，每年都会根据行业产生的问题设置多个分论坛和多场研讨会，囊括整个行业产业链上下游的各个环节，为从业者带来新的思路和业务解决方案。大会在分论坛设置上推陈出新，注重演讲嘉宾的更新率，在内容方面涉及会议公司、会议技术、社团会议、会议教育、会议目的地、会议与展览等多个环节，得到了参会代表的欢迎。

在展览展示方面，大会举行期间会同期举办附设展览，设置专题展区，邀约各地政府部门、会议行业及相关企业作为参展商来展示会奖资源、会奖配套设施和会奖成果。

在合作洽谈方面，大会设置了不同的洽谈专场，安排了不同类型的供应商企业与买家进行洽谈商讨。例如，以社团协会、会奖公司、公关公司、企业四类会奖活动采购代表为主，携带各类服务及资源采购意向与供应商代表见面。洽谈专场不仅节省了沟通时间，而且提高了对接效率，有利于买卖双方合作的达成。

(七)住宿和餐饮安排

住宿和餐饮安排是影响会议成功的重要因素之一。

住宿安排的基本原则是把参会者尽可能地安排在距离会议地点最近的同一家宾馆。在安排住房时要准备住房表，以便于查找参会者房间号码或传递信息。

餐饮关系参会人数。尤其是国际会议，很多人对中国的饮食感兴趣，同时这是一个很好的相互交流的机会，因为在进餐时，人是最没有戒心的，能够放下思想上的包袱，能够真心地交往。

餐饮的安排包括餐饮的种类，主要包括早餐、茶歇、午餐、宴会和晚餐。早餐多由宾馆免费提供，茶歇可提供茶或咖啡，有时还可提供点心。午餐一般统一安排，通常不提供含酒精的饮料。晚宴若是主题宴会，一般采用圆桌围坐形式进行。

餐饮活动安排要遵循以下基本原则：一是严格控制预算。因为餐饮经费开支极具伸缩性，极易超支。二是明确责任。由谁负责哪一项具体工作，要明确分工，责任到人。三是落实每个细节。即日程、时间、场地、形式、价格、菜单、酒水、预订人数、主桌、音响设备、付款方式、签字负责人等各个细节都不容忽视。

(八)会议附设展览

此类展览往往是专业性会议的有机组成部分，而且是一个多赢的举措，既能够让会议主办方增加收入，也能够让参会者享受到丰富多彩的会议内容。例如，参会者看到很多新产品，能够货比三家为今后购买同类产品做参考。对参展商的好处，主要体现在参展商可以直接接触目标市场，潜在地增加客户，为参展企业的发展与调整提供决策的依据。

附设展览的主题务必与会议的主题相一致，不可喧宾夺主。规模可大可小，不可一味贪大。事实上，很多会议附设展览虽然规模不大但是影响力大，这与会议本身的规格、会议主办方在该领域的地位与身份是分不开的。

作为会议主办方，如果会议要设置附设展览，在没有经验的前提下，最好将展览工作交由专业雇主组织(PEO)去办理，自己专注做好会议工作。不要一味地贪大求全，什么事情都自己去做，俗话说，贪多嚼不烂，与其如此，还不如专注做好一件事。

> **本节金句**
>
> 市场是检验会议产品价值的唯一途径。

【复习与思考】

一、本章小结

- 策划具有思维性、目的性、预测性、可行性、科学性。广义的策划泛指一切策划活动。狭义的策划是指人们为推动经济社会发展，在现代工商企业或其他组织机构中所进行的一种获利性的创新活动。狭义的策划主要运用于现代企事业单位中。

- 广义上，会议策划是对会议进行管理和决策的一种程序，它是一种对会议活动的进程以及会议活动的总体战略进行前瞻性规划的活动；狭义上，会议策划是指在会议召开之前，会议的主办单位或承办单位根据会议目标，对一个具体会议的形式、会议的规模、会议的地点、会议的时间、会场的布置、会议的议程、参会人员组织、会间活动安排、会议的财务开支等进行构想和设计，并形成系统、完整的会议活动方案。

- 会议策划具有以下特点：(1)实质：对未来会议活动的组织、管理和执行的安排；

(2)任务：以最优的方式实现策划目标；(3)依据：会议资源、会议需求与相关信息；(4)核心：运用智慧对未来进行运筹和谋划；(5)灵魂：新颖、独特、实用的会议创意；(6)成果：会议策划方案。

- 一份完整的会议策划应包括策划目标、策划主体、策划对象、策划依据、策划方案、策划效果评估等核心要素。

- 一项完整的会议策划活动一般要经过会前调研、会前策划、会议筹备、会议执行、会后收尾的流程。

- 会议策划的方法可分为个体创意方法和群体创意方法。其中，个体创意方法包括类比联想法、拆解法、移植嫁接法、逆向思维法和排除法等；群体创意方法包括头脑风暴法、KJ法、列举法、纸牌法等。

- 会议策划的内容可以概括为"5W2H"，这不仅是会议的构成要素，也能帮助策划人员快速建立分析问题的框架，使其考虑问题更加全面。"5W2H法"又称为"七何分析法"，具体包括：(1)确定会议目的(why)；(2)确定参与者(who)；(3)确定会议主题、议题(what)；(4)确定会议时间(when)；(5)确定会议地点(where)；(6)确定会议形式和会务工作(how)；(7)确定会议预算(how much)。

- 会议产品是把有形的物品和无形的服务、组织、观念等融合在一起，设计并制定出来的可以满足特定参会群体需求的综合性服务产品。

- 会议产品包括三个层次：(1)核心产品层次，这既是参会者在整个会议过程中得到的核心收益，也是参会者参会、会议主办方办会的首要目的；(2)有形产品层次，提供了有助于会议产品推向市场的价值，有助于参会者更好地体验和获得核心产品的价值；(3)延伸产品层次，有助于参会者在会议之外获得额外的愉悦和享受，获得全方位的会议体验。

- 会议产品的卖点包括：会议的主题、议程及其他活动项目；会议举办地；会议地点；演讲人和嘉宾；人际交流氛围；各项专业活动；住宿和餐饮安排；会议附设展览等。

二、重点概念

会议策划　　　会议策划方法　　　会议策划内容(5W2H)　　　会议产品
会议产品卖点

三、思考讨论题

1. 会议策划的含义、特点、核心要素分别是什么？
2. 一项完整的会议策划活动要经过哪些流程？
3. 会议策划的方法有哪些？
4. 会议策划的内容具体包括哪些方面？
5. 会议产品包含哪几个层次？会议产品的卖点是什么？

【综合案例分析】"时装秀"方案

　　××服装集团为了开拓夏季服装市场，拟召开一个服装展示会，推出一批夏季新款时装。产品部策划助理小李拟了一个方案，内容如下。

　　1. 会议名称："××服装集团夏季时装秀"。

　　2. 参加会议人员：上级主管部门领导2人，行业协会代表3人，全国大中型商场的总经理或业务经理以及其他客户约150人，主办单位领导及工作人员20名。另请模特公司服装表演队若干人。

3. 会议主持人：××服装集团负责销售工作的副总经理。

4. 会议时间：4 月 18 日上午 9：30—11：00。

5. 会议程序：

(1)来宾签到，发调查表。

(2)展示会开幕、上级领导讲话。

(3)时装表演。

(4)展示活动闭幕，收调查表，发纪念品。

6. 会议文件：会议通知、邀请函、请柬、签到表、产品意见调查表、服装集团产品介绍资料、订货意向书、购销合同。

7. 会址：服装集团小礼堂。

8. 会场布置：蓝色背景帷幕，中心挂服装品牌标识，上方挂展示会标题横幅。搭设 T 型服装表演台，安排来宾围绕就座。会场外悬挂大型彩色气球及广告条幅。

9. 会议用品：纸、笔等文具，饮料，照明灯、音响设备、背景音乐资料，足够的椅子，纪念品(每人发××服装集团生产的 T 恤衫 1 件)。

10. 会务工作：安排提前来的外地来宾在市中心花园大酒店报到、住宿，安排交通车接送来宾，展示会后安排工作午餐。

案例分析与讨论：

1. 该会议策划方案的选址是否合理？

2. 该会议策划方案的会议用品准备是否齐全？

3. 该会议策划方案是否还有其他需要完善的地方？

第二篇　流程篇

第四章　会前策划阶段

第五章　会议前期筹备阶段

第六章　会议中期筹备阶段

第七章　会议倒计时阶段

第八章　会议执行阶段

第九章　会议收尾阶段

第四章
会前策划阶段

【学习目的】

通过本章的学习，读者应熟悉会前策划阶段的主要工作，能撰写出符合要求的会议策划方案，掌握确定会议主题的途径，熟悉不同的会议形式，理解如何选择合作单位，掌握会议选时与选址的方法；理解媒介推广计划的主要内容；了解资金来源及预算计划，掌握会前策划工作。

本章思维导图

【思政内容】

党的二十大报告提出："必须坚持系统观念。万事万物是相互联系、相互依存的。只有用普遍联系的、全面系统的、发展变化的观点观察事物，才能把握事物发展规律。"会前策划阶段最重要的成果是撰写出具有可行性的会议策划方案，需要树立全局意识、辩证思维、新发展理念，统筹考虑会前策划阶段的主要工作。

确保会议的主题和目标与国家的发展战略和社会主义核心价值观相一致，培养学生的专业使命感和社会责任感，引导学生认识到会议主题设置不得超出主办方职责范围，设立分论坛、子论坛、平行论坛应紧紧围绕主论坛活动主题。加强学生对各类会议举办主体的认识，举办论坛活动的各类社会主体，应经依法登记、具有合法身份。未经合法登记的企业及社会组织或无实际承办主体不得面向社会公开举办论坛活动。论坛活动名称应准确、规范、名实相符，不得随意冠以"中国""中华""全国""国际""世界""峰会""高端""高峰""巅峰"等字样。

本章可以培养学生全面思考，坚持目标导向和问题导向相结合的理念，树立创新思维；以会议项目为抓手，发挥会议业产业链接的优势，努力打造符合我国市场发展规律的会议品牌项目，把会议业的发展与满足人民美好生活需求相结合，引导学生在会前策划阶段彰显会议从业者和研究者的社会责任感和担当意识。

【重点内容】

- 会议策划方案的主要框架
- 会议主题和议题的区别
- 会议合作单位
- 会议选时与选址
- 制订媒介推广计划
- 制订预算计划

大型国际会议的筹备至少需要 6 个月时间，以会议召开当日为标准，往前倒推 5～6 个月即为策划阶段。一般商务会议的筹备需要 2～3 个月时间，以会议召开当日为标准，往前倒推 2～3 个月即为策划阶段。

第一节　拟写会议策划方案

一个成功、高效的会议的举办，离不开周密完善的策划。"有备无患，未雨绸缪"，只有做好充分完善的策划准备，并彻底、灵活地实施执行，才能打造一流的会议。

一、成立策划小组

会议策划的首要工作就是成立策划小组，由策划小组拟定具体的策划方案。为了保证会议的顺利进行，会务人员要进行分工，既各司其职，又相互配合，共同完成会议准备工作。小型会议只需设立会务组，选派专人进行会议的筹划、组织、安排、协调等工作；大中型会议则要建立完善的会议组织机构，将各项工作任务细分到各小组，各小组在统一指挥下分工合作，共同承担会务工作。

（一）策划小组的工作内容

1. 制定目标

策划小组要有具体的工作目标，并且这一目标要以文字形式落实在书面文件上。要明确策划小组与承办单位之间的关系，明确策划小组的具体职责以及结束任务的时间。

2. 确定人选

策划小组要确定小组成员的来源，是内部选取还是外部指派。

3. 具体运作

策划小组要有预算，要对会场进行实地考察，定期聚会讨论。

（二）策划小组的人员构成

一般情况下，会议策划小组一般在调查工作开展前成立，具体负责某一特定会议项目的策划工作。会议策划小组的人数以 3～5 人为宜。除了核心的策划小组，最好还有一个外围的支持小组，可以为策划小组提供咨询与资料收集等支持。会议策划小组需要集聚多方面的人才，一般包括以下人员。

1. 业务主管

业务主管具有特殊的地位，一般由业务部门经理、会议总监或副总经理甚至总经理担任，负责整个会议策划项目的管理和协调工作。业务主管需要具备丰富的会议策划经验，能够完成整个项目的规划、预算控制以及资源分配等管理任务。

2. 文案策划人员

文案策划人员负责完成与会议的文字内容和传达方式相关的工作，包括拟定会议主题和议题、撰写演讲稿、收集宣传资料、编写会议手册等。他们需要具备良好的文字表达能力和创意思维，能够将客户需求转化为有吸引力的文案内容，以便准确地传达会议的目标和信息。

3. 设计人员

设计人员负责会议策划方案中的视觉呈现和形象设计，包括会标、会议主视觉、宣传海报、PPT 的设计等。他们需要具备出色的设计能力和专业的设计软件应用技巧，能够通过设计元素提升会议的视觉效果。设计人员需要与文案策划人员紧密合作，确保所有的视觉元素都能够支持会议的主题和目标。

4. 市场调研人员

市场调研人员负责对会议目标受众和会议市场进行综合调研和分析，包括分析目标受众群体、参会需求、竞争对手、行业趋势等。他们需要收集和整理相关数据，需要掌握市场调研方法，具备调研工具的运用能力，为会议策划提供准确的建议。

5. 媒体联络人员

媒体联络人员负责与媒体进行接触和沟通，完成会议的宣传和媒体报道工作，包括新闻发布、邀请记者参与报道等。他们需要具备良好的沟通和协调能力，与媒体建立良好的合作关系，能够将会议信息传达给目标受众并吸引媒体关注，提高会议的宣传效果和媒体曝光度。

除了上述人员，根据具体的会议策划项目的需求，还可以补充其他专业人员，如会务执行人员、舞台搭建人员、音响灯光技术人员等。这些人员的职责是保证会议的顺利进行，为会议提供全方位的支持和服务。

【小资料 4-1】2008 年奥运组委会成立，奥运准备工作启动

第 29 届奥运会组委会于 2001 年 12 月 13 日在北京成立，2008 年北京奥运会筹办工作由此正式启动。

北京奥运会组委会主席由时任北京市市长的刘淇担任，原国家体育总局局长、中国奥委会主席袁伟民任执行主席，原北京市副市长刘敬民为常务副主席，原国家体育总局党组书记、副局长李志坚，原国家体育总局副局长于再清，原北京市委常委、宣传部部长蒋效愚和原北京市副市长张茅等为副主席。

刘淇在成立仪式上表示，北京奥运会组委会是组织、管理、实施第 29 届奥运会筹备工作的专门机构，其成员包括北京市政府、国家体育总局、中国奥委会的官员，中国的国际奥委会委员和优秀运动员代表。

二、会议策划方案的内涵

(一)会议策划方案的含义

习惯上，人们也将策划书称为"预案"或"筹备方案"。其实，这几个概念是有差别的：有法定程序的会议、研究探讨的工作性会议策划书一般称"预案"或"筹备方案"。需要在某些方面有所创新的会议策划书则直接称"策划书"。而比较重要的会议一般需要有会议策划方案。

会议策划方案是会议活动各项策划意图的书面形态，是会务工作机构根据上级的意图和指示制定的详细周密的书面方案。它是会议筹备工作的依据，经上级审核批准后由会务工作机构具体实施。

(二)会议策划方案的特点

1. 可行性

会议策划方案应在会前制定，对此次会议举办的原因、组织方式、效果评估，都应该根据实际情况和以往的经验进行周密、细致的设想和安排，形成系统的、具体的可行性方案。

2. 程序性

会议策划方案应根据会议固定、半固定或不固定的程序，结合其特点要求，进行妥善的部署。

3. 请示性

会议策划方案应就会议规模、程序、经费使用、可行性等请示上级主管部门或相关领导审查批准。

【拓展阅读 4-1】

什么是可行的
会议策划方案

三、会议策划方案的框架

（一）会议策划方案的一般框架

1. 会议简介

会议简介包括会议主题、会议时间、地点、组织机构、参会人员等的介绍。

在此部分，一定要明确会议主题。会议主题应与会议目标一致且具有号召力，能引起人们的注意和共鸣，如"区域合作：展望未来""公司年会：营销整合，提升绩效"。

2. 会议日程及相关安排

这是会议方案的主体部分，常由时间和事件组成的表格来体现。

会议日程中，需要考虑参会者到达和离开的时间，每一时段的活动安排，会议主题内容，活动地点，参会者用餐、参观、娱乐和中间休息等会外内容。

3. 会议预算

会议预算要从实际出发，预估会议所需要的交通费用、餐宿费、场地租用费、会议资料费等一些固定支出。

4. 其他需要说明的事项

对于需要特殊说明的事项，在会议策划方案中可单独列出。

（二）政府会议策划方案

1. 分类

政府会议的策划方案可以分为三类：会议竞标方案、会议执行方案和会议汇报方案。与企业会议不同的是，政府会议方案通常需要以书面文字形式呈现，尤其是以Word 版本为主要形式。政府的属性决定了政府方案必须规范、正式、程序化、合规和安全。虽然政府会议策划方案也需要创意和亮点，但不应喧宾夺主。

（1）会议竞标方案。这类方案主要面向业务人员，其主要目的是吸引业务人员。在这类方案中，重点是向潜在客户展示企业的能力和优势，以争取获得政府会议的承办权。此类方案的关键是强调企业的专业知识、经验和成功案例，并提供有创意的解决方案和有竞争力的报价。

（2）会议执行方案。这类方案主要面向工作人员，其主要目的是规划会议的具体执行方案，确保会议顺利进行和高效执行。此类方案的关键是会议议程安排、场地布置、设备准备、演讲者安排、参会者注册、现场接待与服务等细节。

（3）会议汇报方案。这类方案主要面向领导，其主要目的是向领导汇报会议的情况和成果。此类方案的关键是对会议的背景、目的、议题以及参会人员进行详细的说明。此外，还需提供相关数据、图表和分析，为领导的决策提供支持。

2. 主要框架

（1）会议竞标方案框架。此类方案必须要严格按照招标文件的格式来写。如果招标文件没有说清具体格式，则需要按照会议的服务内容和板块来写。具体而言，分为以下几个部分。

第一部分，会议的基本情况。这部分内容主要包括总体会议情况简介或描述，对会议目标的理解，对服务理念、服务内容、服务标准的定义等。

第二部分，会议实施方案。这部分主要包括以下内容。

①主题演绎、口号策划方案；

②主形象、排位图及衍生物方案；

③议题、演讲人、日程方案；

④参会代表招募、宣传推广及现场注册方案；

⑤会议场地使用方案(含设施设备、会场布置)；

⑥开、闭幕式暨全体会议方案(含座次、合影、展位等)；

⑦全体大会与分会场方案；

⑧展示空间布置与管理方案；

⑨餐饮方案(酒会、午餐、茶歇等)；

⑩嘉宾接待方案(吃住行以及行程和接见、会见方案)；

⑪参会代表接待方案(或交通、住宿单独的方案)；

⑫现场管理方案(现场注册、签到、门禁、证件管理)；

⑬志愿者管理方案；

⑭媒体宣传与接待方案；

⑮风险预案和应急管理方案；

⑯后勤保障方案(通信、医疗等)。

第三部分，项目报价。这部分应以规范的财务表格形式呈现，切忌用文字列出各项内容。

第四部分，项目管理计划。这部分内容主要包括项目组成员及分工、时间进程表、里程碑计划、项目风险管理流程等。

第五部分，服务保障。这部分主要包括服务实施质量保证措施说明，售后服务内容及措施说明，技术配备和资质说明等内容。

第六部分，总结和建议。

有参与过政府会议方案竞标的行业人士曾指出，政府会议的竞标方案如果按照上述框架组织内容，篇幅通常超过 100 页(100 页并非很多，因政府文件要求字号是仿宋三号)。

(2)会议执行方案框架。执行方案就是比竞标方案更具体的、可照单干活的执行脚本。

(3)会议汇报方案框架。一般而言，每个层级领导关心的事务不一样，不同领导希望了解的侧重点不一样，故汇报方案应契合每个层级领导的关注重点。因此，应先问清楚主要听取汇报的领导是谁，问清领导关心何种事务，再开始构思和组织汇报方案框架。

汇报方案框架应包含如下主要内容。

①会议的总体进展汇报(用 1 页纸的篇幅概括)；

②主要议程和会场安排；

③重要嘉宾、开闭幕式嘉宾和演讲人落实情况(或名单)；

④参会人员情况(或名单)；

⑤预算执行情况；

⑥希望领导出席的活动清单和活动要求；

⑦工作组的组建和筹备情况；

⑧希望领导协调的事务和重要决策。

政府会议汇报材料的字体字号参照《党政机关公文格式》国家标准（GB/T 9704—2012）。汇报材料的篇幅一般为 A4 纸张 2～3 页比较合适，着重点明上述要点即可。

【拓展阅读 4-2】

政府会议方案提案
汇报的注意事项

（三）商务会议策划方案的主要框架

从我国目前会议市场上的会议类型占比来看，商务会议占比最高。政府会议、事业单位会议多为内部办公性质的会议，会议策划方案较为简单。因此，本教材将重点放在面向市场、吸引参会者的商务会议上。以下是商务会议策划方案的主要框架内容。

1. 会议背景

在正式拟写会议策划方案之前，应该先明确本次会议的背景是什么，希望达成的目的是什么，会议将分成哪几个环节，每个环节大致有哪些内容等，让策划人员对即将要策划的会议有一定的心理预期。

（1）明确会议背景。会议背景主要包括召开会议的缘由、目的、宗旨与意义等，需要综合考虑多方面因素来确定，其中涉及政策环境、社会文化环境、经济环境、市场环境、竞品情况以及内部资源等重要因素。这些因素对于确定会议的背景和目标具有重要影响，明确会议背景的目的是确保会议的有效性和成功举办。

【拓展阅读 4-3】

会议背景的类型

会议背景资料一般是概括性的，文字应简明扼要。如果资料篇幅长、内容详尽，可以作为策划方案的附件，而在正文中只体现会议背景的核心要点。

（2）确定会议目的。会议目的简单来说就是"为什么开会"，也就是会议召开的原因。会议的常见目的有促进业务推广与扩大品牌影响、促进教育培训和激励士气、促进信息共享和交流沟通、促进问题解决和决策制定。企业会议是当前中国会议市场的主流，"促进业务推广与扩大品牌影响"这一目的可以细分为拓展客户、品牌曝光、销售转化和促活留存四个方面。明确的会议目的可以帮助策划者确定会议的核心议题和关键要素，确保在会议筹备和执行过程中紧密围绕这些目标展开。

【小资料 4-2】企业会议的常见目的

1. 拓展客户

会议可以帮助扩大公司的市场占有率，并开拓更多元化的市场渠道。通过与参会者直接互动，会议能够满足他们的需求，进而吸引更多潜在客户的注意。例如，企业可以通过召开客户见面会、招商会等活动来吸引潜在客户，拓展业务范围，提高销售额。在召开客户见面会时，企业可以通过邀请潜在客户、合作伙伴等人士参加，让他们更好地了解企业的产品和服务，并与企业代表进行面对面的交流和沟通。此外，企业还可以通过赠送礼品、举办抽奖等方式，提高参会者的参与度和会议的互动性，提升活动的效果和影响力。通过这些活动，企业可以吸引更多的潜在客户，并促进与客户之间的合作和交流。

2. 品牌曝光

通过会议，企业可以表达品牌诉求，展示企业的影响力和号召力。此外，企业还可以借此机会发布战略宣传信息以及展示最新的产品。这些举措可以为企业树立积极、专业的形象，并进一步巩固品牌在市场中的地位。例如，企业可以召开新品发布会、品牌推广会等活动，通过媒体宣传和参会者的口碑传播，提高品牌知名度和美誉度。在召开新品发布会时，企业可以邀请媒体、行业专家等人士参加，并向他们介绍企业的新产品和技术优势。此外，企业还可以通过展示产品、演示技术等方式，让参会者更好地了解产品的特点和优势。通过这些活动，企业可以提高新产品的知名度和美誉度，并促进与媒体、行业专家之间的合作和交流。

3. 销售转化

企业可以通过会议的安排和具体措施来促进产品销售额的增长，完成产品的月度、季度、年度销售额指标，处理库存等转化目标。例如，在会议期间推出各类特别优惠活动，激励参会者购买产品，从而实现销售目标。在召开促销会时，企业可以通过制定优惠政策、推出新品等方式吸引消费者购买。此外，企业还可以通过举办抽奖、赠送礼品等方式，提高参会者的参与度和活动的互动性，从而拓展市场，促进销售转化。

4. 促活留存

促活是指在一定因素的干预下，使得某个平台或产品在某个时间段内访问量明显提高，即用各种手段让用户活跃起来。留存，即提高用户留存率，让更多用户留下来。

要使促活留存率高，可以在会前设计吸引人的会议主题，提高参会者的参与度和活动的互动性。企业可以通过设计吸引人的活动主题，确保会议内容有足够的吸引力和实用性，能够满足参会者的需求。可以考虑邀请知名讲师、行业专家或公司内部的核心领导者到场进行演讲或分享经验，进而吸引更多的参会者。

会中，可以开展丰富多彩的活动内容，精心设计会议服务，提供美味的餐食和自由交流的茶歇时间等，为参会者创造愉悦体验，提高参会者的满意度和留存意愿。

会后，可以通过活动后续跟进来提高参会者的留存率，例如通过问卷调查、在线评价或重点关注社交媒体上的参会者评论，了解参会者对会议的评价和建议，并积极回应和改进，提高参会者对企业的关注度和忠诚度。

2. 会议市场信息分析

会议市场信息分析主要包括会议主题所在行业、产业发展状况，行业供求关系分析，目标参会者信息分析，与同类会议相比所具备的竞争力分析等。一般可以从宏观环境、微观环境入手分析，也可以从政治、经济、社会、科技（PEST）等角度入手进行分析。

3. 会议基本框架

会议基本框架主要包括会议名称、会议时间、会议地点、会议主办方、会议合作单位、会议规模、会议定位、会议形式等。

其中，会议定位应考虑预设会议的规模目标、参会者的行业类别、重点行业类别、预计或设定参会者的层次定位等。会议形式应考虑研究同类会议或总结历史会议的规律；会议的讨论形式及数量（主旨演讲、主题演讲、对话、圆桌讨论、专业培训、小组讨论）；演讲嘉宾的招募形式、数量，境内外嘉宾的初步人选和比例；是否有展示、附设展览以及文化体验活动、颁奖晚宴活动以及特殊活动安排等。

4. 会议日程及子活动安排

这是会议策划方案的重点和难点，也是吸引参会者付费参加会议的最重要的内容之一。日程安排是否合理，议题选择是否恰当，能否引起参会者的兴趣，将在很大程度上影响参会者到会的可能性。

会议日程及子活动安排主要考虑以下三个方面。

(1)编排会议日程要充分考虑会期、会议议程以及拟采取的选举方式等内容，一般可根据会议日程将会议划分为几个阶段，对每个阶段的议程及主要活动制定初步规划，然后设立具体的日期安排。

(2)根据议程的具体内容、要求，合理安排日程。程序性较强的应安排得紧凑些，使其有条不紊，环环相扣；反之，则应尽可能把时间安排得充裕一些。

(3)会议日程的编排要明确具体，一目了然。其内容一般应包括时间、会议内容、地点、主持人等。

5. 会议宣传推广

会议宣传推广主要考虑以下五个方面。

(1)媒体合作：确定媒体合作方案；联系媒体，签订合约；软文投放及新闻发布等。

(2)媒体邀请：确定媒体邀请名单；发送媒体邀请函；新增媒体人更新并入库。

(3)媒体接待：确定媒体接待人员及相关事宜；新闻稿撰写、细化及修改、翻译；新闻预热及发布；新闻稿发布、报送及打印；现场媒体室、摄影区配置。

(4)媒体监测及报告：收集媒体发布的新闻集锦；存档并总结。

(5)宣传分期：会议宣传推广应大致细分为几个宣传阶段，每个阶段应考虑宣传的重点，主要使用何种媒体推广，推广会议的哪些内容，以及每个阶段的推广预算等。

6. 演讲嘉宾及贵宾管理

演讲嘉宾及贵宾管理主要考虑以下四个方面。

(1)会议前期演讲嘉宾及贵宾的接待安排。主要包括演讲嘉宾、贵宾行程的确定，机票预订(自行预订或委托旅行社预订)，与演讲嘉宾、贵宾沟通住宿要求，预订酒店住宿，接送机安排(委托旅行社、请示中心领导安排接待)，告知演讲嘉宾PPT收集时间，演讲人PPT模板，演讲嘉宾音频与视频接口(AV)需求确认，告知演讲嘉宾参会具体着装要求、旅行安全等注意事项。

(2)会议前期准备。主要包括讲课费预支及签收表制作，礼品的确认、购买，礼品发放名单的确认及签收表制作。

(3)会议现场演讲嘉宾及贵宾的协调管理。主要包括演讲嘉宾、贵宾入住办理，费用说明(信用卡担保、杂费自理)，演讲嘉宾PPT的最终收集、播放调试，指导演讲嘉宾使用激光笔并演示，演讲嘉宾讲课费签收，演讲嘉宾、贵宾礼品签收，送机信息的安排确认。

(4)会议后期与演讲嘉宾及贵宾的沟通和反馈。主要包括感谢信发送，照片分类归档，将照片、会后资料、新闻等发送给演讲人。

在该部分中，应明确体现拟邀请嘉宾和贵宾名录、拟邀请嘉宾演讲题目，并体现出在会议不同阶段如何给拟邀请嘉宾和贵宾提供优质良好的服务。

7. 会议供应商管理

会议供应商管理主要考虑以下四个方面。

(1)会议需求确认。主要包括会议场地的确认，会议会场、摆位图的确认，会场、活动搭建的确认，会场、活动 AV 音响设备的确认，同传设备、译员的确认，会议胸卡、设备租赁的确认，会议嘉宾接送机、转场交通、会后考察交通的确认，会议平面设计的确认等。

（2）会议供应商选择与洽谈。主要包括主要供应商筛选，供应商场地考察（AV），供应商场地考察（搭建及同传），供应商报价，供应商报价评定及预算控制，确认供应商等。

（3）合同签订。主要包括供应商提供合同，核实合同内容的准确性及规范性，合同呈报及签订，合同扫描存档等。

（4）向供应商付款。主要包括验收相关活动服务效果，与供应商核对账户信息，财务付款至供应商，发票管理等。

在该部分中，应明确体现为成功举行会议所需的各类人力、物料、设备需求，每种需求的名称、数量、预估价格，以及分别由哪些供应商提供等。

8. 会议赞助管理

会议赞助管理主要考虑以下两个方面。

（1）赞助计划设定。主要包括根据会议的营收指标确定会议赞助目标，确定赞助项目和赞助方式，确定赞助方案书并确认。

（2）赞助销售。主要包括确定潜在的赞助商，邮寄或发送赞助商函，电话联系或上门拜访，商谈和合同签订，款项和发票跟进。

在该部分中，应明确体现赞助项目、赞助方式和赞助回报。

9. 会议形象设计

会议形象设计主要考虑以下两个方面。

（1）平面设计内容。主要包括会议主形象（会议名称、会徽、吉祥物等），会议信封、纸袋、包装，会议宣传折页（第一次、第二次宣传），会刊排版及会刊封面设计，胸卡底图，易拉宝形象，餐券设计，会议议程小折页，会议邀请函，车头牌等。

（2）会议主形象应用范围。主要包括会场背景板或 LED 主形象，会刊封面，易拉宝底图，主题活动主背景，会议流程 PPT 背景等。

10. 会议进程管理

会议进程管理主要考虑以下四个方面。

（1）制定项目进程表。主要包括确定项目工作成员，确定任务特性和重点，项目编号、立项、预算三单制作。

（2）阶段性工作会议。主要包括召开启动会议，进行任务分工；召开专项会议和汇报；召开进场会议；召开现场当天总结会议。

（3）现场工作人员分工。

①工作人员管理。主要包括成立项目小组，进行人员分工；制定岗位说明和分工表；明确工作人员注意事项，包括服装要求、到岗时间、收工指令；工作人员餐饮安排（包括外部工作人员）；工作人员住宿安排等。

②摄影摄像人员。主要包括确定摄影摄像工作需求；邀请摄影摄像人员；安排摄影摄像人员岗前培训，明确注意事项、拍摄要求等。

③供应商（搭建、AV、同传）工作人员管理。主要包括明确外部工作人员分工与需求；外部工作人员进场通知；外部工作人员岗前培训；确定外部工作人员负责人、汇报机制、验收人员等。

④志愿者管理。主要包括编制招募说明书，制定志愿者工作岗位说明书；志愿者招募；志愿者岗前培训，安排培训人员；志愿者签到及费用发放等。

（4）现场注册管理。

①注册台搭建。主要包括注册台搭建时间确认；注册台搭建区域、位置确认；注册台搭建需求确认（适量桌椅、桌套、电源插座、椅套）；注册区域台卡摆放；注册台开放时间确认等。

②注册区域分工。主要包括前期注册代表注册区域（准备参会代表名录），VIP/演讲嘉宾注册区域，媒体签到/现场代表注册区域，财务管理区域，资料发放区域/胸卡现场打印区域，注册流程确认，员工、志愿者培训等。

③注册流程管理。主要包括前期代表注册（网上注册代表名录），现场代表注册（现场填写表格、胸卡打印、付款），VIP/演讲嘉宾签到，发票签收（提前发票装袋、签收表格），会议资料发放等。

11. 会议预算管理

会议预算管理主要考虑以下五个方面。

（1）确定营收目标和收入来源。主要包括确定会议的财务目标（盈利、非盈利、纯投入）；确定注册费收入和预计付费人数；开通在线、微信注册渠道，支付接口对接；预估赞助目标、确定现金赞助收入；确定联合（支持）单位的出资比例；确定非资金赞助的项目（场地、媒体合作、实物、人员等）。

（2）确定预算支出。主要包括确定总预算支出；确定预计的参会总人数上限（包括演讲嘉宾和其他参会者）；确定会议演讲嘉宾的人数、差旅费、演讲费和礼品方案；根据会议方案确定会议的固定开支；根据会议方案确定各项可变成本。

（3）预算表制定及调整。主要包括制定初步预算；预算调整，设定定期回顾机制；根据会议注册人数、现场人数调整会议支出（餐饮费、交通费等）。

（4）台账管理。主要包括设定台账，收入监测登记、发票管理，支出监测登记、发票管理等。

（5）结算。主要包括确定收入到账，支付渠道结算、在线注册费和手续费，确定付款，支付尾款，结算表。

12. 会议风险管理

会议风险管理主要考虑以下三个方面。

（1）风险分析，确定重点风险。主要包括风险评估，风险预案，购买保险或者安排风险演练、培训等。

（2）制作现场工作人员紧急联络表和工作职责简表，包括工作组、搭建商、酒店、供应商、表演人员、演讲嘉宾等；确定总联络人、联席会议等。

（3）各类常见风险控制。主要包括演讲人员风险、合同风险、场地风险、设备风险、交通风险、注册风险、预算风险、印刷品风险等。

13. 会议总结与评估

会议总结与评价主要交代会议如何进行收尾、总结，本次会议能够为下次会议举办提供何种借鉴参考。主要考虑以下三个方面。

（1）会后服务。主要包括参会者服务、嘉宾服务、赞助商服务、主办方服务、供应商服务等。

（2）编制会后总结报告。主要包括会议总体总结报告、满意度报告、投诉处理报告、资料归档报告等。

（3）开展会后评估。主要包括确定会议评估对象、评估时间与方法、评估内容等。

以上所介绍的主要框架普适性较强，基本上涵盖了一个会议活动的前中后阶段所涉及的工作，适合会议组织者(俗称甲方)、会议服务方(专业会议组织者)、专业或临时性的会议组织者。同时，本策划方案主要框架不仅适用于学术会议、商务会议，也适用于企业年会等。

在此需要特别强调的是，此处所介绍的会议策划方案框架并非一成不变，不需要所有会议策划方案均按照此框架进行撰写。只要策划方案能概括会议策划的要素，能体现会议策划方案的一般内容，框架均可以灵活设置。

> 📑 **本节金句**
>
> 可行性是会议策划方案的生命线。

第二节　确定会议主题和形式

会议主题是会议要探讨的最核心和最实质的问题，主题是会议目的的反映和表达。确定合适的会议主题不仅有利于参会者对会议目的的理解，也有利于会议宣传。会议主题确定后，应对会议形式进行选择，即确定将组织几场全体会议、几场平行会议及其相应的活动。

一、确定会议主题

(一)会议主题的含义

会议主题是对会议主要内容和实质问题的高度概括，会议潜在参与者通过它可以了解会议的大体内容。

一般情况下，只有大中型会议才会确定会议主题，且一个会议只能有一个主题，而小型会议或日常会议只需确定会议议题。为了使参会者对会议主题有更深入的了解，主办单位会围绕会议主题精心设置多个具体的拟讨论话题，这些拟讨论话题即会议议题，是对会议主题的具体化。

会议主题的确定，有助于使会议具有号召力、引人注目，是会前策划的一项重要任务。会议主题的语言表述应根据会议性质的不同进行调整，可中规中矩、朴实无华，也可标新立异、夺人眼球。在会议主题之下，一定要设定多个围绕会议主题展开讨论的具体议题，每个议题按照既定时间、要求和原则进行，以确保更好地实现会议目标。

(二)会议主题的特点

不同的会议有不同的主题，以显示会议的个性。概括起来，会议主题具有以下共性。

1. 独特性

独特性是指会议主题策划必须富有创意。策划的内容必须新颖、奇特、扣人心弦，使人产生新鲜、有趣的感觉。现代交通、通信和网络的快速发展，使人们对许多新鲜事物司空见惯，很难提起兴趣。因此，会议的主题只有新颖独特，才会吸引参会者的眼球。

2. 时效性

时效性是指会议主题要"抢眼"。会议主题只有与行业发展、时局发展紧密结合，才能吸引参会者的眼球。缺乏时效性的内容不应成为会议主题，否则会降低人们参加会议的积极性。

3. 通俗性

通俗性是指将策划概念提炼加工成会议主题，使之通俗易懂，能够为广大传媒和会议受众所接受。"凡大道至简至易"，会议主题也是如此，只有简洁明快、受众易于接受和理解的会议主题才会得到广泛传播。

4. 刺激性

刺激性是指会议主题能够激发潜在参会者的参会欲望。会议主题应具有一定的冲击力和震撼力，能使参会者产生强烈共鸣。

【小资料 4-3】中规中矩的会议主题：世界互联网大会

世界互联网大会（World Internet Conference）由中国倡导并举办，旨在搭建中国与世界互联互通的国际平台和国际互联网共享共治的中国平台。2014 年，首届世界互联网大会（又称"首届乌镇峰会"）在浙江乌镇举办，这是中国举办的规模大、层次高的互联网大会，也是世界互联网领域的高级别高峰会议。截至 2023 年，世界互联网大会乌镇峰会已连续成功举办十届，成为浙江嘉兴承接的影响世界的国际会议。世界互联网大会的会员来自全球互联网领域的领军企业、权威机构、行业组织、知名专家、学者以及相关国际机构，每年都有约 80 个国家和地区的千余名代表参会。

历届会议主题（见表 4-1）都围绕互联、共享、共治、共赢和命运共同体等关键词来设定，语言朴实，紧扣会议宗旨，文字表述中规中矩。

表 4-1　世界互联网大会历届会议主题

时间	届次	主题
2014 年 11 月 19—21 日	首届	互联互通 共享共治
2015 年 12 月 16—18 日	第二届	互联互通 共享共治——构建网络空间命运共同体
2016 年 11 月 16—18 日	第三届	创新驱动 造福人类——携手共建网络空间命运共同体
2017 年 12 月 3—5 日	第四届	发展数字经济 促进开放共享——携手共建网络空间命运共同体
2018 年 11 月 7—9 日	第五届	创造互信共治的数字世界——携手共建网络空间命运共同体
2019 年 10 月 20—22 日	第六届	智能互联 开放合作——携手共建网络空间命运共同体
2020 年 11 月 23—24 日	第七届	数字赋能 共创未来——携手构建网络空间命运共同体
2021 年 9 月 26—28 日	第八届	迈向数字文明新时代——携手构建网络空间命运共同体
2022 年 11 月 9—11 日	第九届	共建网络世界 共创数字未来——携手构建网络空间命运共同体
2023 年 11 月 8—10 日	第十届	建设包容、普惠、有韧性的数字世界——携手构建网络空间命运共同体

【小资料 4-4】标新立异的会议主题

　　同样在互联网领域，华为公司 2022 年会主题"进攻是最好的防守，有质量地活下去就是胜利"，2021 华为花粉年会主题"在一起，再出发"，2019 华为花粉年会主题"因为热爱"，表现出了标新立异的特色。腾讯公司历届员工大会主题，同样也具有新颖性(见表 4-2)。

表 4-2　腾讯公司历届员工大会主题

年份	主题
2016	坚守使命，逐梦前行
2017	科技、责任、未来
2018	拥抱变化，全新出发
2019	用户为本，科技向善
2022	降本增效

(三)会议主题与会议议题的关系

1. 会议主题≠会议议题≠会议名称

会议主题不等同于会议议题，也不等同于会议的名称或者会标。

2. 会议主题包含会议议题

　　会议议题是围绕会议主题而设立的一个个拟讨论的问题，是会议主题的具体化，即会议期间每个时间段具体讨论的内容。会议议题是对会议主题的进一步阐释，是围绕会议主题来确定的，每一个议题都是会议主题的构成要素。在一个会议中，会议主题只能有一个，而会议议题可以有多个。若是在会议中安排了多场平行分组论坛，每个分论坛也可以设置一个会议分主题，多个分主题一定是围绕整个会议的主题展开细化，但仍然会设置具体的分组议题。以 2023 第 18 届中国会展经济国际合作论坛为例，本届会议的主题是"融通创新，赋能未来"，设置了"加强国际会展业开放合作，维护全球产业链稳定安全""摆脱疫情阴霾，共创会展未来"两场全体会议，"创新与发展""趋势与对策"两大分组议题共 8 场分组会议，这两场全体会议、8 场分组会议的分主题均围绕会议总主题展开。

【拓展阅读 4-4】

博鳌亚洲论坛
年会主题与议题

　　为准确选择并确定会议议题，策划者应对会议相关领域有所了解，不仅要了解该领域的发展现状及趋势，还要了解相关领域的问题和需求，并在对上述情况进行分析的基础上选择并确定会议议题。一般规律是商会、协会人员比较关注宏观问题，专业人士比较关注相关专业知识的交流和探讨，企业人士比较关注建立业务关系和寻求商业机会，地区性组织比较注重建立网络联系和区域性合作，而国际性组织则对共同面临的商业挑战、发展趋势或先进的管理经验比较感兴趣。

(四)确定会议主题的途径

　　一个好的主题，能让会议成为稀缺产品，从而吸引众多的目光和关注。那么，如何找准并确定一个好的会议主题呢?

1. 邀请专家，专题讲座

会议在举办之前，通常已经确定了一个大概的话题范围，可是如何抓住行业热点、前沿话题，满足各方需求，使会议所谈内容落到实处？可以在会前策划阶段邀请行业内的专家、学者为策划团队进行一次或多次的专题讲座，解读学界、业界热点。如有必要，还可以约见业界人士，听听他们的意见。专家和业界人士的意见可由专门的工作人员记录整理，为策划团队日后作出决策提供不同角度的参考。

在选择专家的时候，可以从一个领域的不同研究方向去寻找，以确保观点的多样性。选择业界人士的时候，可以考虑从产业的上、中、下游各方选取，以确保会议主题的实际价值。

2. 头脑风暴，群策群力

所谓头脑风暴，就是整个会议策划团队根据行业专家、学者、业界专业人士提供的线索，共同讨论，缩小范围，最后确定主题。这种方式的特点是不受任何拘束，每个人都可以自由发挥、独立思考，往往在思想的碰撞中会产生更多的具有创造力的想法。可以把每种想法都记录在案，最后再共同探讨想法的可行性。

在头脑风暴中，以下问题可供参考。

(1)当前社会热点议题或事件是什么？会议所涉及领域的热点话题是什么？当前社会存在争议的问题是什么？最新的思潮或理念是什么？

(2)行业内共同关心或存在争议的问题是什么？

(3)所选的主题是否有必要？是否有吸引力？

(4)会议目标群体最感兴趣的是什么？他们想要得到什么信息？这些信息能否作为会议主题？

(5)同质化分析：是否举办过类似主题的会议？若有，能否找出差异并进行定位？

(五)确定会议主题需考虑的因素

1. 会议主题需反映行业热点

会议主题应能反映当前学界、业界的热点或政府关心的问题。主题的确定要紧扣时事热点，确保参会者的关注点与会议目标一致，吸引更多相关领域的专家和从业者参与。例如，在某些行业发展阶段，某一技术或政策的变革成为热门话题，会议主题如果能紧跟此类热点，将有效吸引行业领袖、专家及政府代表的参与，使会议具有更高的学术和实用价值。会议主题选择应体现出会议对行业趋势的洞察力，确保会议在行业内外保持重要的参考性和指导性。

2. 会议主题应获得广泛认同

会议主题的设定必须获得参会者的广泛认同，才能保证会议的有效性和参与度。一个成功的会议不仅仅在于组织者的预期，还要让参会者在主题中找到共鸣。参会者来自不同行业、不同背景，会议主题应兼顾不同群体的关注点，使他们能够在会议中找到与自己切实相关的内容。因此，会议主题在初期设计时可以通过调研、专家咨询或先期讨论等方式进行优化，确保主题符合大多数参会者的需求和期望，增强他们的参与意愿。

3. 会议主题需具备延展性

会议主题不应局限于某个单一的、具体的问题，而应具有延伸性、开放性和吸引力。一个好的会议主题应允许不同的议题从不同角度展开讨论。比如，主题可以涵盖当下的焦点问题，同时向未来的发展趋势延伸，激发与会者的思考与创新。这种具有延展性和灵活性的主题有助于吸引更多元化的群体，尤其是跨行业的参会者，共同探讨如何推动行业未来的发展。开放性的主题还能使会议有更多的讨论空间，使讨论内容不局限于一个封闭的领域，从而激发更多的创新性思维。

4. 会议主题需具备前瞻性

会议主题的设定不仅要着眼于当前的热点，还应具有前瞻性，能引导行业未来的发展方向。一个具有前瞻性的会议主题，能够从长远的视角出发，讨论某个趋势、技术或政策的未来影响，促进行业内外各方的合作与共赢。前瞻性不仅能够引起学术界的重视，还能吸引政府、企业和媒体的广泛关注，提升会议的社会影响力。例如，如果会议主题能够预测并推动某项技术的突破或某项政策的出台，那么该会议将具有极高的社会价值和影响力。

5. 会议主题需与整体风格相协调

会议主题的确定需与会议整体风格保持一致。若是多次举办的会议，则需延续既有的风格和基调；若是首次举办的会议，则可根据会议性质和主办单位特点确定风格。

会议风格的确定应综合考虑以下三个方面：一是环境方面。需考虑会场的选择和布置，确保会议场所与主题风格相符。例如，正式会议应选择较为庄重的会场，而非正式会议则可选择相对轻松活泼的场所，营造符合主题基调的环境氛围。二是气氛方面。要考虑整个会议营造的氛围，是严肃的还是轻松的，确保与参会者的期望一致。通过音效、灯光、背景设计等手段营造出合适的会议氛围，有助于与会者更好地投入讨论和互动。三是情感方面。要注意参会者的参会感受，使其在氛围和内容上都能获得愉悦的体验。参会者的舒适感和参与感在会议中的重要性不可忽视，营造一个尊重且包容的会议环境，可以让参会者更好地参与其中，并对会议产生积极的反馈。

二、选择会议形式

如前文所述，会议主题是会议主要内容和实质问题的高度概括，会议议题是会议主题的表现形式。会议议题主要解决"讲什么"的问题，而选择会议形式则主要解决"如何讲"的问题。

会议的形式即用以达到会议效果的手段，包括会场布置、气氛渲染、活动的方式和传递方式等。会议的形式对实现会议的目的、提高会议的效率有直接的影响，如会场布置和气氛渲染能影响参会者的情绪和注意力，丰富新颖的活动能提高参会者的兴趣，现代化的传递形式如电话会议、电视会议能提高会议的时间效益和经济效益。

(一)不同会议的会议形式

1. 按信息传递方向划分

按照会议过程中信息的主要传递方向，会议形式可分为三类：一是信息单向传递的会议，即主要由会议主办方向参会者传递信息的会议，如报告会、布置会、不接受提问的发布会等；二是信息双向传递的会议，即会议主办方不仅要发布信息，也允许参会者适时提问和发表意见的会议，如听证会、论坛、记者招待会等；三是信息多向传递的会议，即与会各方都可以平等地发布和反馈信息的会议，如研讨会、座谈会等。一些大型会议兼具多种会议形式，如每年召开一次的全国人民代表大会全体会议，兼具了报告会、审议会、记者招待会等多种形式。

2. 按会议性质划分

会议按性质不同可分为法定性会议和非法定性会议。

法定性会议是根据法律法规或组织章程要求召开的会议。这类会议常常涉及重要的法律和规范性议题，对于会议形式有着明确的要求。在法定性会议中，会议程序和规则非常严格，会议主办方必须确保议事秩序的正当性和合法性。在这种会议中，会议的议程和议事规则通常提前确定，并遵循一定的程序。参会者在法定性会议中的发言和决策通常需要满足一定的法律要求和标准，以确保会议的合法性和有效性。

在非法定性会议中，决策性会议是为了进行重要决策而召开的会议。这类会议涉及组织、企业或团体的战略和重大事务，其议题和决策对于整个组织的发展和运营具有重要影响。在决策性会议中，会议形式往往更加庄重和严肃，以凸显议题的重要性和紧迫性。会议主办方通常会提前准备相关资料和报告，供参会者参考和讨论。决策需要通过投票或共识来确定，并且需要记录和跟进执行。参会者在此类会议中的发言和意见通常更加重要，需要充分考虑各方的利益，以作出有效的决策。

在非法定性会议中，研讨会是一种专门用于交流和深入研讨特定议题的会议形式。研讨会通常会邀请专家和从业人员分享研究成果和实践经验，并组织参会者进行深入的讨论和交流。研讨会注重大家共同学习和互动，以提高参会者的专业知识和能力。

3. 按参会者的身份划分

对于较高层级的领导人会议，会议形式通常采取便于集中、就地召开的形式。这些会议涉及重要的决策、战略或政策议题，需要与会领导人共同参与讨论和决策。为了保证会议的高效性和实效性，这类会议往往选择在集中的会议场所召开，以确保各位领导人的参与和共同讨论。这种形式还可以提供一个封闭和私密的环境，以便领导人之间自由地交换意见，并就重要议题作出准确的决策。

对于不同单位、不同系统人员参加的会议，应采取座谈、会商的形式进行。这类会议涉及不同专业领域或业务范畴的参会者，他们的经验和知识可能存在差异。座谈和会商是一种比较灵活、互动性较强的会议形式，可以促进参会者之间的对话和交流。通过座谈和会商，参会者可以分享各自的观点和经验，理解不同单位和系统的需求和挑战，共同探讨解决方案。

（二）常规的会议形式

一般而言，会议形式通常包括全体会议、平行或分组会议等。

1. 全体会议

全体会议，即由全体参会者参加的大会，一般包括开幕式和闭幕式、主题演讲、互动性讨论等多种形式。

根据会议的整体时间安排，可以在会议期间安排一次或多次全体会议。例如，组织两天的会议时，可以安排一次或两次半天的全体会议，其余时间安排平行会议；或者每天先安排 1～2 小时的全体会议，然后再组织平行会议或分组会议；也可以在大会的开始或者结束时安排全体会议，其余时间安排平行会议或分组会议。具体如何安排则主要取决于会议的议题、时间、场地和费用等相关因素。

（1）开幕式和闭幕式。在会议开幕式上，通常会安排会议主办方或承办单位领导及其邀请的嘉宾在主席台或观众席前排就座，由主办方领导或者主办方邀请的嘉宾致辞。开幕式发言人安排可根据会议邀请嘉宾情况决定，一般发言人数为 2～4 人，每人欢迎致辞时间以不超过 15 分钟为宜。开幕式上也可安排嘉宾作主题演讲，发言时间不宜超过 40 分钟。

在会议闭幕式上，通常由主办方或者其他相关人员对会议的情况加以总结，通报会议达成的成果，如通过的宣言、达成的共识、拟成立的相应机构，或宣布下届会议的时间和地点。

在实践中，没有严格规定会议必须举行开幕式和闭幕式，可只举行开幕式，也可不举行开幕式，直接进入议题环节。

（2）主题演讲和专题演讲。会议主办方可以邀请一名重要或知名的人士，围绕会议主题在全体会议上作主题演讲，其演讲的题目通常是全体参会者普遍关注的话题。主题演讲的时间可以安排在会议开幕式上，也可以安排在全体会议、会议的午宴或晚宴上。此外，会议主办方还需要邀请若干嘉宾围绕会议的议题进行专题演讲。

(3)互动交流。在全体会议上除安排主题演讲和专题演讲外,还可以安排一些互动交流,有多种方式可供选择:一是安排一组会议代表(通常为 3～5 人),向演讲者提出一些听众关心的问题;二是安排一组专家从不同的角度讨论某个问题并回答听众的提问;三是安排一组专家和一组参会者,共同围绕一个话题进行讨论或辩论;四是由会议主持人或一组人对演讲者提问;五是由两个人或两组人就一个议题以正反方各自的立场进行辩论。

2. 平行或分组会议

除全体会议外,还可根据不同的会议议题安排若干平行或分组会议,即在不同的场地同时组织若干不同题目的研讨会或专题讨论会,使参会者可以根据其兴趣点的不同与相应的演讲人有机会进行深入的沟通和交流。

平行或分组会议一般安排在全体会议之后,根据议题和会场情况可以同时安排 2～3场或者更多的平行或分组会议。每场平行或分组会议可以安排半天时间,或者分成不同主题的节会议在同个会场举行,每节会议可安排 1～1.5 小时。

平行或分组会议除采用与上述全体会议相同的形式外,还可以采用下列形式。

(1)圆桌会议。由会议主持人引导少量参会者就一个或多个题目进行讨论,圆桌会议的参加人数不宜过多。

(2)分组讨论。全体参会者被分成若干小组,各自讨论不同的议题。每个小组的参加人数不宜过多,同时应邀请参会者更多地参加会议议题的讨论。

【小资料 4-5】2022 第六届世界浙商大会的会议形式

2022 年 12 月 23—24 日,第六届世界浙商大会(见图 4-1)在浙江省人民大会堂举行。本届大会以"新时代 新征程 新飞跃"为主题,37 家省级单位共同参与,来自全球的知名浙商、华商代表,新生代浙商和青年创业者代表等 780 余名嘉宾出席了主体活动,1 600 余名嘉宾出席了 9 场专题活动,会议活动规格高、规模大、内容丰富。

大会采取"1+1+X"的会议形式,"1+1"指大会开幕式和世界浙商论坛两场主体活动,"X"指民营企业数字变革论坛等 9 场专题活动。

大会设置"浙商永远跟党走""勇立潮头再扬帆""两个先行'谱新篇"等板块,发出浙商心声和新生代浙商誓言,举办致敬浙商、"之江同心·天下浙商向未来"仪式等活动,呈现浙江特色、民企优势、浙商元素。大会重在引才、引智、引重大项目,招引项目共计 78 个、总投资额 3 699 亿元人民币,为历届世界浙商大会之最。世界浙商大会是浙江规模最大、规格最高、影响最广的浙商盛会,是中共浙江省委、浙江省人民政府支持浙商创新创业的重要战略平台。

图 4-1　2022 第六届世界浙商大会现场

【拓展阅读4-5】

2023中国会展经济
国际合作论坛的
会议形式

【拓展阅读4-6】

2023中国互联网
大会的会议形式

【拓展阅读4-7】

毛泽东创新的
会议形式

📎 本节金句

会议主题是会议要探讨的最核心和最实质的内容。

第三节　确定合作单位

举办会议需要由主办方和合作单位共同完成，合作方式不同，对应的职责和效果也不同。为扩大会议的影响，更广泛地吸引潜在参会者，需要邀请相关的政府部门或机构共同主办会议，或者作为会议的支持单位、协办单位及其他类型的合作方。

一、合作单位的构成

常见的会议合作单位主要有五种，分别为主办单位、承办单位、协办单位、支持单位、赞助单位。

（一）主办单位

主办单位一般是指会议活动的发起者，可以是一家，也可以由多家联合主办。主办单位主要负责确定会议的主题和方向，监督会议筹备及执行过程中是否偏离方向，对会议承担主要法律责任，并在法律上拥有会议的所有权。主办单位主要包括各级政府、各级贸易促进机构、各类行业协会、商会以及部分规模较大的企业、事业单位。

会议的主办单位一般有以下几种情况。

（1）由相关领导机关主办。在一个管理系统之内，负有领导和管理职权的机关往往需要通过会议的方式，宣布决定、传达指示、通报情况、布置工作、听取意见，这时，会议的主办单位一般称为会议召集者。

（2）由会议的发起者主办。一般协作性、交流性的会议，主办单位往往就是会议的发起者。比如国际性的学术会议，就是由一个组织发起并主办，或由几个组织联合发起并共同主办的。

（3）轮流主办。很多合作性和学术性组织都要召开经常性会议或例会，每一个成员单位（包括国家、地区或非政府组织）都有主办会议的权利和义务，轮流主办会议可以使每一个成员单位的权利与义务达到平衡。

（4）通过一定的申办程序确定。一些重大的会议，由于具有一定的政治、经济等方面的影响，同时也为了提高会议的质量，于是采取申办竞争程序来确定主办单位。申办程序和条件一般要在会议规则中加以明确。

【小资料 4-6】与主办方相关的术语

1. 发起者

会议的发起者(主办方)是指最早倡议并参与组织会议活动的单位或个人,因此,会议发起者往往也是会议的主办单位。

2. 承办单位

会议的承办单位是指具体落实会议组织任务的机构或个人。一般情况下,会议的主办单位即承办单位,有时也有所区分。如 2001 年 APEC 会议的主办单位是中国,但具体承办单位则是中国上海。承办单位对主办单位负责。

3. 东道主

会议东道主是指会议活动举行地的主人。东道主可以是一个国家、一个地区、一个组织,也可以是某个人,其任务主要是提供会议活动场所和设施,负责会议活动的接待。

(二)承办单位

承办单位是指直接负责会议的策划、组织、执行,并对会议承担主要财务责任的具体实施单位。承办单位一般为企业法人、行业协会/主办单位下属机构或内部部门,负责会议的具体运作以及运作过程中的具体事务,如落实场地、邀请发言人、布置会场、安保、广告宣传、现场活动、安排食宿交通、办理相关手续、收取费用等。

(三)协办单位

协办单位是指会议运作过程中协助主办/承办单位或提供赞助的一方。协办单位可以理解为主办单位的协助单位,相当于和承办单位合作举办,但协办单位没有决定权,要根据承办单位的要求来执行。协办单位与执行单位在级别上差别不大,只是出力多少、参与多少的差别。协办单位可以根据性质的不同加以细化,如分为单位协办和媒体协办等类别,也可以根据情况将媒体列为支持单位。

(四)支持单位

支持单位是指为会议提供帮助或服务的单位,对会议的举办给予名义上或实际上的支持,而不参加会议的具体组织工作。所谓支持,一般是以市场价格的方式体现,可不收取费用或少收费用,例如网站刊发支持、场地支持、物品支持等。

(五)赞助单位

赞助单位是指提供资金、有形物品支持的单位,如为会议提供筹备资金或会议场地、宴会酒水、名贵家具等的单位。

【拓展阅读 4-8】

合作单位举例

会议主办方应根据会议的需求来设定会议的合作单位,并明确各参与方的责、权、利。例如支持方,除提供名义上的支持外,还应考虑开会时是否邀请其参会、邀请几名参会人员;协办方需要在哪些方面提供协助,其提供协助是否有回报的条件、具体要求如何,需要其他合作伙伴提供哪些方面的支持,都需要明确。

总体来说,主办单位为某会议项目牵头,不做具体事宜;承办单位是具体的实施单位,要对主办单位负责,特别是要对具体的财务方面负责;协办单位是提供协助或支持的单位;支持单位和赞助单位是提供一定的物力、人力或财力等方面的支持的单位。

二、合作单位的选择

（一）选择的原则

1. 受益原则

选择合作单位时，应优先考虑那些能够从会议主题中获得最大价值的机构或单位。这些单位在参与会议或活动后，能够通过分享专业知识、获取行业动态或拓展合作网络等方式获得实质性收益。因此，合作单位应与会议主题契合，以确保双方利益最大化。

2. 共赢原则

合作应以共赢为目标，通过会议促进各方合作与发展。企业可以通过会议调整市场策略，学术界能展示成果，政府机构则能优化政策。因此，选择合作单位时，应考虑通过会议为各方创造价值，实现多方互利共赢，促进长远合作。

（二）选择的步骤

1. 分析市场竞争环境（需求、必要性）

要建立基于信任、合作、开放性交流的长期合作关系，必须首先分析市场竞争环境。会议主办方应掌握会议产品的需求、类型和特征，以确认参会者的参会需求，确认是否有建立合作关系的必要。

2. 确立合作单位选择目标

会议主办方必须确定合作单位评价程序如何实施、信息流程如何运作、会议各项事务由谁负责，而且必须制定实质性、具体的目标。其中，双方受益、共赢是合作的主要目标之一。

3. 制定合作单位评价标准

合作单位综合评价的指标体系是会议主办方对合作单位进行综合评价的依据和标准。不同行业、企业、产品需求，不同环境下的合作单位的评价标准应是不一样的，但都涉及合作单位的业绩、设备管理、人力资源开发、质量控制、成本控制、技术开发、用户满意度、交货协议等可能影响合作关系的因素。

4. 成立评价小组

会议主办方必须建立一个小组以控制和实施对合作单位的评价。组员必须有团队合作精神，同时具有一定的专业技能。评价小组必须同时得到会议组织单位和合作单位领导层的支持。

5. 合作单位参与

一旦会议主办方决定进行合作单位评价，评价小组必须与初步选定的合作单位取得联系，以确认它们是否愿意与会议主办方建立合作关系，是否有获得更高业绩水平的愿望。会议主办方应尽可能早地让合作单位参与到评价的设计过程中来。因为筹备会议的资源和人力有限，会议组织单位只能与少数的、关键的合作单位保持紧密合作，所以参与的合作单位不能太多。

6. 评价合作单位

评价合作单位的一项主要工作是调查、收集有关合作单位的生产运作、服务提供、服务满意、服务补救等方面的信息。在收集合作单位信息的基础上，利用一定的工具和技术方法对合作单位进行评价。如果选择成功，则可开始建立合作关系；如果没有合适的合作单位可选，则要返回第 2 步重新开始选择合作目标。

7. 实施合作关系

在实施合作关系的过程中，参会者需求、会议外部环境以及不确定因素将不断变化，可以根据实际情况的需要及时修改合作单位评价标准，或重新开始合作单位评价选择。在重新选择合作单位时，应给予旧合作单位足够的时间来适应变化。

三、合作时应注意的问题

【拓展阅读 4-9】

会议组织机构的错误示例

（一）单位级别对等匹配

设立主办单位、承办单位时要考虑合作范围的级别是否对等。例如，教育部直属的某高校与地方政府合作举办一次国际会议，那么应以地方政府名义主办还是以地方政府下属的某部门的名义主办呢？这要看大学的级别和地方政府的行政级别。我国的大学都有一定的行政级别，如副部级、局级等，而地方政府及其所属各部门亦有相应的行政级别。级别对等是基本的处理原则。

（二）机构名称准确无误

在呈现主办单位、承办单位各方的名称时，务必要与各组织机构再次沟通，确认名称的准确性，以防万一。尤其是在涉及政府部门名称时，要反复核实，并且还要对英文名进行核实并反复检查。

（三）合作各方排名仔细斟酌

在有政府参与的情况下，合作各方要按照行政级别排名。如果合作方都是政府机构，则中央政府排在前面，地方政府排在后面。如果没有政府部门的参与，只是学界、业界参与的会议，要找到一个大众普遍接受的标准，如按所在单位级别排名，也可以注明"按首字母顺序排名"或"排名不分先后"等多种方式。

有时，按照主（主办方）客（协办方）体的划分，出于对客体协助的尊重，会把协办方的名称放在前面。在实际操作过程中，因为单位排名出现的问题比较多，最好的办法是与各合作方反复核实并得到他们的确认。

📖 **本节金句**

选对合作单位，会议事半功倍。

第四节　会议选址与选时

一、会议选址

会议选址又可称为"勘查"，俗称"踩点"，是会前必须做的基础性工作。会议地点的策划包括两方面的含义：一是选择合适的地方，如会议要考虑选择在哪个地区以及哪个城市举行（大地点）；二是选择合适的会址，即会址具体在城市的哪个位置，应选择合适的场馆，包括会场、住宿的宾馆饭店等（小地点）。

会议选址主要根据会议的内容、性质、规模和预算情况而定。

（一）会议选址的意义

1. 提升会议品牌

对于企业会议、协会会议或面向市场化运作的会议，选址恰当能够显著提升会议品牌形象。通过在知名城市或标志性地点举办会议，主办方能够增强会议的专业性和市场认可度，吸引更多参会者和合作伙伴。一个好的会议选址不仅能够提升会议的整体形象，还能加强与目标受众的联系，促进品牌的传播与延续。

在国家层面，由政府主导的国际会议选址通常更加注重提升国家的国际地位。成功的会议选址可以为主办国带来广泛的国际认可，并取得经济和政治上的双重效益。

【拓展阅读4-10】

为什么选择成都作为会议举办地

2. 彰显会议主题

会议地点不仅应满足容纳人数的要求，更应与会议主题紧密结合，凸显会议的核心议题。通过精心选择与主题相关的场地，能够有效提升会议的效果，使参会者在特定环境中更好地理解和实践会议目标。地点的选择应围绕主题展开，以确保会议的核心内容得到最充分的展现。

3. 吸引参会者参与

会议选址的吸引力直接影响参会者的参与积极性。选择富有吸引力的地点能够激发参会者的好奇心，为他们提供耳目一新的体验。合适的选址不仅能够提供舒适的参会体验，还能让参会者在会后享受当地的美食和风景，增加会议的趣味性和吸引力。

（二）会议选址的原则

会议选址的原则是指在决定会议举办地点时所遵循的总体思路和指导方针。会议选址应遵循的主要原则包括以下几个方面。

1. 交通便利性原则

该原则的核心是选择交通便利的城市，以确保参会者能够方便快捷地抵达会议地点，并在会议期间能够畅通出行。交通便利性直接影响了会议的参与度和顺利进行。选择交通便利的城市作为会议地点，可以降低参会者的出行成本和负担，节省参会者的时间和精力，增加他们参与会议的积极性。交通便利性取决于城市的航空、铁路、公路等交通网络的完善程度，以及城市内部的交通便利程度，如公共交通系统是否发达，交通设施和服务是否便捷。

2. 行业聚集地原则

行业聚集地原则是指在选择会议举办地时，考虑该行业的中心城市或具有相关产业基础的城市作为会议的举办地。这类城市通常聚集了众多的专业人士，包括行业专家、学者和企业家等。因此，选择行业聚集地作为会议举办地能方便主办方邀请到更多的专业人士，从而提高参会者的质量和会议的专业性。同时，行业聚集地提供了更多参观考察的机会，有助于参会者参观考察相关企业和机构，能最大限度提高会议的质量和参与度。此外，在行业中心城市举办会议能够吸引更多的专业人士和媒体的关注，增加会议的曝光度和影响力，从而进一步提高会议的知名度。

3. 资源丰富性原则

该原则要求会议选址应选择拥有丰富资源的城市以满足会议需求，并能提供全面支持和便利条件。首先，会议主办方要考虑会议场地和设施的可用性，要选择拥有多样化、现代化的场地和设施，以满足不同的会议活动需求。其次，酒店和住宿设施的多样性和质量也是考虑因素，要选择高品质的酒店和住宿场所，以满足参会者的不同需求和预算。最后，城市的良好形象、商业资源、文化资源和自然资源也尤为重要，要选择拥有多样化的商业中心、购物场所、文化景点、自然风光的城市，方便为参会者提供独特的愉悦体验和活动选择，进一步提高会议的质量和吸引力。

4. 政策倾斜性原则

该原则强调在会议选址时要考虑会议目的地政府的相关政策对举办会议的支持和倾斜程度，以促进会议的顺利举行并提高其影响力。会议主办方需考虑地方政府对该会议项目的政策支持，例如提供补贴、税收优惠、行政审批和许可便利、协助、宣传支持等方面的政策。在会议选址时，应优先选择政府鼓励发展会议产业的城市。政府对会议项目的优惠政策和便利措施可以减少主办方筹备会议的时间和精力，减轻经济负担，对会议的顺利举行和推广起到积极的促进作用。

5. 预算可行性原则

预算可行性原则在会议选址中起着重要作用。会议通常可以分为营利性会议和非营利性会议两类，营利性会议是指通过会议的举办，主办方直接从会议中获取一定的利润；非营利性会议则不以营利作为直接目的。对于非营利性会议，会议策划者将在会议主办方的总体预算的基础上选定与预算相符的会议举办地。营利性会议的策划者则要充分考虑潜在参会人员可接受的费用预算，并据此选择合适的会议举办地。在选择会址时，需根据预算范围内的费用考虑整体预算，确保在主办方可承受的范围内。会议主办方可以通过与地方政府、商业伙伴和酒店等合作，争取优惠条件和赞助支持，以降低会议成本。

6. 参会者偏好原则

了解参会者的偏好和需求，如参会者的地理分布、行业背景、当前需求等，根据会议的主题、目的和参会者的背景特点，选择能够吸引和符合参会者偏好的城市。这样可以增加参会者的积极性和满意度，提升会议的成效和影响力。主办单位可通过问卷调查或市场研究等方式，了解参会者对于会议选址的偏好和关切点，尽量满足其利益和期望。例如，如果会议的主题是科技创新，选择在科技创新领域较为发达的城市举办会议，能够吸引更多相关行业的专家和企业参与，提高会议的质量和参与度。

(三)会议选址应考虑的因素

1. 会议类型

一般来说，大型会议会选择在大城市举办，主要是因为大城市便于安排食宿；举办培训活动的最佳环境是专业培训中心或旅游胜地的培训点，这里通常能提供专门服务人员和设施；研究和开发会议需要有利于沉思默想、灵感涌现的环境，因此需要比较安静的场所，一般多选择郊区酒店；企业经销商年会或其他性质的年会，其会议地点一般将根据会员的特点选择一些风景名胜区；而一些重大的奖励、表彰会议则会选择有较高知名度的会场举行(如人民大会堂)，以显示其非凡的意义。

2. 参会者可达性

(1)会议地点与会议主办单位及参会者所在地的距离应适中。会议有全国性会议和地方性会议之分。距离的适中不仅是地点的问题，还涉及交通成本的问题，从节约的原则出发，应考虑尽可能减少交通费用。

(2)应充分考虑会议地点与会议前后的旅行的关系。会议前后的旅行通常不在会议承办单位的考虑范围之内，因此很容易在选择会议地点的时候被忽略。会议主办单位首先要弄清楚参会者是否需要进行这些旅行，如果需要，那么会议地点应该邻近机场或火车站。

3. 举办地的会议历史

(1)主办单位是否在这个地点举办过会议。从前的会议记录在回答这个问题的时候十分有用。不论内部承办单位还是外部承办单位，都应该清楚会议的主办单位以前是否使用过这个会议地点。如果曾经用过，那么过去的经历如何，对其是否满意，参会者是否就会议地点有过任何反馈，都应予以考虑。

(2)是否有熟人在这个地点举办过会议。即使会议的主办单位或策划者从前使用过某个会议地点，征求他人尤其是熟人的意见，对策划者的选址判断也会有一定帮助。当然，他人的情况可能与你的并不相同，因此其意见并不能被当作精确的数据来参考。

4. 会议地点的服务设施条件

(1)考虑停车场容量。在市区内举办的一日会议应特别注意会址是否有足够的停车位；若是涉及外地嘉宾参会的情况，应考虑大巴的停车位。

(2)会议地点是否有商店。大多数会议地或附近都有商店，出售一些基本的日用品，如盥洗用具、全国性报刊及其他读物、小食品，甚至还设有美容院和理发店等基础服务条件。

5. 综合费用情况

(1)会议地点的收费形式。会场的收费有不同的形式，会议主办单位应该在各个具体的会议地点详细了解那里的收费方式。

(2)会议地点淡旺季价格波动规律。通常在每年的业务淡季，会议地点的价格会下调。例如在美国，夏季是佛罗里达和夏威夷的淡季；而冬季则是一些北方会议举办地的淡季，滑雪胜地除外。如果对某个地点或某个地区特别感兴趣，可以考虑把会议安排在那里的淡季举行。

(3)会议地点对附加收费的规定。会议承办单位务必要在确定选址前与对方沟通，了解附加收费项目，可以将所有的收费项目开列出来，并商定是否需要支付附加费用。

6. 餐饮、住宿、安保条件

(1)考虑餐饮情况。例如：考虑就餐地与会场是否在同一地址，若不在同一地址是否会增加交通成本；还应考虑餐厅面积及设施，能同时容纳多少人就餐，以及是否提供自助餐服务。

(2)考虑住宿情况。若会议期间需要住宿，应考虑房间数量，包括普通单床、双床房间数量，以及房间内是否提供常备酒店服务设施。

(3)考虑会场安保条件。如会场是否配备有灭火器、是否配备有安保队伍，以及确定就近的医疗救护中心位置。

7. 会议地点附近的景点

(1)当地的景点是否在会议地点附近。许多会议地点的附近都有一些当地的名胜景区。会议承办单位应该留意到这些名胜景区，向会议地点的工作人员、当地历史协会或其他一些民间组织咨询相关的信息。

(2)参会者是否会对这些景点感兴趣。不同性质的会议和参会者对不同的景点感兴趣。公众大会的主办单位和公司雇主通常不太重视会议当地的风景名胜。当地景点只对那些激励性的会议比较重要，如产品培训会等，因为这类会议将对参会者进行回报。协会组织在主办会议的时候会特别注意将当地风景名胜作为会议的一个特色，并以此来吸引参会者参加。如果参会者对会议当地的风景名胜感兴趣，承办单位就可以在会议日程中适当安排一些参观时间。

【拓展阅读 4-11】

国内会议选址实践

二、会议选时

会议时间的策划同样涉及两个方面：一是什么时候召开会议最为合适；二是会期的长短。总体来讲，会议选时同样要考虑"大时间""小时间"。大时间，是指会议何时召开，一般来说节假日、双休日不宜安排会议。小时间，则是指会期长短，即会议召开当日具体的时间段，应考虑会议举办的时间与工作日上下班时间一致。

(一)会议选时的原则

1. 时机原则

会议的策划首先应准确把握会议召开的时机，具体包含以下三方面的含义。

(1)解决问题的时机必须成熟。如果说会议的目的是解决问题，那么解决这些问题的时机，则是会议主办单位在确定会议时间时必须首先考虑的因素。只有当解决问题的条件充分具备，时机完全成熟时，此时召开会议才能水到渠成。时机未到，条件不具备，宁可推迟会议，否则，会议的效果就得不到保证，甚至还会适得其反。

(2)时机成熟的会议应当及时召开。问题迫切需要解决，条件也已具备，时机已经成熟，则会议应及时召开。如若拖而不议，将会错失良机，贻误工作。

(3)选择合适的会议时间。合适的会议时间，一是指会议召开的时间富有意义，能烘托会议的主题；二是指会议召开的时间有利于推动工作；三是指举行会议的具体时间应当符合人的生理和心理规律，注意劳逸结合。

2. 需要原则

会期的长短要依据会议的实际需要来确定。一般要考虑以下几个问题：一是会议的各项议程是否能够完成；二是会议的发言是否充分，参会者能否充分表达意见；三是会议中是否会有临时动议提出，如果提出动议，大致需要花多少时间进行讨论和表决；四是是否需要留出一定的机动时间以应不测。

3. 成本和效率原则

会议时间的长短与会议的成本和效率密切相关，一般情况下，会议的时间越简短，成本越低，效率越高。因此，在满足需要原则的前提下，适当、合理地压缩会议的时间，是降低会议成本、提高会议效率的有效手段。

4. 协调原则

会议往往是领导人的主要活动形式，安排会议，特别需要注意协调各领导人参加会议的时间，以免相互冲突。如果是多边会议、联席会议，或者是共同主办的会议，还应当与其他方面协商确定举行会议的具体时间。

5. 合法合规原则

由法律法规以及组织章程或议事规则明确规定会期的，应当严格按规定的会期召开，非特殊情况不得提前或推迟。

(二)会议选时应考虑的因素

1. 参会者的空档期

确保会议的主要领导人、嘉宾和演讲者在选定的时间段内能够参加会议。他们的参与对于会议的重要性和影响力至关重要。

2. 参会者的准备时间

针对学术会议、招标会议、论证会、听证会等特殊类型的会议，参会者需要有足够的时间准备相关文件或发言材料。因此，会议的时间选择要充分考虑给参会者留出充足的准备时间。

3. 会议筹备进度

确保会议的各项组织和准备工作能够在选定的时间内完成，包括场地预订、会场搭建、设备调配、会议资料的编制和分发等。选定合适的会议时间，能够为会议组织者提供足够的时间来安排和执行这些工作，以确保会议的顺利进行。

4. 行业季节性

根据所在行业的季节性特点，选择较为适宜的时间段举办会议，避免与行业的高峰期或淡季冲突，以确保能够吸引更多的参会者。

（三）会议时间安排规范

1. 提前通知和确认

会议组织者应将会议的时间、地点、主题和议题提前通知所有参会者，并确保参会者在收到通知后及时确认是否能够参加。这样可以避免时间冲突或不必要的参会人员变动。

2. 考虑参会者的状态

会议组织者应避免在员工上班的第一个小时和刚用完餐后的时间安排集思广益方面的会议。应选择适合参会者的工作状态和能集中注意力的时间段，如 10:00—12:00 或 15:00—17:00 时间段。

3. 公平公正原则

在选择会议时间时，会议组织者要尽量考虑参会者的可用性和便利性，避免偏袒某一方或某个人的利益，应尊重参会者的日程安排，并充分考虑各行业、各部门以及不同时区的参会者需求。

4. 合理安排会议时长

会议的持续时间应根据议程和讨论的复杂程度进行合理安排。过长的会议可能导致参会者疲劳和注意力不集中，而过短的会议则可能无法充分讨论和解决问题。

5. 避免连续会议

连续会议指多个会议在短时间内紧密排列，导致参会者无法充分休息和准备。会议组织者应尽量避免将会议安排在同一天或密集的时间段内，而应给予参会者足够的间隔时间，让他们有时间处理会议内容和做好准备。

【拓展阅读 4-12】

国内会议选时实践

📑 **本节金句**

天时与地利兼备，方可把握成功契机。

第五节　媒介推广计划

媒介推广如同一张传单，用于传递信息、促进了解、扩大知名度，并且还能吸引更多感兴趣的人士关注。媒介推广是利用电视、网络、报纸、新媒体等传播媒介进行推广、宣传的一种方式。媒介推广计划是指选择宣传所使用的媒体和媒体组合形式、拟定出稿日程方案的计划。

媒介推广一定要由专业人士负责，负责人要熟悉媒体运作的特点，能够进行精准的受众分析，制定最现实的、最易达成目标的传播策略。同时，负责人还要具有超强的沟通能力，能够找到合适的媒体并能与媒体进行有效的沟通。

一、媒介推广的目的

媒介推广最积极、最主要的方式是广告推广。大规模的广告推广实际是在展现企业的实力、知名度和业绩。但是，广告推广对参会者来说是一种单向交流，缺少像人员推广那样的说服力，而且其代价往往也是高昂的。这就要求会议组织者必须了解广告推广所能起到的作用、广告推广的原则和方法，只有这样，才能有效运用广告进行市场推广。

(一)传递会议信息，刺激参会需求

媒介推广可以把会议的产品或服务信息准确及时地传递给潜在参会者或目标参会者，让他们了解到会议产品的质量、特色、服务项目和方式等，提高参会者对会议产品或服务的兴趣，刺激潜在参会者参加会议的欲望。

(二)吸引受众注意，增强会议竞争

媒介推广是会议组织者开展宣传和竞争的重要手段，其独特、有新意而又系统周全的竞争方案，能极大地提高会议产品的竞争优势。精心周密的广告推广策划，能对会议产品和服务的相对优势有意识地进行强调，而且通过高强度、有吸引力的广告推广，可以将潜在参会者的注意力吸引过来，从而达到增强会议竞争力的目的。

(三)扩大传播效果，塑造城市形象

由官方机构或半官方组织主办或承办的高规格的会议(尤其是国际会议)，一般是出于"扩大传播效果，塑造城市形象"的目的进行媒介推广的。如中国政府承办的"世界妇女大会""万国邮联大会"，上海市政府承办的"亚太经合组织(APEC)会议"，杭州市政府承办的"世界休闲大会"等主要是出于这样的目的进行推广。

一个成功的会议活动可以迅速提高城市的知名度，会议活动是最有意义的城市广告，它能够向世界各地的参会人员宣传一个城市的经济发展实力和科学技术发展水平，向人们展示城市的精神风貌，扩大城市影响，提高城市在国际上的知名度和美誉度。同时，城市知名度和美誉度的提高反过来又会吸引投资、促进旅游发展，从而推动城市经济的发展。

二、媒介推广的原则

并非所有的会议都需要用市场化手段向外界推广，当会议属于：(1)内部会议；(2)涉密会议；(3)议题所涉及的专业性极强的会议；(4)规模较小的会议时，不需要进行媒介推广。会议媒介推广的原则如下。

(一)定向推广

定向推广是指根据会议的性质和目标，以及参会者的特点、喜好和习惯，将推广重点放在目标受众最有可能感兴趣的渠道和媒介上。在推广会议时，主办方需要明确推广的目标受众群体是谁，需要考虑受众的身份、兴趣和需求，以及会议的性质和目标。定向推广原则强调推广的精准性和有效性，以及对参会者的精准定位。主办方在推广过程中，通过仔细分析和调研，了解参会者的需求和行为习惯，可以选择最有效的宣传方式。例如，一些常规办公性质的会议，如政府单位、事业单位的内部会议和工作会议，通常并不需要进行媒介推广。这些会议的受众主要是组织内部的员工，可以通过内部交流渠道(内部网站、内部邮件等)进行信息传递和宣传。相反，专业行业会议或某一领域的学术会议面向特定的专业受众，需要通过行业媒体、官方网站、会议通知、邀请函、行业QQ群、行业微信群等渠道传播会议信息，以确保信息传达给目标受众。同时，主办方还可以根据参会者的特点选择他们熟悉和习惯使用的社交平台及网站进行宣传，以增强推广效果。

(二)突出价值

在推广内容的安排上，主办方需要凸显会议的价值和重要性，强调会议能够给潜在参会者带来何种价值和收益。主办方可以通过突出会议的特点、亮点和议题，强调参会者能够获取的专业知识、行业资源和人脉关系等。例如，可以介绍会议的特邀演讲嘉宾、主题内容和议题设置等，以吸引参会者的关注并让他们意识到参加会议对他们的职业发展和学术研究的重要性。此外，主办方还可以在媒介推广中突出会议的特色，例如特别设置的专题研讨或工作坊，以及参会者可以参与的互动环节，提供更多的学习机会和交流平台。这些特色能够吸引潜在参会者的关注，让他们看到参加会议所能够带来的具体收益。

(三)真实宣传

真实宣传原则是指在对外宣传推广会议时，主办方要坚持真实、准确地宣传会议内容和信息。虚假宣传不仅会失信于参会者，还可能影响主办方的声誉和信誉。因此，主办方在宣传过程中应遵循信息透明、实事求是的原则，确保宣传内容与会议实际情况相符，不夸大会议的实际意义和影响力，不故意渲染会议的成果和效益。真实宣传原则的核心是对参会者负责，准确、真实地传递会议信息。通过坚持真实宣传原则，主办方能够树立良好的信誉，吸引更多有真实需求和兴趣的参会者，并为参会者提供有价值的会议体验。

(四)多层次传播

多层次传播原则是指根据不同的目标受众，采用不同形式和内容的宣传信息进行传播。会议可能面向多个群体，如专业人士、学术界、商界等。因此，传播的内容和方式就需要针对不同的人群进行定制。例如，针对学术界的参会者，可以通过学术期刊、学术专业社交平台、高校和研究机构的推广渠道来宣传会议。而针对商界的参会者，可以通过商业媒体、行业协会、商业社交平台等渠道进行会议宣传。不同的传播方式和内容能够更好地吸引不同受众的关注，进而提高参会者的参与度。

(五)持续推广

持续推广原则强调会议推广是一个持续的过程，既包括会议召开前的推广，也包括会议召开后的推广。主办方需要制订详细的推广计划，在会议召开前及时展开推广活动，吸引目标受众的关注。具体的推广活动包括发布会议预告、邀请函、宣传海报等，确保这些推广活动的内容能够针对目标受众进行定向推广，准确传递会议的信息。同时，还要在会后及时总结会议成果，发布会议回顾、照片、演讲稿等内容，与参会者进行持续的互动和交流。此外，可以充分利用社交媒体平台进行线上推广，通过发布会议相关内容、与参会者互动和回应，提高会议的曝光度和参与度。

三、媒介推广计划的内容

应根据话题，出席的领导、嘉宾，希望达到的效果、覆盖范围来拟定不同层次的计划，包括新闻、专访、消息、综述(各种媒体类型、级别以及覆盖范围)。完整的媒介推广计划应该包括以下几个方面。

(一)分析会议定位

分析会议定位是媒介推广成功的开始，明确的会议定位有助于扩展一系列的会议产品和服务，进而制定相应的推广策略。不同的会议定位不同，其宣传推广的范围和层次也就不同。

首先，应分析本会议与同类会议相比的竞争优势在哪儿，潜在参会者和目标参会者的欲望满足程度如何，本会议给参会者带来的核心价值是什么。

其次，应分析会议影响力的辐射范围。若是单位内部的会议，仅需要通过单位内部通知或口头、电话通知等形式进行宣传；若是面向外部整个行业、某个专业领域的会议，则需要借助一定的宣传推广手段。

最后，可结合会议功能、地点、交通、设施等要素进行定位。会议组织者应从自身出发，考虑地点、交通、设施配置等因素进行宣传推广。如拉斯维加斯不仅是博彩业发达的国际城市，也是举办国际会议较多的城市。当地政府基于拥有优越的综合交通和配套设施的城市定位，打造核心竞争优势，并通过一系列宣传推广措施，吸引了众多的国际会议在当地举办。

(二)分析会议受众

会议受众，又称为会议的客源市场。会议受众分析包括以下内容。

首先，根据客源市场找到潜在或目标参会者。会议客源市场总体上可以分为国际市场和国内市场，国内市场又可以分为本地市场和外地市场。应根据客源市场不同，选择不同地域、不同影响力的媒体进行会议宣传推广。

其次，对会议受众进行结构划分。主要包括两方面内容：一是媒体接触者都由哪些人构成，分析其年龄、性别、收入、职业、受教育程度等；二是该媒体的不同分区(如报纸的不同版面、电台电视的不同节目、杂志的不同栏目、网站的不同板块等)主要是哪些媒体接触者感兴趣。

最后，对会议受众进行行业细分。目前国内会议市场占比最多的公司会议，多数是面向某个行业、某个领域吸引参会者付费参加。会议组织者应根据会议主题所覆盖的行业，将潜在参会者和目标参会者进行行业细分，使前期会议邀请工作做到有的放矢。

【小资料4-7】会议受众分析示例

"上海会议与旅游产业发展论坛"由上海市旅游局和北京市旅游发展委员会联合举办，上海旅游会展推广中心承办。组织者对会议受众进行了以下较为细致的行业细分，可供参考。

(1)国际会议与大会协会(ICCA)中国以及亚太区会员。

(2)专业会议公司和从事会奖旅游的旅行社高级从业人员。

(3)会议型酒店、会议中心和会展场地中高层代表。

(4)旅游业和会展业政府代表。

(5)高校会展专业代表。

(6)商业会议公司、协会、市场策划人员。

（三）选择匹配媒体

选择媒体对象的第一步，就是对宣传推广目标和策略进行全面的分析和评价，以便按照宣传目标和策略的要求，选择最合适的媒体对象。

宣传推广目标的不同影响着具体媒体对象的选择。例如，如果会议的宣传推广目标是要在国内不同的地区市场扩大知名度和吸引更多的参会者，那么就需要既选择全国性媒体，又选择地方性媒体；如果会议的宣传推广目标在于提升会议知名度或办会城市形象或者城市品牌形象，那么就要选择能与其形象、地位相匹配的媒体；如果会议宣传推广的目标在于能够直接促使参会者采取购买行动，就要考虑能达到此目的的媒体。

同时，媒体宣传推广策略的不同也影响着媒体对象的选择。例如，低价渗透策略往往需要选择接触人数众多、传播面广的媒体；而以声望定价的产品，往往需要在高品位的媒体上发布，以树立其高价位的品牌形象。因此，会议组织者对会议宣传推广的目标、营销策略了解得越多，媒体选择就会越准确。

【小资料 4-8】不同媒体的传播特点（见表 4-3）

表 4-3　不同媒体的传播特点

类别	媒体	传播优势	传播劣势	传播目标和策略
电波媒体	电视	视听合一，生动形象，时效性强，受众范围广	信息保存性差，不适合表现过于复杂的内容，干扰信息多，传播成本高	适用于展示、告知，可在较大范围、较短时间内提升品牌知名度或塑造品牌形象
	广播	时效性强，不受时空、听众阶层等限制，传播成本较低	只诉诸听觉，信息保存性差，时间短暂，不易留下印象	具有较强的即时劝服效应，承载的品牌信息往往针对当时市场，并且被越来越多地用于与出租车司机、私家车主等移动人群互动
传统媒体	平面媒体	报纸：具有权威性，适合传达有深度的、权威的信息，信息保存性强，可重复阅读和传阅，读者群明晰，且信息接触主动性高	只诉诸视觉，感染力较弱，间隔出版，不利于记忆的强化，受众范围有限	适用于解释说明，通常作为电视媒体品牌信息的补充传播渠道
		杂志：有固定读者群，信息可以长时间保存、反复曝光，印刷质量高	只诉诸视觉，出版周期长	利用杂志色彩丰富、版式精美的特征，展示品牌形象，且适合与杂志内容进行深度融合，进行植入式品牌传播
		直邮：受众指向性强，信息设计灵活自由	传播费用较高	适用于针对性传播，最大限度地利用数据库，根据目标受众的不同需求采取不同的传播策略和服务方式
户外媒体	路牌、灯箱、交通工具等	容易形成视觉冲击，信息存在时间长，便于反复记忆	承载信息量、信息表现方式都受到严格限制	适用于展示品牌形象

续表

类别	媒体	传播优势	传播劣势	传播目标和策略
新媒体	网络媒体	电子杂志、网络视频、博客、播客、社区、微博等	集文字、图片、视频、音频于一体，受众主动接触信息，互动性极强，传播成本较低	信息接触存在一定门槛，受众范围有限，信息庞杂，广告信息容易被刻意忽略	适合受众参与、互动，应充分利用网络口碑传播影响力，有针对性地进行某项品牌传播活动
	数字媒体	数字电视、数字广播	受众定制信息，互动性强，精准送达目标人群	传播内容受到付费定制的限制	需要创新广告形式，积极通过植入等方式融入内容，传达品牌信息
	移动媒体	手机	互动性强，信息承载方式多样，有利于个性化信息的传达	传播效果受到信号质量、屏幕大小及分辨率的限制	利用新颖丰富的形式，例如手机视频、手机电视、彩信等制作具有娱乐性的信息内容
	移动媒体	车载电视，公交电视	可吸引乘车人群的注意，是封闭的环境中最便利的消遣节目	传播环境嘈杂，传播效果难以保证	增加电视广告片的播放频次
	楼宇媒体	电梯、楼宇电视	传播环境良好，噪声干扰小，准确覆盖目标人群	关注度低，信息整体性因受众行程而受到影响	传达品牌最新信息，配合其他媒体广告，增加消费者对品牌的接触次数

(四)设定传播主线及传播主题

传播主线可以理解为会议向参会者或利益相关者传递的有关会议的核心价值，或重点向参会者或利益相关者传递的信息。在设定传播主线时，应围绕会议主题、会议核心价值、会议宗旨、会议受众的需求进行。同时，传播主线不可太多，围绕1～2条主线精心设计具体传播内容即可。

传播主题也称会议的广告宣传语或宣传口号。传播主题可从会议的目标、主题创意、会议议程、会议形式、会议风格、会议产品及会议品牌的特色等方面进行提炼。

(五)确定传播策略

传播策略是指在综合了解传播对象的内容、特点以及传播受众的心理特点、情况之后，运用多种媒介方式，多管齐下，各有侧重，最终在传播过程中完成对传播对象的形象塑造，使得传播受众形成预期的传播形象概念。

在确定传播策略时，要注意会议核心价值是塑造会议品牌的终极追求，是一个会议媒介推广活动的原点，即会议媒介推广的一切传播活动都要围绕会议核心价值而展开。

应根据不同阶段的媒体目标合理制定媒体传播策略，然后按照其重要性对传播策略的实施步骤进行排序，根据实际确定传播策略的优先顺序。

(六)撰写媒体执行方案

媒体执行方案的主要框架如下。

1. 基本信息

基本信息主要包括标题、摘要和前言。其中，摘要既是媒体执行方案的内容提要，也是对整个媒体执行方案的概述，它有助于审阅人员在短时间内把握整个方案的全貌。前言是对媒体执行方案的基本策略和要素进行的简要评述。

【拓展阅读 4-13】

会议宣传推广渠道

2. 背景分析

背景分析应从宏观和微观角度分析会议项目所处环境及自身情况，分析会议产品的营销计划和广告计划，并总结出这些因素对媒体执行方案的影响和制约。

3. 媒体目标阐述

根据上述分析制定媒体目标，即对媒体执行所要达成的目的或目标作出明确与可行动的宣告。这个目标应该是具体的、详细的、可测量的、有可能完成的。

4. 媒体策略

这是媒体计划的核心，需要详细阐述。首先，应阐述怎样从媒体选择、媒体配合、宣传推广日程频次安排、费用分配等方面达成媒体宣传推广目标。其次，阐述应围绕怎样达成媒体目标这一核心问题展开，每一个策略都必须陈述其产生的原理、使用的标准、与产品的适宜性等。最后，阐述的过程最好用数据、图表等直观形式对策略加以解释，增加分析的科学性与可信度。

5. 媒体计划细节和说明

这一部分主要用数据证明媒体计划的科学性，阐述媒体计划的执行要素以及选择各种策略及媒体的理由。例如，用数据证明所选媒体及媒体组合是符合媒体选择标准和预算控制要求的；用数据表明媒体组合所达到的净到达率、接触频次、频次分布、总接触人次；计算出所选择的全部媒体的千人成本；计算出每种媒体每月使用的次数、花费；其他对制订执行计划有用的数据。

【小资料 4-9】千人成本法

千人成本法是指在同类媒体上将同样数量的信息传播给一千个人所花费的成本。计算公式为

千人成本＝（该媒体广告收费÷该媒体接触者总人数）×1 000

由于各类媒体广告收费的计价方式不同，具体计算也有所不同。例如，报纸、杂志通常以广告面积大小收费，而电台、电视通常以广告播放时间长短和次数收费，在运用时应该将公式稍作修正。

例如，A报纸第一版48厘米×35厘米（全版）套红广告收费为50 000元，订户为100 000户；B报纸第一版48厘米×35厘米（全版）套红广告收费为70 000元，订户为200 000户。

按千人成本法计算：A报纸广告千人成本＝（50 000元÷100 000户）×1 000＝500元/千人，B报纸广告千人成本＝（70 000元÷200 000户）×1 000＝350元/千人。经过计算可以看到，尽管A报纸广告收费比B报纸少，但实际的千人成本要比B报纸高。

6. 传播流程图和刊播日程表

依据媒体策略编制出在一段时间内可操作的刊播日程表。

【拓展阅读 4-14】

"业主自治"模式
研讨会媒体推广方案

四、媒介推广计划的制订

(一)总体方面

1. 媒介推广计划应分阶段进行

某活动宣传推广，划分了前、中、后三个阶段，每个阶段的推广策略、内容、形式、达成效果一目了然，如表 4-4 所示。

表 4-4　某活动宣传推广分期

	第一阶段	第二阶段	第三阶段
推广策略	前期引导＋参与	中期强化互动	后期巩固
推广内容	社区活动	校园活动	商圈活动
推广形式	社区活动＋媒体报道＋微博话题讨论	校园推广＋论坛爆料＋微博/微信互动	商圈活动＋内部促销
达成效果	吸引用户群体，了解企业产品	继续扩大用户总量，结合内部活动，提升用户满意度	商家入驻，初步形成本土化 O2O 商圈

当然，除了前、中、后三个阶段划分，根据需要，媒介推广计划也可以划分为四个阶段，如市场预热期、宣传黄金期、媒体造势期、会后余热期。需要划分几个阶段，可以根据会议宣传推广的实际需求来决定，没有严格统一的要求。

2. 每个阶段都应有推广重点

会议媒介推广不能一拥而上，要注意各阶段应有推广重点。表 4-5 是某论坛的宣传推广阶段重点划分。

表 4-5　某会议宣传推广阶段重点

阶段	时间	宣传推广方式	宣传重点
市场预热期	2016 年 12 月	软文推广＋人员专访＋公关活动配合	发布论坛消息，预热话题
宣传黄金期	2017 年 1—2 月	相关人气活动＋大众媒体投放＋轰炸式宣传	在行业范围内针对产业上下游普及论坛信息，使话题升温
媒体造势期	2017 年 3—4 月	公关宣传＋新闻发布会＋重要客户跟踪拜访	会议议程及相关子活动、会议亮点
会后余热期	2017 年 5 月	合作报纸与网站的报道＋专业杂志总结评估	会议回顾、追踪报道、会议成果

3. 每个阶段都应选择适合的媒体

不同媒体的阶段选择有所不同。一般情况下，会议召开前期适合选择网络媒体报道、召开新闻发布会宣传；会议召开期间适合选择电视媒体、纸媒报道；会后可综合采用多种媒体宣传。

(二)预算方面

首先，争取合理分配有限预算，在保证投放效果的同时，力争少花钱。

其次，应明确每阶段大致费用分配。每个会议组织者在宣传方面的预算是不同的，有的可能高达上万元，只能寻求商业赞助。这就决定了会议组织者必须根据自己的宣传预算来合理地选择媒体，以达到最佳的宣传推广效果。

对于会议组织者而言，宣传推广是一项既有益又昂贵的投资，会议组织者应对每个阶段媒体的选择量力而行、量体裁衣。这就要求会议组织者在媒体投放之前，必须对要选择的媒体的价格合理性进行大致甚至较为精确的测算。

(三)媒体方面

媒体方面应考虑的问题包括：

(1)你希望媒体报道什么信息？

(2)报道的核心点是什么？媒体的兴趣点是什么？

(3)何时何地需要媒体介入？

(4)媒体以何种身份参会，是邀请宾客还是支持单位？

(5)提前举办新闻发布会还是单独安排媒体采访？

五、媒介推广计划范例

以下是两个会议项目宣传推广计划的部分内容，前者是某校会展专业学生撰写的方案，后者是实际落地的会议方案。

(一)厦门海上休闲旅游论坛宣传推广计划

厦门海上休闲旅游论坛宣传推广计划

一、宣传推广的目标

1.传递海上休闲论坛的基本信息；

2.扩大海上休闲论坛的认知度和影响力，吸引更多的参展商和专业观众；

3.树立海上休闲论坛的品牌形象，为后续发展做好准备工作；

4.宣传展示厦门的形象，做好厦门城市与论坛的综合推广；

5.吸引更多的旅游机构、投资机构关注海上休闲产业开发，提高开发海上休闲资源的积极性；

6.唤起广大市民对论坛以及厦门的兴趣，关注并参与海上休闲产业开发。

提示：该方案的宣传推广目标太多，实际工作中很难量化和完成，应归纳整理为3个主要目标。

二、宣传推广目标受众

1.各海滨旅游景区、度假村、主题酒店；

2.国内外从事旅游业务的旅行社；

3.旅游商品、旅游纪念品设计机构、生产销售厂商；

4.国内各海滨娱乐场所的管理者、休闲产业开发的高成长性企业；

5.投资公司、资产管理公司；

6.文化传媒机构；

7.海上运动项目俱乐部(游艇、帆船等)；

8.旅游地产开发商等；

9.海上休闲产业发展相关学者、研究机构。

提示：上面的受众划分比较笼统，建议受众应归类，如行业、企业、研究机构、院校等。

三、宣传推广的途径与方式

（一）综合宣传与推广思路

1. 宣传主线

论坛形象、城市形象综合宣传—招商宣传—活动宣传—论坛现场宣传—宣传论坛成果及后续报道。

2. 宣传策略

整个媒体投放策略贯彻"高到达、强频次、广覆盖"的宣传宗旨，在宣传中有效整合电视、广播电台、报纸、网络媒体，将论坛的信息从国家级到省级再到地方级全面渗透。论坛前期以每周一篇的频率发布新闻稿。同时为了增强新闻性和可读性，吸引更多的专业观众，除了直接反映论坛的价值定位外，考虑从多角度出发，对必要的参会企业进行专访，提高论坛和参展单位在厦门的知名度。通过名人、政府官员和社会的评价，间接体现本届论坛的主题和特色。

提示：并非所有的会议宣传策略都一定要"高到达、强频次、广覆盖"。宣传策略一定要找准宣传受众，面向受众进行精准宣传和推广。若该会议社会影响力和行业影响力较大，可以采取广覆盖的策略；若该会议仅面向某一行业或某一领域，应针对本领域或本行业的受众进行宣传，争取覆盖到会议细分受众。

（二）推广媒介的选择

1. 主流报纸

以《中国旅游报》《福州晚报》《厦门晚报》《海峡都市报》《海峡导报》《厦门商报》《厦门日报》为发布广告的主要载体，投放广告宣传，推出论坛系列新闻报道，对论坛前期的相关活动进行跟踪新闻报道。在论坛临近开幕之际，投放整版的预祝广告；论坛期间，每天在报刊的显眼位置报道论坛的最新情况。

2. 专业杂志

在《中国旅游地理》《旅游休闲》《时尚旅游》《中国会展》等专业杂志上刊登广告进行持续宣传，介绍论坛信息。在招展阶段，对论坛进行专访，详细介绍论坛举办的意义和论坛提供的机会平台。在论坛开幕前，投放预祝广告。论坛结束之后，发表论坛的总结评价。

3. 电视、广播

利用电视媒体（如福建电视台、东南电视台、海峡卫视、都市时尚台等），广播媒体（如福建广播电台）进行宣传。在论坛前期筹办阶段和开幕式阶段进行新闻报道，在论坛举办期间对论坛取得的成果进行报道。

4. 网络宣传

将新浪、腾讯、政府官网、中国会展网、各类旅游网站等作为网络支持媒体，制作论坛专题，建立专门网站广泛发布论坛的信息并在官网上投放调查问卷，注册官方微博公布动态，在各类论坛以及厦门城市宣传片中投放素材。

5. 邮件投递

向相关企业投放邮件，配合电话营销，直接对企业进行宣传推广。

6. 城市广告宣传

自2月中旬起利用灯箱广告牌位发布论坛宣传广告，分别在公交车站、地铁站、轻轨站发放该广告。

7. 活动宣传

开展沙滩认领、微电影征集、微博互动等子活动，利用网上评比的环节，展示厦门城市风貌，宣传推广中国（厦门）海上休闲旅游产业发展论坛。

（三）宣传推广进度安排

表4-6是本论坛的宣传推广进度安排表。

表 4-6　论坛宣传推广进度安排表

阶段	时间	方式	宣传重点	预算费用
第一阶段	2016 年 12 月	主要以软文推广为主，公关活动予以配合	进行论坛的市场预热，从全国性主流媒体出发，打响宣传的第一枪。宣传内容主要是介绍整个论坛的具体形式和筹办情况，在全国范围内对企业、投资商及广大民众普及海上休闲论坛的信息	略
第二阶段	2017 年 1—3 月	轰炸式投放方式	招展的黄金时期，重点在东部沿海地区等经济和科技发达地区进行轰炸式宣传，主要培养该区域的招商招展资源，结合诸多专业论坛和人气活动，进行论坛现场观众的召集	略
第三阶段	2017 年 4 月 20 日	官方权威发布	召开新闻发布会，将论坛即将开幕的消息告知大众，在展前做最后一次高密度宣传。宣传内容主要是论坛形式和配套活动的具体行程及相关规范等	略
第四阶段	2017 年 5—6 月	软性推广为主	在论坛结束后的半个月内仍进行集中性的后续报道，从论坛的专业性角度，以论坛对区域经济的影响和带动为主轴，全面打造品牌效应，增强政府和民众对海上休闲旅游产业发展的信心，以吸引更多资金、技术投入海上休闲旅游产业	略

四、宣传效果分析

论坛的宣传方式主要是大众媒体方面的宣传，包括电视、杂志、报纸、广播、网络等，还有一些其他方式的宣传，如短信宣传、发放调查问卷等。这些都是最常见、效果最好的宣传方式，通过这些方式，可以覆盖整个厦门的宣传，图4-2为宣传效果分析图。

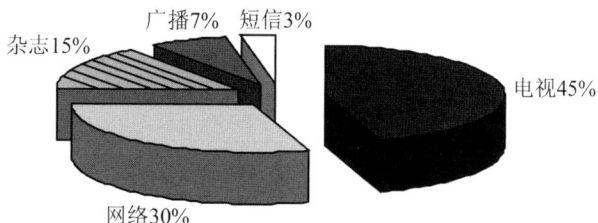

图 4-2　宣传效果分析图

（二）第六届亚洲传媒论坛媒介推广计划

第六届亚洲传媒论坛媒介推广计划

一、宣传基调

此次会议是以各国传播学、国际公关、国家形象研究学者为主体，传媒机构、国家相关部门共同参与的学术会议。因此，在媒介选择与执行方面，应以学术型媒体为主要阵地，以参会者所在单位涉及的媒体为依托平台，并惠及大众，引起社会共鸣，最终达到体现学界的社会责任与人文关怀、扩大论坛及相关主办单位在学界及业内的知名度和影响力的效果。

二、媒体选择范围

可供选择的媒体主要分为以下几种。

（一）报纸

在北京有影响力的主流报纸（如《新京报》）、在全国有影响力的主流报纸（如《南方周末》）。

（二）大众杂志

有选题、有深度的杂志（如《新周刊》《三联生活周刊》）。

（三）专业杂志

学术刊物（如《现代传播》）、专业杂志（如《国际广告》）。

（四）网络媒体

传媒专业网站（如中华传媒网）、公共关系专业网站（如中国公关网）、门户网站（如搜狐）。

（五）数据库

会议论文集、中国重要会议论文全文书籍库。

（六）博客

工作人员和专家的博客。

（七）电视

可与具有公信力的电视台开展栏目合作。

（八）自有媒体

中国传媒大学主页、亚洲传媒研究中心主页、公关舆情研究所主页、其他合作机构网站、校园平面媒体（海报、宣传栏等）、校园电视台和广播台等。

三、推广进度安排

此次的媒介推广计划分为五个阶段：会议信息发布阶段、媒体前期造势阶段、会议报道阶段、后续宣传阶段、议题整理阶段。

（一）会议信息发布阶段

此阶段主要发布以会议通知为背景的征稿启事，目的是进一步扩大学者的邀请范围，收集高质量的论文，引起学界的注意和参与，如表4-7所示。

表4-7　会议信息发布阶段工作

时间	媒体名称	发布内容	备注
6月10—20日	中国传媒大学主页 亚洲传媒研究中心主页 公关舆情研究所主页 合作单位主页（外文局） 韩国高等教育财团主页 中华传媒网 紫金网 中国公关网 和讯传媒	以会议通知为背景的征稿启事	与校外单位建立合作意向，为日后的信息发布和合作打基础

（二）媒体前期造势阶段

1. 话题预热

利用国庆节前后媒体和民众、多个国家和民族的高度关注，以及国内高涨的爱国热情，设置议题，引发讨论，为论坛预热，如表 4-8 所示。

表 4-8　话题预热工作

时间	媒体名称	形式	内容	备注
9 月 25 日— 10 月 10 日	搜狐 新浪 网易	在国庆专区设立"国家形象传播"主题板块	总结奥运会期间的国家形象传播；迎接国庆；专家论坛(会议受邀专家精彩言论)	由论坛组委会为网络媒体提供文字内容和专家资源；前期沟通从 8 月底开始

2. 话题升温

面向大众，为论坛搭建网络宣传平台，提供全面、及时的信息，提高全民的关注度，引发主题讨论，为迎接论坛拉开序幕。面向学界，实时跟进论坛进展情况，使"第六届亚洲传媒论坛：国家形象传播"这一热点全面升温，吸引学界人士的广泛关注，聚拢人气，提升学界的影响力，如表 4-9 所示。

表 4-9　话题升温工作

时间	媒体	形式	内容	备注
10 月 11 日— 11 月 14 日	搜狐 新浪	设立"第六届亚洲传媒论坛：国家形象传播"专属网页	论坛介绍、专家风采、精彩言论、历届回顾、机构链接、互动论坛等	由论坛组委会为网络媒体提供文字内容和专家资源；前期沟通从 8 月底开始
	网易 中国传媒大学主页	设立"第六届亚洲传媒论坛：国家形象传播"专题模块	论坛介绍、活动预告、专家风采、学术观点、科研成果、互动板块、历届回顾、机构链接等	

（三）会议报道阶段

拟邀请 26 家媒体进行会议报道，媒体邀请名单如表 4-10 所示。

表 4-10　会议报道阶段工作

类别	媒体名称	媒体性质	备注
报纸	《中国青年报》	日报	
	《参考消息》	日报	
	《21 世纪经济报道》	每周 5 期	
	《南方周末》	周报	
	《环球时报》	日报	
	《人民日报》	日报	

类别	媒体名称	媒体性质	备注
报纸	《北京日报》	日报	
	《北京晚报》	日报	
	《北京青年报》	日报	
	《新京报》	日报	
	《光明日报》	日报	
杂志	《中国新闻周刊》	周刊	提供通稿和会议资料，对会议内容进行报道；与记者约定专访
	《凤凰周刊》	每月3期	
	《新周刊》	双周刊	
	《南风窗》	月刊	
	《瞭望》	周刊	
	《三联生活周刊》	周刊	
	《南方人物周刊》	周刊	
网络	中国网		
	人民网		
	新华网		
	搜狐		
	新浪		
	腾讯		
	和讯		
	网易		

(四)后续宣传阶段

进行为期一个月的校园后续活动宣传，如表 4-11 所示。

表 4-11　后续宣传阶段工作

时间	媒体	形式	内容	效果	预算
每个讲座3～5天	学校网站 亚洲传媒中心网站 公关舆情研究所网站 校园宣传栏	信息通知 海报	讲座和专家信息，以及"亚洲传媒论坛"的简单介绍	告知讲座时间，方便同学前来参加讲座	海报制作费

(五)议题整理阶段

1. 参与电视访谈节目

时间：论坛期间或结束后几天内，如 11 月 15—25 日(保证专家在节目录制地点)。

方式：隐性植入。与著名电视台的访谈节目合作，以"国家形象"为话题，并邀请参加本届"亚洲传媒论坛"的专家(包括国内和国外)作为节目的嘉宾参与节目的录制。

目的：扩大论坛的社会影响力。借助电视媒体在大众中的广泛影响力，以及著名专家、学者的权威性，使"国家形象"这一话题受到更多人的关注，同时通过在节目中隐性植入论坛信息，使人把对"国家形象"话题的关注转嫁到对本届论坛的关注上来，从而达到扩大论坛社会影响力的目的。

可以选择合作的节目(根据具体情况，选择1~2个节目)如下。

(1)CCTV经济频道：××。××是CCTV经济频道的龙头栏目，也是中央电视台目前播出时间最长的严肃节目，每次节目都由突发事件、热门人物、热门话题或某一经济现象导入，捕捉鲜活经济事件，探讨新潮理念，演绎故事冲突，着重突出思想的交锋与智慧的碰撞。关注经济方面的社会热点问题，并邀请一些专业嘉宾来参与讨论，节目理性而客观，因而深受都市高知人群喜爱。

节目录制地点：北京

(2)凤凰卫视：×××××。×××××是凤凰卫视最近很受关注的一档公众辩论秀节目，获得2007中国电视节目榜"年度电视节目"，每周萃取在社会、文化等方面发生的重大事件、焦点或热门话题，请来当事人或各界学者、专家名人担任嘉宾发表意见或精辟见解。节目以讨论形式进行，实话实说，直话直说。节目在网络上下载量高，在网民中有很好的口碑和影响力。

节目录制地点：北京

(3)东方卫视：×××××。×××××是由著名咨询企业领导主持的一个谈话节目，由热门事件、焦点人物、社会现象作为导入，探讨新潮经营理念，捕捉鲜活管理实例，演绎企业得失故事，嘉宾为国内外顶级企业经理人。目标受众为关注财经界动态、关注前沿思想，并具有管理和决策精神的社会精英人士。节目在全国范围，特别是在上海有很大影响力。

由于×××××的话题以财经类为主，因而合作的突破在于找到"国家形象"与经济发展的结合点。

节目录制地点：上海(可以让来自上海的参会专家参加)

(4)贵州卫视：××。××是贵州卫视2007年新开办的一档谈话类节目，主持人既是发表观点的嘉宾，也是引导其他嘉宾发表观点的主持人。每期同时邀请一位嘉宾就相关话题展开讨论。节目的影响力相对来说较小，但由于是与我校合办的栏目，所以合作的机会较大。

节目录制地点：北京

2. 与深度报道媒体开展选题合作

年末，与《新周刊》开展选题合作，进行一年来国家形象的盘点以及深入分析。利用会议为记者提供便利的采访条件和选题角度，利用自有资源为媒体提供新闻材料。媒体给予会议和研究中心一定版面的报道，并开展长期合作。

四、媒介预算

本论坛的媒介预算主要包括媒体邀请费、材料费、海报制作费、电视节目合作费、杂志合作费等。

五、其他

重要学术期刊的沟通应在10月完成，校内媒体要参与全程的报道。

📕 **本节金句**

会议定位是媒介宣传推广成功的开始。

第六节　资金来源及预算计划

一、资金的筹备渠道

明确会议可用的资金额度十分重要，预先明确可使用的经费额度，就能依据额度制订全盘计划，如可邀请的嘉宾数量、可使用的会务材料等。

资金来源的依据主要有政府财政拨款、企事业单位规划的预算和其他机构资助。

二、制订预算计划

在确定经费额度后就应该制订一个严谨的预算计划，以确保与会议相关的各项活动顺利进行。预算计划不是孤立的，应与会议的整体需求和目标保持一致。

完整的会议预算计划应包括以下几个方面。

（一）固定支出

无论参会者有多少人，固定支出总是不变的。简言之，不因人数变动而变动的支出称为固定支出，它包括会议场地租金、嘉宾邀请费、演讲者酬劳、会议材料设计制作费、设备租赁使用费，以及其他可能需要的开支。

（二）可变支出

参会者的数目会影响可变支出，因为它是以人头数来计算的。可变支出包括食宿、交通、现场资料、茶歇、小费以及货币兑换支出等。要注意的是，货币的兑换率是每天都在变动的，还要注意货币贬值或者通货膨胀现象，任何一种情况都会使预算计划受到影响。

（三）间接支出

间接支出主要包括与会议有关的行政管理费用，如员工补贴、办公费用、办公设备使用费用等。

（四）预算外支出

无论预算计划多么完美，预算外支出总会突然出现，主要包括税收、超时场租费用、夜间运货支出等。要为这些没有预料到的、未计划的支出做好准备，这些支出加起来也可能是一个相当大的数目。

【小资料4-10】会议预算的具体内容

文件资料费：包括文件资料的制作费、印刷费，文件袋、证件票卡的制作费、印刷费用等。

邮电通信费用：如发会议通知，则有将会议事项发电报、传真、电传、电子邮件或打电话进行联络等费用；若召开电视、电话等远程会议，则使用有关会议设备系统的费用也应计算在内。

会议设备和用品费：如各种会议设备的购置费和租用费。

会议场所租用费：如会议室、大会会场的租金，以及其他会议活动场所的租金。

会议办公费：如会议所需办公用品的支出费用，会场布置等所需要的费用。

会议宣传交际费：如现场录像的费用，与有关协作各方交际的费用。

会议住宿补贴费：一般情况下，住宿费是由参会人员自理一部分，会议主办单位补贴一部分。也有主办单位全部承担的情况。如果无住宿要求，应明确参会人员完全自理这一部分，则预算中可不列此项。

会议伙食补贴：通常由主办单位补贴一部分，参会者承担一部分。

会议交通费：参会人员的往返交通费用，如果由会议主办单位承担，则应列入会议预算；会议期间的各项活动如需使用车辆等交通工具，其费用也应列入会议预算。

其他开支：包括各种不可预见的预算外支出。

三、实地询价

为制订一个较为确切的预算计划，要对会议各项花费的价格标准有所了解，即要进行询价。询价时，首先应明确调查的项目，说明需求的数量、要求的内容，多方对比，以作出最优选择。询价的范围即以上提到的各项费用，需要据此制作报价单。

四、编制预算表

编制预算时应采用 Excel 制表记录预算各项内容，使预算模块化并及时更新。在编制预算表时，应注意以下事项。

（一）列出所有支出项目

在编制会议预算表时，需要仔细列出会议涉及的各个支出项目，包括但不限于场地租赁费、餐饮费、交通费、住宿费、技术设备费、人员费等。确保没有遗漏任何费用项目，以便准确预估总预算。

（二）确定预算金额

对于每个费用项目，根据实际情况和需求，确定相应的预算金额。可以参考市场价格、过往经验、询价和比较等方法来进行预估。尽量确保预算金额的准确性和合理性。

（三）考虑启动资金

在编制会议预算表时，很多人常常在启动资金上出错，如未考虑启动资金，低估启动资金或启动资金过于依赖政府的财政拨款，希望能获得大额资金支持。实际上，会议的启动资金通常来自本单位自身的预算，较少有会议项目将政府拨款作为首要考虑的启动资金来源。若协会、企业主办会议存在启动资金不足的情况，可考虑寻求商业赞助。商业赞助可以为会议项目提供资金支持，并且有助于提升会议的规模和质量。

（四）考虑变动因素

编制会议预算表需要考虑可能发生的变动因素，如市场价格的上涨、会议计划的变动、参会人数的变化等。例如，不同地区的服务项目报价有所不同，不能以普遍价格为准；交通、住宿费用因淡季和旺季价格有所差别。因此，在编制预算表时，需要预留一部分储备资金(也叫预算外支出)以应对这些可能出现的变动因素，避免预算不足的情况出现。

（五）参考过往数据和实际情况

在编制会议预算表时，可以参考以往类似会议的预算数据，结合实际情况进行预估。过往数据和实际情况能够提供有价值的参考，帮助调整和修正预算金额，确保预算的准确性和可行性。

(六)定期审查和更新

会议预算表制定后，需要定期审查和更新。在会议准备和实施过程中，会有各种因素影响预算。因此，应根据实际情况进行调整和修正，确保预算表的及时性和准确性。

✍ 【小资料 4-11】会议预算表示例(表 4-12)

表 4-12 某会议预算表

序号	项目名称	单价	数量	金额	占总额的百分比	备注
1	嘉宾往返机票					经济舱
2	接机及交通费					
3	住宿费					海报、易拉宝、会标、背板、横幅等
4	会场布置费					
5	会刊制作费					
6	宣传手册制作费					
7	论文集及资料册制作费					
8	礼品费					
9	招待费					开幕晚宴
10	宣传推广费					
11	会务人员劳务费					
12	参会人员会务用品费					
13	办公用品费					
14	通信费					快递费、工作人员通信费
15	设备维护费					计算机、打印机维护费
16	文化考察费					
	小计					
17	预算外支出					
	合计					

五、审核预算

审核预算前，要让起草人员将部分费用的细目表一并附上。如计算设备租用费时，应了解都租用了哪些设备，设备租用的行情是怎样的，不同型号、功能的费用差距有多大，主审秘书对这些都应了然于胸。

对经费的把关，不可太松，否则会造成浪费；也不可太紧，否则会影响会议质量。

会议经费预算示例：

某公司新产品发布会经费预算

公司定于 2024 年 3 月 2 日在某大厦一楼会议室召开新产品发布会。参会人员预计 200 人，现就会议所需各项经费提出预算。预算如表 4-13 所示。

表 4-13 新产品发布会预算

序号	项目名称	单价	数量	金额	备注
1	场地租金	5 000	2	10 000	某大厦一楼会议室 2 天
2	专家邀请	5 000	2	10 000	2 人
3	摄像服务	2 000	2	4 000	2 台
4	宴请招待	2 000	40	80 000	10 人/桌，2 顿晚宴
5	交通费用	500	4	2 000	2 辆旅行车，2 天接送
6	会议资料	5	200	1 000	
7	媒体纪念品	100	10	1 000	
合计				108 000	

将表 4-13 的预算提交总经理办公会审核批准。

会议筹备小组
2024 年 1 月 10 日

本节金句

清清楚楚算账，明明白白办会。

【复习与思考】

一、本章小结

• 会议策划的首要工作就是成立策划小组，由策划小组拟定具体的策划方案。策划小组的工作内容主要包括制定目标、确定人选、具体运作。会议策划小组的人数以 3～5 人为宜，成员包括：业务主管、文案策划人员、设计人员、市场调研人员、媒体联络人员等。

• 会议策划方案是会议活动各项策划意图的书面形态，是会务工作机构根据上级的意图和指示制定的详细周密的书面方案，具有可行性、程序性、请示性等特点。

• 政府会议的策划方案可以分为三类：会议竞标方案、会议执行方案和会议汇报方案。会议竞标方案，主要是给业务人员看的；会议执行方案，主要是给工作人员看的；会议汇报方案，主要是给领导看的。

• 会议策划方案一般包括会议简介、会议日程及相关安排、会议预算以及其他需要说明的事项等内容。

• 从我国目前会议市场上的会议类型占比来看，商务会议占比最高。商务会议策划方案的主要框架内容包括：(1)会议背景；(2)会议市场信息分析；(3)会议基本框架；(4)会议日程及子活动安排；(5)会议宣传推广；(6)演讲嘉宾及贵宾管理；(7)会议供应商管理；(8)会议赞助管理；(9)会议形象设计；(10)会议进程管理；(11)会议预算管理；(12)会议风险管理；(13)会议总结与评估。只要策划方案能概括会议策划的要素，能体现会议策划方案的一般内容，框架均可以灵活设置。

• 会议主题是对会议主要内容和实质问题的高度概括，会议潜在参与者通过它可以了解会议的大体内容。会议主题≠会议议题≠会议名称，会议主题包含会议议题。

• 会议形式通常包括全体会议、平行或分组会议等，具体包括开幕式和闭幕式、主题演讲和专题演讲、互动交流、圆桌会议、分组讨论等。

• 常见的会议合作单位主要有五种，分别为主办单位、承办单位、协办单位、支持单位、赞助单位。合作单位应根据受益原则和共赢原则进行选择。

• 会议地点的策划包括两方面的含义：一是选择合适的地方，如会议要考虑选择在哪个地区以及哪个城市举行(大地点)；二是选择合适的会址，即会址具体在城市的哪个位置，应选择合适的场馆，包括会场、住宿的宾馆饭店等(小地点)。

• 会议时间的策划同样涉及两个方面：一是什么时候召开会议最为合适；二是会期的长短。总体来讲，会议选时同样要考虑"大时间""小时间"。大时间，是指会议何时召开，一般来说节假日、双休日不宜安排会议。小时间，则是指会期长短，即会议召开当日具体的时间段，应考虑会议举办的时间与工作日上下班时间一致。

• 媒介推广是利用电视、网络、报纸、新媒体等传播媒介进行推广、宣传的一种方式。媒介推广计划是指选择宣传所使用的媒体和媒体组合形式、拟定出稿日程方案的计划。

• 完整的媒介推广计划应该包括：(1)分析会议定位；(2)分析会议受众；(3)选择匹配媒体；(4)设定传播主线及传播主题；(5)确定传播策略；(6)撰写媒体执行方案。

• 完整的会议预算计划应包括：(1)固定支出；(2)可变支出；(3)间接支出；(4)预算外支出。

二、重点概念

会议策划小组　　　会议策划方案　　　会议主题　　　　会议合作单位
会议选时　　　　　会议选址　　　　　会议媒介推广　　会议预算计划

三、思考讨论题

1. 会议策划小组的工作内容有哪些？

2. 会议策划方案的一般框架包括哪些内容？

3. 会议主题的构成要素有哪些？会议主题与会议议题有什么区别与联系？

4. 选择会议合作单位的步骤有哪些？

5. 会议选址应考虑的因素和原则有哪些？

6. 会议选时应考虑的原则和时间安排规范有哪些？

7. 完整的媒介推广计划包括哪些？制订媒介推广计划应考虑的问题有哪些？

8. 制订会议预算计划的内容有哪些？

【综合案例分析】中国(川渝)预制菜产业大会总体方案

一、指导思想

为贯彻落实《中共中央 国务院关于做好2023年全面推进乡村振兴重点工作的意见》中关于"提升净菜、中央厨房等产业标准化和规范化水平，培育发展预制菜产业"的要求，加快推动全国预制菜产业高质量发展，推动食品产业再上新台阶，特举办中国(川渝)预制菜产业大会。会议采取主旨演讲、交流发言与现场参观相结合的方式，邀请国家行业主管部门、头部企业、科研机构、行业协会等参与，围绕预制菜产业"产业发展趋势""新技术应用""行业标准"等热点问题进行交流分享，推动食品工业延伸产业链条、提高供给质量和效率，不断满足人民群众日益增长的安全美味、营养健康、便捷多元的食品消费需求。

二、大会背景

为贯彻落实省委、省政府关于加快预制菜产业发展、大力培育区域产业品牌的重大决策和加快建设预制菜产业集群的战略部署，按照召开一次产业大会，打造一个精品产业品牌的战略，以遂宁预制菜产业为载体，充分发挥资源优势，创新工作思路，聚合各方力量，整合各种资源要素，培育川渝特色支柱产业，全力推动川渝预制菜产业的发展，增强川渝预制菜产业原创力，提高川渝预制菜产业的知名度、美誉度和认可度，将中国预制菜产业新变化、新景象、新成果进行系统宣传推广。以川渝为核心，打造中国预制菜的金色名片，提升预制菜产业在国际国内市场的竞争力和影响力，促进中国预制菜产业实现大突破、大跨越、大发展，为遂宁乃至中国社会经济发展实现历史性跨越提供重要产业支撑。

三、大会目的

以打造"千亿级预制菜产业集群"为愿景，充分发挥川渝肉类罐头、腌腊酱卤等产业优势，打造川渝双城经济圈地域新名片，促进一二三产业联动发展。

通过进行"三品"全国行暨中国（川渝）预制菜产品展销活动、举办中国（川渝）预制菜产业大会的形式，以中国（川渝）预制菜产业高质量发展峰会、工信部消费品司座谈会等系列活动，多种形式汇聚预制菜全产业链资源要素，搭建预制菜产业生产制造、龙头企业、电商平台、协（商）会沟通对接的桥梁，助力川渝预制菜产业抢占国内国际市场，推动中国预制菜产业高质量发展。

四、大会内容

（一）大会名称、主题

大会名称：中国（川渝）预制菜产业大会

大会主题：同创新"食"尚 预制新"味"来

（二）大会时间、地点

大会时间：2023年4月25—27日，共3天

开幕时间：4月26日上午9:30—11:30

会议及展览展示地点：遂宁国际会展中心

食宿建议地点：遂宁市首座万豪酒店

展览规模：约4 000 m²，同期举办

五、会议组织

指导单位：中国食品工业协会、工业和信息化部消费品工业司、四川省经济和信息化厅、重庆市经济和信息化委员会、四川省教育厅、四川省农业农村厅、四川省商务厅、四川省经济合作局

主办单位：遂宁市人民政府

承办单位：遂宁市经济和信息化局、遂宁市农业农村局、遂宁市商务局、遂宁市经济合作局、遂宁发展集团公司

协办单位：四川省食品饮料产业协会、四川省第三产业协会

六、大会议程

（一）遂宁市委、市政府主要领导会见重要客商和嘉宾

（二）大会开幕式

（三）与会领导及嘉宾巡展

（四）中国（川渝）预制菜产业高质量发展峰会

（五）工信部消费品司预制菜产业发展座谈会

（六）遂宁市预制菜产业集群（企业、园区）参观考察

中国（川渝）预制菜产业大会组委会

2023 年 4 月

案例分析与讨论：

1. 中国（川渝）预制菜产业大会属于政府会议还是商务会议？阅读群体是谁？请给出理由。

2. 该方案全文字数仅 1 300 余字，为何字数如此精简？请给出理由。

3. 该方案的会议形式有哪些？

第五章
会议前期筹备阶段

【学习目的】

通过本章的学习，读者应熟悉会议前期筹备阶段的主要工作内容，理解会议报备的具体内容和材料，能组建合理的会务工作机构，掌握会场选择的具体内容及方法，理解筹备文化体验活动的具体内容，掌握发言人、嘉宾、参会者选择的要求，掌握执行媒介推广计划的主要内容，熟悉会议后勤保障安排的主要内容，能够做好会议前期筹备阶段工作。

本章思维导图

【思政内容】

党的二十大报告指出："社会主义核心价值观是凝聚人心、汇聚民力的强大力量。"会议从业人员必须坚持以习近平新时代中国特色社会主义思想为指导，践行社会主义核心价值观，遵守相关法律法规和政策规定，确保正确的政治方向、价值取向和舆论导向。同时，弘扬时代主旋律，将社会主义核心价值观融入社会发展、贯穿于会议筹备的各个环节。

通过本章的学习，学生应切实树立规矩意识，增强纪律观念，加强前瞻性思考、全局性谋划，提前做好会议报批工作；坚守中国文化立场，提炼展示中华文明的精神标识和文化精髓；培养强化严谨细心，弘扬奋斗精神、奉献精神、敬业精神，培育时代新风新貌，确保会议前期筹备工作井然有序。

【重点内容】

- 会议报备的具体内容
- 会务工作的机构设置及人员分工
- 会场选择的具体内容及标准
- 筹备文化体验活动的具体内容
- 发言人、嘉宾、参会者的选择
- 执行媒介推广计划
- 会议后勤保障安排

会议前期筹备阶段是在确定会议主题、会议规模、邀请嘉宾等程序后，进入的具体的会议准备和会议推进阶段。大型会议一般以会议召开当日为准，往前倒推3个月即会议前期筹备阶段。一般商务会议则往前倒推1个月即前期筹备阶段。

第一节　会议报备

会议策划完成后，需要进行会议的报备工作，可分为会议的内部立项、对外协调和外部审批三方面。

一、内部立项

(一)立项内容

会议组织者负责人员起草举办会议的请示文件，提供会议策划中已确定的基本内容，主要包括会议背景、目的、主题、名称、议题、时间和地点，拟邀请的参会人员和规模，拟联系的主办、支持和协办单位及会议经费的初步安排。

(二)内部报批

如果立项申请部门需要就会议举办相关事项与主办单位内部的相关部门进行协调或需要其他单位协助或支持时，需要将会议的请示件抄送给协调会签单位进行审核，听取其有关会议组织的建议和意见，然后提交给主办单位的主要领导进行审批。

二、对外协调

对外协调主要包括邀请会议主办、支持或协办单位和邀请组委会人员两部分工作。

(一)邀请合作单位

想要邀请其他单位作为会议的主办、支持或协办单位时，需要行文征求其同意。商函中要提供会议举办的背景情况、目的、时间和地点、会议主题、拟邀请参加会议的潜在人员和规模，并提出具体的合作建议。例如，明确提出希望其作为主办单位还是支持或协办单位，请其以书面方式予以回复。此外，应附上会议筹备机构草案及会议情况的简单介绍，同时附上主办单位联系人员的名称及电话，以便于对方联系。

在对外联系时，除正式发商函外，也要通过电话或拜会等方式进行及时、细致的前期沟通，随时解答对方有关会议情况的疑问并了解对方的合作意向。

在联系相关单位作为会议的合作成员单位时，应注意以下问题。

(1)邀请函的签发名义。应注意各单位间的匹配性，即以同一级别单位的名义发函。

(2)发送的对象和方式。应根据不同情况，以恰当的方式将邀请函发送给相关机构或人员。

【拓展阅读 5-1】

邀请函示例

(3)各合作单位间的关系协调。主要包括排名的先后次序、是否为独家合作方等问题，例如独家媒体支持、独家赞助商等。在最初策划会议时就要将这些问题考虑清楚，在宣传资料发送出去后最好不要轻易予以调整，以免失信于人或引起不必要的矛盾。在对合作方作出承诺前，也要权衡是否能够兑现自己的承诺。

(4)明确权责利。对于合作单位的权责利要事先有所明确和约束，避免发生问题后互相推诿。

（二）邀请组委会人员

根据已确定的组委会拟邀请人员名单分别邀请组委会成员，要根据不同的情况邀请相关人员。如拟邀请某个非常有声望的人士来担任组委会的名誉主任或主任一职，就要通过相应的渠道发送以主办单位或主办单位领导名义起草的邀请函，事先最好能够通过电话或拜访的方式进行前期沟通，使其对会议的情况有初步了解。

如果邀请其他主办单位或支持单位领导担任组委会委员，一般要先征得相关单位同意作为会议的主办单位或支持单位，由其指定相应的人员担任组委会委员。可以在联系主办单位或支持单位的邀请函中提出，如其同意作为会议的主办单位或支持单位，须指定相应人员担任组委会委员一事，并请其回复时加以明确。

如果邀请相关学者或咨询顾问人员担任委员，也要起草邀请函，并由专人负责与其沟通，解答有关会议组织的相关问题。

在邀请组委会相关人员的过程中，应注意以下几点。

（1）确保函件署名妥当。邀请单位或邀请人的署名务必妥当，例如邀请部委一级的人员，如果不用主办单位而用承办单位的名义去邀请则不妥当。

（2）明确发送对象。在发邀请函前要了解清楚应该把邀请函发送给谁，可视具体情况发给某单位的办公室或负责业务的具体部门或直接发给本人，总之要发对地方、发对对象，以免在不必要的环节中中转。

（3）明确发送渠道。邀请函发送渠道上，单位内部一般可通过内部渠道交换，也可视情况通过邮件、邮寄、传真或专人递送。

（4）确保专人负责。应保持邀请联系人的连贯性，即专人负责联系邀请事宜，及时解答被邀请人提出的相关问题，并对联系进展情况心中有数。

（5）主动及时告知。负责邀请的专人应及时告知被邀请人会议的筹备进展情况，使其了解何时需要其参加何种活动，并提早做好日程安排。

三、外部审批

（一）会议报备的对象

根据相关规定，组织大型国际会议，会议主办方需要向政府主办部门进行报批或备案，得到批准后方可开始筹备。

1. 需要向国家主管部门申报的会议

（1）在华举办的各类国际会议。

（2）无论规模大小，涉及敏感问题、意识形态争议或邀请敏感人士参会的国际会议。

2. 会议审批

若是在国内举办大型国际会议，主要依据《中华人民共和国外国人入境出境管理法》。其中，涉及涉外会议的规定主要有"外国人持有效的签证或者居留证件，可以前往中国政府规定的对外国人开放的地区旅行（《中华人民共和国外国人入境出境管理法》第四章第二十条）"（由于国外嘉宾参会时间较短，并且办理会议签证耗时较长，因此一般情况下办理旅游签证即可）。

在华举办国际会议，实行国务院和省级两级审批制度，主办方不得自行审批。以国际大型学术会议为例，需要报教育部审批，有的还需要报请国务院或国家其他部委审批。

根据国家大型活动实行申报备案制，举办大型活动前，承办单位（或具体执行单位）须提前 20 天向当地公安机关及消防部门申报；申报同意后，由承办单位（或具体执行单位)向当地安监部门备案,同时由安监部门负责通报有关部门和单位。

报备方案中需注意以下两个问题:一是安排会场警卫和交通疏导。通知相关部门做好会场及交通疏导工作,防止会议过程中出现意外情况。规模较大的会议,由于到会车辆较多,要安排交警在会场附近进行交通疏导。二是电力和网络保障。会前与供电、通信部门沟通联系,安排保电、通信任务,同时安排会议场所进行内部检修。会议过程中还需安排专人值班,以便应对突发情况。

✎ 【小资料 5-1】会议报备方案示例

关于邀请市体育局联合主办"2020 上海邮轮港国际帆船赛"的函(代拟稿)

上海市体育局:

在贵局的指导下,在中国帆船帆板运动协会(以下简称"中帆协")和市竞技体育训练管理中心的支持下,2019 年 5 月上海邮轮港国际帆船赛(以下简称"上帆赛")在上海吴淞口国际邮轮港成功举办,赛事受到社会各界的极大关注,得到五星体育、东方卫视、《新民晚报》等近百家一线媒体的报道。为继续探索拓展宝山水域及岸线功能,计划于 2020 年 11 月 20 日(星期五)至 22 日(星期日)在吴淞口国际邮轮港水域举办"2020 上海邮轮港国际帆船赛",推动打造本土明星帆船赛事。现就相关情况汇报如下。

一、目的和意义

1. 助力培育消费新热点。在 2019 年成功办赛的基础上,接续举办业内颇受关注的帆船赛事,是体育赛事活动贯彻落实中央扩大国内消费需求的重要举措,是宝山利用自身独特资源、普及推广水上运动、拓展水上消费新增长点的积极尝试。

2. 助力打造明星赛事。举办"上帆赛"符合上海打造具有国际影响力的发展平台新高地,提升城市能级和核心竞争力的要求,有助于打造本土明星帆船赛事,进一步提升区域知名度和影响力,不断彰显海洋和海派文化。

3. 培育特色体育项目。从体育运动发展看,宝山具备发展水上运动项目的硬件优势,除邮轮港建设自然形成的 100 万平方米水域资源外,还有 96 米宽 6.8 千米长的罗蕴河、上海市第二大人工湖——美兰湖 7 万多平方米水域、长滩项目 48 万平方米水域,都比较适合开展皮划艇、赛艇、帆船、帆板、桨板等水上项目。近年来,市运会、全运会乃至奥运会的比赛项目中,水上项目逐年增多,且金牌比例不断增大,但我区目前青少年体育水上项目开展仍为空白,宝山亟须在水上项目方面填补空白,为上海水上运动事业做出贡献。

二、赛事安排

此次赛事拟使用珐伊 28R 统一级别帆船,珐伊是享誉全球的中华民族品牌,珐伊 28R 是世锦赛、国际女子对抗赛等国际级赛事指定用船。赛事将在国内招募 12 支由一流的帆船职业及业余选手 72 人(参赛人数根据报名情况进行调整)所组成的队伍参加统一级别帆船赛,同时计划邀请专业帆船运动员 10 名参与场地试训性质的奥运级别表演赛。方案(待定)简要如下。

1. 时间:2020 年 11 月 20—22 日。

2. 地点:上海吴淞口国际邮轮港水域。

3. 参赛队伍:12 支(珐伊 28R 级别);10 人(奥运级别)。

4. 赛事议程：主要包括各帆船队报到、各赛队试航、船长见面会及竞赛会议、开幕式、群发赛、全能赛和颁奖等环节。

5. 组织架构（拟）。

主办单位：中国帆船帆板运动协会、上海市体育局、宝山区人民政府。

承办单位：宝山区滨江委、宝山区体育局、上海吴淞口国际邮轮港发展有限公司。

支持单位：宝山海事局、长航公安上海分局、宝山海关、浦江边检站、宝山区卫健委等。

执行单位：白浪航海中心、上海可亦可文化传播有限公司、上海吴淞口国际旅行社有限公司。

竞赛帆船供应商：上海珐伊玻璃钢船艇有限公司。

三、恳请支持事项

根据国家体育总局令（第 25 号）精神，为保证"上帆赛"的传承和影响力，继续沿用原"国际"赛事名称，只能由中帆协出面主办。经与中帆协沟通，其表示对继续举办"上帆赛"会大力支持，但提出希望与上海市体育局和宝山区政府作为联合主办方，共同办赛。故希望贵局能出面与我区和中帆协共同主办"上帆赛"，助推上海水上运动事业创新发展。

特此邀请。

（联系人：××　联系电话：×××）

宝山区人民政府

2020 年 10 月 21 日

（二）会议报备的内容

会议报备主要是对会议的以下几个主要问题作出规定，提交单位主管部门或上级主管部门审批：（1）限定会议种类；（2）限定会议次数；（3）限定会期；（4）限定会议地点；（5）限定会议规模；（6）限定参会领导及约请领导参会联系方式；（7）限定会议经费；（8）会务人员；（9）会议伙食标准；（10）会议住宿标准。

【拓展阅读 5-2】

邀请函示例

（三）会议报备所需材料

1. 申请报告

通常报上级主管部门的申请报告内容应包括以下七个方面。

（1）会议名称，如果是国际会议，还应提供英文名称。

（2）举办会议的由来、背景（历届举办情况）和必要性。

（3）会议的性质、宗旨和意义。

（4）会议的基本信息：一是会议主办、承办、协办及合作单位介绍；二是会议主题、议题；三是会议时间、地点；四是会议规模、范围、总人数。

（5）嘉宾邀请。首先，如果有境外嘉宾，应提供境外嘉宾名单，包括姓名、国别、出生日期、工作单位、联系方式等。其次，是否邀请党和国家领导人以及境外地区政要或前政要出席会议（如邀请，需注明另行报批）。

（6）经费预算。详细列出会议预算、经费来源及开支情况。

（7）其他有关国际组织的情况，并附上相关详细背景材料。

2. 与会境外专家名单

与会境外专家名单应列出包括姓名、国别、出生日期、工作单位、联系方式等信息。

3. 经费预算

经费预算应详细列出会议预算、经费来源及开支情况。

四、填报审批表

会议报备审批表常见的有《会议申报表》《会议经费预算表》。《会议申报表》如表 5-1 所示。

表 5-1　会议申报表

申报时间	
主办单位	
协办单位	
主办单位领导签字	
会议名称	
同类会议当年次数	
申报理由	
规模(人数)	
会期	
会议通知发出时间	
参会对象	
会议地点	地名：　　　宾馆名：　　　星级：
申请经费总额	
邀请参会领导(职务)	
办公部门审查意见(签字)	
批准领导意见(签字)	

表 5-2 列出了某单位会议经费预算表，仅供参考。

表 5-2　会议经费预算表

会议名称	
会议主办单位	
会议主办单位领导签字	
会议发出通知计划日期	
会议规模(人数)	
会议申请经费总额	

续表

1. 住宿标准	A 类：每人每天　　　元；B 类：每人每天　　　元
2. 伙食标准	
3. 会场租金	
4. 会场标语宣传费	
5. 会议标牌制作费、文件印刷费	
6. 会议用车费	
7. 会议娱乐费	
8. 外请专家费	
9. 摄影、摄像费	
10. 杂费	
会议奖励费（出处、数额）	
审查意见	
部门签字（章） 办公部门　　　　　　　　　监察部门 财务部门　　　　　　　　　审计部门	

📑 **本节金句**

做好会议报备，放心办好大会。

第二节　组建工作团队

一、会务工作机构设置

会务工作应按照会议的实际需要进行明确的分工协作，组建好工作团队，并设立若干不同种类的工作小组来完成。如果采取内部承办的方式，以大中型会议为例，其工作机构与职责分工如下。

◆ 一般设秘书处，在会议筹委会或主席团领导下开展工作。

◆ 秘书处通常下设秘书组、宣传组、会务组、接待组、后勤组、安保组等。秘书处下设各组的任务，可根据具体情况确定（见图 5-1）。

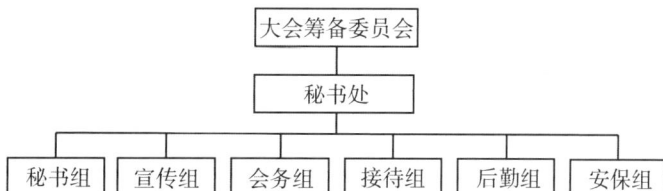

图 5-1　会议工作团队设置图

　　如果采取联合承办的方式，可以将会议筹备的部分工作(非核心业务)外包(详见第六章第一节)，而会议主办方主要负责会议策划以及会议日程和相关活动的管理、会议嘉宾及演讲人的邀请等事宜，以节省人力，提高工作效率。在此模式下，会议主办方只需要确定某方面工作的负责人员，由外包承接方负责具体筹备工作的完成。

　　若会议规模较小或人员有限，也可以指定专人负责某项筹备工作，而不必设立工作机构。例如，由一个人负责会议的策划、演讲人的邀请等工作，另一个人负责参会者的组织和后勤保障等工作。

(一)秘书组

秘书组的主要职责如下。

(1)负责会议报告、讲话及其他重要文件的起草、修改、印刷、发送等工作。

(2)负责会议开幕致辞、闭幕致辞、主持稿、讲话稿、新闻稿等材料的起草。

(3)负责编制会议议程和日程、会议记录，拟定大会注意事项。

(4)负责会议通知和嘉宾邀请函制作与送达。

(5)负责筹备工作领导小组和大会交办的其他工作。

(二)宣传组

宣传组的主要职责如下。

(1)负责会议氛围营造。

(2)负责会议新闻报道的总体组织和策划，编写会议快讯或简报等。

(3)负责对外媒体邀请，组织、安排、协调媒体的采访活动。

(4)负责音像资料的录制、管理工作。

(5)负责会议秘书处交办的各项工作。

(三)会务组

　　会务组是对会议活动具体进行组织、协调等各项事务的综合性工作机构，它是整个会议工作团队中，事情最多、最琐碎的部门。如果存在某项工作无法明确归属到哪个部门的情况，一般均可由会务组完成。

　　会务组的主要职责如下。

(1)承办会议活动方面的相关事宜，包括编发会议通知、协调会议活动、现场总体调度等。

(2)负责会议证件制发、会场座位划分、主席台座次安排。

(3)负责落实会场预订、会场布置、场外气氛营造、灯光和音响设施等具体事宜。

(4)负责仪式彩排组织，处理会议过程中出现的问题，如技术支持、突发事件处理等。

(5)负责文件材料的印发、清退工作，会议文书的立卷归档。

(6)负责会议现场注册、会议值班、联络、来信来访和保密工作。

(7)负责会议秘书处交办的各项工作。

(四)接待组

接待组负责会议相关人员的接送和采购游览等事宜，其主要职责如下。

(1)协助秘书组确定会议接待方案，包括接待人员数量、接待地点、接待流程等。

(2)负责接待参会人员，包括酒店预订、接送安排等。

(3)提供会议期间的服务，如提供信息、解答问题、参观考察等。

（4）对参会人员进行指引，确保他们能顺利参加会议。

（5）安排参会代表、代表配偶或随行人员的参观旅游活动。

（6）负责会议结束后的送别工作。

（五）后勤组

后勤组的主要职责如下。

（1）编制会议预算，管理会议收支，负责会议的财务管理。

（2）负责协调会议期间的食宿、车辆、医疗以及其他生活服务工作。

（3）负责采购、制作会议需要的办公用品。

（4）组织、安排会议的其他活动。

（5）负责参会者及嘉宾的迎送工作。

若会议规模较小，则接待组、财务组与后勤组的工作可以合并，由后勤组完成；若会议规模较大，则接待工作、财务工作可独立成组；若会议秘书处不设后勤组，则后勤组的工作一般由会务组负责。

（六）安保组

安保组的主要职责如下。

（1）负责制定会场的安全保卫方案并实施，负责安全保卫方面的事宜，包括各个会场、参会者驻地以及参会者集体外出活动的安全保卫工作。

（2）负责联系与协调会场和参会者驻地，做好参会代表的安保工作。

（3）对用电安全、防火安全、财务安全、行车安全等提供必要保障。

（4）杜绝任何失窃事件的发生。

（5）协助会务组做好证件的查验工作。

会议是否设立安保组，要视会议的内容和参会人员等情况而定。若会议中邀请了重要领导人、政府主要官员、明星、年纪较长者等，则可以设置安保组；一般情况下，会议多数在酒店、会议中心召开，这些场馆本身就配有安保人员，则不需要重复设置。同时，不同档次、规模的会议，机构设置不同，主要根据会务工作的内容进行分工。

此外，在政务会议中还会设置组织组。如在特定的代表大会的筹备和进行过程中，组建大会组织组并行使职权。组织组的职责包括：承办大会代表的选举产生，做好代表资格审查的准备，根据有关领导机构或各代表团（组）的意见提出大会各类负责人员的建议名单，负责大会的选举和大会有关人事的安排工作等。

二、组委会人员的确定及分工

一个较为完整的会议组委会，其人员构成如下。

（一）自有人员

1. 秘书长

主要负责整个会议的策划、运营和监管，协调各部门人员及其工作。

2. 文案

负责会议文案、邀请函、会议手册等所有文字性工作。

3. 嘉宾接待

负责嘉宾邀请、与嘉宾实时沟通以及嘉宾接待工作。

4. 会务

负责会议执行阶段的会场工作。

5. 物料管理

负责会议所有物料，包括手册、文具的制作和管理。

6. 媒体推广

负责媒体的筛选、联系及采访对接。

7. 财务

负责整个会议的预算以及嘉宾机票、食宿报销等相关事宜。

(二)可外包人员

1. 设计

负责会议手册、背板、胸卡等所有视觉材料的设计。

2. 翻译

负责会议材料的翻译、会议现场的同声传译等工作。

3. 志愿者

负责参会者引导、资料发放、接送机等工作，可灵活安排。

三、各合作方人员的对接

(一)与主办单位的对接

主办单位一般只负责会议的发起、主持和审批，具体事宜并不会亲自处理。因此，会议承办单位需要按照一定的周期将会议进度上报给主办单位，以汇报工作情况，并明确信息出口。同时，也可及时了解主办单位对会议筹备的意见和建议，有利于下一步会议准备工作的顺利开展。另外，在确定发言稿、报批预算等事项时，及时与主办单位对接沟通是十分必要的。

(二)与执行单位的对接

执行单位是会议举办的主力军，若涉及两家以上的执行单位，应提前做好分工与协调工作。前期与执行单位的沟通应包括会议主题、会议宗旨、会场布置、嘉宾阵容、文化体验活动及交通食宿安排等。应尽量从各个执行单位的资源优势出发，明确分工，做到互通有无，相互支持。

(三)与支持单位的对接

支持单位一般提供媒体宣传等方面的支持。无论是会议举办前期的造势，会议举办时的现场报道，还是会后的专题刊发，媒体报道都在一定意义上决定了会议的成功程度。因此，支持单位的作用不可忽视。在与其对接时，应就前期制定的媒介推广方案进行深入讨论，增强可行性，并在可能的情况下寻求支持单位给予媒体方面的具体支持。

(四)与会议供应商的对接

如果会议存在服务外包，会务组在筹备期间就应与其进行必要的沟通和项目说明。会议供应商一般分两种形式：一是整个会议的执行由专业的会展公司或会务公司完成；二是零散的供应商，如摄影服务、翻译服务、同声传译服务、餐饮服务、住宿服务、交通服务等。

在与多方合作的过程中涉及多个单位，单位性质不同(政府、事业单位、国企、高校等)，其内部决策体系和工作流程也会不同。同时，各单位对举办会议的目的和期望不一样，加之不同工作人员的性格、行为方式各异，因此多方合作中不可避免会产生摩擦和误会。在此情况下，相关负责人需要根据合作单位的性质，在沟通环节给予其充分的准备时间，同时做好协调工作，不能因个别工作人员的小摩擦而影响整体合作。此外，应在坚持必要原则的同时，多站在对方的角度和立场进行思考，以宽容的态度去化解矛盾、解决问题，共同推进会议的顺利举办。

> **本节金句**
>
> 协作方成事，心散一盘沙。

第三节　会场选择

会议选址包括大地点、小地点。在确定好会议在哪个城市举办之后，接下来应着手考虑具体的会场，即小地点的选择。不同类型的会议，其选择的场地风格也不一致。

一般而言，对于学术型的会议来说，高校学术报告厅、酒店或会展中心是会场的理想选择。以本地客人为主的会议，城郊的会议酒店则是会场的理想选择。

一、会场选择的要求

会场条件是否完善直接影响会议能否有序组织和顺利开展。会议组织者需要对多个场地进行综合比较，以便掌握较多的会场情况以及详细的会场设施及服务信息。一般而言，在选择会场时，应重点考虑以下内容。

（一）会场种类

根据场地使用功能不同，会场可以分为以下几类。

1. 会议场地

会议场地即用来召开全体会议、平行会议、专题讨论会或研讨会、圆桌会议等所使用的场地。

2. 活动场地

活动场地即组织附设展览和洽谈会等会议配套的业务活动所需要的场地。

3. 接待场地

接待场地即主要用来接待参会人员、贵宾和发言人员并为其提供服务的场地，主要包括注册台、咨询台、贵宾室、发言人准备室、记者接待处等。

4. 交流场地

交流场地即用于和参会者进行沟通和交流的场地，主要包括资料台、赞助商台和新闻采访室等。

5. 餐饮场地

餐饮场地包括组织招待酒会、欢迎或告别宴会、午餐或晚餐会的场地以及供参会者休息的茶歇区。

6. 办公场地

办公场地即供会议组织者在会议期间设立秘书处或临时办公室的场地，以及用来储存会议设备或资料的设备室或储藏室。

7. 其他场地

其他场地如安保、急救、存放衣物的场地，文艺演出或体育活动所需场地，以及工作人员或参会者所需要的临时性住宿用房等。

(二)会场功能

选择会场时要考虑会场的功能是否可以满足会议活动的要求，包括会场周边交通、停车场容量、餐饮服务、住宿服务、灯光、音响等辅助功能是否能满足要求等。

(三)会场布局

会场的布局要适合会议的组织和管理，既能举行全体大会，又能同时进行多个分组讨论，并且与会议规模相适应。

(四)会场区位

会场在城市的位置较为方便，离机场、车站等枢纽距离适中，到达会场的通达性较好，出入较为方便。

(五)会场应急

会场在处理火灾、断电等意外事故方面有必要的应对措施。

二、会场选择的具体内容

在对会场进行初步选择之后，下一步应开展实地考察工作。在现场考察时应注意：一是会见能做决策的人，这样有利于以后解决可能出现的问题；二是以普通参会者的身份，考察会场的服务设施及服务水平能否满足会议要求；三是选定几家场地作为备选，以便出现特殊情况时能灵活调整。具体而言，会场选择主要包括以下内容。

(一)基础设施

基础设施是选择会场必须考察的内容，如考察会场容量是否与会议规模相称。会场的选择一定要大小适中，所选择的会场要保证能容纳预计的全体参会者、工作人员以及媒体记者等。若会场太大，则不仅造成浪费，而且会让人觉得会场空旷、缺少气氛；若会场太小，则不仅拥挤，还会给人压抑感。

如果会议议程安排了不同的议题同时进行，那么应安排两个及以上的会场，且各会场应相邻，方便参会者根据自己感兴趣的议题选择会场。对于有领导出席的会议，需要安排一间大小适中的贵宾会见室，而且会见室到会场的距离不宜太远。

(二)服务设施

会场的服务设施的考察内容主要有：抵达会场是否有方便快捷的交通工具；是否有种类齐全的娱乐设施；停车场的位置与容量；会场本身或附近是否有商店；电梯、公共卫生间及其他公共区域是否干净整洁等。

此外，还应考察会场是否有会议所需的各类器材，是否有齐全的照明、音响、灯光、投影仪、LED屏、视听设备等设施。必要时，也可以要求对方提供备用设备。

(三)住宿服务

如果会议持续时间超过一天，还需要对会场或附近的住宿设施情况进行详细考察。考察内容主要包括客房数量、房型、客房到会场的距离与方便性、网络覆盖、入住与退房、发票出具等相关规定、客房条件与安全设施等。

(四)餐饮服务

考察会场的餐饮服务能力非常重要，因为餐饮服务能力往往会影响参会者对会场的整体评价。餐馆服务考察的主要内容包括：公共区域外观是否清洁；餐品的卫生状况是否良好；餐厅工作人员的态度是否热情，能否提供有效、快速的服务；餐饮价格是否合理；菜系类别是否齐全多样；能否提供独特的茶点及参会者特殊要求的食物；是否具有举办宴会的能力等。

（五）会场工作人员

会场工作人员也是重要的考察对象。主要内容有：现有服务人员是否需要因会议安排进行特殊培训指导；安保人员与服务人员是否友好；前厅接待的人力是否足够；服务人员的服务态度是否热情主动；服务人员是否明确其职责，能否各司其职，服务效率如何等。

（六）会场安全

会场安全包括政治安全和环境安全。前者是指防止出现危及领导者或参会者的人为因素，后者是指会场是否有安全隐患，电器、电路是否可靠，是否设置火灾报警系统，是否配备灭火器，是否公开了撤退程序，消防设施是否齐全，消防通道是否畅通，安保能力是否充足等。

（七）费用收取

会场费用收取主要考察会场的各类收费标准及收费方式，包括工作日与周末的收费标准、淡季与旺季的收费标准是否不同；是否可以提供免费使用的工作房间；是否需要缴纳定金，缴纳多少；是否可以刷卡结算，能否出具发票等。

三、会场选择的渠道

无论是公司年会、联欢会、新闻发布会、高峰论坛还是产品推介会，会场选择都是重要的一环。会议组织者或会务公司应确立一套较为系统的会场选择标准。一套严谨的会场选择规范和服务模式，通常需要经过实地考察，依照会场的信息收集标准逐项记录，并收录到专业的数据库中，场地数据信息的详细性甚至超过会场本身。具体而言，会场选择的渠道可以从以下三个方面入手。

【拓展阅读 5-3】

会场考察的
主要内容

（一）获取一手的场地信息

会议主办方可通过实地考察备选会场，获得关于会场的详细信息。实地考察能提供关于场地布局、配套设施、技术支持等详尽资料，同时帮助识别潜在问题，加强与场地管理方的沟通，为场地租赁谈判和决策提供坚实基础。此外，会议主办方可以考察场地的可访问性、交通通达性、附近的住宿和餐饮服务，以确保参会者的整体体验。

为获取较为完整、全面的场地信息，采用一份详尽的场地调查表非常关键。尤其是当进行多个会场的考察和比较时，场地调查表能将各个会场的基本情况一目了然地呈现在决策者面前。会场考察的主要内容见拓展阅读 5-3。

（二）建立良好的合作关系

通过项目合作与日常场地考察，可以积累大量的会议场地资料，以备全面满足会议组织者和参会者的场地需求。与会场建立良好的合作关系，不但可以为会议提供良好的场地支持服务，也有利于为会议组织者节省一定的场地租赁费用。

（三）熟悉在线预订会场

线下实地考察的方法有一定使用限制。当会议准备在异地举办时，实地考察成本较高。随着"互联网＋"的普及，越来越多会议组织将目光转向了专注于场地搜索、场地预订的在线服务平台。目前，我国会议市场的新兴客户正在迅速崛起。互联网行业成为线上预订成交金额最多、办会频次最多和增速最快的行业，堪称会议消费新贵。其中为企业服务的互联网公司的增速最为迅猛，教育培训行业、金融行业、医疗行业位列其后。表5-3是国内会议市场两家主流会场的在线预订服务平台比较，详细介绍见拓展阅读5-4。

表 5-3　两家国内主流会场的在线预订网站比较

比较项目	网站名称	
	会小二	酒店哥哥
成立时间	2013 年	2012 年
总部	北京	上海
覆盖城市数量	68 个	352 个
产品种类	单一	多元
运营模式	线上	线上
会场价格公开	是	是
会场联系人公开	否	是
会议配套服务	线下会议服务	会议管理系统
预订费用	一定比例	完全免费

四、洽商签约

(一)价格洽商

【拓展阅读 5-4】

关于会小二和
酒店哥哥

在选择和考察场地的基础上，与场地供应方就场地需求进行进一步沟通，逐一明确会议对场地和餐饮的具体需求，包括需要多大和多少的场地、预期使用人数、场地的具体布置要求，需要提供的餐饮服务以及其他服务，在明确总体需求的基础上，协商所需的相关费用。

会议场地可依据已商定的场地租金预订，也可按照场地提供方规定的每位参会者收费标准(例如每人每天收费××元，包括场地、餐饮等)乘总人数得出总费用的方式预订。

(二)签署合同

在协商一致的基础上，要与场地供应方签订正式的合同。如无正式的合同，届时场地无法得以保证。

在场地预订合同中应标明以下七个方面。

1. 费用

列明场地使用时间及其租金、使用人数、食品、饮品和茶歇费用的具体标准。

2. 付款方式

标明付款方的开户名、银行账号、开户银行及银行地址。

3. 订金

列明订金的数额、结算方式。

4. 违约金

列明违约时应承担的责任。

5. 会议/宴会的具体要求

列明摆台方式、菜单、饮品种类、指示牌、台卡等要求。

6. 布置和拆除

列明设备安装和拆除的相关要求，明确进场的相关时间以及对外部供应商的要求。

7. 签字/盖章

合同只有经双方代表签字/盖章后才能生效。

> 📑 **本节金句**
>
> 优质的会议体验，离不开恰当的会场。

第四节　筹备文化体验活动

会议是参会者觅得灵感、接受教育和建立关系的源泉。会议的文化体验，是指参会者能获得一个与他人相互观察、聆听和交流的机会，并能因此收获更高层次的知识或技能，重点在于文化与会议体验相结合。

一、文化体验活动的内涵

(一)含义

所谓会议文化体验，是指针对会议主题和参会者的心理，在会议各阶段运用文化造势，让参会者在参会的同时，还能获得一种文化感受和精神上的满足。

会议文化体验可以理解为参会者通过感官、情感甚至心灵感悟，对会议主体活动及子活动由表及里、由浅入深地进行体验和理解。形成文化体验需要有两大要素，分别是会议所传递出的文化内涵一定要丰富与深刻；参会者通过参与和互动感受深层次文化，以达到欣赏、学习、交流的目的。

(二)常见形式

1. 民俗风情体验

民风民俗是特定社会文化区域内人们共同遵守的行为模式或规范。民俗风情体验是指通过了解和参与当地的民俗文化，参会者在会议中能够亲身感受到特定地区或文化的传统风俗和民俗活动。在会议中，可以通过安排民俗文化展示、参与传统仪式、体验传统手工艺制作活动、观赏民间舞蹈和音乐表演、品尝传统美食等形式，让参会者亲身体验当地民俗文化，加深对当地文化的了解和感受。这种体验不仅能够提升参会者对当地文化的认识和理解，还能让他们目睹和体验民俗风情的独特魅力，使会议更加有深度和魅力。

2. 自然景观体验

自然景观资源可以分为山岳风景、水域景观、海滨风景、森林风景、草原风景、地质风景、气候风景等。自然景观体验是指利用自然环境的美景和特色，让参会者能够亲身体验到特定地区的自然风光和环境，包括组织户外探险、观赏自然景点、进行生态体验等。例如，可以选择具有独特自然景观的场地举办会议，安排相关的自然景观观赏活动，如组织参观游览、登山、徒步或摄影活动，让参会者能够沉浸在特定地区的自然美景中，感受大自然的美丽、宁静和独特之处。

3. 人文景观体验

人文景观涵盖的范围很广，涉及面很宽，类型多样，主要包括历史古迹、古典园林、宗教文化、文学与艺术、城镇与产业观光等类型。人文景观体验是指参会者通过参观、学习和互动，能够深入了解和感受特定地区的人文景观和历史遗迹，包括组织参观历史建筑、文化遗址、艺术博物馆等。例如，可以组织文化参观活动，如参观博物馆、艺术展览、历史古迹等，提供导览解说、讲座或互动体验，让参会者了解当地的人文景观，感受历史和文化的厚重；可以举办当地传统文化讲座或工作坊，安排专业讲解员为参会者介绍相关历史文化背景，让参会者深入了解当地的历史、文化和艺术，从而提升对人文景观的体验和认知。

通过合理的规划和安排，将民俗风情体验、自然景观体验和人文景观体验融入会议中，可以提升参会者的参会体验，让他们不仅在会议中获得知识和信息，同时还能深刻感受到特定文化的魅力和精神上的满足。

(三)安排文化体验活动的意义

1. 丰富会议内容

举办会议期间一般会安排发言、讨论、交流等活动，文化体验活动是对上述内容的丰富和拓展，有助于吸引参会者的兴趣。

【小资料 5-2】2023 中国会展经济研究会年会的晨跑体验

5月24—26日，2023年中国会展经济研究会年会暨中国(琼海)会展经济论坛(以下简称"中国会展经济年会")在琼海博鳌亚洲湾国际大酒店举行，此次年会以"强国新征程 会展再出发"为主题，聚焦绿色会展、数字会展、乡村振兴、创新消费、标准化体系建设五大方向。

本届中国会展经济年会由中国会展经济研究会、琼海市人民政府主办，商务部国际贸易经济合作研究院、海南省商务厅支持，中国会展经济研究会秘书处、琼海市商务局(会展局)承办，超过400位业界代表参会。

本届年会首次确立了"1+3+N"模式，即打造1个主论坛(年会全体大会)，策划3大主题分论坛，融入会展教育、标准化、中小会展场馆和城市发展研讨会等18场活动，构建完整的高端论坛体系。持续三天三夜的18场活动中，既有传统会议形式、圆桌论坛，也有酒会、餐叙会，形式多样。

在会议第二日一大早，近百位参会者在规定时间之前在主办方确定的集合点汇合，参加主办方组织的沙滩晨跑。年会主办方为了办好本次晨跑，专门定制了T恤，跑前安排教练指导的热身运动，并安排了医护人员全程陪同，晨跑环节还设置有撞线仪式。在晨跑活动后，现场每位参与者都领到了一个小礼物，大家纷纷在主办方布置的宣传标语处打卡拍照。如图5-2所示。

图 5-2   2023 中国会展经济研究会年会晨跑体验

2. 增加参会者对当地的直观认识

参会者一般从各个地方汇聚于会议所在地，主要活动轨迹大多围绕酒店或会议中心展开。安排文化体验活动有助于增加参会者对会议所在地的直观认识，提升参会者对会议城市的兴趣。

3. 展示推介办会城市

在举办会议期间，会有来自不同城市、不同单位的参会人士云集。设计富有特色的文化体验活动，是办会城市展示自身形象和推介自身资源的难得机会。

二、文化体验活动筹备的具体内容

一次活动的成功举办，除了既富有创意又合乎实际的策划外，具体的实施也非常重要。会议期间的文化体验活动筹备的具体内容如下。

（一）设计文化体验活动线路

设计文化体验活动线路需要考虑多个方面，包括参会者的需求、时间安排的合理性、活动内容的丰富性以及与当地文化资源的结合等。

【小资料 5-3】第九届亚洲传媒论坛文化体验线路安排

第九届亚洲传媒论坛文化体验线路安排如表 5-4 所示。

表 5-4　第九届亚洲传媒论坛文化体验线路安排

时间	行程内容	体验时间
9：00—9：45	从酒店乘车前往成都大熊猫繁育基地	100 分钟
11：25—12：30	抵达成都宽窄巷子并用餐	90 分钟
14：00—16：00	饭后步行体验老成都街区宽窄巷子	120 分钟
16：00—17：00	乘车前往东区音乐公园	90 分钟
18：30—20：00	东区音乐公园食堂晚餐	90 分钟
20：00—21：00	返回酒店	

【小资料 5-4】G20 杭州峰会夫人团考察线路

2016 年 9 月，G20 杭州峰会期间，组委会力求外方代表团团长夫人的考察活动精确精美，于是针对杭州提炼了 13 条考察线路，前后 80 余次调整，形成各类工作方案 120 余套，汇报幻灯片材料 22 稿，印刷汇报手册 16 稿，视频汇报材料 3 套，最终敲定了浙江大学、中国美术学院、楼外楼这 3 条线路。

9 月 5 日上午 10：00，在浙江大学，夫人团嘉宾出席了"艾滋病防治宣传校园行——走进浙江大学"活动。活动最后，嘉宾们在签名板上贴上红丝带，共同表达了对防治和抗击艾滋病的坚定支持和共同期待。

上午 11：30 左右，夫人团嘉宾莅临中国美术学院。嘉宾们观看了"雨过天青"青瓷艺术展，欣赏了南宋青瓷文物龙泉官窑鱼耳瓶和琮式瓶，近距离观看和感受近年该校师生作品，体会端庄秀美的中国青瓷的独特韵味，一起领略了青瓷、书画、丝绸等中国传统文化的艺术魅力。在观看书画展《意象中国》时，中外嘉宾一起用毛笔书写汉字"和"。

在楼外楼，夫人团嘉宾一起享用午宴。楼外楼经过半年多时间的改建，窗外的青山舟影、画桥烟柳与室内的中国文化浑然一体。现场精美的餐具和盘中美食与窗外的西湖美景，淋漓尽致地描摹了"天堂"杭州独特的城市韵味。嘉宾在享用午宴的同时，观看了一台充满江南韵味的中国传统戏曲文艺演出。

此外，组委会还充分考虑了夫人团嘉宾的个性化行程。通过整合不同的杭州文化元素，制定了 30 余条个性化行程方案，涵盖美食、购物、观光、文化体验等要素，最终形成各国代表团团长夫人在峰会期间的旅游体验线路。

(二)确定活动参加人数

一般而言，文化体验活动作为会议的子活动，多在会议间歇或会后举行，并非所有的参会者都能如期参加。因此，在举行文化体验活动之前，应提前做好报名人数统计工作，根据报名人数提前安排好场地、车辆、票证、餐饮等服务。

(三)安排陪同人员

根据文化体验活动的内容、形式安排陪同人员。陪同人员一般包括与参会者身份、职位相当的对等领导、解说员、摄影摄像人员、引导员或导游人员、随车人员等。如果有外宾参加，还应包括现场翻译人员。在出发之前，各陪同人员应做好相应准备，应对各种可能出现的问题。

三、文化体验活动筹备应考虑的因素

(一)契合会议主题

无论采取何种形式，文化体验均要与会议主题相契合。会议主题是整个会议的核心，所有的会议活动均要围绕会议主题有序展开。

(二)地方城市、合作单位的承受能力和诉求

主办方一般负责会议当天的策划与组织，文化体验活动多通过与地方政府、组织合作或完全委托的形式进行，需要考虑地方城市或者合作单位的承受能力。同时，文化体验活动应与会议主旨内容一致，体现会议主办方、参会者的利益诉求。

(三)体验行程的合理性

通常文化体验活动的持续时间多为半天或一天，会议组织者在进行安排时要严格根据时间来安排行程。考虑到道路拥堵可能花费的时间，应至少制定一套备选方案。同时，应尽量避免走马观花式的体验。

(四)交通方式

如果文化体验活动举办地或者路线不在嘉宾、参会者住宿的酒店举行，则要考虑交通问题。一是交通方式应方便快捷。根据嘉宾住宿地与文化体验活动的具体地点或路线，选择最方便快捷的交通方式。同时，尽量选择便于组织管理的交通工具，如大中型客车等。二是交通时间要控制。提前向当地有经验的司机咨询活动当天各时段的道路拥堵情况，争取制定最为准确的时间表。

(五)住宿安排

若文化体验活动持续一天以上且活动举办地离嘉宾住宿酒店较远，应提前考虑住宿安排。根据文化体验活动安排进度表，在举办地或者路线景点周围联系合适的酒店宾

馆，提前预约，务必使参会者在一天的体验结束之后能尽快休息。

（六）天气情况

对于在室外举行的文化体验活动，应考虑到天气情况。若活动当天有雨，应提前告知嘉宾注意保暖，且备足雨衣或雨伞。

（七）多条线路选择

由于每位参会者的喜好不同，关注点也不一致，如果有可能应事先准备多条体验活动线路以供参会者选择。在制定到达线路时，尽量不要只考虑一条路线，特别是涉及城市道路交通易堵塞路段时，应考虑多条备选路线。

【拓展阅读 5-5】

文化体验活动实例

📑 **本节金句**

打造文化体验，塑造会议品牌。

第五节　人员邀请

邀请参会的人员主要分为发言人、嘉宾以及参会者三类。广义上，嘉宾既可以是应参会的嘉宾，也可以是专门邀请参会的嘉宾，甚至可以将普通参会者称为嘉宾。嘉宾在会议中的角色根据会议议程安排和主办方期望来决定。嘉宾既可以发言，也可以只出席会议不发言。狭义上，嘉宾不包括普通参会者。以下将分别从发言人、嘉宾、普通参会者展开阐述。

一、发言人的选择

（一）发言人类别

发言人主要包括主持人、致辞人和演讲人三种类型。在发言人选择阶段，需要确定发言人的数量、选择的条件和渠道、相关费用及其工作进程安排。

1. 主持人

主持人分为两类：一类负责主持全体会议、研讨会和活动；另一类负责主持小组论坛。前者主要负责介绍到会发言的致辞人和演讲人；后者又可称为协调人，除负责介绍小组论坛的成员外，还要负责主持现场的讨论和提问环节。

2. 致辞人

致辞人主要是指在会议开幕式、欢迎酒会或欢迎宴会上代表主办国家或机构对参会者前来参加会议或活动表示欢迎的人，一般可选择会议主办单位的负责人、某个政府部门领导或行业知名人士担任。

3. 演讲人

演讲人则分为主题演讲人、演讲人和小组论坛演讲人三类。主题演讲人一般为相关领域的知名人士，其演讲通常可安排在会议的开幕式或全体会议上进行，半天的会议安排 1～2 位主题演讲人为宜，主题演讲人发言时间最长不宜超过 40 分钟；演讲人可在全体会议、专题研讨会等会议上围绕不同的议题进行演讲，演讲人发言时间最长不宜超过 30 分钟；小组论坛的演讲人一般是在同一时段与几个人一同参加某一议题的演讲和讨论，演讲的时间比较少，一般为 15～20 分钟，有时甚至没有个人演讲的时间，主要以现场对话为主。

在对演讲者发出邀请的时候,应该向对方介绍会议的目的。一些演讲者可能准备了很精彩的发言,但是却与会议的主题不符。演讲者对会议目的了解得越多,其演讲内容就会与会议联系得越紧密。

要明确演讲者的演讲主题是由会议组织者提供还是由演讲者自选,这取决于话题和演讲者哪一方更重要。一方面,如果演讲者占据首要地位,那么他就有选择话题或至少有提出相关建议的权利。当然,在选题方面不能给演讲者全部的自由,因为有的话题可能不适合该会议。而演讲者并不知道哪些题目不适合参会者,会议组织者应该负责提供这方面的信息。但要意识到,演讲者可能在听说所有禁忌后决定不接受会议的邀请。另一方面,通过讨论,会议组织者也可提出一个该发言人从前没有涉及的有趣话题。

也可以先确定话题,由会议组织者拟定发言的内容和方式。在这种情况下,会议组织者应该向候选演讲者说明其发出邀请的原因。

(二)发言人数量

1. 确定主持人的数量

根据会议的日程来确定需要的主持人数量。在举行会议开幕式时,如果有重要贵宾到会致辞,应选职务相适宜的主持人。开幕式结束后,开始正式会议时可以再换一个主持人。平行会议或专题研讨会,可选择该领域的相关人士作为会议的主持人。

2. 确定致辞人的数量

一般而言,会议致辞人的数量比较少,通常在开幕式时会安排主办单位或会议举办地所在城市政府机构的人员作为致辞人,或邀请相关嘉宾作为致辞人。

3. 确定演讲人的数量

可基于初步会议日程来确定会议的演讲人数量。例如,半天的会议按 3 小时计算,每个人安排 35 分钟的演讲时间,5 分钟提问时间,20 分钟的茶歇,那么就可以邀请 4 个演讲人。以此类推,可以估算出整个会议期间需要邀请的演讲人数量。但如果安排小组论坛,每个论坛可以邀请 3～4 人同时参加,总的演讲人数量也要相应增加。

(三)发言人选择条件

发言人所承担的角色不同,选择的标准也不尽相同,其中致辞人以其身份和知名度为选择的首要因素,而演讲人和主持人的选择相比之下要考虑的因素就比较多。

1. 主持人选择条件

【拓展阅读 5-6】

会议主持人的
四种选择方式

主持人是主办单位的代表或者是某一领域的专家,应该对会议主办单位或会议涉及的领域比较熟悉,并且具有主持会议的经验。大型会议的主持人还要考虑相关的语言需求。小组论坛的主持人应该熟悉所探讨的问题,具有现场协调演讲人和观众对话的能力,并能对所讨论的问题进行总结和提炼。在举行欢迎晚宴时,一般需要男女两位主持人,多由电台、电视台节目主持人担当。

2. 致辞人选择条件

致辞人通常是主办单位的领导,或者是政府部门的负责人员以及相关领域的专家、学者。

3. 演讲人选择条件

演讲人可以是某个问题的专家,也可以是一个与会议主题相关的特别代表。不论出于何种原因,都必须让会议组织单位的每一个人都清楚选择的标准。

首先要根据会议的目的和主题来选择合适的演讲人；其次要考虑演讲人的代表性问题，即其在会议相关领域是否享有一定的知名度，其演讲的内容是否新颖、独特，是否能够代表该领域的最新发展趋势和技术水平或能够给参会者以启迪；最后要考虑演讲人的语言表达能力如何，是否能够以清晰、生动的方式表述自己的观点。

（四）时间安排

在邀请发言人时要考虑其届时能否有时间前来参加会议。例如，拟邀请国家或政府部门的领导人出席某个重要的大型会议，要在会议方案报批时与相关部门进行协调，探讨邀请其出席的可能性并相应调整会议的举办时间。与国外机构组织会议时，也要一并探讨届时可能邀请哪些嘉宾参加会议并演讲。

同时，会议要顺利举办必须协调好演讲者的时间安排。首先，应提前告知演讲者会议举办时间，希望演讲者提前预留好时间档期；其次，与演讲者商定演讲的具体时间段安排，一般是根据会议议题的内容和顺序、演讲人身份等因素来对演讲人的演讲顺序排序。

（五）发言人选择渠道

1. 主持人选择渠道

主持人可以从会议的主办单位、支持单位、协办单位或主要赞助商中选择，也可以从与会议议题相关的行业、学术演讲机构中选择。

2. 致辞人选择渠道

致辞人可以选择会议主办单位的领导、国内或国际相关机构或部门的领导、相关领域的知名专家或学者。

3. 演讲人选择渠道

演讲人可通过会议主办方、合作方、商会、协会、研究机构等多种渠道进行寻找，或从毛遂自荐的演讲人中加以挑选。经他人推荐的，主办方要了解该演讲人的背景、上次演讲的内容及演讲效果等。

（六）相关费用考虑

1. 主持人

通常由会议主办方承担主持人出席会议的部分费用。例如，免除其会议注册费及其会议期间的餐饮费。会议相关的交通和住宿等费用将根据会议的经费情况考虑。如果请知名人士前来主持会议，有时不仅需要承担其参加会议的食宿、交通等费用，还需要支付相应的劳务费。

2. 致辞人

一般而言，致辞人参加会议的会议注册费及会议期间的餐饮费均由会议主办方承担，交通费和住宿费将视会议的不同情况而定。

3. 演讲人

演讲人的费用承担情况视不同的会议而定。在确定演讲人数量时要考虑相关费用问题。例如，是否免除演讲人的注册费、会议期间的餐饮费、交通费和住宿费等。如果需要免除，那么要计算需要有多少预算可用于支付此项费用。若预算多可以多邀请演讲人，预算少则可以少邀请。

（七）需要注意的问题

会议演讲人往往比主持人、致辞人沟通次数多，一般而言，针对会议演讲人，需要注意以下三方面问题。

1. 是否同意录像

在邀请演讲人时，主办方需要注意演讲人是否同意进行录像。如今，会议的照片直播和视频直播逐渐成为一种潮流和趋势，如果主办方未提供照片直播或视频直播，会让人感觉会议稍显不足。这种方式可以让无法亲临现场的人们通过网络观看会议。然而，并非所有的演讲内容都适合在网上公开呈现。主要原因有三个方面：首先，演讲内容可能涉及机密或被认为不宜公开；其次，演讲内容可能是有争议的话题；最后，某些嘉宾可能不愿意将演讲内容分享在网络上。因此，在考虑是否进行直播时，会议主办方应尊重演讲人的意愿并仔细评估演讲内容的适宜性。这样既能满足更多人的观看需求，又能确保演讲人的权益和会议的整体效果。

2. 是否需要特殊的设备

会议组织者有必要确认演讲人需要哪些特殊设备，这些信息可以通过建议表来收集。值得注意的是，该建议表通常在确定演讲者人选的几个月前就收集上来了，而在这个过程中演讲人可能又有了新的需求。为规范管理，会议组织者可以要求所有的演讲人在一个规定日期前提出对设备的需求，明确在该时限之后，这类需求只能在特殊的情况下才能被接受。

3. 最终确认

会议组织者对演讲人发出邀请后，在发出邀请和回复邀请之间一般会有一段时间差。会议组织者应该安排专门人手来确定演讲者是否对参加会议感兴趣，以及是否有时间参加。很多会议组织者往往都一厢情愿地认为只要自己邀请演讲者参加会议，对方就会准时出席。显然，比较好的做法是与演讲人确认一下他们是否能确定行程以及时间安排和演讲内容。

二、嘉宾的选择

(一)嘉宾类别

嘉宾主要包括应参会嘉宾和特邀参会嘉宾两类。其中，应参会嘉宾包括国际组织负责人、国内外学术权威、东道主组织负责人等；特邀参会嘉宾包括政府部门领导、主题演讲人、行业人士、学术专家、主赞助商代表、协办单位负责人等，以及对于会议的举办给予协助的相关单位代表。

(二)嘉宾数量

嘉宾邀请的数量根据会议的目的和定位，并视会议组织所涉及的合作单位数量和会议经费预算而定。如果预算有限，应适当控制嘉宾的人数。

(三)嘉宾选择条件及渠道

嘉宾的选择主要考虑会议的举办目的和定位，并依据某些条件来选择拟邀请参会的嘉宾。例如，可以考虑邀请与会议内容相关的指导部门、会议主办单位、支持单位的领导，行业和学术领域的知名人士或主赞助商代表，协办单位相关负责人员出席会议的开幕式、闭幕式、全体大会、欢迎晚宴及其他活动。

(四)嘉宾相关费用考虑

嘉宾参加会议一般免交会议注册费，有时还需要会议主办方为其提供相关的食宿、交通和安全保卫等相关费用。

(五)沟通技巧

1. 尊重第一

不管是邮件联系还是电话沟通，与嘉宾的沟通最重要的是让对方能时刻感受到被尊重。在前期电话沟通时，与嘉宾对接时应注意保持微笑，并尽量使对方能从交谈语气中感受到善意和敬意。

2. 细节为大

嘉宾的邀请是一件琐碎的事情，包括提前预约、确定空闲时间、确定发言题目、预订往返机票、嘉宾接待等烦琐的事宜，因此应提前做好准备。建议嘉宾联系人提前建立一个数据库，安排专人对接，不可多人对接一位嘉宾。同时，应随时更新每人的邀请联系进度、反馈情况详细记录，这样既可以保证头脑清醒，也有利于把握工作进度。

3. 沟通适度

一般情况下，嘉宾不喜欢被过分打扰。因此，在与其进行沟通，尤其是电话沟通时，应提前将所要商量的事宜详细列出，尽量以最少的次数解决所有问题。涉及非会议要求的个人信息时，不能强加追问。同时，在与国外嘉宾电话联系时，应掌握好时差，不可在休息时间打扰对方。

三、参会者的选择

参会人员主要考虑"谁来开会"和"多少人参加"两个方面的因素。固定的参会人员范围是根据会议性质、议题来确定的。参会人员的数量是决定会议规模的主要因素，因此，会议规模过小，会议的辐射力和影响力就小，会议效果也会受到影响；若会议规模过大，投入大，会议成本提高，控制不当，也难以收到预期效果。

(一)参会者类别

广义的参会者包括嘉宾和普通参会者，此处仅指狭义参会者，即普通参会者。

从注册参加会议的时间长短划分，参会者可分为参加全部会议或活动的参会者和参加部分会议或活动的参会者两大类。

从参会者来源渠道划分，参会者可分为主协办单位、行业人士、主管部门、学术研究机构、协会社团等类别。

从是否收取会议注册费划分，参会者可分为缴费参会者和免费参会者。

从国内外角度划分，参会者可分为国外参会者和国内参会者。

划分参会者的标准因会议不同而异，但从便于会议管理的角度而言，建议国内参会者和国外参会者要分开邀请、联系和管理。

(二)邀请范围及数量

参会者的邀请数量受会议规模、预算和场地等多种因素限制。若是举办大型国际会议，还应考虑国内外参会者比例等因素。

在会前策划阶段已经确定了会议的举办目的、主题、演讲题目并对潜在参会者进行了初步分析，在此基础上要进一步明确参会者的构成。例如，主要邀请哪些行业或机构的人员参加、主办方和协办方邀请的参会者比例、中外方参会者的比例、企业与研究机构的参会者比例、会场具体可容纳的人数、免费参会者及付费参会者的比例等，然后根据会议拟邀请的各类参会者人数来确定邀请的具体范围和数量。

【小资料 5-5】行业会议的参会者构成

2021 第十三届中国环境产业大会参会者构成：
(1)各地发改委、环保厅(局)、建设厅(局)、规划局；
(2)国内环境企业(环保、节能、新能源、环境服务、资源综合利用等)；
(3)各地经贸委、开发区管委会、招商局、节能办公室、金融办公室；
(4)各地环保园区、工业园区、再生资源加工园区、循环工业园区；
(5)国际环保组织、国际金融机构、外国政府驻华使馆；
(6)银行、证券公司、保险公司、金融公司、律师事务所、会计事务所；
(7)国内外投资基金、投资公司，国内外 LP、天使投资人；
(8)各大学的环境院系、金融院系、能源院系、各大设计院、各类科研院所。

【拓展阅读 5-7】

政务会议中的
参会人员类型

(三)相关费用考虑

一般而言，普通参会者通常需要缴纳会议注册费，但有些会议出于宣传的考虑或者已经通过赞助等方式解决了会议组织所需要的经费，因此可能会免费邀请参会者参加会议。此外，嘉宾、发言人通常是应邀免费参加会议。

> **本节金句**
>
> 人员邀请有质量，会议档次有保障。

第六节　执行媒介推广计划

根据本书第四章所述，媒介推广计划是指选择宣传所使用的媒体和媒体组合形式、拟定出稿日程方案的计划。确定媒介推广计划后，就需要开始筛选媒体、联系媒体，做好前期预热工作，同时要准备大量的新闻稿件，为后续工作打好基础。

一、筛选媒体

(一)选择媒体类别

首先，要明确会议宣传的目标是什么，是增加参会者数量、提升会议知名度还是吸引特定行业专家的关注。根据目标确定适合的媒体类别，例如新闻媒体、行业媒体、社交媒体等。其次，要了解目标受众的特征和媒体使用习惯，以便选择能够覆盖到目标受众的媒体。此外，考虑预算限制和营销策略的一致性，选择能够提供最佳性价比的媒体类别。

(二)列出主要媒体名单

选择媒体的重点在于其定位和栏目诉求，可以针对不同媒体，确定不同的报道角度。可以根据策划阶段制定的媒介推广目标，首先列出国家级媒体、省级媒体、会议举办地的地方媒体，按照电视、报纸、杂志、网络等媒体类型进行分类。会议主办方应进行市场调研和媒体分析，收集潜在的参会者可能会关注和使用的媒体信息，以便后续的筛选和选择。

对于电视广播媒体，要列出电视台或广播电台的名称、节目种类、时间段等；对于报纸杂志媒体，则要列出报纸杂志的名称、类型等；对于网络媒体，则要列出网站名称、微信公众号名称等。当前，微信公众号是一个非常重要的平台，可以通过发布精心准备的推文、图文并茂的宣传资料和互动活动等方式吸引目标受众的关注和参与。主办方可以在自有的官方微信公众号平台发布会议信息，或选择与会议主题相关的热门公众号进行合作或推广，选择受众群体重叠的公众号，以扩大会议宣传的覆盖范围和影响力。

【小资料 5-6】媒体选择实例

1. 第十六届中国互联网大会战略合作媒体

网络媒体：人民网、新华网、中国新闻网、新浪科技、51CTO、263 云通信、Donews 社区、呱呱软件、ZAKER 移动资讯软件、金融界

平面媒体：《中国日报》《人民邮电报》

电视媒体：中央电视台、北京卫视

2. 第八届中国国际音乐产业大会合作媒体

第八届中国国际音乐产业大会合作媒体名单如图 5-3 所示。

图 5-3　第八届中国国际音乐产业大会合作媒体名单

(三)选择广告单位

广告单位是关于广告在媒体中的展示形式和时间长度的确定。不同媒体的广告单位含义不同。对于电视广播媒体，广告单位主要是指广告播放的时间和时长，在节目内的位置或插播范围内的位置，例如，在 18：30 的新闻报道结束后播放 30 秒广告。对于报纸和杂志媒体，广告单位主要是指广告的大小和在期刊内的位置、版面、颜色等。例如，选择全页彩色封面广告、半页黑白广告或在特定版面进行广告展示。通过选择适当的广告单位，可以增加广告的曝光度，吸引目标受众的注意力。

在考虑选用新媒体平台时，同样要考虑广告单位的形式。在微信公众号等新媒体平台中，较为合适的广告形式有头条推文、次条推文、正文广告等。这些形式可以根据目标受众的习惯和平台的特点，增强广告在新媒体平台上的曝光和互动能力。

(四)筛选合适的媒体

会议的媒介推广不能强求在所有的媒体上进行报道和宣传，这既不现实，也是不必要的重复和浪费。在筛选媒体时，要综合考虑媒体的受众覆盖面、专业性和传播能力等要素。

首先，应根据现有资源，筛选出与受众相符、与会议主题相吻合的媒体。要了解媒体的传播影响力和关注度，包括媒体的读者数量、点击率、互动性等指标。

其次，根据媒介推广计划中所要覆盖的受众范围等目标，将不同类型的媒体进行合理的排期，争取以最为精简的媒体阵容达到最好的宣传效果。

最后，具体到媒体人员。根据筛选出来的媒体名单，列出每家媒体相关负责人、记者的名单和联系方式，制作媒体联系表。

（五）出稿日期拟定

出稿日期的拟定是确保会议媒介推广在适当的时间段开展的关键一环。要根据会议日期、预期目标受众的关注时间段和媒体的报刊周期等因素来确定出稿日期。同时，要留出足够的时间给媒体进行宣传准备和发布，确保信息能够在目标受众中传播开来。例如，微信公众号等平台账号一般有特定的推文发布时间规律。为了最大限度地吸引目标受众的关注，可以参考相关公众号的数据统计，选择在其粉丝活跃的时间段发布推文。

媒体和媒体组合选择一经确定，下一步就是确定出稿日期（广告活动开始至结束的日期）、出稿形式（广告活动期间内，出稿如何配置的问题，如集中、分散、后部增加、平均等）和出稿日程（各种媒体的出稿日期）。

二、联系媒体

媒体筛选出来后，负责媒体联系的人员就应该开始根据名单进行具体的联系，做好对接工作。

（一）联系媒体负责人和记者

通常，如果所选媒体中有之前合作过的记者，那么可以直接与其取得联系，并交代采访报道工作。如果是第一次合作的媒体，那么最好先与其主要负责人进行联系和沟通，再进一步联系负责人所指定的记者。

在联系记者时，一定要做到礼貌得体，对其采访和报道的任务也要进行详细到位的交代。切记，记者的一篇文章很可能对会议产生巨大的影响，因此一定要做好与记者等媒体人员的关系维护工作。

（二）安排记者的行程与食宿

在联系到具体的记者并商定采访事宜后，需要与赴会议现场的记者进行沟通，安排其在会议期间的行程、采访任务以及机票预订和食宿，确保会议举办期间媒体采访万无一失。

三、前期预热

要想会议取得良好的传播效果，前期的预热和造势必不可少。在该阶段可以利用网络等新媒体启动宣传攻势。网络具有表现形式多样、制作投放成本低、速度快、更改灵活等优点，这一优势十分适合会议前期预热阶段的宣传。常见的预热传播方式有以下几种。

（一）会议预通知预热

会议主办方可以通过向潜在参会者或目标参会者发送会议预通知，以传达时间、地点、议程等核心信息，确保参会者及时获取会议详情。同时，也可利用微信公众号发布预热推文，结合文字、图片、视频等多媒体元素，生动地展示会议的亮点和核心信息，提升信息传播的广度和传播效果。

（二）专题网页预热

通过与相关领域的专业网站或门户网站合作，制作会议专题网页，能够精准定位目标人群。专题页面不仅介绍会议的背景、议程和主讲嘉宾，还能设置互动功能，吸引观众参与，如注册提醒、预约直播等。网站的高流量优势也有助于提升会议的曝光率和专业影响力。

（三）官方网站预热

会议主办方可以建立专属的会议官方网站，作为集中展示会议信息的平台。官方网站应包括会议资讯、资料下载、倒计时页面等内容，同时提供注册和参会功能，方便参会者提前获取会议日程、演讲嘉宾和主题等关键信息，提升参会体验。

（四）新闻发布会预热

在会议召开前举行新闻发布会，是传统且有效的预热方式。通过新闻发布会，主办方可以集中展示会议的主题、核心议程以及重要嘉宾，直接面对媒体和公众进行详细介绍。新闻发布会能够借助新闻媒体的广泛覆盖面，迅速提升会议的专业性和权威性，确保会议信息精准传达给目标受众。

（五）视频预告预热

会议主办方可以通过视频预告来有效引发参会者兴趣。视频时长建议控制在 30 秒至 1 分钟之间，视频内容应突出会议的核心亮点。预告片应展示会议的主题、议程亮点、主讲嘉宾的权威背景，以及会议期间可能发布的行业前沿研究或趋势，以激发目标受众的参与兴趣。

四、准备稿件

在本阶段，应提前准备好稿件素材，拟定新闻标题，针对不同媒体安排不同的采访角度。同时，媒体报道的数量尤为重要。具体需要准备以下几种类型。

（一）通稿

会议主办方对外发布新闻时，为统一宣传口径，会将统一的稿件，即通稿提供给需要的新闻媒体。

（二）网络专题

在内容上对某一主题做较全面、详尽、深入的介绍，在形式上可以采用网络媒体的各种表现手法。

（三）专访

专访是记者请新闻人物就专门性的问题进行解答的一种方式，是记者有目的地对有关人士进行的专门采访。它比一般报道要详尽生动，其特点在一个"专"字，重点在一个"访"字。

> **本节金句**
>
> 会议前期预热，媒介推广计划先行。

第七节　后勤保障安排

在确定到会的嘉宾和媒体记者等人员之后，就要着手筹备后勤保障工作。会议组织者应该从参会嘉宾的角度出发，设身处地为他们考虑，提供周到、热情、有效的会议服务，以使所有的参会人员能够以良好的精神状态参加会议，从而取得会议的圆满成功。

一、会议交通安排

交通安排主要由后勤组或接待组负责，若是涉及重要嘉宾的接送工作，还需要礼宾组配合。

（一）机票预订

会议特邀致辞嘉宾、演讲嘉宾的差旅费通常由会议组委会承担，因此，一般需要提前给嘉宾预订机票。若是普通的参会者，则由参会者自行预订，参会者可回原单位报销。

在给国外嘉宾预订机票时，须向航空公司准确提供嘉宾的姓名、出生日期、护照号等信息，这些信息不能有一点偏差，可以要求国外嘉宾把护照首页拍照或扫描给会务组，订票时可以直接以护照为依据，避免出现因工作人员打字错误而影响嘉宾登机的情况。

（二）用车安排

会议前后的迎接和欢送、会议期间的日常用车、会议集体活动，都需要会议组织者提供交通服务。会议交通服务的主要内容包括筹备、调配、停放车辆等。本工作可以外包给相关旅行社或租车公司完成，但应安排会议主办方的工作人员在现场指挥旅行社或租车公司按约定的方案来实施。

1. 确定会议用车的类型、数量

会议用车的类型、数量应根据参会人员的多少、级别来确定，同时会议车辆的准备要严格遵循一定的原则。根据国家规定，大巴车的配备按参会人员平均 40 人/辆计算，小轿车根据会议的规格和实际需要从严掌握，做到既保证会议用车，又符合节俭原则。车辆的配备，应明确其类型、状况、容量等具体情况。用车之前，应对所配车辆进行严格的车辆检查，确保其正常、安全。会议用车车型可参考表 5-5 所列。

表 5-5　会议用车车型

层数	座位数(包含司机位)
一层	5 座、7 座、9 座 9 座金杯车、18～22 座考斯特、33 座金龙 37 座、45 座、49 座、53 座、55 座、59 座
双层	60 座、64 座

以选择 33 座的大巴为例，一般市内日租价格为 1 000 元，使用的范围为 100 千米/8 小时，如果超过 100 千米需要支付 6 元/千米的费用，超过 8 小时需要支付 60 元/小时的超时费用。

【拓展阅读 5-8】

会议车辆预订核检表

2. 会议租车

如果会议组织者的车辆不足，可向其他单位或车辆租赁公司租赁。租车时应注意以下问题。

（1）预订车辆最好提前 3 天，预订周末的车辆需要提前一周。

（2）用车天数应定为最少天数，若不够用，应提前在还车时间之前续租。

（3）签署车辆租用合同前应仔细浏览合同的内容后再签字。

（4）在发车、还车、验车时应仔细查看，确认无误后再签署单据。

（5）若发生事故，应尽快通知相关部门，一定要有交警的事故判定书证明，这是保险理赔所必需的证明。

3. 合理配置会议用车

会议用车要做到合理配置。对每类车的用途、接载对象都要明确，用车能固定的尽可能予以固定。例如，确定某一小组乘坐几号车，哪几个人合乘一辆小轿车等，既可以防止差错，也方便参会者乘坐。

4. 会议车辆的停放

大、中型会议应准备足够的停车场地，根据会议性质和规模安排停车。应尽量为参会者争取免费停车证。如果会议参会人数较多，或会场的停车场比较拥挤，会议组织者要安排专门的交通人员来指挥交通，以避免出现混乱。如果参会领导者级别较高，或嘉宾中有受大众追捧的明星类人物，为维持交通秩序，还应请公安部门予以协助。

二、会议餐饮安排

（一）确定用餐人数

提前与参会者进行联系，确认其是否参加会议用餐或宴会，统计出具体的人数，以方便安排餐食服务。

（二）确定就餐方式

1. 主要的会议用餐方式

（1）围餐式。即参会者以餐桌为中心围坐就餐，由服务员按预定的菜单上菜。如果参会人数较多，需要预先安排桌位和座次。

（2）自助式。即服务人员事先将各种菜肴、主食、酒水、饮料集中放在餐厅的一边或两边，由参会者自行选取，自行寻找空位就餐。有的自助餐不提供座位，由参会者端盘站立进餐，便于与其他参会者交流。

（3）半自助式或工作餐式。该用餐方式介于围餐式和自助式之间，一般设座位，由服务人员按菜单上部分菜肴，而大部分食物则放在餐厅一边的餐桌上，让参会者自由取食。

（4）分餐式。即由服务人员事先将菜肴按人数分装在每个人的盘中，上菜时直接端给各位就餐者。西餐一般采取分餐式。

（5）餐券购餐式。即会议接待人员事先将固定金额的餐券发给参会者，参会者到指定餐厅的各个供餐口凭餐券购买。这种方式适用于追求经济实惠，且就餐人数多、就餐时间不统一的会议。

2. 会议用餐方式选择

会议用餐方式需要会议组织者根据午餐、晚餐的不同加以安排。一般而言，早餐不由会议组织者提供，由参会者所入住的宾馆或酒店提供。

在半天内可以结束的会议，一般只需要提供精致的茶歇点心即可。但对于大型国际会议或国内协会会议、商务会议，会期通常在两天或两天以上，这就需要安排嘉宾的午、晚餐。午餐一般是在会场及附近用餐，通常为自助式、半自助式或工作餐式；晚餐也可安排自助餐，若涉及欢迎仪式、表彰环节等，可以考虑设置欢迎晚宴，以围餐形式进行。

所有餐食的安排一定要以预算可承受的限度为准，建议在确定就餐方式前与餐食服务商提前进行沟通，选择最为合理的类型。

(三)确定餐标

应根据会议预算来制定用餐标准，分为桌餐餐标、自助餐餐标，还要考虑是否包含酒水、饮料等。一般可以与酒店商量，允许自带酒水，这样可节省一部分费用。

(四)照顾特殊用餐需求

每个参会者都是独立的个体，其个人背景、饮食习惯等都不尽相同，会务组需要根据特殊情况进行安排。在前期与参会者的沟通过程中，应尽量了解他们的宗教信仰或特殊的饮食习惯。在安排餐食时，为他们准备适合的食物和服务，避免不愉快和尴尬情况的发生。

【拓展阅读 5-9】

会议餐饮预订核检表

三、会议住宿安排

对于外地参会人员较多的会议，提供住宿服务是会议组织者的重要工作之一。

(一)考察备选住宿供应机构

会议组织者应根据会议类型、参会者层次、议题的重要性等，合理确定不同参会人员的住宿标准和接待规格。一般而言，普通参会者的住宿费用由参会者本人承担或参会者凭住宿发票回单位报销，而会议邀请嘉宾的住宿费用则由会议组织者承担。因此，应综合考虑参会人员的承受能力和会议总体预算的范围。筛选住宿机构主要考虑的因素包括：(1)实际接待能力及服务水平；(2)品牌与口碑；(3)周边环境；(4)与会场的距离、交通条件；(5)房间总数、房间类型及设施；(6)就餐场所及环境；(7)安全条件。

对本地住宿供应机构，如酒店、宾馆、饭店、招待所等进行初步筛选后，最后圈定几家符合基本条件的住宿供应机构，以备进一步考察。一般情况下，应尽量安排与会场距离最近、交通最为方便的酒店或宾馆，最理想的情况是住宿地与会场在同一酒店内。

(二)预订会议住宿房间

一旦住宿供应机构确定，会议组织者就要为参会者预订住宿房间。应做好以下几个方面的工作。

1. 与住宿供应机构签订预订合约

在会议报到前，无法准确确定所需客房数量及房型。因此，会议组织者应根据以往会议的住宿记录和会议人数预估情况与住宿供应机构签订客房预订合约。合约中应明确预订的客房数量、类型、协议价格；入住率不够的情况下如何处理与经济责任；参会者预订的截止日期以及对参会者预订信息的确认由会议组织者还是由住宿供应机构负责等内容。

2. 寄送住宿回执

对于中小型会议，对参会者的住宿安排比较简单，在会议邀请函或会议通知上应直接说明已为其预订了住宿房间，等参会者报到时再告知具体情况。对于一些参会者人数众多的会议，会议组织者需要在会议邀请函或会议通知中附带住宿回执表，根据回执表提供相应的住宿服务。会议住宿回执表应注明酒店名称、预订房间、入住天数、预订价格等内容，如表 5-6 所示。

表 5-6　2023 中国会展经济研究会年会回执表

单位名称					
单位地址				单位电话	
姓　名	职　位	性　别		手　机	邮　箱
参会须知	一、参会费用 2 000 元(会员)，2 600 元(非会员)(包括会议资料、证件、餐饮、茶歇、接送机/站等费用，不含住宿) 二、住宿酒店 琼海市博鳌镇亚洲湾酒店： 住宿时间：□5 月 23 日　□5 月 24 日　□5 月 25 日　□5 月 26 日 房型/价格： □行政海景豪华大床房　□行政海景豪华双床房：450 元间/天(含早) □海景豪华大床房　　　□海景豪华双床房：350 元间/天(含早)				
参会须知					
账户信息	略				
联系方式	1. 招商接待组：略 2. 嘉宾邀请接待组：略 3. 财务组：略				

3. 回复确认住宿回执

在收到参会者的住宿回执表后，会议组织者或住宿供应机构应及时为其预订房间，并将房间住宿确认信息以邮件或电话形式回复给参会者。若住宿机构回复确认较晚，会议组织者应催促，或亲自通知参会者已收到回执表，将尽快告知房间预订情况。

4. 预订特殊客房

(1)预订重要领导、贵宾的特殊客房。确定参会的重要领导、贵宾、特邀媒体等重要人员名单后，在为其安排特殊客房前，可先发送给对方一份住宿登记表，了解对方是否有特殊需求。在收到登记表后，将详细信息告知住宿供应机构，让住宿供应机构为其提供贴近对方要求的特殊客房。目前，住宿供应机构的房型一般为单人间、标准间。对于会议邀请的重要领导、贵宾，一般应考虑提供单人间。为谨慎起见，在重要领导、贵宾入住前，应对每一间客房进行检查，以保证房间物品齐全。为避免重要领导、贵宾丢失会议材料和材料发放时的混乱，可将会议材料提前放入嘉宾的房间。

(2)预订会务工作人员的房间。为方便会务工作，应预留少量房间供会务工作人员使用。

(3)预留机动房间。为解决人员超出问题，需预留 2～3 个房间备用，机动房间由住宿负责人负责调配。

【拓展阅读 5-10】

会议酒店预订核检表

四、医疗卫生安排

会议期间的医疗卫生安排工作至关重要，其工作内容主要包括疾病医疗、食品卫生、饮水卫生、会场卫生、住宿卫生、个人卫生和环境卫生等。提供良好的医疗卫生服务和应急救援支持能够确保参会者在紧急情况下得到及时的医疗救治，有效降低发生意外事件的风险。同时，良好的卫生安排还有助于防控传染病的传播，提供清洁和卫生的会议环境，保护参会人员的身体健康。

(一)寻找合适的医疗机构和合作伙伴

根据会议的规模和参会者的需求，寻找合适的医疗机构和合作伙伴。可与当地公立医院或私立医疗机构沟通，了解其在会议期间是否能提供急救、医疗服务等支持。如果可以，会议主办方应与医疗机构签订服务合同或协议，协商医疗应急预案，明确服务范围、费用和责任等。

(二)设立医疗点

在会议场地附近或会场内设立医疗点和急救设施是必要的准备工作。医疗点应该配备医疗器械、药品和基本的急救设备，如急救箱、冰袋、消毒液、创可贴、退烧药等，并由专业医护人员负责。在会议期间，医护人员可以对参会者的紧急医疗需求进行处理，并提供相应的急救措施。

(三)提供医疗救援服务信息

会议主办方应在会议手册或会议指南中提供医疗救援服务的联系方式和相关医疗服务说明。同时，还可以提供当地的急救电话和紧急医疗服务指南，如当地的急救步骤和就近三千米范围内的推荐医疗机构。这些信息可以帮助参会者在需要时快速找到适当的医疗支持。

(四)提供健康咨询和预防措施

会议期间可以在会议现场或会议入住酒店等地开展健康咨询活动，提供健康教育和预防措施，如膳食建议、疾病预防、个人卫生等。此外，可以在会场提供充足的饮用水、卫生用品、清洁卫生间，确保满足参会者的健康和卫生需求。

本节金句

用贴心的细节服务，赢得参会者的信任。

【复习与思考】

一、本章小结

- 大型会议一般以会议召开当日为准，往前倒推 3 个月即前期筹备阶段。一般商务会议则往前倒推 1 个月即前期筹备阶段。
- 会议报备程序主要有向国家主管部门申报、向单位主管部门或上级主管部门申报。会议报备所需材料包括申请报告、与会境外专家名单、经费预算等。
- 会务工作应按照会议的实际需要进行明确的分工协作，一般设秘书处，在会议筹委会或主席团领导下开展工作。秘书处通常下设秘书组、宣传组、会务组、接待组、后勤组、安保组等。秘书处下设各组的任务，可根据具体情况确定。

• 一个较为完整的会议组委会的人员构成主要包括自有人员和可外包人员两类。前者主要有秘书长、文案、嘉宾接待、会务、物料管理、媒体推广、财务等人员，后者主要有设计、翻译、志愿者等人员。会议组委会应做好与主办方、与执行单位、与支持单位、与会议供应商的对接工作。

• 会场选择应注意考虑会场种类、会场功能、会场布局、会场区位、会场应急等要求；会场选择应考虑的具体内容包括基础设施、服务设施、住宿服务、餐饮服务、会场工作人员、会场安全、费用收取等；会场选择的渠道主要有通过实地考察获取一手的场地信息，建立良好的合作关系，熟悉在线预订会场等。

• 在与场地供应方协商一致的基础上，应签订正式的合同，保证届时正常租用会场。

• 会议文化体验是指针对会议主题和参会者的心理，在会议各阶段运用文化造势，让参会者在参会的同时，还能获得一种文化感受和精神上的满足。会议文化体验活动的常见形式有民俗风情体验、自然景观体验、人文景观体验三种；会议文化体验活动筹备的具体内容包括设计文化体验活动线路、确定活动参加人数、安排陪同人员等；在筹备文化体验活动时，应综合考虑契合会议主题，地方城市、合作单位的承受能力和诉求，体验行程的合理性，交通方式，住宿安排，天气情况，多条线路选择等因素。

• 邀请参会的人员，主要分为发言人、嘉宾以及参会者。发言人主要包括主持人、致辞人和演讲人三种类型。在发言人选择阶段，需要确定发言人的数量、选择的条件和渠道、相关费用及其工作进程安排。

• 嘉宾主要包括应参会嘉宾(国际组织负责人、国内外学术权威、东道主组织负责人等)和特邀参会嘉宾(政府部门领导、主题演讲人、行业人士、学术专家、主赞助商代表、协办单位负责人等)两类。

• 参会者的邀请数量受会议规模、预算和场地等多种因素限制。若是举办大型国际会议，还应考虑国内外参会者比例等因素。

• 媒介推广计划的执行工作包括筛选媒体、联系媒体、前期预热、准备稿件等。

• 会议后勤保障安排的主要工作有会议交通安排、会议餐饮安排、会议住宿安排、医疗卫生安排等。

二、重点概念

会议报备　　　会议申请报告　　　会务工作机构　　　会场选择

会议文化体验　嘉宾邀请函　　　媒介推广计划　　　后勤保障安排

三、思考讨论题

1. 在国内举办国际会议、国内会议应如何报备？

2. 简述会议申请报告的主要内容。

3. 常见的会务工作机构如何设置？

4. 会场选择的具体内容和标准有哪些？如何利用网络在线搜索会场信息？

5. 筹备会议文化体验活动的原因有哪些？如何结合会议主题筹备文化体验活动？

6. 邀请函和会议通知的区别有哪些？邀请函的主要框架包括哪些内容？

7. 媒介推广计划包括哪些内容？

8. 会议后勤保障安排的主要工作包括哪些？

【综合案例分析】会议定点资源将全国共享

今后，我国各省(区、市)财政部门将统一负责本地区党政机关会议定点管理工作，各地区采购的会议定点场所在全国范围内实行资源共享，由各级党政机关举办会议共同使用，执行统一的会议定点场所目录和相同的协议价格。这是财政部日前出台的《党政机关会议定点管理办法》(以下简称《办法》)作出的新规定。

财政部行政政法司有关负责人表示，与以往相比，新《办法》进一步强调规范和效率原则。此次财政部改变了以往党政机关会议定点场所分级制定管理办法、分级招标采购的做法，制定了全国统一的管理办法，确立了统一规范、属地管理、资源共享的管理体制。这不仅让地方各级会议定点场所的管理走向简化和统一，有利于节约会议费支出，降低行政运行成本，也将给定点场所的经营带来规模效益。

为适应中央八项规定实施以来部门开短会、不安排就餐或住宿等要求，《办法》增加了采购专业会议场所的有关规定，同时明确，各级党政机关举办的会议，除采用电视电话、网络视频方式以及在本单位或本系统内部会议室、礼堂、宾馆、招待所、培训(会议)中心等举办的外，应当在会议定点场所召开；会议定点场所政府采购的内容包括住宿房间价格、会议室租金和伙食费。住宿房间价格按标准间、单人间和普通套房三种类型确定，会议室租金按大会议室、中会议室、小会议室三种类型确定。

同时，考虑到实际工作中只用会议室而不需安排食宿的情况较为普遍，同时社会上具备提供会议服务条件的一些专业会议场所和单位礼堂也有参加党政机关会议定点政府采购的要求，《办法》将会议定点场所的范围扩大到宾馆饭店和专业会议场所。这样的共享资源，为行政管理部门、使用者以及企业都带来便利。

为避免一些单位在执行中将会议费中的其他经费用于伙食开支，《办法》在采购住宿费和会议室租金的基础上，将伙食费也纳入采购范围，规定伙食费标准按每人每天确定或明细到单餐。

根据《办法》，会议定点场所依然实行动态管理，两年调整一次。《办法》还进一步明确了定点管理各方的权利义务，细化和加大了对会议定点场所违约行为的监督问责。

资料来源：《会议定点资源将全国共享》，载《中国会展》，2015(6)：24。

案例分析与讨论：

1. 会议定点资源共享对非定点的会议场所是否会带来冲击？

2. 结合案例分析，举办商务会议是否可以参考会议定点资源指定的会议场所？是否还有其他渠道选择会场？

3. 案例中所反映的内容，会对我国政务会议造成什么影响？

第六章
会议中期筹备阶段

【学习目的】

通过本章的学习，读者应熟悉会议中期筹备阶段的时间划分和本阶段的主要工作内容，能理解会议部分工作采取外包形式的意义，掌握会议议程、日程、程序的内涵和区别，掌握会议通知的内容，熟悉常见的会议视觉材料种类，了解会议礼品的选择与禁忌，掌握讲话稿的书面结构，做好会议中期筹备阶段的工作。

本章思维导图

【思政内容】

党的二十大报告指出，"推进文化自信自强，铸就社会主义文化新辉煌"，要"以社会主义核心价值观为引领，发展社会主义先进文化，弘扬革命文化，传承中华优秀传统文化，满足人民日益增长的精神文化需求"。弘扬时代主旋律，将社会主义核心价值观融入社会发展，贯穿于会议筹备的各个环节，是会议从业人员的历史使命。

通过本章的学习，学生应把握时代精神，强化职业素养和实战能力，推动新技术、新理念同会议中期筹备阶段有机结合。引导学生强化严谨细心，弘扬奋斗精神、奉献精神、敬业精神，培育时代新风新貌，确保会议中期筹备工作有序推进。

【重点内容】

- 会议服务外包审核
- 会议议程、会议日程
- 会议通知
- 会议视觉材料类型
- 会议礼品选择
- 草拟领导讲话稿

进行了一系列的策划、考察、分工、联系等工作后，会议项目就进入了实质性的文字、视觉包装、会议信息整理分发工作阶段，即会议中期筹备阶段。本阶段既是会议策划方案的具体落实阶段，又为会议的顺利举办奠定了良好的基础。以会议召开时间为标准，国际会议往前倒推 30 天即会议中期筹备阶段，国内商务会议往前倒推 15 天即会议中期筹备阶段。

第一节　会议服务外包

一、会议服务外包的含义

外包,又称"外部资源利用"或"资源外取",指把企业生产或经营环节中某一个或几个环节(非核心业务)交由其他(专门)公司来完成,从而达到整合资源、提高资源利用效率、增强竞争力和应变能力的目的。

会议服务外包是指主办方将会议各流程中所需的特定服务委托给专业的供应商或承包商,以减轻自身在组织、协调和执行会议过程中的工作负担。这些特定服务包括但不限于:场地租用、舞台布置、物资采购、媒体推广、视觉设计、同声传译、翻译服务、速记服务、摄影服务、摄像服务、餐饮服务、交通服务等。

通过会议服务外包,主办方可以享受外包公司的专业知识和经验,提高会议的质量和效率。同时,服务外包还能帮助主办方降低成本、分散风险、集中精力在核心业务上,进而提升参会人员的体验和满意度。

二、会议服务外包的特点

(一)服务专业化

服务外包能够充分利用外部资源,为会议提供全方位、一站式的服务。会议服务外包通常由专业的外包公司承接,它们具有专业的知识和丰富的经验,能够针对不同类型的会议提供专业的高质量服务。无论是媒体推广、设计、同声传译还是其他服务,外包公司通常拥有相应领域的专业团队,能够更好地满足主办方的需求,使主办方可以更专注于会议的顺利进行。

(二)需求定制化

会议服务外包可以根据主办方的需求进行定制和调整。主办方可以根据自身需求选择需要外包的服务项目,并根据具体情况进行定制化安排。同时,由于外包公司具备专业性和灵活性,他们可以根据主办方的要求进行调整和适应,提供个性化的解决方案,以满足会议的特定需求。

(三)成本节约化

无论是餐饮服务、交通安排还是媒体推广,外包公司可以借助其资源优势和供应链,提供高效、便捷的解决方案,能够为主办方提供全方位的服务。而主办方无须投入大量资源和时间来研究和组织各项服务,有助于节省会议成本,减少主办方的工作量和压力,提高会议的整体效率。

(四)工作专注化

主办方将会议非核心环节以服务外包的形式委托给外包公司后,能够将更多精力放在核心业务环节上,减少对非核心业务的关注和投入。外包公司具备丰富的专业知识和实践经验,能够更好地处理会议的各项细节。

(五)风险分散化

外包公司具有专业的丰富的知识和经验,能够快速识别和解决潜在的问题和风险,降低会议组织过程中的不确定性。通过服务外包，主办方可以降低会议期间出现的潜在风险，如设备故障、通信中断等。外包公司可以提供相应的备份方案和紧急支持，以应对意外情况。

三、会议服务外包的审核

为了保证会议期间各项工作的顺利开展，建议主办方在会前对服务外包进行验收和审核。对于常见的服务外包，审核的主要内容如下。

（一）媒体推广

在审核媒介推广计划时，需要确认计划是否合理和符合会议的目标和需求。同时，还需要评估外包公司能够联系到哪些媒体资源，确保这些媒体资源与会议目标受众群体相符合。此外，还可以要求外包公司提供以往的媒介推广经验和案例，以评估其质量和效果。

（二）同声传译

在审核同声传译供应商时，可以进行面试或电话面试，模拟会议当天的情景，考查译员的翻译准确度和反应的灵活度。同时，可以参考市场行情和其他供应商的报价，与其商定同传设备租赁和同传服务的价格，确保价格合理且符合预算。

（三）速记

在审核速记服务时，可以与外包公司商定合适的价格，并提前进行测试，以确保速记员能够准确记录会议内容。此外，还可以采用录音笔等方式进行备份，以便会后整理和核对。

（四）摄影

会议摄影主要包括合影和会议新闻摄影。在审核摄影服务时，可以要求摄影师提供其相关拍摄经历和作品，确保其具备丰富的摄影经验和专业技能。同时，可以要求其提供合理的报价，并商定服务的具体细节和要求。

（五）摄像

会议摄像可以分为固定机位的会议现场全程摄像和为制作宣传片、新闻等拍摄的片段摄像。前者需要评估摄像师是否具备良好的现场录像执行和应变能力，能够准确捕捉会议现场的重要内容。后者需要与外包公司提前沟通，明确拍摄脚本和需求，以确保采集到的素材能够制作出优质的宣传片或新闻等。

（六）设计

在审核设计服务时，可以要求外包公司提供过去的设计作品或案例，评估其设计水平和风格是否符合会议的主题和需求。此外，还需与其商定设计方案的价格和交付时间，并明确交付稿件的格式和要求。

通过对以上各项服务外包内容的审核和验收，能够确保外包公司的能力和服务质量，从而提升会议的效率和品质。同时，阳光合作、透明的审核过程也能够促进主办方与外包公司之间的合作关系，实现互利共赢。

【拓展阅读 6-1】

国际会议选择当地供应商时必问的 10 个问题

四、会议服务外包的评价方法

评价服务外包，要根据具体情况采用适当的方法。常用的方法有以下几种。

（一）主观经验法

1. 直观判断法

直观判断法属于定性选择方法，是根据征询和调查所得的资料，并结合个人的分析判断，对服务外包单位即供应商进行分析、评价的一种方法。直观判断法的做法主要是倾听和采纳有经验的采购人员的意见，或者直接由采购人员凭经验作出判断，常用于选择会议项目非主要原材料供应商时。

2. 招标评价法

当采购数量大、供应商竞争激烈时，可采用招标评价法来选择合适的供应商。招标评价法是指会议组织者或主办方（招标人）在一定范围内公开货物、工程或服务采购的条件和要求，邀请众多投标人参加投标，并按照规定程序从中选择交易对象的一种市场交易行为。

一般情况下，招标采购的全过程如图 6-1 所示。在特殊的场合下，招标的步骤和方式也可能有一些变化。

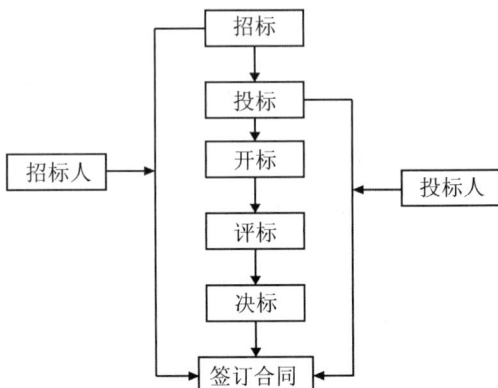

图 6-1　招标采购过程图

3. 协商选择法

由会议主办方先选出供应条件较为有利的几个供应商，分别与之进行协商，再确定合适的供应商。与招标评价法相比，协商选择法由于供需双方能充分协商，在物资质量、交货日期和售后服务等方面较有保证。

（二）数学计算方法

1. 采购成本比较法

对质量和交货期都能满足要求的供应商，需要通过计算采购成本来进行比较分析。采购成本一般是售价、采购费用、运输费用等各项支出的总和。

2. 线性权重法

线性权重法是目前供应商定量选择最常用的方法，其基本原理是：给每个选择标准分配一个权重，每个合作伙伴的定量选择结果为该供应商各项准则的得分和相应准则的权重的乘积之和。

线性权重法评价的要素主要是质量、交货、服务，这三方面要素的权重如表 6-1 所示。

表 6-1　各要素的权重

评价要素	加权指标	权重
质量	W_1	50
交货	W_2	40
服务	W_3	10
合计	—	100

（1）质量评定。质量评定主要考查以下几个指标：交货数量、残次品数量、残次率和合格率，如表6-2所示。

表6-2　质量评定表

供应商	交货数量/个	残次品数量/个	残次率	合格率
A	150	30	20％	80％
B	200	50	25％	75％
C	175	25	14％	86％

（2）交货评定。交货评定是考察供应商是否能按时供货的重要指标，主要对延期交货的天数进行考察。在考察前，可对供应商延期交货的天数进行加权考虑，如表6-3所示。

表6-3　交货评定表

延期交货的天数	权重（延期内按每日计）
1～10 天	1
11～20 天	2
21～25 天	3
25 天以上	4

假设每个供应商都有4个订单，其订单分析如表6-4所示。

表6-4　订单分析表

订单数	供应商 A		供应商 B		供应商 C	
	延期天数	延期加权值	延期天数	延期加权值	延期天数	延期加权值
1	4	4×1=4	15	10×1=10 5×2=10	7	7×1=7
2	13	10×1=10 3×2=6	8	8×1=8	4	4×1=4
3	9	9×1=9	18	10×1=10 8×2=16	23	10×1=10 10×2=20 3×3=9
4	16	10×1=10 6×2=12	10	10×1=10	12	10×1=10 2×2=4
综合延期加权值		51		64		64
每单平均值		12.8		16		16

（3）服务等级评定。供应商的服务等级是衡量其服务水平的重要标准，主要从以下几个指标进行考察：合作程度、文件的精确性、响应速度、售后服务，如表6-5所示。

表 6-5　服务等级评定指标

评定项目	权重	供应商得分(满分 10 分)			供应商加权得分		
		A	B	C	A	B	C
合作程度	2	8	9	7	16	18	14
文件的精确性	2	7	8	8	14	16	16
响应速度	2	7	8	7	14	16	14
售后服务	4	8	9	8	32	36	32
合计	10	30	34	30	76	86	76

综合上述三方面，评定结果如表 6-6 所示。

表 6-6　评定结果表

评定项目	权重	供应商 A	供应商 B	供应商 C
质量	50	$50 \times 0.80 = 40$	$50 \times 0.75 = 37.5$	$50 \times 0.86 = 43$
交货	40	$40 \times 0.87 = 34.8$	$40 \times 0.84 = 33.6$	$40 \times 0.84 = 33.6$
服务等级	10	$10 \times 0.76 = 7.6$	$10 \times 0.86 = 8.6$	$10 \times 0.76 = 7.6$
合计	100	82.4	79.7	84.2

📖 本节金句

让专业的人，做专业的事。

第二节　拟定会议议程和日程

一、会议议程

(一)会议议程的含义

会议议程是对会议所要解决的问题、拟讨论内容的概略安排。它是对会议活动议题性内容的程序化，针对的是会议讨论或解决的具体问题，以及围绕各项议题展开的报告、讨论、审议、选举和表决等活动，不包括非议题性活动、仪式性活动、辅助性活动。

会议议程仅适用于狭义的会议，如各级党政机关、企事业单位的办公会议与专题会议，各级人民代表大会、职代会、教代会等。

会议议题一般由动宾结构构成，如听取政府工作报告、审议政府工作报告、表决关于政府工作报告的决议草案、选举最高人民法院院长等。会议议程仅列出议题及讨论次序，不做时间或其他安排。

凡属重要的大会，议程通常由领导机关提出，由会议领导班子(如主席团)讨论和决定。一般单位的例会通常由秘书部门根据领导交代、部门要求和自己掌握的情况，对议题进行筛选后向领导提出建议。

（二）会议议程的作用

1. 规范会议内容

会议议程通过明确的议题和时间安排，有助于规范会议内容。参会者可以提前了解会议的主题、时间和地点等信息，从而做好充分准备，确保会议目标的实现。议程还有助于保证讨论始终围绕核心议题展开，避免偏离主旨或分散注意力。

2. 提高会议效率

清晰的会议议程能规范讨论的内容和顺序，保持沟通有条不紊，避免无序讨论。这种安排能够提高会议效率，减少时间浪费。通过合理分配时间，议程有助于确保各方在有限的时间内充分表达意见，并迅速作出决策。

3. 确保目标达成

会议议程将会议目标具体化，明确各项议题的负责人和讨论时间，确保会议按照既定轨道推进。合理的时间分配与明确的职责分工有助于会议的每个环节有序进行，避免议题延误。通过议程的统筹安排，确保各项议题按时完成，从而实现会议预期的成果。

（三）会议议程的确定原则

1. 顺序要正确

议程的先后顺序非常重要，切不可前后倒置或杂乱无章。这就要求组织者会前进行周密细致的安排，重要的议程还要事先进行预演和排练，防止出错。会议过程中如因组织不周出现差错或失误，轻则影响领导机关的威信，重则造成工作处于被动或失误。

2. 安排要适度

一次会议议程既不能安排过多，也不能太少。议程过多，因参会人员的精力和时间所限，可能议得不深不透，从而难以统一思想认识，议而不决，使会议收不到应有的效果；议程太少，会议过于松散，浪费时间。此外，还应考虑到会议的性质、内容、方法、目的和要求的不同。议程应逐项、逐段周密细致地安排，确保不错、不漏、不互相冲突。

3. 操作性要强

议程是具体、详细、实际的活动内容。议程明确具体，参会人员才能集中精力围绕议程开展活动，发言讨论时才能抓住中心和重点，才能避免不着边际离题万里。在具体安排上，要注意将同类性质的议题集中排列在一起，以便引起参会者的高度重视，起到强化、深化的作用，以便使会议讨论透彻。在时间上要把保密性强、涉及人员范围小的议题排在后面，以便无关人员届时退席。

4. 主次要分清

当会议议程较多时，要注意分清主次和轻重缓急。一般情况下，重要的、急需解决的问题，可安排在前面，其他问题可放在后面。因为会议前期人们的精力比较充沛，议事效率较高，把重要的、急需解决的问题放在前面，便于集中精力研究解决。有时虽然有些议题很重要，但议决的难度较大，可按先易后难的顺序，把它放在后面，而先议比较容易解决的问题，以提高议事效率。

5. 要留有余地

做任何工作都要留有余地，以应付临时出现的各种情况，安排会议议程亦应注意这个问题。如果时间安排得过紧过满，一旦出现临时情况就无法应对。因此，时间安排要留有余地。机动时间长短视会议规模而定，时间较长的会议一般留半天至一天左右的机动时间为好。

(四)会议议程的内容

1. 开场：开幕式

主持人的开场白是会议开始后首先要进行的部分。开场白的内容包括：必要的参会者介绍，此次会议所要解决的问题，问题的有关背景，此次会议的目标等各方面的内容，甚至有时还要透露主持人或召集者的态度。开场白的内容范围由会议召集者来恰当把握，但具体内容应由主持人本人来控制。

2. 基本情况介绍：嘉宾作主题演讲

在主持人的开场白中提出问题后，应设计由几位参会者介绍他们对这个问题所掌握的情况，这样可以让其他参会者对这个问题有一个初步的了解，并且可以以这些基本的情况为出发点进行思考，为之后的讨论做铺垫。

这里有两点需要注意：第一，介绍者应是提前指定并对问题有一定研究的人，他们介绍的情况应当是可靠的；第二，介绍者的发言应简练扼要、重点突出，不需要介绍更多细节方面的问题。

3. 自由发言讨论问题

虽然是自由发言，但实际上仍应提前拟定一个大致的顺序，这个顺序可以让一些反应较快、性格外向的参会者首先发言，再让一些思考时间较长、较深入的参会者接着发言，这样可以避免出现无人发言的尴尬场面，并且可以使整个讨论逐步深入，从而调动和活跃大家的思维。

自由发言之后，会议的讨论就该进入更激烈的阶段了，这时参会者极容易分为几派，并且有些参会者会彼此针锋相对，虽然场面可能会有些混乱，但这时正是问题讨论最深入的时候，可以令所有的矛盾都自行充分暴露出来，为后面形成决议做准备。

4. 结论

在充分讨论之后，需要逐步进行意见整合，找到共同点，消除分歧。这时，主持人应处于主导地位，促使参会者们的意见相互配合、达成一致，最后以一定的形式表述出来，提交上级或向下级传达。

5. 会议结束：闭幕式

会议达成决议后，会议议程还没有正式结束，会议主持人或是会议组织者一般都需要对会后的工作进行简单的安排，或明确地向参会者布置任务。

会议议程除了应包括以上内容外，还可以根据实际需要对会议议程进行添加或删减。例如，有的会议结束时可能需要领导发言，有的会议的议题情况介绍可由主持人代为进行等，这些都要视会议的具体情况而定。大中型会议的议程基本遵循以上五个流程。

(五)会议议程的书面结构

1. 标题
由会议名称加上"议程"二字组成。

2. 题注
法定性会议议程应当在标题下方说明该议程通过的日期、会议名称，并用圆括号括入，例如：(2023年3月4日第十四届全国人民代表大会第一次会议预备会议通过)。一般性会议议程应注明会议的起讫日期，例如：(2023年4月1—2日)。

3. 正文
简要概括说明会议每项议题和活动的顺序，用序号标注，句末一般不用标点。

【小资料 6-1】某公司 2023 年第四季度第二次总经理办公会议议程

1. 听取并审议销售部关于本年度商品促销活动的报告
2. 听取并审议安全生产部明年安全生产工作计划
3. 听取并审议财务部关于春节慰问老职工费用额度的报告
4. 听取并审议人力资源部关于部门主管人员调整问题的报告
5. 研究并决定总经理助理的人选

公司总经理办公室
2023 年 12 月 4 日

小资料 6-1 中的会议议题排序中，第一个议题放在最前面，一方面说明其最重要，另一方面是考虑到该议题适宜范围较广的人员参加，可集思广益，科学决策。此外，一般来说，将涉密的会议议题安排在最后，第四个和第五个议题就是基于该因素排列的。

二、会议日程

会议日程是会议议程的具体体现，会议议程是会议日程的一部分。

（一）会议日程的含义

会议日程是以"天"为单位，根据会议计划和进程，对会议各项活动按单位时间予以落实的具体安排，类似于会议的作息时间表。会议日程对狭义的会议和广义的会议都适用。会议日程的内容可以包含全部会议性活动，即议题性活动、非议题性活动、仪式性活动及辅助性活动等，都可列入会议日程。会议日程对会期有要求，凡会期满一天（两个时间单位）的会议都应制定会议日程。

会议日程一般采用简短的表格形式表达，将会议期间每天上午、下午及晚上的活动列出即可。会议日程一般要面向参会者公布，并制成书面形式，于报到时随同会议材料一起发出，以便参会人员了解和遵守。

（二）会议日程的作用

1. 确保议程顺利实施

会议日程通过详细的时间安排，确保会议议程中的各项议题按计划落实。每个议题和活动都有明确的时间表，有助于确保会议进程的有序进行，防止讨论超时或遗漏重要内容。通过会议日程，会议组织者可以及时调整进度，确保所有环节都能按时完成。

2. 提供清晰参会指引

会议日程为参会者提供清晰的时间安排，帮助他们合理规划参会时间，避免错过重要议题或活动。参会者可以根据日程提前安排好自己的行程，确保会议流程有条不紊地进行。会议日程不仅能帮助参会者明确活动顺序，还能让他们有充分的时间准备讨论或发言，提升会议参与度。

3. 覆盖所有会议活动

会议日程不仅包括议题性活动，还涵盖茶歇、仪式等非议题性活动，确保会议安排全面合理。通过详细列出所有活动，会议日程能够帮助会议组织者协调不同类型的活动，避免时间冲突或活动安排过于紧凑，使各类活动相辅相成，为参会者提供全方位的参会体验。

(三)会议日程安排的要求

1. 会期满一天的会议应制定会议日程

日程不仅要将全部议程加以细化，而且要反映会议过程中其他的辅助活动。会议日程的安排既要精简、高效，又要科学、合理，做到紧中有松，劳逸结合，符合人体生理和心理活动规律，以提高会议活动的质量。

2. 安排重要活动的最佳时段

心理学家的试验表明，人的精力、体力每天呈规律性变化，高峰出现在10：00和16：00左右，这时，人的思维最清晰，情绪最饱满，精力最充沛，注意力最集中，是安排重要会议活动的最佳时段。

3. 合理分配会议时段

在确定会议的时间总长度后，接下来要确定全体会议、平行会议及相关活动的时间段，要做到合理分配每个会议时间段。日程表中的各项安排一般不轻易调整或拖延进行。下面是一个为期两天的会议，表6-7给出了会议时段的分配参考。

表 6-7　会议时段分配参考

日期	时间	内容
注册日	13：00—20：00	会议注册
第一天	9：00—12：00	开幕式及全体大会
	12：00—13：30	午宴及午休
	13：30—17：00	平行或分组会议
	18：00—20：00	欢迎晚宴及颁奖仪式
第二天	9：00—12：00	平行或分组会议
	12：00—13：30	午宴及午休
	13：30—17：00	平行或分组会议

在会期每个半天的活动时间里，应安排15~20分钟的茶歇时间。不同会议议题间需要换若干演讲嘉宾时，也可安排10分钟左右的间歇，方便参会者休息，以便组织者在间隙时间调换主席台上演讲人的座签、茶水、座椅等，或者安排相关贵宾退场。

(四)会议日程的书面结构

1. 标题

由会议名称加上"日程"或"日程表"组成。

【拓展阅读6-2】

第二届中国文旅大消费创新峰会首日日程

2. 题注

标明活动的具体日期、地点、主题、主办单位等信息(标题中已显示的信息可以省去)，以便于散发或刊登宣传。

3. 正文

(1)文字式。用汉字或阿拉伯数字标引各项具体活动的名称、内容，列出相应的活动步骤和细节，要求详细、明确。

(2)表格式。以会议各项活动举办的先后时间为基础，将会议各项活动以较为精确的时间排列出来，其优点是容易控制各项活动的时间，保证整个会议按预定时间进行。为使读者能够清晰理解会议中各项活动的时间安排，推荐选择表格式来呈现会议日程。

三、会议程序

（一）会议程序的含义

会议程序是一次单元性会议活动或单独的仪式性活动的详细顺序和步骤，具有详尽性、明确性和可操作性的特点。狭义的会议和广义的会议中的相关活动均适用。

（二）会议程序的适用范围

1. 议题性活动

议题性活动中围绕各项议题展开的选举、表决等会议活动，应制定会议程序。

需要注意的是，围绕各项议题展开的选举、表决等，如果强调会议具体讨论或解决的问题时，应作为议题列入会议议程；如果强调的是具体的活动过程，则需要制定程序以确保活动顺利有序进行。

2. 仪式性活动

如开幕式、闭幕式、颁奖、授勋、签字、揭幕、剪彩、奠基、升旗等程式性较强的活动应制定相应的程序。

（三）会议程序的作用

1. 确保会议有序进行

会议程序要比会议议程和会议日程更具体，可对每项发言、每项活动细节的名称、主持人或发言人的身份以及发言限定的时间都作出明确规定。这种详细的安排有助于会议的每个环节都按预定计划执行，避免出现时间超出或内容遗漏的情况，从而确保会议顺利进行。

2. 提供主持人操作指引

会议程序为会议主持人提供了清晰的操作指引，帮助其在会议过程中有效掌控各项活动的节奏。特别是在选举、表决、颁奖等环节，程序的严谨性和规范性可以确保活动的准确执行，提升会议的专业性和权威性，使整个会议更加高效有序。

（四）会议程序的书面结构

1. 标题

由活动名称（全称或规范化简称）加上"程序"或"顺序表"组成。

2. 题注

标明活动的具体日期、地点、主题、主办单位等信息（标题中已显示的信息可省去）。

3. 正文

（1）序号式。用汉字或阿拉伯数字标引各项具体活动，列出相应的活动步骤和细节，要求详细、明确。

（2）时间序列式。把各项会议活动按较为精确的时间先后顺序来排列，其优点是容易控制各项活动的时间。

4. 落款

一般写"秘书处"，亦可省去。

✎ **【小资料 6-2】会议议程、会议日程和会议程序的区别与联系**

1. 区别

会议议程是整个会议议题性活动顺序的总体安排，不包括非议题性活动、仪式性活动及辅助性活动。凡有两项以上议题的会议，都应当事先制定会议议程。会议议程主要适用于狭义的会议。

会议日程是把每天的各项会议活动按单位时间予以落实的具体安排，狭义和广义的会议都适用。会议日程的内容可涵盖议题性活动、非议题性活动、仪式性活动及辅助性活动。凡会期满 1 天的会议都应当制定会议日程。

会议程序是一次单元性会议活动或单独的仪式性活动的详细顺序和步骤，狭义的和广义的会议中的相关活动均适用。其内容可以是议题性活动中的选举、表决等具体活动，也可以是开幕式、闭幕式、颁奖、授勋、签字、揭幕等仪式性活动。

会议议程、会议日程在会前发给参会人员；会议程序只供领导主持会议时参考，不发给其他参会者。

2. 联系

(1)三者都是关于会议活动先后顺序的安排。

(2)规模较大、活动较多、会期较长的会议，往往同时制定会议的议程、日程和程序，以适应不同的需要。

(3)会期较短、议题较少，并且较为灵活的会议只需制定一份会议议程即可。

(4)会议议程、日程可以用一个日程表将二者统一体现，也可以根据会期较长情况将议程、日程分开单列，没有统一规定。

📑 **本节金句**

富有吸引力的会议日程，是吸引潜在受众参会的重要动力。

第三节　拟发会议通知

拟发会议通知最重要的目的就是向参会者说明会议的相关情况。同时，也是会议主办方了解和掌握参会者反馈的一种途径。

一、会议通知的内涵

(一)会议通知的含义

会议通知是告知参会者有关事项的会议文书，是传递召开会议信息的载体，是会议主办方同参会者之间进行会前沟通的重要渠道。《党政机关公文处理工作条例》(以下简称《条例》)中规定，通知"适用于发布、传达要求下级机关执行和有关单位周知或者执行的事项，批转、转发公文"。

(二)会议通知的作用

1. 传递会议信息

会议通知可以传递有关会议的内容、性质、方式、时间、地点、演讲嘉宾等基本信息，以便参会者做好充分准备，按时赴会。

2. 收集参会信息

会议通知可以收集参会者提出的议题、对会议议程的意见、提交的论文或报告以及其他需要在会议上进行交流的文件，以便主办方进一步完善议题和议程，审定或筛选论文、报告和其他交流性文件。

3. 获取参会反馈

会议通知有助于向会议主办方获取参会者的姓名、职务、参会人数、是否需要预订住宿等反馈信息，从而为会议的接待工作做好准备。

4. 履行相关义务

在一些法定性会议中，正式成员具有出席会议的法定权利，向他们发出会议通知是会务工作机构的法定义务，同时也是对参会者权利的尊重。在商务会议中，参会者往往需要通过付费才能参加会议活动，享有注册会员的权利。参会者根据会议通知所提供的信息，可以提前或现场做好付费参会的准备。

（三）会议通知的种类

1. 预先通知

预先通知是在发出正式通知之前，为了让参会人员做好充分准备，提前发出的预告性通知。

预先通知先于正式通知，其目的主要是请参会者提前做好参加会议的准备。凡是需要征求参会者的意见，或者需要参会者事先提交论文、报告、答辩和汇报材料的，或者需要先报名然后确定参会者资格的会议，应当先发预先通知。待会议议程、时间、地点以及参会资格正式确定后，再发正式通知。

2. 正式通知

会议前期筹备工作就绪后，若没有大的变动，会议主办方可向参会者发出正式的会议通知。

（四）会议通知与会议邀请函的区别与联系

在行业的会议项目中，会议通知和会议邀请函常常混用，尽管它们都是用于传达会议相关信息的正式商务文书，但仍然有一些细微区别。

1. 区别

（1）发挥的作用不同。邀请函具有礼仪和告知的双重作用，确保受邀人明确知道被邀请参会；而会议通知一般仅具有告知作用，确保参会人员对会议有清晰的了解，并做好参会准备。

需要提醒的是，会议邀请函一般可不写主办机关单位名称和"关于举办"的字样，如《中国会议产业大会邀请函》。"邀请函"三字是完整的文种名称，与公文中的"函"是两种不同的文种，因此不宜拆开写成"关于邀请出席××会议的函"。

（2）适用场景不同。首先，邀请函主要适用于横向性的会议活动，发送对象是不受本机关职权所制约的单位和个人。不属于本组织的成员一般不具有法定的参会权利或义务，是否参加会议由受邀对象自行决定。举行学术研讨会、咨询论证会、技术鉴定会、贸易洽谈会、产品发布会等，以发邀请函为宜，并可能要求受邀人回复是否能够参加会议。

其次，会议通知适用于具有纵向关系（主办方与参会者存在隶属关系或工作上的管理关系）性质的会议，或者参会者本身具有参会的法定权利和义务的会议，如人民代表大会、董事会会议等。对于这些会议的对象来说，参加会议是一种责任，因此只能发会议通知，不能用邀请函。各类学会、商会、协会等团体举行年会或专题研讨会时，要区别成员与非成员，对于团体成员应当发送会议通知，而邀请非团体成员参会则应当发邀请函。

（3）发送次数不同。会议邀请函一般只需要在会议筹备阶段向拟邀请对象发送一次；而会议通知在会议前期筹备阶段和中期筹备阶段均可向参会者发出，且可以多次发送。在会议倒计时阶段将不再发送会议通知，此时会议主办方可向参会者发出参会提醒和指示。

会议通知和会议邀请函的发送时间可以根据会议主办方的需求和实际情况进行灵活调整。无论何时发送，都需要确保参会者能够及时收到信息，并做好相应的准备。

2. 联系

（1）信息传达相同。无论是会议通知还是会议邀请函，它们的共同目的都是传达与会议相关的重要信息。无论是会议的时间、地点、议程安排，还是会议的主题和目的，这些信息都需要通过通知或邀请函的形式传达给参会人员。

（2）格式要素相同。会议通知和会议邀请函都有一定的格式要求，以保证信息的清晰、准确和易读。通常，它们都包括标题、称呼、正文、落款、明确的会议信息以及适当的时间和地点安排。因此，在编写会议通知或会议邀请函时，可以借鉴彼此的格式要素。

（3）参会确认相同。会议通知和会议邀请函都需要参会人员对是否参会进行确认或回复，因此会议主办方一般都会在文中附上回执。参会确认的反馈对于会议主办方而言非常重要，有助于确保参会者的精准性和会议的整体统筹安排。

二、会议通知的内容

（一）告知会议背景
会议背景中应告知参会者举办会议的缘由、目的、宗旨与意义等。

（二）告知会议基本信息

1. 会议名称
会议名称应写全称。若会议名称字数较长，在首次出现时一定使用全称，在其他地方再次出现时，可用规范化的简称或统称代替。

2. 组织机构
联合主办的会议，要写明每一主办单位的名称；成立了组织委员会、筹备委员会、指导委员会、学术委员会等会议组织机构的，要写清机构名称、人员组成情况等。

3. 会议内容
会议内容包括会议的主题、议题、讨论的提纲、议程安排等。例如，报告会应当写明报告人姓名、身份和报告主题、配套活动的形式和内容。

4. 参加对象
如果通知是发给单位的，应当说明参加会议人员的具体条件，如职务、级别、年龄等。专题工作会议应要求分管领导到会。若参加对象资格不同，则通知中应分别用"出席""列席""旁听""特邀"等词语来对应，且不能用错。参加对象需要逐级推荐的，要说明推荐的程序。有的会议为了达到一定的规模，通知中还会规定每个单位参加会议的人数。

5. 会议时间
会议时间包括报到时间、注册时间、正式开始时间、会期和闭会时间等。

6. 会议地点
对于会议地点，应具体写明会场或酒店所在的地名、路名、门牌号、楼号、房间号、会场名称等。

7. 联系方式
会议联系方式包括主办单位或筹备机构的地址、邮编、银行账号、电话、电子邮箱、网址、联系人姓名等。

8. 落款

在正式的会议通知中，落款处应当署明主办单位名称，加盖主办单位公章，并注明具体的发文时间。发文时间用阿拉伯数字将年、月、日标全，年份应标全称，月、日不编虚位(1 不编为 01)。

(三)告知应做准备事项

主要包括：参加会议的费用及支付方式，报名的方式和截止日期，有关论文征集、撰写、打印和提交的要求及截止时间，会议的正式语言和工作语言，入场凭证以及组织者认为必须说明的其他事项。

(四)附带会议回执

会议通知一般应有回执，回执经常作为附件与会议通知一起发送。在拟写带回执的会议通知时，一般有以下几个步骤。

(1)明确回执的基本格式、回执的基本内容等。

(2)明确会议通知主送对象是个人，还是单位或者集体。

(3)回执中一定要注明回执邮寄的地址、联系方式等信息。

(4)如果会议通知有附件，一定要进行说明，在邮寄会议通知时不要将附件遗忘。

三、会议通知的形式

(一)口头通知

口头通知最突出的优点是快捷、便利，适用于参会人员较少的小型会议。其缺点是以声音为媒介，不易保存；若受传者遗忘，则会影响会议顺利进行。

(二)电话通知

以电话为媒介传递信息不仅快捷、准确、到位，而且一般情况下成本较低。需要注意的是，以这种方式传达通知时，出于有的参会者因某些原因没有接到电话的考虑，会务人员必须在事后选择合适的时间继续通知，直到参会者接到电话(传真)或知晓会议通知为止。在传达会议通知时，为了明确责任，会务人员要据实填写会议通知传达情况登记表，见表 6-8。

表 6-8　会议通知传达情况登记表

项目	通知内容	通知对象	接电话人姓名	通知时间	备注
1					
2					
3					
4					
...					
情况记载					

通知人(签字)：＿＿＿＿＿

年　月　日

(三)书面通知

书面通知是一种传统的方式，它适用于邀请外部单位或外部成员参加的会议，一般常用于大、中型会议。书面通知在传递的过程中需要一定的时间，因此要提前准备。如果在预定的时间内对方没有收到通知，还需要及时采取措施做相应的补发等工作。书面通知的效率比较低，但是，通过书面材料可以将有关事宜交代得清清楚楚，对参会者来说可为其提供较大的方便。

(四)电子邮件

电子邮件通知综合了上述三种方式的优点——快捷、准确、低成本，而且内容清楚、一目了然。但是，由于群发邮件过多，可能会存在接收者邮箱服务器屏蔽电子邮件的情况。因此，在发送电子邮件通知后，应辅以电话通知，提醒接收者查收并及时反馈参会意愿。

> **📑 本节金句**
>
> 要想有人参会，会议通知必须到位。

第四节　设计会议视觉材料

举办一次会议，相当于一次会议品牌的展示。统一的会议视觉符号不仅能体现会议组织单位的正规、严谨，而且能给参会者留下深刻的印象，有利于会议品牌深入人心。因此，对会议进行视觉包装非常有必要。

一、会议视觉材料的风格与颜色

需要注意的是，国际大型会议的性质决定了会议视觉材料的设计风格应尽量国际化，既严谨又不失特色。通常，深蓝色和暗红色是比较常见的会议用色，当然也可以进行适当的创新和发挥。风格一致的视觉材料会给人一种整齐、高端的感觉。通常情况下，如果会议本身拥有自己的标志(LOGO)，那么其他视觉材料可以在LOGO的基础上进行相应的设计。如果会议无特定LOGO，则可以根据会议背板的设计风格，延伸设计出其他的会议视觉材料，使人更易于识别。

二、会议视觉材料的主要类型

(一)会议背板

会议背板是指安装在会议现场的背景板，用以确定会议基调，展示会议主题、主办单位等信息。会议背板的框架材质一般是木质或桁架，表面覆盖喷绘布。目前，LED电子显示屏(俗称大屏幕)作为会议背板也常用于会议现场。

会议背板上应体现有关会议的内容，主要包括：(1)会议的会徽和有关组织的徽章；(2)会议的名称、缩写；(3)举办时间、地点；(4)会议的主办单位。

会议背板设计应符合会议性质，风格不可过于沉闷，但也不能过分夸张、花哨，总体上应遵循严谨、高端的原则。设计内容应简洁，色调应统一，色彩应明快。例如，红色象征热烈喜庆，适用于重大的集会；蓝色象征柔和宁静，适用于各类工作会议。

(二)易拉宝

易拉宝又称H展架，因其展示的画面可以自由伸缩、方便携带而得名。易拉宝构造是一个坐地的卷轴，由地面向上是一根伸缩柱，柱顶有一个扣，使用时由卷轴拉出一幅直立式的海报，可以吸引路人的注意。易拉宝适用于会议、展览、销售宣传等场合，主要起背板补充、议程展示、采访背景或路线指示牌等作用，是使用频率最高的便携展具之一，如图6-2所示。

图6-2　易拉宝

（三）胸卡

胸卡，又称证件，是戴在胸前以示工作身份的卡片。胸卡的设计格调要与会议性质和氛围相适应。例如，庆祝会、代表大会的胸卡可以采用红色衬底，以体现喜庆的氛围；学术会议、商务会议可采用蓝色衬底；涉外会议的胸卡应同时注明中文和外文，外文排在中文下方。

在会议活动中，常见有以下几类证件，各类型证件应以不同颜色区分：一是证明参会人员身份的证件，如出席证/参会证、列席证、嘉宾证；二是标明工作人员身份的证件，如工作证、记者证、志愿者证；三是车证和司机证等准入证。图6-3是会议证件的参考图。

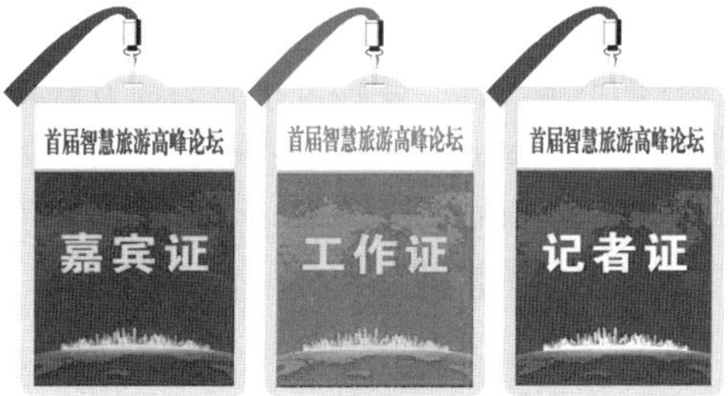

图6-3　某会议证件

（四）记事本和笔

记事本和笔的类型非常丰富。会议组织者可以根据会议的基调、规模、预算等因素进行选择记事本和笔。如果需要，也可以自行设计，将会议LOGO或会议主办方的LOGO等标志印在记事本上。

（五）资料袋

通常，会议资料包含会议手册、记事本、笔、宣传册、光盘、礼品等。会议资料袋的材质有纸质和亚麻材质两种。建议制作亚麻材质的布袋，既环保又可以反复使用，如图6-4所示。

三、厂商联系与沟通

建议选择长期合作、配合比较默契的制作厂家；若没有此类合作伙伴，应选择信誉好、有口碑的厂家。

图6-4　会议资料袋

在任何会议视觉材料进行制作前，都应与厂家相关负责人进行当面沟通，向其详细说明所需材质、纸张类型、所需效果等，并一定要求先打样，经过审核之后再大批量制作、印刷。

📘 **本节金句**

人靠衣装，会议靠包装。

第五节　选择会议礼品

通常，会议主办方会赠送参会人员礼品或纪念品，以表达对参会者赴会、演讲的感谢和敬意。会议礼品的选择因会而异、因人而异，不能千篇一律，更不能一成不变。一件合适的礼品会加深参会者对会议品牌的良好印象；不合适的礼品也会引起不必要的尴尬和不满。

一、会议礼品的类型

(一)交际性礼品

交际性礼品是主要用于日常的各种商务交际场合，用来提升送礼人与受赠者关系和情感的商务礼品，受赠者主要为商务合作伙伴。定做这类礼品要侧重表达对受赠者的尊重与关爱，重点考虑受赠者对礼品的个体需求。较为雅致而又具有实用性的礼品一般较受欢迎，如红酒、紫砂壶、茶叶、字画等。

(二)商务性礼品

商务性礼品是指企业或团体对外进行商务交流活动、加强协作和联系时使用的礼品。商务性礼品的受赠者多为外部企业或团体和个人，双方以互助、合作、共赢为目标，因此礼品的价值和文化特色比较明显。

(三)标志性礼品

标志性礼品主要用于品牌形象的展示和宣传，重大对外活动的商务礼品也可以作为标志性礼品。标志性礼品的定制一般不需要考虑受赠者对礼品的需求，而要考虑突出企业或产品的鲜明特色。例如，企业某款特色产品的金质模型、刻有某团体标志的玉质印章等可作为标志性礼品。

二、会议礼品的选择

(一)会议礼品选择的考虑因素

1. 与会议性质相符

会议主办单位不同，会议礼品的选择也不同。由于会议礼品除了承载其本身的商品价值外，更重要的是起到传播主办单位价值理念和形象、品牌宣传的作用，会议礼品的选择应根据会议主办单位的性质来考虑。

(1)政府会议。政府会议多为规格和档次较高的会议。因为主办单位的身份特殊，会议礼品也应选择品质、品位均较高的礼品，这样才能符合主办单位的特殊身份。另外，会议礼品的选择要能够突出地域或行业特色。例如，苏州市政府主办的会议可以选择苏绣制品作为会议礼品，自然资源部主办的会议可以将有代表性的矿石品质样本制成礼品赠予参会者。

（2）企事业单位会议。企业单位会议大多以商务型会议为主，会议礼品也是传递企业形象和价值观、传播企业品牌的重要媒介。会议礼品一般应以定制礼品为主，除了考虑在礼品上印上企业 LOGO、会议名称外，还应考虑所选择的会议礼品应与企业所处的行业以及所出产的产品有一定联系，凸显企业文化、特点、品牌和理念。例如，家具生产企业可以用加工剩下的木材边角废物压制成设计精美、巧妙的相框，企业 LOGO 也可以用压制的方法制出，既有立体感又不破坏礼品的整体美感，在适当的位置上还可以刻上一句温馨的话语，体现企业的环保意识和关爱精神。再如，高科技企业选择会议礼品时要充分体现出礼品的技术含量和标新立异，凸显创造性思维，从而给受礼者留下深刻的印象。

（3）社团会议。社团会议在选择会议礼品时应注重传达社团组织积极奋进的精神和凝聚力。

2. 与会议目的相符

（1）以纪念为主要目的的庆典会议和表彰会议。礼品选择的标准是要考虑礼品的纪念意义。礼品要有纪念价值和珍藏价值，保留时间长，适合摆放在办公桌上或挂在墙上展示，有一定的观赏价值或使用价值。最好有一定的象征意义，可以选择有象征意义的奖杯或奖台或有一定象征意义、适合桌子上摆设的工艺品，如具有吸附室内甲醛功能的炭雕摆件、金箔画等。

（2）以培训、交流为目的的会议。这类会议包括带有培训性质的研修班、培训班等，礼品的选择以有实用价值、使用时间长、会议参加者喜欢为标准。办公礼品、书写礼品、文化用品实用性强，既有纪念意义又有宣传意义，是会议礼品的首选。

（3）年终会议。礼品应选择有一定价值，适合家庭和个人使用，最好是家庭和个人需要却没有的耐用品，例如家庭药箱、空气加湿器（北方冬天适用）、电子血压计、健康体重秤等。

（4）针对公司重要客户的会议。在选择这类会议礼品的时候要考虑礼品的价值、礼品的纪念意义和宣传效果。针对这样的会议可以选择高档品牌礼品、具有纪念意义的文化礼品。对于外事会议，还可以选择具有中国特色的礼品，如真丝织锦、珍贵字画等。这类会议礼品具有体积小、重量轻、便于携带的特点，实用且富有特色，能融合企业文化内涵。

（5）福利、节假日慰问的会议。在这类会议中，礼品的实用性是首要考虑因素。适合家庭和个人需要的耐用品、高档保健家纺礼品等是礼品的首选，例如床上四件套、手织布床上用品、保健枕都是不错的选择。还有适合全家人使用的保健经络仪、电子血压计也是这类会议礼品的佳选。

3. 与会议主题相符

在选择礼品时，建议尽量选择那些与会议主题相符的礼品。如果所举办的会议是关于环境保护的，那么礼品最好使用环保材料制作，同时也要注意包装材料要环保、简洁，使之与会议主题相符。

4. 与地方特色相符

在全球化时代，商品在全球市场上流通，同质化现象较为严重。人们通常会喜欢那些比较特别的、有浓厚地方特色的礼品，不仅代表了一个国家或城市最具魅力的元素，也具有一定的收藏价值。

5. 符合受赠对象的心理需求

参会人群的职业背景与生活习惯也决定了礼品定位方向。作为馈赠品，只有得到受赠者的认可与喜爱，才能体现其价值。从馈赠方的角度来看，也许采购的礼品经过了精挑细选，涵盖了诸如精美、贴心、实用等各种用意，但只要受赠者不喜欢，就可以判断礼品选择失败。

考虑完以上五个因素后，会议礼品选择方案的雏形基本形成，可选择的礼品也比较集中。如今，会议日趋多元化，也决定了会议礼品的多元化。因此，礼品的分析与定位应建立在对会议的全方位认识上。这样不仅有助于馈赠方对礼品是否合适作出准确判断，而且能迅速找到那些适合会议的特定礼品，让所有参会者感到心满意足，起到皆大欢喜的效果。

(二)会议礼品选择的禁忌

1. 品质不易控制

礼品的质量可靠性必不可少，一份质量有瑕疵的会议礼品往往会引起受礼者对主办方自身产品质量的联想。一些易碎、易变质变形的产品最好不选，会议上发放礼品数量较多，人多手杂，极易损害礼品。例如选择瓷器等类型的礼品，外包装虽然完好，但赠送过程中或参会者带回途中也可能因碰撞等不可预知的情况而有所损坏。

2. 价值感低

如果礼品质量粗糙、价格过于便宜，不仅不能体现会议主办方的诚意，也会让参会者有被怠慢的感受。

3. 体积大、质量大

会议所在地较远时，体积过大或者太重的礼品会成为参会者的累赘。因此，在准备礼品时，要考虑到其所占空间大小和携带是否方便。例如家用电器、多用途餐具、保健器材等不适合在会议上作为礼品发放。这类礼品体积较大，携带不方便，重量相对较沉，作为公司福利品发放较为合适。

4. 宗教文化差异

选择礼品时必须考虑宗教文化因素。例如，参会者是外国友人时，应考虑中西方文化差异，不应赠送西方人难以接受的中国特产或民族物品；参会者有宗教信仰的，礼品应避免涉及宗教文化冲突。

📖 **本节金句**

会议礼品并非为了"打发"参会者，而是为了"打动"参会者。

第六节　草拟会议讲话稿

在会议筹备阶段，会议组织者需要主动为领导、嘉宾准备讲话稿，包括开幕致辞、主持稿、总结讲话、晚宴致辞等。

一、讲话稿的内涵

(一)定义

讲话稿，又称发言稿，是参会者为了在会议上表达自己的意见、看法或汇报思想、工作情况而事先准备好的文稿。讲话稿是会议的主要文件，有些会议不安排会议报告，讲话稿可起到报告的作用，成为反映会议精神的最主要的文件。

（二）特点

1. 鲜明性

会议上的发言是议论性的，它不同于总结报告或经验介绍。它主要是表达发言人对问题独特的见解，必须有鲜明的观点，且主题要单一、集中，能给人以鲜明的印象。发言稿中对所讲的问题是赞成还是反对，是表扬还是批评，不能含糊其词、模棱两可，要旗帜鲜明。

2. 针对性

由于参会的受众一般比较明确，发言稿内容应该集中于听众所关心的问题，所持观点和所依据的材料要能为听众所接受或认可。

3. 通俗性

会议发言稿一定要通俗易懂，让人听得明白。会议发言稿的内容要有一定的理论层次，但又不能过于艰深，要把深奥的道理讲通俗。发言稿要能"上口入耳"，做到持稿者好讲，听讲者好听。

4. 新颖性

会议发言稿要具有吸引力，就要有创新。一方面，观点要新、材料要新、结构要新，上述"三新"至少要有一新，力避陈词滥调，不说正确的废话；另一方面，要选准发言的切入点，内容精练，不必面面俱到。

5. 鼓动性

会议上的发言是与听众的一种直接互动，所以讲话稿要始终关注听众的倾听状态。要做到这一点，除了依靠发言稿思想内容的丰富深刻、见解精辟、有独到之处、发人深思，发言人语言表达的形象生动、富有感染力同样非常重要。此外，在讲话稿中如果有意识地插入一些现场互动的内容，如询问、征求意见、即时调查等，则可能更易激发听众的热情。

二、讲话稿的书面结构

会议讲话稿没有固定的格式，往往依讲话的内容、场合、目的而定，一般包括以下三个部分。

（一）标题

会议讲话稿的标题有多种写法。一种是由单位名称或讲话人、事由、文种组成；也可由事由加文种组成；也可由讲话的内容来确定讲话稿的标题，让人一听就知道讲话稿的主题。

（二）正文

1. 开头

开头或阐明讲话主题，或交代讲话背景，或提出问题，引起注意。开头要求能用最简洁的语言、最经济的时间，把听众的注意力和兴奋点吸引过来，达到出奇制胜的效果。因此，开头一定要精心推敲和组织，可采用开门见山方式直入主题，或者先说明讲话目的和交代原因等。

2. 主体

主体部分或分析问题、解决问题，或总结经验教训，或安排新的工作项目。这部分要围绕一个主题有条理地展开，做到言之有物、言之有序。会议讲话稿主体结构常见的形式有以下几种。

(1)前后照应式。即提出本人要谈的问题及对问题的看法，然后说明理由，最后照应开头对全文作简明扼要的总结。

(2)层次表达式。即直接写出要讲的几个问题或几点意见，可用1、2、3等序号表示，问题讲完，即告结束，不写开头和结尾。

(3)内容连贯式。汇报经验、情况的发言或讲话，内容比较系统，它包括情况叙述、经验介绍、体会收获等，这几方面的内容要连贯地写出来，构成一篇比较完整的文章。

(三)结尾

结尾部分一般是对全文的总结概括，同时提出要求、希望等，展望未来，提出号召，催人奋进。结尾要做到简洁有力，给人留有余味。美国作家约翰·沃尔夫说："演讲最好在听众兴趣达到高潮时果断收束，未尽时戛然而止。"这也是讲话稿结尾最为有效的方法。

在讲话处于高潮的时候，听众大脑皮层高度兴奋，注意力和情绪都由此而达到最佳状态，如果在这种状态中突然结束发言，那么保留在听众大脑中的最后印象就特别深刻。讲话稿结尾没有固定的格式，但一般原则是要给听众留下深刻的印象。

三、讲话稿的草拟原则

(一)避免内容雷同

讲话的场合多种多样，在同一个场合可能有不止一位领导针对同一个问题发言，如何做到避免讲话内容的雷同是起草人员应预先考虑且有所准备的。起草人应尽可能地使领导的讲话既全面又独特，紧紧抓住观众，这样才能收到好的效果。

一般来说，起草人在草拟讲话稿的过程中要避免雷同，可从以下几个方面下功夫。

(1)根据领导或嘉宾的特定身份就会议的主旨阐发观点，展开讨论，这样可以自然而然地成为"一家之言"。

(2)适当变换议题的角度，用独特的角度来看待问题，阐发观点，给听众耳目一新的感觉。

(3)选择那些富有新意的材料来说明问题，不同程度地满足人们审美活动和求异思维的需要，使听众开阔视野、回味无穷。

(二)契合会议类型

会议的种类很多，有工作会、业务会、座谈会、表彰会、纪念会等。不同类型的会议，不能用一个模式来写讲话稿。

工作会要在总结前一阶段工作的基础上，对下一阶段的工作进行部署，涵盖的内容较丰富，标题一般要点明主旨，有的还需要加副标题；正文部分列小标题，有的在小标题下加二级标题、三级标题，语言应严肃庄重。

业务会是研究某一项业务工作的会议，如会计会、税务会等，专业性强，讲话内容要具体实用、便于操作，语言要朴实，可使用专业术语。

座谈会的任务是对某项工作进行研究、交流和沟通，讲话的格调比较自由，可以讲认识，讲经验，也可以对某项工作提出意见和要求，语言比较轻松活泼。

表彰会是为褒奖先进单位和英模人物而召开的，要对受奖者的先进事迹和先进经验加以肯定和赞扬，并号召大家向他们学习，讲话稿篇幅一般较短，但要充满激情，能鼓舞士气。

纪念会纪念的是某一历史事件和历史人物，除对历史事件的重大意义和历史人物的丰功伟绩加以肯定和颂扬外，还要立足当前、面向未来，对继承光荣传统、弘扬革命精神提出要求，语言要热情洋溢、催人奋进。

（三）注重语境表达

国际会议中，嘉宾中有不少外国友人，会议现场需要同声传译解决语言问题。有的参会领导习惯使用官话套话，由同声传译翻译出来后会显得十分呆板且不够准确。因此，在撰写会议讲话稿时，尽量少用官话套话，一则会降低国际会议的国际感，二则会让国外嘉宾难以捕捉讲话重点。

（四）增加数据支持

常有领导在会议讲话时，喜欢引用古诗词以表达心情和意境。在国际会议中考虑到翻译的水平和听众的接收效果，建议少用为妙。在撰写会议讲话稿时，建议多用举例子、列数字这些直观、易懂的方式，不仅可以增加发言人语言的幽默感，还可以体现发言人严密的逻辑。

（五）突出主旨重点

会议讲话稿要做到主旨鲜明、重点突出，不需要面面俱到。大型会议上的讲话，更要注重突出要点，要从整体结构上进行把控，先阐明此次会议的行业全局现状，再讲会议的意义和对它的期望等。这样的讲话层次鲜明，时间也易于控制，不至于过分拖沓，重点也易于突出。

四、讲话稿的写作技巧

（一）主题鲜明，重点突出

主题是讲话稿的灵魂，好比人的大脑，可以统率支配全身。文章的结构、布局，材料的选择、取舍，语言的运用都要为主题服务，受主题制约。

主题的选择和确定，要根据会议的内容和讲话人扮演的角色来确定。例如，召开农业会议，就应主要讲农业问题，不能重点讲工业、商业和其他行业的事情。如果有几个领导讲话，最好在讲话前互相通气、分工明确，做到讲话既各有特点，又互相补充，互相照应，相得益彰，防止互相矛盾和交叉重复。

一般来说，一篇讲话稿只能有一个主题，集中精力把一个问题说清楚，而不能有多个中心。讲话主题有大有小，有的比较宽泛，涵盖的内容多；有的比较狭小，涵盖面较小。除了大型会议的工作报告、工作总结和任务部署需要较大的主题外，其他讲话主题不宜太大，主题太大会把篇幅拉长，容易与工作报告重复，而且缺乏思想高度和深度。

（二）精心安排，布局合理

讲话稿的构思，有时要先提出几个方案，经过比较后确定最佳方案。

一篇讲话稿大体上分开头、主体和结尾三个部分。开头和结尾往往比较简短。主体部分一般分几个层次和段落来讲，一要抓住重点，二要突出特点，善于用逻辑力量去吸引人、感染人和说服人。整篇讲话的开头、中间、结尾要形成内部逻辑联系，不要互相冲突。

讲话稿的内容要有层次感，常用"首先""其次""最后"或者"一是""二是""三是"来分条陈述，且内容层次应逐层递进。讲话稿的内容还要过渡自然、连贯，常用的过渡词语有"因此""而且""但是""当然""应该看到""应该强调的是""综上所述""总而言之"等，也可用一两句承上启下的话加以过渡。

(三)材料翔实，丰富多彩

材料一般分为理论材料、事实材料、数字材料以及与会议相关的信息四部分。理论材料来源于上级文件和书本；事实材料多来自基层；数字材料一般来自统计、综合部门；与会议相关的信息，包括会议的主题、内容、时间、地点、规模、议程及有哪些领导讲话等，这些不必都写进讲话稿，但对增强讲话稿的针对性帮助很大。

运用材料要注意保持观点与材料的统一。观点统领材料，材料说明观点。写讲话稿，首先要有丰富的材料，只有材料丰富，做到肢体丰满，才能确切地表现主题。因此，第一稿尽量多用些材料，以便在修改时有选择余地。使用的材料，既要有说服力，又要有新鲜感；既要有概括性的材料，又要有典型性材料。会议讲话稿要具有宏观性、全局性和普遍指导意义，因此材料要能反映概貌，而不是细枝末节。运用典型材料要注意贴切、自然，与观点紧密结合，相辅相成。

(四)语言准确，朴实简洁

发言人在讲话时要配合洪亮悦耳的声音、抑扬顿挫的语调、喜怒哀乐的表情和动作。讲话稿的语句不宜太长，要通俗易懂，不能用生僻的字眼。表达方法自由，叙述、议论、说明、描写、抒情等多种表达方法都可以使用。

讲话稿的语言要注意以下几方面。

一要准确。例如，一项工作只完成了一部分，就不能说"基本上完成"；一项活动只有一部分人参加，就不能说"普遍参加"。另外，公文引用的数据、人名、地名、时间要准确，引文出处要准确。讲话内容涉及较模糊的暂无定论的事理时，可用"多数情况下""有的地方和部门""比较突出的问题"，尽量少用"非常""很""最""绝对一流""绝无仅有"一类语意绝对的词语。

二要生动。会议讲话稿可以借助一定的修辞来增强文章的感染力，以营造发言时轻松愉快的气氛，增强讲演现场的效果。

三要庄重。对于一些重要的工作报告和针对重大事件的讲话，应使用庄重严肃的语言。

本节金句

沉默不是金，发言要用心。

【复习与思考】

一、本章小结

- 以会议召开时间为标准，国际会议往前倒推 30 天即会议中期筹备阶段，国内商务会议往前倒推 15 天即会议中期筹备阶段。
- 常见的会议服务外包内容主要有场地租用、舞台布置、物资采购、媒体推广、视觉设计、同声传译、翻译服务、速记服务、摄影服务、摄像服务、餐饮服务、交通服务等。

- 常用的服务外包的评价方法有主观经验法、数学计算方法。
- 会议议程是对会议所要解决的问题、拟讨论内容的概略安排。它是对会议活动议题性内容的程序化，针对的是会议讨论或解决的具体问题，以及围绕各项议题展开的报告、讨论、审议、选举和表决等活动，不包括非议题性活动、仪式性活动、辅助性活动。
- 会议日程是以"天"为单位，根据会议计划和进程，对会议各项活动按单位时间予以落实的具体安排，类似于会议的作息时间表。凡会期满一天（两个时间单位）的会议都应制定会议日程。
- 会议程序是一次单元性会议活动或单独的仪式性活动的详细顺序和步骤，具有详尽性、明确性和可操作性的特点。
- 会议通知是告知参会者有关事项的会议文书，是传递召开会议信息的载体，是会议主办方同参会者之间进行会前沟通的重要渠道。会议通知有预先通知和正式通知两种类型；会议通知的内容主要包括告知会议背景、告知会议基本信息、告知应做准备事项、附带会议回执等；会议通知分为口头通知、电话通知、书面通知、电子邮件等形式。
- 统一的会议视觉符号不仅能体现会议组织单位的正规、严谨，而且能给参会者留下深刻的印象，有利于会议品牌深入人心。因此，应做好会议的视觉包装工作。会议视觉材料的设计风格应尽量国际化，既严谨又不失特色，通常选用深蓝色和暗红色；常见的会议视觉材料主要包括会议背板、易拉宝、胸卡、记事本和笔、资料袋。
- 会议礼品分为交际性礼品、商务性礼品、标志性礼品三类；会议礼品选择的考虑因素主要有与会议性质相符、与会议目的相符、与会议主题相符、与地方特色相符、符合受赠对象的心理等。
- 讲话稿，又称发言稿，是参会者为了在会议上表达自己的意见、看法或汇报思想、工作情况而事先准备好的文稿。讲话稿具有鲜明性、针对性、通俗性、新颖性、鼓动性等特点；会议讲话稿没有固定格式，往往依讲话的内容、场合、目的而定，一般包括标题、正文、结尾三个部分。其中，讲话稿正文由开头和主体构成。撰写讲话稿时应注意把握好讲话稿草拟原则和写作技巧。

二、重点概念

会议服务外包　　会议议程　　　　会议日程　　会议程序

会议通知　　　　会议视觉材料　　会议礼品　　讲话稿

三、思考讨论题

1. 会议服务外包的特点有哪些？
2. 常见的会议服务外包审核的主要内容及评价方法有哪些？
3. 简述会议议程和会议日程、会议程序的区别与联系。
4. 会议通知的内容和形式分别是什么？
5. 常见的会议视觉材料包括哪些类型？设计会议视觉材料的作用有哪些？
6. 会议礼品选择的考虑因素和禁忌有哪些？
7. 领导讲话稿由哪几个部分构成？

【综合案例分析】近年来国内会议承办机构办会情况

当前，服务贸易在"经济转型和产业调整"中发挥着重要作用，"花钱买服务办会"的理念也不断被会议主办单位所认同。以往只有跨国公司的企业会议和大型社团类国际学术会议才交给会议服务机构承办，其他类型的会议则大多由主办机构自己操办。而《2020年中国会议统计分析报告》显示，已有许多中小型的国内社团类会议交给会议服务机构承办。表6-9的数据显示，2020年占据会议总量85.6%的会议仍然由主办机构自己承办，仅有10.8%的会议交给了会议服务机构承办。

表6-9 2020年国内会议承办机构数量及占比统计

序号	承办单位	数量/个	比例
1	主办机构自己操办	7 689	89.2%
2	会议服务机构承办	930	10.8%
	合计	8 619	100.0%

表6-10给出了按会议承办机构分类的2012—2020年的统计结果，从中不难发现，主办单位自己操办会议的比例在逐年减少，但是在2017年出现拐点，有上升趋势；交给会议服务机构的会议在逐年增加，虽然这个变化趋势非常缓慢，但我国会议市场巨大，从长远分析来看，交给会议服务机构的会议比例会逐年增多。

表6-10 近九年国内会议承办机构办会占比

序号	承办单位	2012年	2013年	2014年	2015年	2016年	2017年	2018年	2019年	2020年
1	主办机构自己操办	87.7%	82.8%	82.5%	79.2%	78.7%	82.7%	85.6%	86.0%	89.2%
2	会议服务机构承办	12.3%	17.2%	17.5%	20.8%	21.3%	17.3%	14.4%	14.0%	10.8%

案例分析与讨论：

1. 结合案例分析，花钱买服务办会是否有必要？哪些会议适合交由会议服务机构承办？哪些会议适合主办机构自己操办？

2. 会议服务机构办会比重在逐年上升，说明了什么现象？

3. 结合案例数据，预测未来国内会议市场办会的趋势。

第七章
会议倒计时阶段

【学习目的】

通过本章的学习，读者应熟悉会议倒计时阶段的时间划分和本阶段的主要工作内容，能组织会前工作协调会，掌握常见会场布置的五种风格，掌握会议座位安排的具体要求，能制定会议接待准备方案，明确会前检查的内容与方式。

本章思维导图

【思政内容】

党的二十大报告指出："全面建设社会主义现代化国家，必须坚持中国特色社会主义文化发展道路，增强文化自信，围绕举旗帜、聚民心、育新人、兴文化、展形象建设社会主义文化强国，发展面向现代化、面向世界、面向未来的，民族的科学的大众的社会主义文化，激发全民族文化创新创造活力，增强实现中华民族伟大复兴的精神力量。"要提高全社会文明程度，在全社会弘扬劳动精神、奋斗精神、奉献精神、创造精神、勤俭节约精神，培育时代新风新貌。

通过本章的学习，学生可以认识到加强统一指挥调度，是确保会议顺利进行的关键。会议策划人员不仅应加强协调配合和统一指挥调度，形成一盘棋，加强测试演练，查隐患、堵漏洞、强弱项，而且在职场上应和谐各部门、上下级之间的关系，增强职业使命感、责任感及化解矛盾纠纷的意识和能力。要想参会者之所想、办参会者之所需，应把握时代精神，强化职业素养和实战能力，推动新技术、新理念同会议中期筹备阶段有机结合；引导学生强化严谨细心，弘扬奋斗精神、敬业奉献精神，培育时代新风新貌，确保会议筹备工作顺利完成。

【重点内容】

- 工作协调会
- 会场布置风格：剧院式、课桌式、全围式、半围式、分散式
- 会议座位安排
- 会议接待准备
- 会前检查的内容与方式

以会议召开当日为标准，往前倒推 7 天就是会议倒计时阶段。此阶段会议各项工作应落实到个人，会务组工作地点大部分应转移到会议场地内，主要工作包括召开工作协调会、会场布置、会议接待准备、会前检查等。

第一节　召开工作协调会

召开工作协调会的目的主要是确定会议各部门及工作人员的分工，明晰工作人员的职责，梳理会议流程，为会议执行工作确立良好的分工协作机制。

一、参会人员的范围

在工作协调会上，工作人员要明确自己的职责和工作流程，同时也要知道自己的合作伙伴和相关工作的负责人。因此，工作协调会应尽量让更多的人参加。参会人员一般为组委会秘书长、接待人员、协调人员、物品负责人、各组负责人、酒店或会展中心相关负责人。

在协调会开始前，各工作人员需要提交自己的手机号码，相关人员将联系方式汇总，以方便在会议准备和执行阶段联系。

二、工作协调会的内容

工作协调会一般要梳理从会议准备到会议结束的每个环节，会上要落实接机、会场布置、领导会见、贵宾接待室、送机、物料准备等事项，而且要确定好人员分工，以及工作人员之间的协作方式。

(一)接待

接待工作主要包括以下内容：哪些嘉宾需要主办方领导去机场接机或接站；是否有嘉宾需要使用机场贵宾通道；是否需要献花、摄像；是否需要翻译；汇总参会者飞机抵达航班和时间。

(二)会场内外布置

会场布置工作主要包括会场总体布局、主席台物品摆放、听众区分类、会议注册处、会场签到处等布置。

协调会上，不仅要把每个区域的布置工作落实到个人，还应注意根据实际情况准备物料，如在布置领导会见室时，是否需要横幅、鲜花品种的选择等问题，均应在协调会上落实。

(三)再次梳理会议流程

在协调会上，有必要对会议当天的流程进行全景式梳理。在梳理过程中，工作人员要在明晰自己的职责基础上注意各相关环节的工作以及环节间的衔接方式。例如，在接机人员接到嘉宾后，如何与酒店注册和接待人员联系，何时联系，以及联系的内容等，在协调会上就应确定下来。

(四)送离

送离是会议流程的收尾环节。主要涉及内容有：一般嘉宾的送离、领导级和重量级嘉宾的送离。尤其是对于领导级和重量级嘉宾，应在工作协调会上确定是否需要主办方领导陪送至机场或车站，并确定具体由谁去送离。

(五)准备物料

为了不在会议当天疲于准备物料，在协调会上就应当由物料负责人汇报准备情况。

会议中用的物料种类很多，如会议手册、会刊、餐券、票证、纪念品等，应检查种类和数量是否达到会议要求，同时应预留出备用物料。

（六）制定工作人员的总分工表

由于涉及工作之间的协作，因此在将各项工作落实到个人以后，应制定分工表。要将工作分工落实到个人，分工必须具体，必须详细到责任人，如表7-1、表7-2所示。

表 7-1　会议任务分工表示例

任务分工	负责人	联系方式	完成时间	备注
一、前期准备				
（一）前期宣传准备				
1. 会议策划方案				
2. 正式发文				
3. 会议宣传用品设计				
4. 会议背板设计				
5. 制作邀请函				
6. 会议演示文稿设计				
7. 媒体联系				
8. 领导及嘉宾发言稿				
9. 主持稿				
10. 准备摄像机、摄影机				
（二）前期物品准备				
1. 水				
2. 灯光、音响等设备				
3. 签到本、中性笔				
4. 会议用花				
5. 礼花炮				
6. 水果盘、水果				
7. 会议桌椅				
8. 参会者安排表制作及张贴				
9. 领导座位签（牌）				
10. 工作餐预订				
11. 会议礼品				
12. 礼仪服				
13. 路标制作及摆放				
（三）前期其他准备				
1. 确定到场领导及嘉宾				
2. 确定主持人				
3. 借用会议场地				
4. 会议背景音乐、过场音乐				
5. 会议现场保洁				
6. 会议议程				
7. 后勤人员安排				

任务分工	负责人	联系方式	完成时间	备注
8. 现场秩序维护人员				
9. 互动环节的问题及提问人员的准备				

二、会议现场

    1. 现场停车位安排

    2. 贵宾室

    3. 现场全程拍摄

    4. 签到、礼仪迎接

    5. 领导及嘉宾合影

    6. 现场秩序维持人员

    7. 现场话筒传递

    8. 记者接待

    9. 介绍领导

    10. 标明洗手间的位置

三、后期工作

    1. 整理会场和物料

    2. 和媒体沟通确认是否报道

    3. 整理照片、录像、新闻报道

    4. 汇报工作

    5. 召开总结大会

    6. 整理文件材料，存档

表 7-2　某大型活动人员分工安排表

活动名称：_____　　　　　　　活动总负责：_____

阶段	项目	责任人	联系电话	项目	责任人	联系电话
前期准备	拟定活动方案			申请场地		
	活动人员分工			系部联络		
	海报宣传			广播宣传		
	评委邀请			嘉宾邀请		
	主持人			礼仪引导		
	节目审核			竞赛内容收集准备		
	赞助经费			奖品、礼品证书准备		
	服装准备			道具准备		
	演练彩排/复赛					

续表

阶段	项目	责任人	联系电话	项目	责任人	联系电话
活动现场	场地布置			座位安排		
	音响灯光			仪器设备		
	摄影人员			摄像人员		
	饮水准备			证书、奖品发放(礼仪)		
	计分人员			现场、场外秩序维护		
	卫生清扫			机动人员		
后期工作	归还道具			归还服装		
	撰写新闻			拷贝照片		
	海报宣传			广播宣传		
	汇总资料			上交资料		

注：1. 以上项目并非所有活动必需的环节。

2. 分工安排只填写项目负责人姓名和电话。

3. 每个项目可设置成员，成员名单由责任人负责，成员为项目具体实施者。

4. 若活动没有的环节，该项目请留白。

📋 **本节金句**

要想会议开得好，会前协调少不了。

第二节 会场布置

会议场地是一场会议的基础硬件之一。一个与会议和活动匹配度高的会议场地，无疑将为会议和活动本身增色不少。而相对于不同的会议形式，会场布置是否合理对于会议能否成功举办具有很大的影响。如，会场的大小和地点是否合适，会场的整体布局是否合理，设备是否齐全，会场营造的气氛与会议主题是否相符，都会对会议的效果产生直接的影响。

一、会议注册布置

完成会议注册标志着参会嘉宾正式成为会议中的一员。对于工作人员来说，办理会议注册既是确认参会者赴会的手续，又能在这一环节办理诸如信息确认、证件制发、材料发放等工作。

(一)地点选择

为了使嘉宾到达酒店或会场后能够轻松找到会务组，注册处会布置在大厅正对面或大厅进门口后的一侧。通常情况下，会场附近要设置明显的指示牌标志，同时在注册处前设置清晰可见的排队区域，标明不同的服务窗口或人员，以便参会人员快速排队并等候注册。

（二）布置时间

注册处的布置应该在开始注册的前一天晚上进行，需要摆放和布置的物品主要是会议背景板、X 展架、桌椅等。注册时所需要的注册表、文件袋、礼品袋、打印机、发票等贵重物品，可以在注册当日进行摆放和布置。

（三）所需物料

注册时所需物料主要是打印机、证卡、点钞机、计算器、签字笔、计算机、住宿登记表、会议各项活动登记表等。这些设备需要提前检查和准备，确保其正常工作并与相关系统进行连接测试。如果会议资料未放在会场座位，可以在注册时发放给嘉宾，此时需要将提前装好的资料袋和礼品摆放在注册处。此外，在注册处附近可设置饮水机、休息区等，为参会人员提供便利和舒适的环境。

（四）注册处的布局

根据注册方式和参会人数合理布置注册台。如果是线下注册，通常需要设置一个或多个注册台，确保能够同时接纳大量参会人员。正式的注册处应当在注册台后面设置背板，既能方便嘉宾寻找，又可供嘉宾注册时拍照留念。注册台的大小按照注册时所进行的工作量多少来布置，一般设会议注册区、资料发放区（文件、证卡、礼品等）、发票领取区和住宿办理区。各区域按照参会者注册时需要办理的各项事宜的顺序摆放，一般是按"会议注册—领取资料—领取发票—办理住宿"的顺序进行。注册台的桌子应当用暗红色或者蓝色的桌布包裹。

在会议背景板与注册台之间，应留足空间供工作人员办公和摆放各种物品。物品的摆放需与各功能区相对应，以方便各种物品的拿取。注册处布局图如图 7-1 所示。

图 7-1　会议注册处布局图

二、会场布置风格

会场布置主要根据会议的形式以及会议室大小来决定，常见的布置风格主要有剧院式、课桌式、全围式、半围式、分散式五类。

（一）剧院式

剧院式又称礼堂式，舞台位于场地一侧的正前方，前一、二排为重点邀约嘉宾坐席区，多采用"课桌＋座椅"的形式；后排区域为其他邀约参会者坐席，仅摆放座椅。后排区域座椅横向成排，面向主席台。除了横排外，座椅也可变成环形，或跟随焦点形成所需角度。剧院式是最常见的会场布置方式，也是容纳人数最多的会场布置风格，适用于新闻发布会、论坛、辩论会、启动仪式等，参会者作为听众，无须书写。剧院式布置参考图如图 7-2、图 7-3 所示。

图 7-2　剧院式

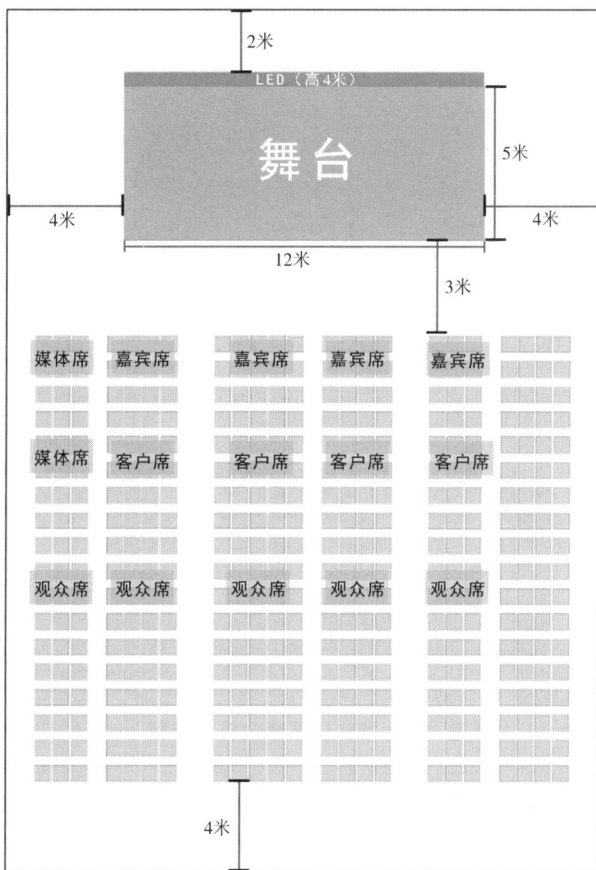

图 7-3　某会议剧院式布局参数

剧院式布局能将空间利用率最大化。但是，该布局风格对培训会议来说并非理想的会场布局，因为参会者无法方便地做笔记、与他人讨论或使用讲义或培训材料。

（二）课桌式

课桌式即桌椅横向成排，面向讲台。会场除舞台区域外，其他区域多摆放课桌配座椅。课桌式适用于论坛、研讨会、培训、总结会等时间较长的活动，便于参会者放置资料、记录。课桌式布置参考图如图 7-4、图 7-5 所示。

图 7-4　课桌式

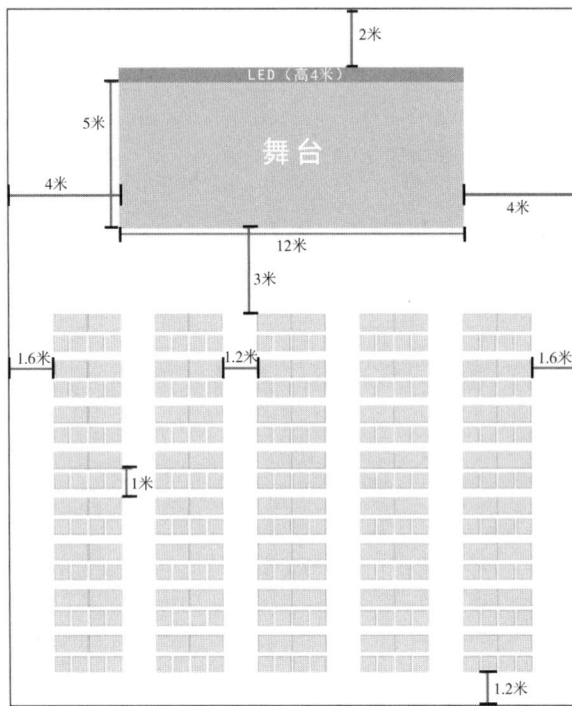

图 7-5　某会议课桌式布局参数

（三）全围式

全围式即不设专门的主席台，会议领导和参会者坐在一起，桌子摆成中空形状，不留缺口，椅子摆在外围。全围式主要适用于召开小型和特小型的座谈性、协商性的会议，又可细分为全围长方形、全围椭圆形、全围圆形等。

1. 全围长方形

全围长方形(见图 7-6)适用于内部会议或者双边谈判的现场。

进行内部会议时，职务最高的人应该位于短矩形边的一侧，并且应该面门而坐。

进行双边谈判时，双方可分别坐于桌子长边的两侧。各方职位最高者应在居中的位置，职位排在第二和第三位的人分别坐在他的右边和左边，依次排列。

图 7-6　全围长方形

2. 全围椭圆形

全围椭圆形(见图 7-7)适用于内部会议，职务最高的人应该位于椭圆形会议桌的一头。

图 7-7　全围椭圆形

3. 全围圆形

全围圆形(见图 7-8)适用于回避座次概念的内部会议或者多边谈判。圆桌会议深刻体现了参会人员平等互利的原则，淡化了尊卑概念。

图 7-8　全围圆形

(四)半围式

半围式介于分散式和全围式之间，即在主席台的正面和两侧安排代表席，形成半围的形状，既突出了主席台的地位，又易于营造融洽的气氛，适用于中小型的工作会议。半围式可细分为半围马蹄形、半围桥形两种类型。

1. 半围马蹄形

半围马蹄形又称为 U 形，是指将多张会议桌排成 U 形，即将桌子连接起来摆放成长方形，但空出一个短边，座椅围合于桌后。其优点是方便参会者进行互动，也有利于演讲者播放幻灯片讲解，适用于讨论会、头脑风暴会议、培训会等，如图 7-9 所示。

图 7-9　半围马蹄形

2. 半围桥形

桥面是主席台或评委席，对面是咨询、述职、考评、听证、面试对象的座位，半围桥形布置给对象的心理压力较大。桥形布置参考图如图 7-10、图 7-11 所示。

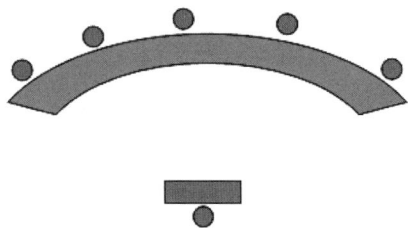

图 7-10　半围桥形简图

图 7-11　半围桥形

(五)分散式

分散式是把会场分为若干个中心，参会者根据安排就座，其中领导人和会议主席就座的桌席称作"主桌"。这种座位格局既在一定程度上突出了主桌的地位和作用，又给参会者提供了多个交流的中心，从而使会议的气氛更加轻松。分散式适合召开规模较大的联欢会、茶话会等，如图 7-12 所示。

图 7-12 分散式

分散式可以细分为方桌形(见图 7-13)、V 字形(见图 7-14)、圆桌形(见图 7-15、图 7-16)等。

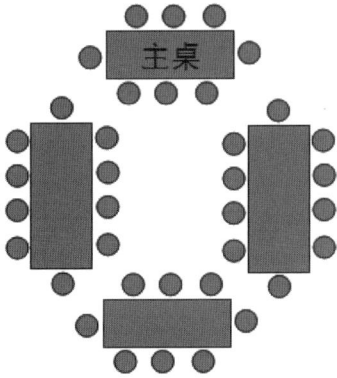

图 7-13 分散式:方桌形

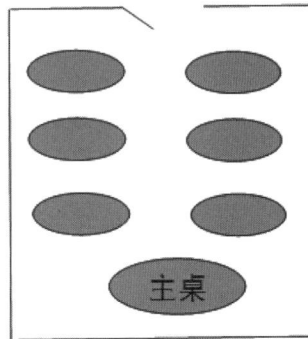

图 7-14 分散式:V 字形

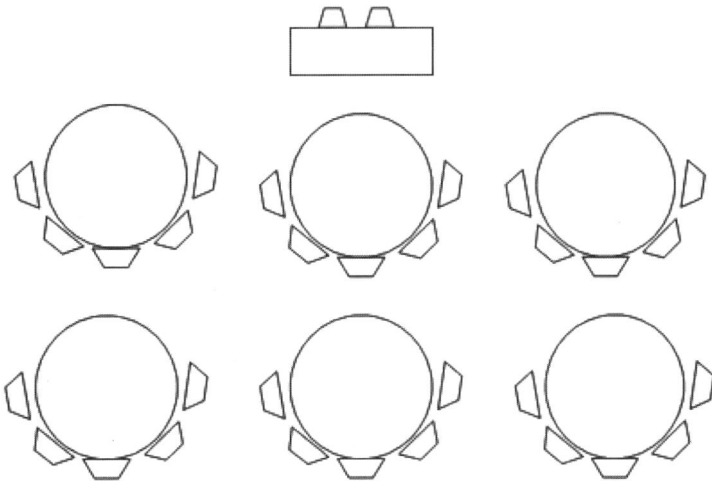

图 7-15 分散式:圆桌形

图 7-16　某单位团拜会现场(分散式)

　　不管采用何种形式,会场布置的目的都是为会议服务的,或方便进出,或增强沟通,或传递信息。因此,在布置前,会议组织者要将需求明确告知酒店或会议中心的工作人员。

三、会场座位安排

(一)小型会议

　　小型会议一般是指参加者较少、规模不大的会议。全体参会者都应排座,不设立专用的主席台。小型会议的排座有以下三种形式。

1. 自由择座

　　自由择座即不排定固定的具体座次,由全体参会者完全自由地选择座位就座。

2. 面门设座

　　一般情况下,面对会议室正门的是会议主席座位。其他的参会者在其两侧自左而右地依次就座。

3. 依景设座

　　所谓依景设座,是指会议主席的具体位置,不必面对会议室正门,而是应当背依会议室之内的主要景致所在,如字画、讲台、横幅、徽标等。其他参会者的排座,则略同于前者。

(二)大型会议

　　大型会议在会场上要分设主席台和观众席。主席台要认真排座,观众席座次可排可不排。

1. 主席台排座

　　大型会场的主席台,一般面对会场主入口,面对观众席。主席台成员的桌上,要放置正反两面的桌签。国内目前主席台排座有三个基本规则:一是前排高于后排;二是中央高于两侧;三是左侧高于右侧。

　　主席台布置有两种摆放方式:第一种是"演讲席+座位"式;第二种是只设演讲席。

　　(1)"演讲席+座位"式。座位按照课桌式摆放,主持人座位最靠近演讲席。在政务会议中,主席台上嘉宾以中间为尊、左尊右卑;在商务会议中,主席台上的嘉宾以中间为尊、右尊左卑。

第一，台上人员为单数情况，如图 7-17 所示。

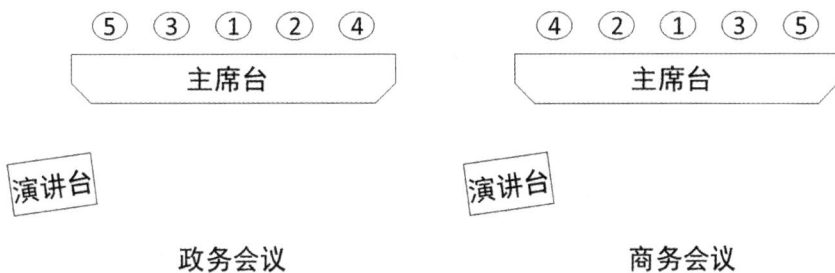

图 7-17　主席台单数排座

第二，台上人员为双数情况，如图 7-18 所示。此时，1 号、2 号领导同时放在中间。在政务会议中，1 号领导在居中的左边，2 号领导在居中的右边；在商务会议中，1 号领导在居中的右边，2 号领导在居中的左边。

图 7-18　主席台双数排座

（2）只设演讲席。嘉宾在会场前排就座，由主持人按顺序邀请嘉宾上台即可。图 7-19、图 7-20 分别介绍了政务会议、商务会议嘉宾在观众席就座的座次。

图 7-19　政务会议嘉宾席位　　　　　　　图 7-20　商务会议嘉宾席位

2. 观众席排座

在大型会议上，主席台下的一切座席都是观众席。观众席可以自由择座或按单位就座。

（1）自由择座。即不进行统一安排，而由大家各自择位而坐。

（2）按单位就座。即参会者在观众席上按单位、部门或者地位、行业就座。可以依据参会单位、部门的汉字笔画的多少、汉语拼音字母的前后，或其平时约定俗成序列就座。按单位就座具体表现为以下三种形式。

①横排法。横排法是从主席台视角看，把观众席中的每一个代表团、小组、单位的座席从前向后排成纵向一列，按组别顺序以代表座席的朝向为准，从左至右横向依次排列，如图 7-21 所示。

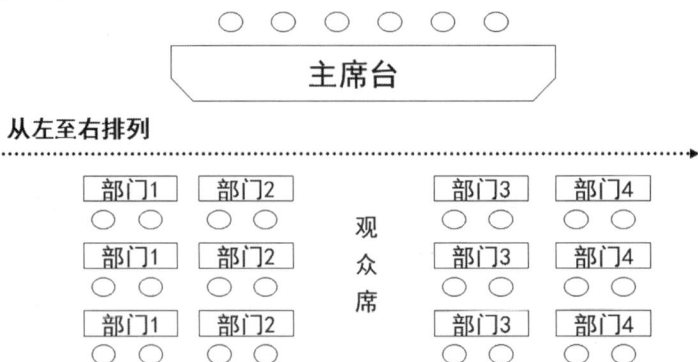

图 7-21　观众席横排法

②竖排法。竖排法是从主席台视角看，按照既定的次序把参会的每一个代表团、小组、单位的座席排成一横行，再按每一个代表团、小组、单位的顺序从前向后依次纵向排列。选择这种方法也应注意将正式代表或成员排在前，职务高者排在前，列席成员、职务低者排在后。大型代表会议采取竖排法比较好，如图 7-22 所示。

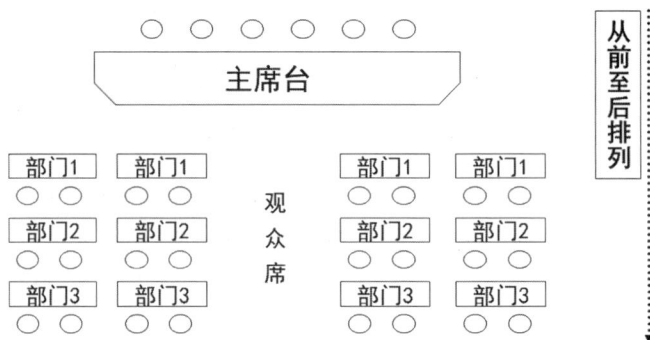

图 7-22　观众席竖排法

③左右排列法。左右排列法是把每一个代表团、小组、单位的座席安排成纵向的列，再以会场的新中心为基点，将顺序在前的排在中间位置，然后先左后右，一左一右向两侧横向交叉扩展排列座次。选择左右排列法时应注意人数，如图 7-23 所示。

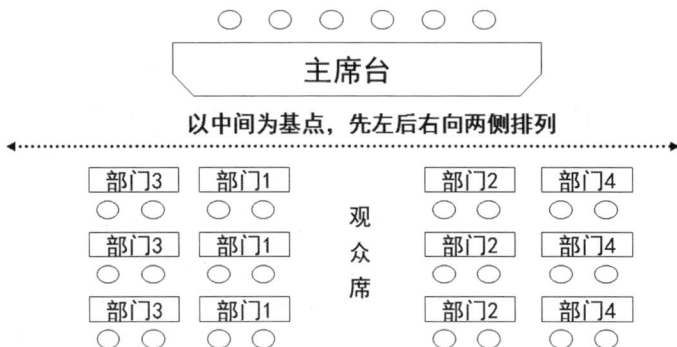

图 7-23　观众席左右排列法

按单位就座时，如果分为前排、后排，就以前排为高，以后排为低；如果分为不同楼层，那么楼层越高，排序越低。

四、会场氛围营造

会场气氛会直接影响到参会者的情绪，关系到会议举办效果。营造良好的会场气氛是会议组织者创造力和想象力的重要体现。不同的会议要求有不同的环境。例如，座谈会会场要求和谐融洽，庆祝大会会场要求喜庆热烈，纪念性会议要求隆重典雅，日常工作会议要求实用简单。会场氛围营造可以通过以下几个方面来实现。

（一）会标

将会议的全称以醒目的标语形式悬挂于主席台前上方，即会标。会标能体现会议的庄严性，激发参会者的参与积极性。会标常见的形式是在会场舞台上方悬挂一条横幅或以 LED 液晶屏显示文字形式呈现。

（二）会徽

会徽，即能体现或象征会议精神的图案标志或 LOGO，一般悬挂于会场前上方中央位置。会徽可以是组织已定徽标，如党徽、国徽、团徽、警徽等，也可以向社会公开征集。

（三）座签

座签是参会人员身份的标志。既充分体现了对该座人员的尊重，又起到了清点人数的作用。座签一般应当用浅红色纸、黑字打印。应写清该座位人员的姓名（核实无误）或单位名称，如图 7-24 所示。

图 7-24　会议座签

（四）桌布

会议桌布作为会场布置中一个必不可少的环节，越来越被会议主办方看重。从高端的商务峰会、座谈会到普通的例行会议，这个看似不起眼的装备，却在会议进行中起着非常关键的作用。

1. 桌布色系

会议桌布的色彩在应用上，主要分为蓝色系、绿色系、红色系、香槟黄与迷彩色。

(1)蓝色系凸显健康，能让人心情愉悦，气氛轻松，适用于产品发布会、读书会、智能产业论坛，甚至一些比较高端的外交峰会。蓝色代表着高色温值，这种色彩的桌布有助于提升参会者的注意力。

(2)红色系是庄重、典雅与高贵的代表，但是气氛稍显凝重，适用于政府会议，以及一些高端商务型会议。除此之外，主席台的桌布色彩一般为红色，主要也是为了突出庄重的氛围。

(3)香槟黄代表高贵与富有。黄色运用得好，还能够与现场灯光相互呼应，使人产生代入感，让参会者迅速融入现场环境中。黄色一般应用在金融性较强的商务会议上。

(4)绿色系，一般来说较少出现在日常的商务、外交等会议上。这种色彩的桌布一般应用在军事、培训以及讲座等具有浓厚特定领域的会议活动中。

(5)粉色系，在一些非常规的会议活动中也能看到，这种场合经常是服装鞋帽等轻工业产品的发布会和一些家庭用品的产品推介会。粉色代表着轻松洋溢，更适用于以女性为主角的会议。

(6)迷彩色通常应用于与军事有关的相关会议或活动中，应用在户外会议的居多。

2. 桌布材质

通常使用的桌布材质根据生产工艺可以分为塑料类和纺织类两大类。塑料类的桌布包括PVC桌布、EVA桌布、PEVA桌布、烫花桌布、棉衬底PVC桌布、PP桌布等；纺织类的桌布包括涤棉针织花边桌布、纯棉丝光网扣桌布、涤丝经编提花桌布、纯棉丝光提花桌布、涤棉平织印花桌布、涤棉平织绣花桌布、亚麻针织花边桌布、涤麻平织补花桌布等。

(1)塑料类桌布。实用性的台布多以PVC质地的为主，其中又以棉衬底PVC台布的质量最有保障。这种台布底层铺上的一层棉底，使得其柔软易折叠，避免了传统PVC台布硬、脆的缺点。同时，这种台布不像传统的塑料台布颜色过于单一、暗沉，颜色和花型多样，易搭配多种装修风格，是软装潢不错的选择。

(2)纺织类桌布。纺织类的桌布多以装饰为主，其面料同时也是非常环保健康的，吸湿性好，亲肤爽肤；经预缩处理，手感舒适，织物紧密。这类桌布经过丝光处理，明亮、柔和、色泽鲜艳，是会议中最常用的一种桌布。其中棉麻桌布是一种不错的面料，质感相当好，非常耐磨耐用，且面料环保健康。而绸缎桌布多用于酒店晚宴、会议、婚庆中。

(五)其他

1. 灯光

要注意灯光的亮度，一般主席台上的灯光要比台下代表席的灯光亮。若主席台布置有LED大屏幕，主席台两侧应额外追加两组灯光，以避免出现拍摄的会议照片出现较暗的情况。

2. 色调

要注意不同色调会给参会者不同的感官刺激，如红、粉、黄、橙亮丽明快，属于暖色调，使人感觉热烈辉煌，适用于庆典类会议；蓝、绿、紫庄重典雅，属于冷色调，使人感觉严肃端正，适用于一般工作会议。

3. 旗帜

重要的会议宜在会场内外插一些旗帜以烘托气氛。

4. 标语

简洁明快的标语口号能振奋参会者精神，强化会议主题。

5. 花卉

适当摆放花卉能给人以清新活泼之感，既能营造会议氛围，又能减轻参会者长时间的疲劳。

6. 会议摆台

首先，主席台摆放的会议材料，必须由会务人员对其是否齐全、页码是否正确，印刷及装订质量是否合格等方面进行逐一检查，如图7-25所示。

图 7-25　某会议摆台

其次，准备好茶水、矿泉水等物品。如会场空间小，可使用饮水机；会场空间大，可逐桌摆放茶水、矿泉水等；如会议规格高，参会人员较少，应由工作人员负责倒水。图 7-26、图 7-27 所示是两种不同的会议用品摆台，仅供参考。

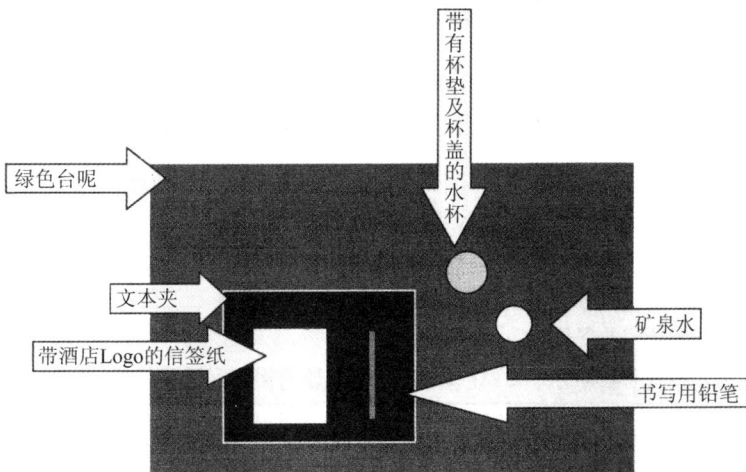

图 7-26　会议用品摆台示例 1

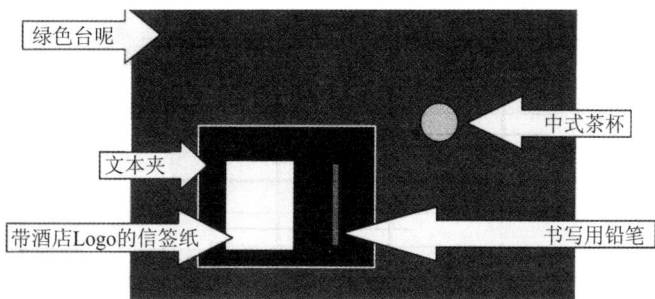

图 7-27　会议用品摆台示例 2

五、会场主要设备

会场设备是现代会议活动得以顺利进行的物质保障。会场设备的主要作用包括记载表达信息、提供条件保障、营造环境气氛、克服交流障碍、实现远程会议等。

（一）基本设备

基本设备主要是指满足会议活动基本需要的设施，如讲台、桌椅、话筒、灯具、通风机、卫生用具以及供水供电设施等。

1. 讲台

多用立式讲台：位置一般在主席台右前侧，如图 7-28 所示。

图 7-28　某论坛讲台

2. 话筒

话筒是嘉宾发言的重要工具，在会议开始前要仔细检查。若会议有互动环节，观众需要发言或提问，则应准备备用话筒。会议中常见的话筒类型有无线话筒、微型话筒、固定立式话筒等，如图 7-29 所示。

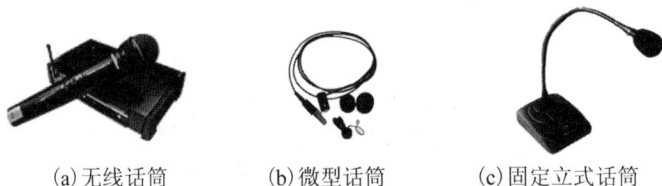

(a)无线话筒　　　(b)微型话筒　　　(c)固定立式话筒

图 7-29　会议中常见的话筒类型

（二）印刷设备

印刷设备是指印制和复制会议文件的机器设备，如打印机、扫描仪、复印机等。

（三）安全设备

中、大型会议的现场一定要有足够安全的安全通道，配备质量可靠的门禁设备、消防器材和救生用品。

（四）视听设备

视听设备包括扩音机、投影仪及投影屏幕、音响、白板、LED屏幕、电子书写板、同声传译系统等。在安放投影屏幕时应注意，安放屏幕的位置、角度要合适，既要保证演讲人不用离开讲桌上的麦克风便能看见屏幕，又要保证屏幕底部距离地面不少于1.2米。

（五）通信器材

通信器材包括举行电视电话会议、网络视频会议所用的电话机、电视机、计算机以及相应的通信网络设施。

> **▣ 本节金句**
>
> 会场布置很重要，氛围营造不可少。

第三节　会议接待准备

会议接待是指围绕参会人员的迎送、吃、住、行、参观、访问等方面作出的安排，是会议倒计时阶段工作的重要内容和组成部分。会议的性质与规模不同，接待的要求、内容也不同。

一、会议接待的总体原则

（一）工作制度化

会议组织者应建立健全各项接待工作制度，包括会议接待管理规定、接待信息收集制度、外宣品管理规定、接待人员工作纪律等。制度应有效落实，做到人人落实制度、事事执行制度、时时贯彻制度，形成靠制度管理、按制度办事、用制度管人的良好氛围。

（二）操作流程化

会议组织者应认真执行接待工作流程体系，规范接待工作程序，严格接待标准，强化服务监督，做到工作流程明确、人员操作得当、服务质量到位，各个环节丝丝入扣，不出纰漏。

（三）服务规范化

会议组织者应明确服务责任，确保服务措施到位，力求有效落实以一张笑脸、一份接待服务手册、一张名片、一路激情讲解为主要内容的"四个一"服务模式。

二、制定会议接待工作标准

（一）信息收集

会议接待人员应根据参会者回执内容，及时收集、完善参会嘉宾有关信息，做到及时、迅速、全面、准确、详尽。信息收集的主要内容包括以下几方面。

1. 参会者的基本情况

包括参会者地区、姓名、性别、年龄、身份、职务、宗教信仰、生活习俗等。

2. 参会目的、意图

参加会议的目的、意图，决定了参会者在会议期间的立场和态度。应通过多种途径和渠道了解和掌握，以便有针对性地做好接待工作。

3. 抵离时间和交通工具

要准确掌握参会者抵达和返离的具体时间和交通工具，以便安排人员和车辆到机场、码头、车站迎接和送别。

(二)接待方案

会议接待方案应做到格式规范、文字简练、内容准确、报批及时，充分体现参会嘉宾和会议主办方的意图，具有会议特色，各项安排合理。具体会议接待方案的内容可见第三部分。

(三)食宿安排

遵循有关规定，控制在会议预算标准和参会者可承受能力范围内，食宿各项安排合情、合理、合时，尽量满足参会嘉宾的需求。

(四)日程安排

应做到接待时间精确、各种安排科学合理、路线选择恰当，达到环节相连、细节相扣的目的。

(五)协调联络

会议组织机构内部应与交通、餐饮、食宿供应商等单位主动协调、联络畅通、无缝衔接，做到上下联动、左右联动，形成合力。

(六)服务礼仪

会议接待人员应个人形象良好、礼仪运用恰当、服务热情周到。

三、制定会议接待方案

重要的会议接待，应事先制定接待方案，并提交上级主管部门审批。接待方案批准后，即成为会议接待工作的依据。一般而言，会议接待方案应包括以下内容。

(一)接待方针

接待方针即会议接待工作的总原则和指导思想。接待方针不是一成不变的，而是应当根据会议目标和会议主办方对接待工作的要求以及主要参会对象的具体情况而定。

(二)接待规格

接待规格主要表现在以下几个方面：迎接、宴请、看望、陪同、送别参会对象时，主办方出面的人员的身份；会议活动过程中主办方安排宴请、参观、访问、游览、娱乐活动的次数、规模和隆重程度；主办方确定的参会对象的食宿标准。

(三)接待内容

会议接待的内容包括接站、食宿安排、宴请、看望、翻译服务、观看电影和文艺演出、参观游览、联欢娱乐、返离送别等方面。

(四)接待日程

接待日程安排应当同会议活动日程的整体安排通盘考虑，并在会议日程表中反映出来，便于参会嘉宾了解和掌握。

（五）接待责任

接待责任是指会议活动中各项接待工作的责任部门及人员的具体职责。不同的接待部门（人员）具有不同的职责。例如：

会议组委会负责总体统筹、协调和联络工作。

秘书组负责撰写好欢迎词、祝酒词等文稿，并在接待工作结束后，负责相关文件的整理归档。

后勤组负责按时安排迎客车辆，预先为参会人员准备好客房及膳食，提供票务预订服务。

接待组负责布置接待环境，迎来送往。

宣传组负责安排迎送条幅、路标、纪念品的派送及宣传材料的准备。

会务组负责参会人员的签到、登记。

财务组负责收取或清退参会者的会费、旅游观光费、住宿餐饮费，开具相关发票，与酒店进行清账结算等。

（六）接待经费

接待经费是整个会议预算的构成部分，主要安排参加对象的餐饮、茶歇、嘉宾住宿和交通费用，有时也包含安排参观、游览、观看文艺演出等支出，涉外会议活动时还包括少量的礼品费。

四、培训接待人员

会议接待的对象不同，接待的要求也就不同。因此，会议接待工作人员要根据具体的接待对象学习和掌握有关的接待知识，必要时，对接待工作人员，尤其是志愿者进行培训，使他们熟悉接待对象的基本情况特点，以便有针对性地做好接待工作。

接待人员培训的主要内容有以下几方面。

（一）接待服务礼仪规范

主要包括接待人员个人形象规范（如仪容、仪表、仪态规范）、沟通交流规范、商务礼仪规范等。

（二）会议基本内容

主要包括会议全称、会议背景、会议目的、参会嘉宾类型、参会嘉宾来源、会场区位、会场设施和用品等。

> 📑 **本节金句**
>
> 会议接待不是简单的迎来送往，而是给参会者留下美好会议体验的起点。

第四节　会前检查

一、会前检查的作用

会前检查是会前各项准备工作的落脚点，是保证会议顺利举行的必要条件。其主要作用有以下两个方面。

(一)发现问题，及时纠正

会前筹备工作任务重、头绪多、事务杂，难免出现考虑不周或有纰漏或差错的情况。会前检查可以发现问题，及时加以纠正，有效防止将问题带到会议中。

(二)调整计划，改进提高

会议策划方案是举办会议的设想。即使"完美"的会议策划方案，在会议筹备中也会因情况发生变化而产生新问题。会前检查可以及时调整会议策划方案，使会议各项筹备工作臻于完善。

二、会前检查的内容

会前检查的内容包括会议策划方案中所述的全部项目，重点检查内容包括以下三个方面。

(一)会议文件准备

会议文件既是会议目标和结果的体现，又是领导和管理会议的依据。会议文件的差错，小则影响会议进程，大则可能产生严重的政治后果。因此，要对文件的起草、校对、印制、分装等各个环节进行严格检查，严防出错。

(二)物品检查

物品准备妥当后，务必对其进行仔细检查。该项工作通常由各项工作的负责人协同会场负责人进行检查。物品检查的要点是物品种类、数量是否齐全，在会议中使用是否便利。例如，演讲PPT版本较低，会场计算机打开慢，导致会议时间隐形延长；会议展示资料是PDF文件格式，但会场计算机未安装相关软件；或展示资料有视频、音乐，涉及信号切换问题。此外，应预先制定应急措施，在设备出现问题或物品短缺时，可以在不影响会议进行的情况下补充物品。

(三)会场检查

会场检查的范围包括主会场、分会场以及参会者的驻地。检查内容主要包括以下几个方面。

1. 会场基础设施

会场基础设施一般由酒店或会展中心专业的工作人员负责检查，主要检查电路状况、桌椅摆放等。会务组要给予积极的配合，对出现的问题要及时反馈。

2. 会议设备

主要检查如LED屏幕、音响、灯光、投影仪、话筒等是否符合会议需要，是否能正常工作。

3. 会场软设施

检查过场音乐、过场视频、过场PPT等是否有序衔接等。在会议进行中使用过场音乐、过场视频和过场PPT等过渡元素是一种有效的交流方式，可以提高会议效果和参会者的参与感。

(1)过场音乐。在一些正式的会议活动中，比如大型会议、颁奖典礼、年会等，使用过场音乐可以增加氛围感和仪式感，让参会者在等待会议开始时或会间休息过程中有所期待。

(2)过场视频。过场视频可以在会议开始前或者在会间休息时播放，通过视觉画面和声音效果的结合来吸引参会者的注意力，用于展示相关的内容并传达信息，如会议宣传片、嘉宾祝福、公司介绍、项目成果展示、成功案例等。

（3）过场PPT。过场PPT可以用来展示会议主视觉、会议议程、介绍演讲嘉宾或提供重要信息。它可以包含简洁清晰的文字、图表、图片或视频片段，帮助参会者更好地理解和跟进会议的内容。

是否使用过场音乐、过场视频和过场PPT取决于会议的性质、目的和参会者的需求。有些会议可能更注重专业性和效率，不需要这些元素。因此，在安排会议时，要根据具体情况综合考虑，确保这些过渡元素能够有助于会议的顺利进行，同时提升参会者的参与体验。

【拓展阅读 7-1】

山东：重大活动举办前至少进行1次检验性演练

三、会前检查的方式

（一）听取汇报

会议组织者领导或负责人听取关于会议筹备工作的汇报，然后作出指示，最后由会议筹备工作机构各小组负责整改。

（二）实地检查

领导或负责人亲自到会场进行实地检查，以便及时发现问题并加以纠正。

（三）会议彩排

会议彩排，即依据会议流程，在会场内将会议过程中工作人员的工作演习一遍。虽然是彩排，但工作人员需要将其看作真正的会议过程。此时要求各部门工作人员各就各位，如控制PPT的人、控制灯光的人、提醒发言的人、控制音乐的人等。会场负责人还应安排工作人员的调动和工作的协调。彩排一般在物品检查完毕后进行，彩排的次数依据效果而定，没有次数规定，一般直至没有问题出现即可。

会议彩排的重点内容一般有开幕式各环节，嘉宾引导，各项仪式活动，如颁奖仪式或签字仪式等。在彩排过程中，应注意保持会场环境卫生和物品的整齐。彩排结束后，所有工作人员应退出会场，以保持会场布置。

📑 本节金句

宁愿会前多检查，也不会后多返工。

【复习与思考】

一、本章小结

· 会议倒计时阶段是以会议召开当日为标准，往前倒推7天。

· 会议倒计时阶段首先应召开工作协调会。召开工作协调会的目的主要是确定会议各部门及工作人员的分工，明晰工作人员的职责，梳理会议流程，为会议执行工作确立良好的分工协作机制。工作协调会一般要梳理从会议准备到会议结束的每个环节。

· 会场布置主要根据会议的形式以及会议室大小来决定，常见的布置风格主要有剧院式、课桌式、全围式、半围式、分散式五类。剧院式是最常见的会场布置方式，也是容纳人数最多的会场布置风格，适用于新闻发布会、论坛、辩论会、启动仪式等，参会者作为听众，无须书写。课桌式适用于论坛、研讨会、培训、总结会等时间较长的活动，便于参会者放置资料、记录。全围式即不设专门的主席台，会议领导和参会者坐在一起，桌子摆成中空形状，不留缺口，椅子摆在外围。全围式主要适用于召开小型和特小型的座谈性、协商性的会议，又可细分为全围长方形、全围椭圆形、全围圆形等。半围式即在主席台的正面和两侧安排代表席，形成半围的形状，既突出了主席台的地位，又易于营造融洽的气氛，适用于中小型的工作会议。半围式可细分为半围马蹄形、半围桥形两种类型。分散式是把会场分为若干个中心，参会者根据安排就座，其中领导人和会议主席就座的桌席称作"主桌"。分散式适合召开规模较大的联欢会、茶话会等，可以细分为方桌形、V字形、圆桌形等。

• 小型会议的座位安排没有统一要求，可以采用自由择座、面门设座、依景设座三种排座方式。

• 大型会议的主席台布置有两种摆放方式：一种是"演讲席＋座位"式；另一种是只设演讲席。在政务会议中，主席台上嘉宾以中间为尊、左尊右卑；在商务会议中，主席台上嘉宾以中间为尊、右尊左卑。观众席可以自由择座或按单位就座。

• 会场氛围的营造可以通过会标、会徽、座签、桌布，以及灯光、色调、旗帜、标语、花卉、会议摆台等来实现。

• 常见的会场设备主要有基本设备(讲台、话筒等)、印刷设备、安全设备、视听设备、通信器材等。

• 会议接待是指围绕参会人员的迎送、吃、住、行、参观、访问等方面作出的安排，是会议倒计时阶段工作的重要内容和组成部分。会议的性质与规模不同，接待的要求、内容也不同。

• 会议接待的总体原则主要包括工作制度化、操作流程化、服务规范化等；会议接待工作标准主要包括信息收集、接待方案、食宿安排、日程安排、协调联络、服务礼仪、工作成效七方面内容。

• 重要的会议接待，应事先制定接待方案，并提交上级主管部门审批。一般而言，会议接待方案应包括接待方针、接待规格、接待内容、接待日程、接待责任、接待经费等。

• 会前检查是会前各项准备工作的落脚点，是保证会议顺利举行的必要条件。会前检查的重点内容有会议文件准备、物品检查、会场检查等。会前检查可以通过听取汇报、实地检查、会议彩排等方式完成。

二、重点概念

工作协调会	会场布置风格	剧院式	课桌式
全围式	半围式	分散式	会议座位安排
会场氛围营造	会议摆台	会场设备	会议接待
会前检查			

三、思考讨论题

1. 如何组织工作协调会？工作协调会讨论的主要内容是什么？

2. 简述常见的会场布置风格及其适用范围。

3. 商务会议和政务会议的主席台座位安排是否有区别？若有，具体在哪些方面存在区别。

4. 大型会议的观众席如何安排座位？

5. 会场氛围营造可以从哪些方面着手？

6. 常见的会场设备有哪些？

7. 会议接待在整个会议组织中起到哪些作用？如何制定会议接待方案？

8. 会前检查的意义有哪些？会前检查的具体内容与方式分别是什么？

【综合案例分析】第十三届世界水务大会

　　世界水务大会由世界水务协会主办，是集会议研讨与展览为一体的国际性水务会议。该大会每三年举办一届，每届提前六年申办。自1985年9月15日首届世界水务大会在澳大利亚悉尼举行以来，越来越多的国家开始积极地参加大会，如今已有30余个国家参与和支持。

　　历经38年，世界水务大会首次在中国举行。第十三届世界水务大会于2023年10月18—20日在上海召开。本届大会由住房和城乡建设部指导，世界水务协会、中国建筑金属结构协会、上海市水务局共同主办。大会以"全球水务高质量发展"为主题，以"更环保、更智能、更安全"为口号，汇聚来自中国、美国、德国、英国、印度、巴西、沙特阿拉伯、新加坡等国家的水务专家、学者和行业人士，共同探讨并分享水务领域的新思想、新技术、新应用。

　　本届大会设有开幕式、闭幕式、4场大会主题演讲、4场主题分论坛、1场主题交流、1场附设展览会、1场论文评选颁奖仪式，共有50余位国际嘉宾、超过500名参会代表参会。该大会已发展成为一个国际性的学术交流和展示平台，为参会成员探讨水行业发展和技术交流提供了高效的沟通平台。

案例分析与讨论：

1. 假设你是该会议组委会成员，请拟写本次会议的接待方案。

2. 该大会除了全体会议外，还设有分论坛、主题交流等活动，请思考不同的会议形式如何选用会场布局风格。

3. 该会议在会前检查的重要内容有哪些？

第八章
会议执行阶段

【学习目的】

通过本章的学习，读者应熟悉会议执行阶段的时间划分和本阶段的主要工作内容。熟悉会议接站服务的主要内容，掌握会议不同类型的签到方式，熟悉会议现场服务工作的具体内容，明确会议记录工作的主要内容与技巧。

本章思维导图

【思政内容】

党的二十大报告指出："中国式现代化的本质要求是：坚持中国共产党领导，坚持中国特色社会主义，实现高质量发展，发展全过程人民民主，丰富人民精神世界，实现全体人民共同富裕，促进人与自然和谐共生，推动构建人类命运共同体，创造人类文明新形态。"

"天下之事，虑之贵详，行之贵力。"中华文化历来重视执行。"言必信，行必果。""令则行，禁则止，宪之所及，俗之所被，如百体之从心，政之所期也。"这些古语都强调了执行的重要性。随着我国进入新发展阶段，会议执行阶段也面临高质量发展的新要求。办会理念的创新和技术手段的融合，令会议活动更加回归本质，注重务实，为会议组织架起便捷和高效的桥梁，也极大地提升了参会者的体验感。当前，会议行业要融合科技发展力量，积极推动数字化、智能化转型，鼓励学生积极投身到会议执行阶段的具体工作中，提供更加优质的参会体验。

通过本章的学习，一方面，学生能够认识到会议的顺利进行和有效沟通离不开公平、公正、公开原则，有利于培养学生的精细化服务意识、团队合作意识、勤俭节约精神和工匠精神，培育时代新风新貌；另一方面，学生可以认识到节俭、高效、数字化是目前会议执行阶段的主旋律，有助于督促学生树立远大理想与崇高信仰，永葆初心使命，并在工作中将其转变成锐意进取、开拓创新的精气神和埋头苦干、真抓实干的自觉行动，为会议的顺利举办赋能助力。

【重点内容】

- 接站服务
- 会议报到与签到
- 会议影像服务、会议茶歇服务
- 会议记录

执行阶段即会议召开当天。前期准备的所有工作都是为了会议的成功举办。对于主办方而言，执行阶段的成功在很大程度上意味着会议的成功。

第一节　接站与引导

一、接站服务

接站，即会议组织者安排人员在机场、港口、车站迎接参会人员。接站前要确定迎接规格，安排陪同人员，制作引导标识和指示路牌。

会议接待人员应在参会者报到之前预先了解其所乘坐的飞机、车、船的班次、车次。如无法了解，应在规定的报到日期内安排好车辆和接站人员。最好在车站、机场等设立接待站，制作一块醒目的牌子或横幅，写明"×××会议接待处"等字样，如图 8-1 所示。待参会人员到来后，要尽快将客人送往会场或会议驻地。

做好接站服务要注意以下几个方面。

图 8-1　会议接站牌效果图

（一）确定迎接规格

迎接规格主要是指会议接待方派出的迎接人员的级别。迎接规格主要依据嘉宾的身份、地位，以及与会议主办单位的关系来判断。对于不同身份、不同国籍、不同单位的人，迎接规格要视情况而异，最高级别的迎接规格针对的迎接对象是外国国家元首、政府首脑。

若参会嘉宾的身份、地位高，那么迎接人员的身份、地位也相应要高，如东道主组织负责人、会议主办方领导，应由会议承办单位的主要负责人出面迎接。若接待方当事人临时因身体不适不便出面或不在当地，可适当灵活变通，由职位相当的人士或副职人员出面。总之，接待方迎接人员的身份应与嘉宾相差不大，同嘉宾身份相当为宜。

对于应邀参会者，无论是官方人士、专业代表团或民间团体、知名人士，在他们抵离时均应安排相应身份的人员前往机场、车站、码头等迎送。一些重要的迎接，特别是外事活动的迎接还要考虑组织欢迎队伍，举行一定的仪式礼仪，必要时还要进行新闻报道。

在行业会议实践中，会议组织者可能不考虑迎接普通参会者，仅考虑迎接主要演讲人、重要领导。

（二）竖立接待标志

参会者集中抵达时，应在接站处竖立醒目的接待标志，以便参会者辨识。若接站现场较大，人员环境嘈杂，还应准备好手提式扩音器。在迎接个别参会对象时，接站人员可以手举欢迎标志，如图 8-2 所示。

图 8-2　个别参会对象接站牌

（三）掌握抵达详情

随时掌握并统计抵达的名单和人数，特别是要留意晚点抵达的参会者，以免漏接。同时，还要留意那些事先未发回执的参会人员，及时与会议接待组负责人联系，帮助参会者补订房间、增补会议资料。

(四)主动热情迎接

当参会者到达时,接站人员应主动迎上前去做自我介绍,并与其握手表示欢迎。如果领导亲自前去迎接重要参会嘉宾,且双方是初次见面,可由接待人员或翻译人员进行介绍。

(五)安排统一乘车

针对普通参会者,常见的是安排大巴车统一将参会者送达会场进行注册签到。大巴车上应安排一名会议接待人员全程陪同。

针对重要参会嘉宾或领导,可为其安排小轿车。会议接待人员与参会嘉宾一同乘坐小轿车时要注意座位次序。一般而言,小轿车的座位次序基本规则为"右为上、左为下;后为上、前为下",即轿车的后排右位为上座,应安排坐主宾;后排左位为次座,应安排坐主陪领导;接待人员一般坐在副驾驶座位上,如图 8-3 所示。

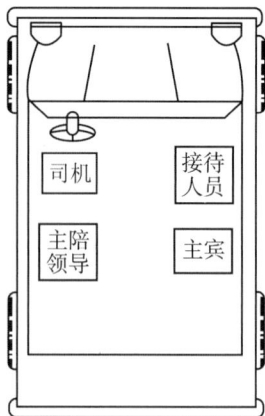

图 8-3   小轿车座次
礼仪(司机驾车)

(六)设立接待站点

如果参会者抵达时间不集中,且会议组织者不设专车接机或接站,则可在机场或火车站出站口一侧设立一个接待处,并配备专人解答参会者提出的各种问题。此举有助于为参会者提供帮助,给其留下良好的印象。

二、引导服务

引导服务是指会议举办期间接待工作人员为参会者提供的指引会场、座位、餐厅、住宿房间以及参会者所要打听的地方的路线、方向、具体位置、交通条件等服务。一些大型会议或重要会议,均设有专职引导服务人员,即礼仪人员。国际会议的礼仪人员还要求熟练使用外语。在会议举办期间,引导服务具体可包括以下内容。

(一)会议场馆指引

会议接待人员负责向参会者提供会议场馆的具体位置和路线指引,确保参会者能够顺利到达会议地点。他们应告知参会者如何前往会场,包括公共交通工具的选择、地铁站或公交站点的位置、停车场的位置和停车指引等。同时,会议接待人员还应根据主办方在会场附近设置的标识牌或指示牌,指引参会者找到入口和注册处等重要区域。

(二)座位安排指引

在大型会议中,会议接待人员负责帮助参会者找到自己的座位。他们会根据参会者的注册信息,将座位安排表与会议场地平面图相结合,准确指引参会者找到自己的座位。对于临时换座或没有座位的情况,他们也应提供相关解决方案。

(三)会议日程指引

会议接待人员会向参会者提供会议日程和议程安排,包括主题演讲、分会场安排、休息时间等重要信息。他们应确保参会者了解会议日程的安排和变动,并在会场或重要场所设置公告板或电子屏幕,及时展示日程安排、重要通知和变更信息。

（四）会议设施和服务指引

会议接待人员应提供关于会议设施和服务的指引。例如，告知参会者各个区域的位置，如餐厅、休息区、展览区等，以及相关服务设施的位置，如洗手间、充电区、媒体中心等。同时，回答参会者关于会议设施设备的问题，并为参会者提供帮助和支持，确保他们能够舒适愉快地参与会议。

（五）现场疑问解答和协助

会议接待人员应随时回答参会者在会议期间的疑问，无论是有关会议内容的问题、场馆设施的疑惑，还是其他与会议相关的事项，均应提供准确的信息和解答。同时，会议接待人员也应具备协助处理突发情况的能力，如紧急情况下的医疗协助、意外事件报告等。

三、返离服务

返离，即会议闭幕后参会者的离会和返回。按照心理学的规律，一项活动留给人的最后印象一般会较深刻地留在人们的脑海里，所以切不可疏忽会议返离服务。在会议举办期间，返离服务具体可包括以下内容。

（一）提供离会指引建议

主办方应在会议闭幕前提供参会者离会的指引和建议，包括为参会者提供交通工具的选择和使用建议，例如，告知公共交通工具的时间表和路线，以及附近出租车站点的位置等。同时，还应在会议场馆附近设置标识牌或指示牌，指引参会者找到离会的出口和交通站点。

（二）提供行李寄存服务

为方便参会者在离会前活动，主办方应提供行李寄存服务。例如，设置专门的行李寄存区域，接收参会者想要寄存的行李，并为每个行李标注标签以确保安全。在参会者离会时，会议接待人员应将行李交还给参会者，确保行李完整并核对标签以防漏失。

（三）检查会场与房间

会议接待人员应负责检查会场和房间的状态，以确保参会者离会时的整洁有序。在会议闭幕之前，会议接待人员应巡视会场和房间，检查是否有遗留物品、设施损坏或需要修复的地方。如果发现问题，应及时通知相关部门进行处理，确保参会者离会时会场和房间处于良好状态。

（四）结算费用

在返离服务中，主办方需要确保参会者能够方便地结算相关费用。例如，支付会议注册费、住宿费、餐食费用以及其他可能产生的费用。为了简化结算过程，主办方可以提供多种支付方式，并尽量避免长时间等候或烦琐的结算程序。更多结算费用的内容，请见本书第九章第二节。

（五）送行服务

在返离服务的最后阶段，会议主办方应根据离会人数情况安排车辆将参会者送到机场、火车站或长途汽车站等目的地，同时会议接待人员也会随车陪同。这项服务旨在确保参会者能够顺利离会，返回各自的目的地，并协助参会者解决离会过程中可能出现的问题。在送行过程中，会议主办方还可以借此机会和参会者进行交流，对参会者表示感谢并表达期待下次再见面的意愿。

┌─ 📑 **本节金句** ─────────────────────────

服务细节要融入，接站引导有温度。

└──

第二节　会议报到与签到

📖 **【小资料 8-1】会议报到与签到工作如何落实**

（总经理办公室）

李总："小王，参会代表从今天起就会陆续到达，接站、报到、签到与入场安排等相关事项，由你负责。有什么困难可以直接向我汇报。"

王俐："好的，我会尽快落实的。"

思考：如果你是小王，你准备如何落实？

会议报到与签到是参会者在正式开会前需要办理的两种手续，其目的是准确掌握参会人员的情况，特别是对于有选举内容的会议来说，报到与签到环节十分有必要。

接站、报到、签到与入场安排都是会议工作中的重要内容。会议工作人员应提前做好准备，提前了解交通、住宿服务等相关的服务信息。

一、会议报到

（一）会议报到的含义

会议报到是会议主办方向参会者提供的办理入场手续和领取相关会议资料的服务，是指参会人员从自己的工作单位或驻地到达指定的开会地点，并告知会务组或履行登记手续。会议报到是参会者与主办方之间的第一次接触，对于营造良好的会议氛围、提供参会者所需信息以及解决参会者问题具有重要意义。

（二）会议报到的材料准备

主办方应准备以下材料，以向参会者提供完善的报到服务。

1. 参会者证件

参会者证件是确认参会者身份的重要凭证，主办方应提前为参会者准备并制作个性化的工作证或名称牌，上面包含参会者的姓名、单位、职位等信息，这有助于参会者与其他参会者进行交流时识别身份。

2. 会议手册

会议手册是提供给参会者的重要资料。会议手册包含会议日程、演讲嘉宾介绍、演讲主题、会场布局图等信息。会议手册是参会者了解会议内容和安排的重要参考资料，可以通过电子版或纸质版的形式提供给参会者。

3. 报到表/注册表

主办方应提供报到表或注册表，用于参会者填写个人信息以便进行统计和管理。报到表通常包括参会者的姓名、职称、联系方式、单位等信息。这有助于主办方对参会者的人数和背景信息进行统计和分析。在实践中，主办方一般通过会前的参会回执进行信息收集，现场只需要确认身份即可，仅内部会议、小型会议，临时新增的参会者需要填写报到表中的相关信息。

4. 会场地图

为了方便参会者进行定位和导航，主办方应提供会场地图或平面图，标明会议场地的布局和重要区域的位置，这有助于参会者准确找到会议厅、展厅、餐厅、休息区等地点。

5. 参会人员通讯录

一般而言，学术会议或协会主办的年会会向参会者提供参会人员名录，其中包括参会者的姓名、所属机构、职务、邮箱等信息。参会人员名录可以帮助参会者了解其他参会者的基本信息，方便后续交流和联络。

6. 参会证书

参会证书可以作为参会者的个人履历和专业发展的证明，对职业发展具有积极的作用，仅限于国际会议和各类非固定的培训会议。许多国际会议会给参会者提供参会证书。参会证书制作精美，其上印有会议名称、举办地点、时间和会徽、参会者姓名，以及大会主席亲笔签名，以表示对参会人员的尊重。非固定的培训会议一般是为参会者提供培训的结业证书。除此之外，其他一般性的会议不需要提供参会证书。

需要注意的是，不同的会议可能会提供不同的材料和服务，这取决于会议的规模、类型和目标。主办方应根据具体情况，合理选择和准备相应的材料，为参会者提供更好的服务和体验。

（三）会议报到的主要工作内容

参会者报到时，会议接待人员要做好以下工作。

1. 查验证件

查验证件的目的是确认参会者的参会资格。需查验的证件包括会议通知、邀请函、单位介绍信或其他相关有效文件。

2. 登记信息

登记信息即请参会者在登记表上填写个人有关信息，如姓名、性别、单位、职务、职称、联系地址、电话等。会议报到登记表既可以统计参加会议的人数，为做好会议期间的各项服务工作进行准备，又可作为编制参会者通讯录的依据。登记信息也可根据参会者之前反馈的回执信息，提前录入计算机，参会者在现场报到时接待人员确认对方姓名后即可现场打印参会者的证件。

3. 接收材料

接收材料即会议接待人员统一接收参会者随身带来的需要在会上分发的材料，经审查后再统一分发，以避免自行分发而影响会场秩序。

4. 发放会议资料袋

除了提前分发的会议文件外，其他文件应当在参会者报到时一并发放。会议资料包含会议手册、记事本、笔、宣传册、光盘、礼品等。

5. 预收费用

有些会议需要参会者支付一定费用，如会务费、食宿费、资料费等，这类会议在报到时要安排财会人员现场预收费用并出具费用票据或正式发票。

6. 安排住宿

会议接待人员要根据参会者的身份和要求，在现有的条件下尽可能合理安排住宿。住宿安排好后，接待人员应当在登记表上标明每个参会者的房间号码。

【拓展阅读8-1】

会议注册报到方式与流程

二、会议签到

(一)会议签到的含义

会议签到是指在正式开会前,在入场口签名报到,以掌握出席会议确切人数的一项工作。因为会议报到人数并不一定等于实际参会人数,所以在正式开会前还有必要对实际参会人数做最后一次清点统计,以便做好会场的布置和组织工作。尤其是有些会议只有达到法定人数才能召开,否则会议选举和通过的决议无效。可见,会议签到是一项很重要的工作。

一般的小型会议将报到与签到手续合并,甚至可以在参会人员到达会议室后再签到。中型、大型会议的签到是独立的程序,签到时,会议工作人员要根据参会人数提前在签到处等候参会人员签到。

(二)会议签到的方式

1. 传统签到方式

(1)签到表签到。即会务组事先准备好表格,供参会者现场签名,以表示到会。小型会议、内部会议常使用此方式,如表8-1所示。规模较大、参会人数较多的会议,可根据参会部门、参会者身份或地区来源等分开签到,以方便统计。

表 8-1　××会议签到表

时间	年　月　日　时　分	
地点		
出席人	单位	签名
张三	生产部	
李四	营销部	
王五	后勤部	
赵六	财务部	
……		

(2)证卡签到。工作人员将印好的签到证事先发给参会人员,参会人员在进入会场时将签到证交给工作人员,表示到会。该方式多适用于人数较多的各类培训会议、内部会议,具有使用方便、能解决入场签到拥挤问题等优点,缺点是不便于查找。

(3)座次表签到。会议工作人员事先确定座次表,座次表上每个座位填上参会人员的姓名和座位号,参会人员按座次表就座。该方式具有便于查找座位、能集中同部门人员的优点,多适用于内部会议、中型会议。

2. 新型签到方式

(1)计算机签到。参会人员进入会场时,只要把特制的卡片放到签到机内,由签到机读取参会者预置的信息,参会人员到会结果就会由计算机准确、迅速地显示出来,如图8-4所示。该方式常适用于大型会议,具有快速、准确、简便的优点,缺点是需要租赁或购买签到仪器设备,对成本有要求。

图 8-4　某会议现场计算机签到

（2）微信签到。在会议现场，让参会者扫描会议主办方提供的二维码，关注公众号以后发送指定关键词"签到"完成签到上墙，签到结束后所有参与活动的用户可以通过微信头像在大屏幕上完成抽奖，如图8-5所示。

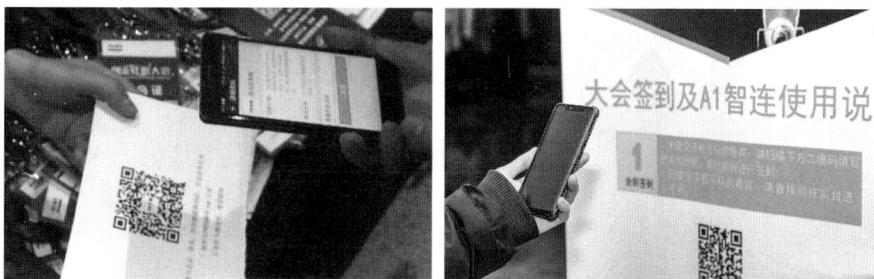

图8-5　某会议现场微信签到

微信签到有以下几方面优点。

①操作简便。用户只需要关注公众号即可参加，回复关键字或者点击自动回复就可以签到。

②附加值高。用户签到的同时就会主动关注公众号，会给公众号带来指定行业的用户或者意向客户，而且可以要求用户填写相关信息，以便进行信息统计。

③使用方便。只需要借助公众号，绑定手机微信之后即可使用，操作方便，流程简单。

④方式新颖。可用签到人员的头像滚动抽奖，活动方式更加新颖。

⑤省时省力。节省了人力成本和时间成本。

（3）二维码签到。二维码签到代替了传统纸面签到，是指会议组织者将参会者的会议报到信息保存到二维码中，利用群发彩信或短信技术，预先将信息发送到参会者的手机上。会议工作人员通过扫描参会者的二维码或输入其手机号码后四位进行身份验证并签到，如图8-6所示。该签到方式的优点是签到速度快，参会人员体验感好，可以实时查看和管理签到数据，也可以防止其他人员混入。

图8-6　某会议现场二维码签到

（4）身份证签到。身份证签到系统适用于各种会议，如图8-7所示。签到现场仅需准备计算机和身份证阅读器，参会者只需要出示个人身份证，读卡器即可读取居民身份证信息并进行安全认证。该签到方式降低了会议组织者的办会预算，提高了方便性和安全性。该签到方式的缺点是，从技术角度讲，直接读取身份证信息，会让一些参会者感觉被侵犯了隐私。

【拓展阅读 8-2】

会议报到与会议
签到的区别与联系

图 8-7　某会议现场身份证签到

【小资料 8-2】其他新型签到方式介绍

表 8-2　新型签到方式的特点与场景

序号	签到类型	特点	应用场景
1	人脸识别签到	高端时尚、省时省力、验证精准	大中型会议、活动
2	RFID 签到	速度快、验证准、科技感强	新品发布会、学术会议、政府会议、企业年会
3	手环签到	速度快、体验好	大中型会议、论坛、培训
4	微信扫码签到	公众号吸粉、高效环保、无须硬件	中小型会议、活动、聚会
5	3D 微信签到	效果震撼、高端大气	品牌发布会、大型行业交流会
6	自助签到	节省人力成本	大中型会议、活动、论坛
7	闸机签到	速度快、验证准	大中型会议、论坛
8	离线签到	无须网络	无网络或网络不稳定的场馆会议
9	条形码签到	成本低、操作简单	学术会议、商务会议
10	多媒体电子签到	人机交互、体验好	高端会议、公关活动

本节金句

签到与报到是会议开始前的必备环节。

第三节　会议现场服务

一、会议入场服务

大中型会议一般都采用对号入座的方式或将会场划分为若干区域,以地域、部门或行业为单位集中就座。召开大中型会议时,为了方便参会者尽快就座和保持会场秩序,需采取适当方式引导座次,即会议的入场工作。无论是采取对号入座,还是随意入座,或是划分区域入座,都应设立指示牌或由会议工作人员引导入场就座,如图 8-8 所示。

图 8-8 某会议现场入场服务

二、资料发放服务

会议中所需要的文件材料，会议工作人员应及时、准确地分发到每位参会者手中。

（一）资料发放的方式

分发会议文件和材料有以下两种方式。

1. 会前发放

会前分发文件和材料，可以在参会者进入会场时，由会务人员在会场入口处分发给每位参会者；也可以在开会之前，按要求在每位参会者的座位上摆放一份文件材料。

2. 会中发放

会中分发文件材料，可将会务人员分派到各组，每人负责每组文件材料的分发和收退。需要收回的文件材料，一般在文件的右上角写明收文人和收文时间，收文时要进行登记，以免漏收，如图 8-9 所示。

图 8-9 某会议现场文件发放

（二）涉密资料的发放

对于某些保密程度较高的会议文件，要按照编号分发。会务人员分发这种保密文件时，要注意准确性、保密性以及登记手续的完整无误。如果一次会议要发几个保密文件，每个人拿到的会议文件上的编号应一致。这种做法有利于会议文件的管理与回收。可以在会议文件上加盖参会者姓名章或在会议文件上写上参会者姓名，按人装封和分发。封面上应加盖密封章和限时章，同时要完善签收手续。

特别重要的会议文件分发，还可要求参会者收到会议文件后，在回执上签字，并将回执退回发文机关。

三、会议影像服务

会议影像服务主要是指会议进行中的摄影、摄像服务。主要工作内容包括以下几个方面。

(一)拍摄空镜头

又叫景物镜头,是指画面中没有人。拍摄空镜头的画面一般包括:会场全景、会议标识和品牌、主会场和分会场、签到台、展示区、会场内的装饰和布置、会场周边的环境和风景。如果是会场背板、演讲台、发言人表情等,应拍摄相应的细节画面。拍摄空镜头可以为参会者提供整体的视觉感受,让他们更好地了解会议场地和环境,并帮助他们提升对整个会议的期待和兴趣。

(二)拍摄签到过程

全景拍摄参会者的签到过程,特别是礼仪人员为重要嘉宾或领导佩戴胸花的细节,以及重要嘉宾和领导到场时,主办方上前迎接、握手的场景以及重要嘉宾、领导签字的过程。

(三)拍摄领导和嘉宾发言

无论是拍摄主持人主持的场面,还是拍摄领导讲话、嘉宾发言或参会者发言的场面,一般都应有特写镜头,重点注意抓拍讲话人的表情。

(四)拍摄宴会

主要拍摄领导和嘉宾致辞、敬酒、演出及参会者互动等镜头。

(五)拍摄合影

会议合影的拍摄要求较高,对人员的站位排列、现场的光线、背景都有讲究。事先应安排好前排就座的领导和嘉宾的座次,拍摄过程要尽可能简短。

1.合影嘉宾位置的安排

在政务会议中,合影时嘉宾的位置仍然坚持"左尊右卑"原则,而商务会议刚好相反,即为"右尊左卑"。嘉宾位置安排时,仍然要考虑首排人数的奇偶性情况,以下是政务会议合影时首排嘉宾的位置,如图 8-10、图 8-11 所示。

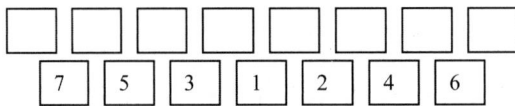

7	5	3	1	2	4	6

图 8-10　政务会议合影时首排嘉宾位置(奇数)

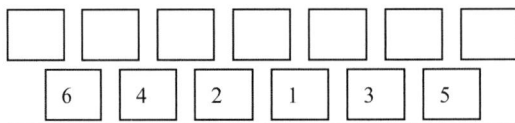

6	4	2	1	3	5

图 8-11　政务会议合影时首排嘉宾位置(偶数)

2.合影地点的选择

(1)室外较开阔的地方,且能设置背板,或便于悬挂横幅。

(2)注意场地采光条件,避免逆光拍摄。

(3)室内场地考虑能容纳嘉宾人数，以及室内灯光强度等。

3. 安排合影引导员

当主持人宣布合影时间和地点后，参会嘉宾会陆陆续续走到合影场地。千万不要指望嘉宾自动各就各位，一定要安排合影引导员，使合影环节高效、顺畅完成。

合影引导员的工作主要有以下三项。

(1)引导前排嘉宾尽快入位，尤其是核心嘉宾。

(2)引导嘉宾尽快站好，身高的调配和左右对称是重要的调整要素。

(3)引导嘉宾的目光朝向和表情。

四、会议茶歇服务

茶歇的目的是缓解因工作压力而产生的疲劳状态。茶歇源自美国心理学家华生（J. B. Watson）最早提出的"break"，即"工间休息"的概念。华生认为，"工间休息"能有效缓解工作压力。经常性的工间休息不但能调整不良的生理状态，而且有助于缓解现代人普遍的心理压力，促进参会者的人际交往，实现良好的沟通，也有利于营造愉悦的会议氛围，提高参会效率。

（一）会议茶歇的含义

茶歇是指在会议活动的中间部分，为了舒缓紧张气氛，更好地进行下一时段的会议内容，会务组为所有参会对象提供的包含热饮、冷饮、甜点、水果、小吃的服务。

人的精力有限，不能长时间集中注意力做同一件事，因此有必要在紧张的会议过程中安排合适的茶歇时间。在这段时间内，参会人员可以通过喝茶、享用点心、沟通交流等方式来缓解紧张和疲劳。

（二）茶歇的时间和地点安排

1. 时间安排

科学研究发现，人在考试、参加会议等活动中，由于精力集中、情绪紧张从而容易产生饥饿感。因此，通常在一天的会议中，应该合理地安排两次茶歇，分别是在午餐前1.5 小时和晚餐前 2 小时。

2. 地点安排

如果参会者人数较多，会场面积较大，原则上应在会场之外（如序厅）安排专门的茶歇场所。若有必要，还应设置指引牌和引导人员为参会者指明方向。如果会场足够大，同时另外安排的茶歇场地较远时，也可以在会场中通过屏风、展架等方式人为设置茶歇区。

如果参会者人数较少，则应与酒店协调，在会场出入口处分别摆设专用茶歇，同时茶歇周围应该合理增加休息区，以便客人取用食物后就近落座、休息与沟通。同时，茶歇区域的设置要尽量紧凑，便于整体协调以及嘉宾间的充分沟通。

（三）茶歇食物的种类

会议茶歇食物一般包括饮品类、点心类以及水果类三种类型，如图 8-12、图 8-13所示。

饮品类主要包括矿泉水、绿茶、红茶、奶茶、牛奶、果汁、咖啡、鸡尾酒等；点心类主要包括中西式糕点、甜品、饼干等；水果类主要包括时令水果、花式果盘等。会务组要提前与酒店或会展中心商定茶歇所需要的食品和饮品，按照"多类少量"的总体原则准备茶歇。

图 8-12　某会议现场茶歇

图 8-13　某会议茶歇服务

上午时段的茶歇，由于距离午餐时间较近，应该主要安排水果、干果、茶水、软饮等比较清淡的饮食。

下午时段的茶歇，应该与上午时段的有所区别，品类应该更多，口味可以更重些。由于下午会议的时间普遍偏长，同时下午人体容易感到困乏，因此可在水果、饮料等饮品的基础上增加饼干、巧克力、咖啡、冰激凌等能补充能量的食物。

茶歇服务人员要至少在会议开始前 5 分钟准备好所有的饮品，并做好服务准备。服务期间要礼貌地询问客人所需要的饮品，并迅速为其准备，同时保证餐台以及周围的卫生整洁，及时补充饮品及用具。茶歇结束时要整理餐台，恢复原貌，撤走并送洗餐具。

(四)茶歇服务的流程

会议开始前，茶歇服务人员要将桌面及装饰等布局整理完毕。

茶歇开始前 15 分钟，茶歇服务人员要将所有物品摆放完毕，注意保持桌面整洁美观。

茶歇开始后，茶歇服务人员应指引参会人员至茶歇区休憩，并积极为参会者服务。

茶歇结束前 5 分钟，茶歇服务人员应友情提示参会人员尽快回到会议室。

茶歇结束后，茶歇服务人员要整理茶歇区物品，将可回收的物品送至指定地点，并清理地面及桌面垃圾。

五、会议保密服务

任何一场会议都不同程度地涉及保密问题。大到国家，小到基层单位，凡重大而机密的问题，都是通过会议形式来议决的。政务会议或部分商务会议中往往涉及会议保密工作。会议保密工作的内容主要包括以下几方面。

(一)会场保密

一是地点保密，即不让外界知道会议在何处举行。

二是会场环境保密，如会场周围不设任何标志。

三是会场的基本设施保密，如会场必须具有良好的隔音和屏蔽效果，以免声音和信号外泄。

(二)文件保密

这是会议保密的重点，包括属于秘密范围的各种文件的草案或讨论稿、备选的决策方案、会议记录、不能公开发表的最终文件等。

(三)宣传保密

涉及重大机密的会议，一般不安排新闻记者参加，新闻稿由会议秘书部门起草。任何人不得擅自向外透露会议的内容。为避免在宣传报道中泄密，应注意以下几方面：

一是划清保密范围和保密项目，并使有关领导和工作人员周知。

二是严格区分内外。

三是加强对机密文件和内部刊物的管理，凡带有密级的报刊转载机密文件和资料，必须事先征得制文单位的同意。没有密级的报刊，不得转载机密文件、资料和标有密级的报刊书籍中的文章。如确有需要转载，应征求对方同意，并将含有机密的部分采取删节、改编等保密措施。

（四）人员保密

人员保密，是指除了会议的领导和少数重要的工作人员外，其他参会者和工作人员在会前不得了解和打听会议内容，会后也不得公开超出规定范围的内容。

六、会议安保服务

会议安保工作规格和内容要根据会议的性质、规模、内容、参加人员的级别来确定。国际会议，党和国家的重要会议，大型会议或内容十分重要、需要绝对保密的中小型会议，都应设立专门的会议安保工作小组。

（一）会议安保人员的类型

选择额外的安保人员是降低会议风险的好办法。出于不同的目的，会议经常安排多种类型的安保人员或志愿者，他们与会场设施所属的专职安保人员协同开展工作。为了能在真正发生危机、灾害及其他紧急情况时有序配合，及时作出正确的响应，缩短响应时间，必须事先明确好各类安保人员相互之间的指挥、管理关系。举办会议可以选择的安保人员类型如表8-3所示。

表8-3　会议安保人员的类型

安保人员类型	示例
合同性安保人员	通过保安公司雇佣的安保警卫人员
执法人员	校警、城市警察
联防保安	保安
个人保安	保镖、特勤人员
单位专有保安	酒店安保人员
志愿者	票证查验人员

1. 合同性安保人员

会议组织者为了满足某些特定会议的安保需要，会从保安公司雇佣合同性安保人员。安保执勤中需要的证件、制服、装备应由保安公司负责提供。诸如安保人员的数量、执勤时间、每名安保人员的执勤位置以及总开支情况等细节，应在会议组织者和保安公司所签订的合同中详细列出。

2. 执法人员

有的会议或者活动可能需要很高水平的安全保卫安排，这一般需要警方的介入，如当地警察。另外，当会议在大学校园内举行时，通常由学校的校警负责校园范围内人员和设施的安全。一般情况下，会议执法人员是在会议或者活动现场唯一能够持枪械执勤的安保力量，他们的首要任务是保卫公众安全。

3. 联防保安

联防保安主要是指一些安全保卫人员的结合体,他们是与参会者年岁相仿、外观相仿的一群人,经常是最一线的安保力量。出现紧急情况时,他们身穿印有"保安"字样的背心或佩戴印有"保安"字样的红袖标,就可以开始履行职能,从而让现场的所有当事人明白安保人员就在现场。这些安保人员通常从举手投足中就能显示出权威性,有的从体态上也能显示出威慑性。联防保安的工作职责就是及时识别问题,并采取措施消除初期危险,以免发展成需要更高级别安保力量介入的更严重事件。

4. 个人保安

个人保安担负着保护一个或多个高危重要人物的使命,如名人政要、明星、政府机关高级别领导人等。

5. 单位专有保安

单位专有保安是主办会议的工作人员或者会场单位的雇员。在酒店或者会议中心工作的安保人员,在会议中也被视为会议接待单位的保安。在某些情况下,会场的安保工作可以由第三方安全承办商或者分包商负责,而不依靠会议实施单位的自有安保人员。

6. 志愿者

志愿者承担着特定的安保职能,但志愿者通常不被视为安保专业人员,这是因为他们并没有接受过安保培训或者仅接受过简单的安保培训。志愿者可以承担诸如在参会者入场时检查票证、接受问询,或者在主题演讲阶段维持会场秩序、防止拥挤等职责。对于志愿者在安保方面的权限范围,以及在不同的紧急状况发生时应该第一时间与谁联系,如发生斗殴、参会者受伤、启动警报等,会议组织者应提前进行告知。

一场会议可能需要多种类型的安保人员以满足不同目的。只要每个安保服务提供者都能知道自己的责任权限,而且能有一个明确的指令体系加以协调,那么这些人员就能形成合力,有效统筹解决会议活动的安全、安保和参会者服务问题。

(二)会议安保工作的主要内容

1. 制定会议安保工作方案

会议的安保工作一般在组委会的统一领导下进行,负责会议安保工作的部门,在会议前期筹备阶段就应根据会议要求制定安保工作方案。在工作方案中,应将安保的组织机构、职责任务、具体工作等一一明确,尤其应有预防突发事件的应急预案,以保证在关键时刻能迅速反应与采取有效的应对措施。在会议执行期间,为了进行有效管理,进入任何会议有关场所(包括会场、会议住宿地、会议停车场、会议休息室等),都应凭证进出。安保工作方案中应为不同参会者设计出不同情况下的通行证。

2. 维持会场秩序

会议举行期间,安保部门一方面应密切注意会场外围环境的社会治安,维护好会场外围的社会治安秩序,另一方面要严格检查参会人员的出入证件,防止与会议无关的人员混入。如果参会人员众多,容易在进场、出场时发生拥挤甚至混乱现象,安保部门应协助会议现场引导人员,在会场各进出口把好关,做好疏导工作,保证参会者快速、顺利进场、出场,避免出现意外情况。

3. 保护参会者的人身安全

保护参会者的人身安全是会议安保工作的重中之重。会议召开前,会议安保部门要对会场内外、周围环境做详细的勘查,排除恐怖袭击、爆炸、火灾等安全隐患。如有必要,可主动与当地公安警察部门联系,以取得公安警察部门的积极支持与配合。会议举行期间,应做好防范工作,如提前勘查行车路线和观察游览地点等,并和交通运输部门取得联系，做好沿途和所到之处的安保工作。

4. 保护参会者的财产安全

若参会者在会议当地遇到盗窃事件，则会给其留下极不愉快的印象。因此，在会议举办期间，安保部门应重点防范盗窃事件，为参会者提供代管代存服务，将参会者带来的机密文件、大宗款项、重要设备等保存于专门设置的储藏处。同时，会议组织者也应以书面形式告知参会者尽量避免到人多复杂的地方去。

5. 其他方面的安全注意事项

安保部门还需做好的安全注意事项包括饮食安全、文体娱乐安全、各种用具和设备使用安全以及会议信息安全等。饮食安全应注意的重点是防止他人投毒事件的发生；文体娱乐安全应注意防止意外事故的发生，如拥挤伤人、到险地游玩发生险情等；用具和设备使用安全应注意的重点是防止因使用不当伤人，如使用电器设备不当发生火灾或发生其他伤人甚至伤亡事故；会议信息安全应注意防止外部人员混入会场，窃取会议机密，也防止内部人员用录音设备或从会议使用的计算机、通信设备中窃取会议机密。

除了以上会议现场服务内容，会议现场服务还包括会议速记服务、会议翻译服务、会议直播服务、医疗卫生服务等。这些服务一般可寻求有资质的第三方专业公司提供，由会议组织者根据会议板块进行外包。

> 📖 **本节金句**
>
> 会议没有太高深的理论，只有精细化的服务。

第四节　会议记录

一、会议记录的内涵

（一）含义

会议记录是如实记录会议的基本情况、会议中的报告、会议中的讲话、发言和决议等内容的一种应用文体，是一种重要的事务文书。

（二）特点

1. 真实性

会议记录要求忠于事实，不能夹杂记录者的任何个人情感，更不允许有意增删发言内容。会议记录一般不宜公开发表，如需发表，应征得发言者的审阅、同意。

2. 资料性

会议记录可作为研究、编发、查找会议的重要原始资料长期保存。

3. 完整性

会议记录对会议的时间、地点、出席人员、主持人、议程等基本情况，以及领导讲话、参会者的发言、讨论和争议、形成的决议和决定等内容，都要完整地记录下来。

（三）作用

1. 形成档案材料

会议记录不仅是会议内容和成果的记录，更是具有历史意义和价值的重要档案材料。通过详细记录会议的内容、讨论和决策，会议记录成为了解过往会议的重要途径。这些记录可以为组织保留会议的经验和知识，为未来的回顾和研究提供有力支持。

2. 提供决策支持

会议记录为研究和总结会议提供重要依据，有助于参会者跟踪行动和任务的执行情况，以及协调和管理行动。同时，会议记录可以帮助决策者更好地了解过去的决策过程，评估结果，并在未来的决策中作出更明智的选择。

3. 提供行动指南

会议记录是传达执行会议决议和指导行动的依据，既可以作为向下传达的文件，也可以作为向上级汇报的原始材料。记录会议的详细讨论和决议结果可以为团队成员提供明确的行动指南。团队成员可参考会议记录了解具体行动步骤，确保会议决策的有效实施。

二、会议记录的要求

(一)准备工作要求

1. 选择合适的记录工具和设备

准备足够的笔和记录用纸，并根据需要准备录音笔以备手工记录的补充。也可以考虑使用现代科技设备，如使用软件设备进行语音文字转写或使用计算机进行记录，确保设备完好且运行正常，做好调试和测试工作。

2. 了解会议信息和议程

提前备好会议议程表，了解参会者或发言人的背景信息，并在会议开始前熟悉其中的议题和安排，以便理解专业术语，准确记录发言内容。

3. 提前到达会场

提前到达会场，了解参会人员的座位情况，以便快速识别发言人。此外，确保现场设备的正常运作，如检查录音设备的电池和存储空间，准备备用纸张等。

(二)记录要求

1. 记录完整

会议记录应该尽可能地记录会议的所有重要内容，包括会议基本信息、参会人数、发言人姓名、议题讨论、决策结果等。记录人员应确保记录的全面性和准确性，不漏掉任何重要内容，并保持记录的连贯性和一致性。

2. 重点突出

尽量用简练的语言，概括性地记录会议的关键要点，如重要的观点、问题、讨论和决策等。在记录时可以使用缩写、关键字和简洁的短语来提高效率。

会议记录的重点一般包括：(1)会议中心议题以及围绕中心议题而展开的有关活动；(2)会议讨论、争论的焦点及其各方主要见解；(3)权威人士或代表的言论；(4)会议开始时的定调性言论和结束前的总结性言论；(5)会议已议决的或议而未决的事项；(6)对会议产生较大影响的其他言论或活动。

3. 逻辑清晰

会议记录应该按照时间顺序或议题顺序进行组织，并使用清晰的标题、段落和标点符号等，确保信息的呈现和阅读具有清晰的结构。

4. 准确无误

确保所记录的信息准确无误，不出现遗漏、错误或歧义等问题。对于重要的决策和行动计划，需要特别细致地记录，字迹清晰易辨认，以避免任何误解或混淆。

5. 中立客观

会议记录应保持中立和客观，避免主观偏见或个人解读。记录人员应尽量准确记录发言者的意见和观点，而不带入自己的主观判断或评价，以保持记录的公正性。

三、会议记录的主要内容

会议记录一般应包括以下三部分内容。

（一）会议基本情况

在会议基本情况中，应注明会议名称、时间、地点、出席人数、缺席人数、列席人数、主持人、记录人等。

（二）会议内容

会议内容要求写明发言、决议、问题。这是会议记录的核心部分。本部分有两种记录方法，分别为摘要记录法和详细记录法。

1. 摘要记录法

摘要记录法是指只记录会议要点和中心内容，即只需要记录会议的议题、议程、发言人姓名、发言要点与主要事实、决议情况等。这种记录方法要求记录员在充分把握会议讨论内容的基础上，根据议题的轻重程度和发言人的发言宗旨、意图，以及发言内容的价值记录摘要性内容。此方法主要适用于汇报会、座谈会等小型会议。

2. 详细记录法

详细记录法的原则是有言必录，即要求记录人员对会议的全过程、所有发言，包括发言中的插话，都要原原本本地详尽记录。不能只写重点，只记结论，更不能随意增删取舍。为了准确完整地记录好，可以配备两名以上会议记录人员或用录音笔进行录音以便会后核对、修正、补充。当然，详细记录并非一字不漏地逐字逐句记录，对于一些口语、俗语、重复的词语可不必记录。做详细记录，要求记录者认真负责，精力集中，特别是要注意发言人开始、转题、结尾时的语言。凡是特别重要的会议，都应进行详细记录。

（三）会议结尾

会议结尾部分应由会议记录人员签名，并提交主管签字审核。

表 8-4 提供了一份会议记录模板，仅供参考。

表 8-4　会议记录模板示例

会议名称			
会议时间		会议地点	
会议主持人		记录人	
出席人		缺席人	
主要议题			

续表

发言记录：	
一、主持人发言(略) 二、参会者发言(略) 　　1. 张三：…… 　　2. 李四：…… 　　3. 王五：…… 三、会议总结(略)	
主持人(签名)：	记录人(签名)：
	审核人(签名)：
备注：	

四、会议记录的技巧

(一)快速记录

在采用传统的手工方式记录时，字要写得小一些、轻一点，多使用连笔手法，这样才能记得快。若是借助计算机或软件来进行会议记录，则要求能熟练操作快捷键，采用多窗口和分屏以减少窗口切换的时间。同时，还可以通过实时协同编辑软件(腾讯文档、石墨文档等)，多人同时编辑和修改会议记录。此外，若使用语音转文字软件来做会议记录时，应选择经过市场认可且具备高准确性的语音转文字软件，这样可以减少后续手动修改和校对的工作量。

(二)择要而记

在记录某个人的发言时，要记其发言要点、主要论据和结论，论证过程可以不记；在记录某句话时，要记这句话的中心词，修饰语一般可以不记。在记录整个会议内容时，要围绕会议议题、会议主持人和发言人的中心思想，参会者的不同意见或有争议的问题、结论性意见、决定或决议等做记录。要注意上下句子的连贯性、可信性，一篇好的记录应当独立成篇。

(三)该省则省

该省则省是指在记录中合理使用省略法，如使用简化词语、简称，省略较长的成语、俗语、习惯用语，句子的后半部分暂时省略，记下起止句或起止词等，会后再补充完整。具体做法有：第一，使用简称、简化词语和统称。例如，"中山大学"简写为"中大"。第二，省略词语和句子中的附加成分。例如，"但是"只记"但"。第三，省掉词语或句子的附件成分、相同成分。例如，"可以"记为"可"。"因为""经过""现在""盼望"等，记前一字。句子或词组的相同部分，也可以承后省略。例如，幼年时代、少年时代、青年时代，记为幼、少、青年时代。第四，对句中出现的常用词或词组记句首一个字，字后用短横线代替词或词组的其他部分。例如，"全国旅游业务今年取得令人瞩目的经济效益"，可记录为"全—旅—今—取—令瞩—经效"。

（四）善用替代

善用替代是指用较为简便的写法代替复杂的写法。代替的具体做法有：一是简称法，例如用姓代替全名。二是用笔画少、易写的同音字代替笔画多而难写的字。三是用缩略词和通用符号代替文字。例如，用∵代替因为，用∴代替所以，用 e. g. 表示例如，用－＞表示导致等。同时，可以使用符号和箭头来表示决策、行动计划等内容。四是用拼音代替生僻字词。五是用外语符号代替。例如，重庆电视台可记录为 CQTV；世界贸易组织可记录为 WTO。

需要注意的是，在整理和印发会议记录时，均应按规范要求书写。

【拓展阅读 8-3】

会议记录人员
应具备的素质

📖 **本节金句**

真实、准确是会议记录的生命线。

☕ **【复习与思考】**

一、本章小结

• 接站，即会议组织者安排人员在机场、港口、车站迎接参会人员。接站前应确定迎接规格，安排陪同人员，制作引导标识和指示路牌。

• 做好接站服务要注意：确定迎接规格；竖立接待标志；掌握抵达详情；热情介绍，主动握手；陪同乘车；设立接待处。

• 引导服务是指会议举办期间接待工作人员为参会者提供的指引会场、座位、餐厅、住宿房间以及参会者所要打听的地方的路线、方向、具体位置、交通条件等服务。

• 返离，即会议闭幕后参会者的离会和返回。返离服务的具体内容有提供离会指引建议、提供行李寄存服务、检查会场与房间、结算费用、送行服务等。

• 会议报到，是指参会人员从自己的工作单位或驻地到达指定的开会地点，并告知会务组或履行登记手续。会议报到的主要工作内容包括查验证件、登记信息、接收材料、发放会议资料袋、预收费用和安排住宿等。

• 会议签到，是指在正式开会前，在入场口签名报到，以掌握出席会议确切人数的一项工作。一般的小型会议将报到与签到手续合并，甚至可以在参会人员到达会议室后再签到。中型、大型会议的签到是独立的程序。

• 传统签到方式主要有签到表签到、证卡签到、座次表签到；新型签到方式主要有计算机签到、微信签到、二维码签到、身份证签到等。

• 会议现场服务主要包括会议入场服务、资料发放服务、会议影像服务、会议茶歇服务、会议保密服务、会议安保服务等。

• 会议影像服务的主要内容包括拍摄空镜头、拍摄签到过程、拍摄领导和嘉宾发言、拍摄宴会、拍摄合影等。

• 会议茶歇食物一般包括饮品类、点心类以及水果类三种类型。会务组应按照"多类少量"的总体原则准备茶歇。

• 会议记录是如实记录会议的基本情况、会议中的报告、会议中的讲话、发言和决议等内容的一种应用文体，是一种重要的事务文书。会议记录具有真实性、资料性、完整性的特点。

• 会议记录应提前做好准备工作,其主要内容一般应包括会议基本情况、会议内容、会议结尾三个部分;会议记录的技巧主要有快速记录、择要而记、该省则省、善用替代。

二、重点概念

接站服务　　　　会议报到　　　　会议签到　　　　计算机签到

微信签到　　　　二维码签到　　　会议影像服务　　会议茶歇服务

会议保密服务　　会议安保服务　　会议记录

三、思考讨论题

1. 会议接站服务的主要工作内容有哪些?

2. 新型会议签到方式及其优缺点是什么?

3. 常见的会议现场服务有哪些?

4. 会议影像服务的主要工作内容是什么?

5. 会议茶歇的时间和地点如何安排?

6. 会议记录的主要内容及技巧有哪些?

【综合案例分析】第八届国际天然气水合物大会茶歇危机

2014年7月28日至8月1日,第八届国际天然气水合物大会在北京国家会议中心召开。会议由中国地质调查局和中国科学院联合主办,中国科学院广州能源研究所、中国科学院天然气水合物重点实验室、中国科学院广州天然气水合物研究中心参与承办,北京欣欣翼翔国际会议奖励旅游公司执行。来自澳大利亚、孟加拉国、巴西、加拿大、中国等共28个国家和地区的800余名专家、学者参加了此次盛会。

会议期间,主办方要求会议执行方提供会议茶歇服务。受预算限制,主办方仅同意购买500人的茶歇,拒绝了执行方提出的购买700人茶歇的建议。由于此次会议参会者人数众多,且国外参会者占有相当大的比例,若执行主办方的要求,则会使参会者的满意度降低。

刘毅作为执行方国际会议部部长,是此次会议执行单位的主要负责人之一。经与团队商议,他在主办方只购买500人茶歇服务的前提下,最终采取了茶歇"分批次提供"的方案。该会议下设多个分论坛,不同的分论坛休会时间不同。基于此,执行方联系了北京国家会议中心,提出先供应2/3的茶歇,待后结束的分论坛参会者休会时,再供应余下1/3的茶歇。这样,不但能避免大家一拥而上造成茶歇短缺的现象,又能为后面结束的分论坛参会者提供茶歇服务,有效化解了此次茶歇危机。

案例分析与讨论:

1. 会议茶歇服务对会议的顺利举办和提高参会者满意度有何重要性?

2. 该会议茶歇采用"分批次提供"是否有必要?

3. 在执行主办方茶歇预算的前提下,面对800人的参会者,你是否还有其他可供选择的方案?

第九章
会议收尾阶段

【学习目的】

通过本章的学习，读者应掌握会议收尾阶段的主要工作内容，熟悉会场收尾与送机安排的主要内容，掌握寄发感谢信的工作要点，明确会议费用结算的方式，熟悉会议资料存档的方法，掌握会议评估、会议总结的方法，能撰写会议项目的会议评估报告、会议总结报告。

本章思维导图

【思政内容】

党的二十大报告提出："必须坚持系统观念。""我们要善于通过历史看现实、透过现象看本质，把握好全局和局部、当前和长远、宏观和微观、主要矛盾和次要矛盾、特殊和一般的关系，不断提高战略思维、历史思维、辩证思维、系统思维、创新思维、法治思维、底线思维能力，为前瞻性思考、全局性谋划、整体性推进党和国家各项事业提供科学思想方法。"

习近平总书记于2018年7月作出重要指示，举办上合峰会，为青岛、山东的发展带来了新的机遇，希望认真总结"办好一次会，搞活一座城"的有益经验，推广好的做法，弘扬好的作风，放大办会效应，开拓创新、苦干实干，推动各项工作再上新台阶。这是总书记首次提出国际大型会展活动对城市发展起重大作用的论述。会议活动应坚持稳中求进工作总基调，加快会议强国建设，努力实现会议业更高质量、更有效率、更加公平、更可持续、更为安全的目标。

通过本章的学习，学生能够认识到会议收尾阶段的工作体现了严谨细心、实事求是的原则和对参会者负责的态度；树立社会责任感与担当意识，树立可持续发展观，确保会议的成果能够满足人民的需求和期待，培养不忘初心、讲诚信、有担当的品质。

【重点内容】

- 会场收尾
- 感谢信
- 结算会议费用
- 会议资料存档
- 会议评估的内容
- 会议总结的基本结构

好的开始也应有好的结束，"虎头蛇尾"现象在会议中应尽量避免。会议收尾阶段的工作，是为整个会议项目画上圆满的句号，有助于会议项目持续发展。

第一节 会场善后

随着会议的圆满落幕,一系列细致而重要的后续工作需要立即展开。这些工作不仅关乎会议成果的巩固与延续,也直接影响参会者的整体体验与满意度。

一、会场收尾

(一)物品的回收与整理

会议结束后,迅速且有序地回收会议文件和物品至关重要。签到表、问卷、决议表等会议文件需及时整理,便于后续分析与存档。同时,会议用品如桌签、纸笔应分类归纳,以期复用或妥善保管。此外,对嘉宾使用的演讲材料(如 PPT 演示稿)和会议音频、视频资料应进行备份和整理,确保重要资料得到妥善保存。

(二)引导参会者离场

为了确保参会者能够有序离开会场,会议组织者应通过明确的指示牌和工作人员的引导,帮助参会者快速找到出口,避免造成拥堵和混乱。通常情况下,应等主席台领导离场后,再引导参会者有序离场。大型会议还要注意在散会后引导车辆迅速、有序地离场,必要时可派专人指挥。

(三)会场检查

会场检查主要是再次确认是否有物品遗留在会场内。首先应检查嘉宾席,确认嘉宾无物品遗留在会场。若发现嘉宾物品,则根据桌签判断物主,并及时联系嘉宾,同时派工作人员将物品送还嘉宾。其次应检查保密的会议资料是否已经清空。尤其要注意的是,嘉宾的演讲材料(如 PPT 演示稿)如果保存在会场所提供的计算机中,会务组应确保将演讲材料在备份后进行删除,以免造成不必要的麻烦。

(四)设备归还与检查

会议期间租赁的各类设备,如音响、投影、照明等,在会议结束后需及时归还给供应商或相关部门。在归还前,应对设备进行仔细检查与清洁,确保设备处于良好状态。同时,与供应商做好交接手续,明确归还时间、地点及联系方式等细节,避免产生不必要的误会与纠纷。

(五)劳务费发放

有些工作人员的劳务费在会议服务结束时就要发放。如摄影、摄像工作人员一般是外包服务,因此需要及时发放劳务费。财务人员需要与相关人员做好配合,务必在验收之后再发放劳务费。

在发放劳务费时,除了要验收工作成果之外,还应当做好发放记录,办理好相关手续,如开具发票、收款凭证等,都需要一一办理完毕,确认无误。

二、送离安排

(一)送离的准备工作

1. 制定送机表格

应包含嘉宾姓名、航班或车次号、飞机或火车的启程时间、离开酒店的时间、嘉宾联系方式、送机车辆司机联系方式等，如表 9-1 所示。

表 9-1 ××年某会议送机情况一览表

备用别克：李师傅　　　　电话：×××

序号	姓名	手机	航班信息			车辆到酒店时间	送机车型	司机手机
			航班时间	航班号	起始站			
3月1日								
1	张三	136×××	14：00	CA8848	上海—北京	11：30	别克1	王师傅 138×××
2	李四	189×××	14：30	CA8545	上海—深圳	11：30	别克1	王师傅 185×××

2. 车辆安排

应提前安排好送机车辆。同时，为防止出现特殊状况，还应准备备用车辆随时待命。依据参会者离开酒店时间安排车辆，若不同参会者离开时间接近，为节约成本，可将参会者安排在同一车次内。对于重要嘉宾，应尽量一人一车，以示尊重。

（二）发布送离信息

在送离准备工作就绪后，主办方应及时向参会者发布送离信息。送离信息包括送离时间、上车地点、车辆安排及联系方式等关键信息。为确保送离信息的准确传达与接收，可采用多种渠道相结合的方式进行发布，如会议 App 推送、微信群通知、短信、现场公告板展示等。对于重要嘉宾或特殊需求的参会者，更应采取个性化的通知方式以确保其能够及时了解送离安排。

（三）送离执行

在嘉宾离开前一天再次与嘉宾联系，核对航班、列车信息，同时提醒其出发时间、乘车地点及司机联系方式。出发当日，工作人员应提前检查车辆是否到位，嘉宾是否做好准备。

一般参会者，只需在酒店送行即可；对于重要嘉宾，可适当安排陪同人员前往机场或车站送行。

📖 **本节金句**

细致周到高效，服务有始有终。

第二节　结算会议费用

会议经费结算是会议组织者依据会前制定的经费预算，在会后对整个会议期间产生的各项经费使用情况进行统计、核对和清算的过程。该过程旨在确保会议经费的合理使用，不仅要符合预算要求，而且必须满足财务管理的规范性和透明度要求。

一切会议都应遵循勤俭节约的原则精打细算，既要尽量减少不必要的开支，又要保证会议的质量和档次。超过预算指标，又无正当理由的开支不予报销。

一、结算会议费用的工作要求

(一)合规性

会议经费的结算必须严格遵守国家财经法规、会议管理制度及单位内部财务管理制度,确保每一笔经费的使用都有法可依、有章可循。在实践中,这意味着所有支出必须有合法的凭证,如发票和合同,并且这些支出必须符合会议预算和审批要求。

(二)准确性

会议经费的结算需要确保准确性,各项收支项目的数字和记录必须完全正确。从预算的制定到支出的执行,再到结算的完成,每一个环节都需要进行严格的核对和审查,确保每一笔费用都能被正确地分类和计算,并确保数据的真实性和可靠性。

(三)及时性

会议经费的结算工作应当在会议结束后尽快进行,避免拖延导致的资金占用和管理混乱。这意味着在会议结束后,会议组织者应立即收集所有账单和凭证,并开始结算流程。同时,应确保所有的财务报告和结算文件都符合内部审计和外部监管的要求,以提高结算过程的透明度和可信度。

(四)透明性

会议经费的结算过程应当开放和可查询,以便所有相关方都能了解资金的使用情况。会议组织者应当在一定范围内公开经费使用情况,包括会议的总支出、各项费用的明细以及预算的执行情况,接受参会人员、财务部门以及上级领导的检查和审计。

二、结算会议费用的工作内容

(一)统计支出类型

在会议经费结算过程中,首先需要对会议期间产生的各项支出进行分类统计。会议支出可分为固定支出、可变支出和预算外支出三大类(详见第十章第三节)。

(二)确定结算方式

会议经费的结算方式直接关系到经费的回收速度和资金的安全性,是确保经费结算顺利进行的关键步骤,主要包括收款和付款两种方式。

1. 收款方式

会议组织者应当在会议通知或预定表格中明确注明收费标准和收费方式等信息。为简化参会人员的缴费流程并提升工作效率,应提供多种支付方式,包括但不限于刷卡支付。同时,为了确保资金安全和便于财务监管,通常会推荐非现金支付方式,如银行转账或使用公务卡,以减少现金交易带来的风险,并确保支付过程的透明性和可追溯性。

此外,开具发票的工作人员要事先与财务部门确定正确的收费开票程序,确保无误。如果现场无法开具正式发票,则应与参会者协商,开具收据或证明,并在事后补开发票。

2. 付款方式

为会议供应商结算相关款项是会议经费结算中的重要环节之一。为了确保付款的准确性和及时性,并维护良好的合作关系,会议组织者应当与供应商签订正式的合同或服务协议，详细约定付款方式、时间点和其他相关条款。在实际付款时，会议组织者必须严格按照合同条款操作，并妥善保存所有付款凭证，以便在需要时进行审核和查验。

与各类会议供应商结算费用的付款方式如表 9-2 所示。一般需要支付的费用有场地租赁费、设备租借费、餐饮费、专家讲课费、文具和资料费、其他费用等。

表 9-2　付款方式

费用项目	设施和服务	付款方法和时间
场地租赁费	事先确定费用	预订时交定金，会后按实际支出金额付款并开具发票
设备租借费	事先确定租借费用	会后开具发票、结账
餐饮费	事先确定费用	预订时交定金，会后按实际支出金额付款并开具发票
专家讲课费	事先与演讲者确定费用	会后银行卡转账支付
文具和资料费	事先申请，会前现金购买或记账	付款，开具发票
其他费用	事先确定费用，会后开具账单	账单收到待批准后付款，开具发票

（三）票据整理与报销

票据整理与报销是会议经费结算中的重要环节，它确保了经费使用的合规性和透明度。以下是该环节的具体工作内容。

1. 票据收集与分类

在会议圆满结束后，需及时从各部门、供应商及参会人员处全面收集办会相关的费用票据，包括发票、收据、合同等。随后，根据票据的费用性质（如住宿费、餐饮费、交通费等）进行分类整理，确保每一类费用都有清晰的归属，便于后续审核工作的顺利进行。图 9-1 和图 9-2 分别为费用报销单和发票粘贴单使用须知示意图。

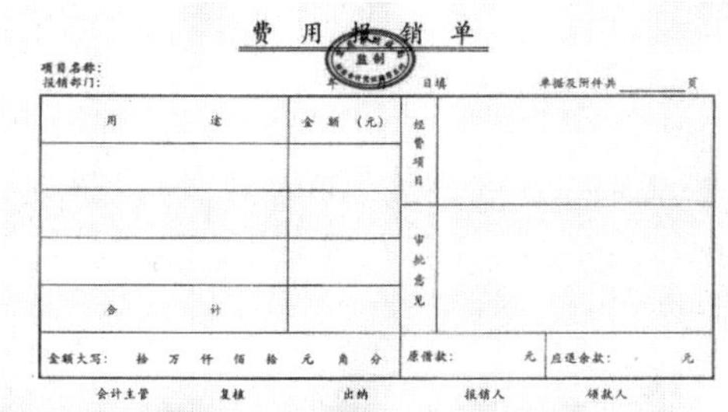

图 9-1　费用报销单 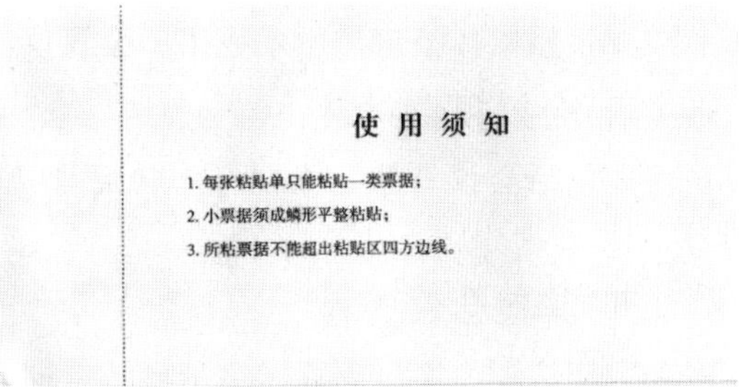　　　　　图 9-2　发票粘贴单使用须知

2. 票据审核

票据分类整理完毕后，由财务部门或指定的审核人员对所有票据进行逐一审核。审核内容包括票据的真实性、合法性、完整性，以及票据所列费用是否符合会议预算和报销规定。对于任何不符合要求的票据，审核人员将及时退回并要求更正或补充，确保每一张票据都能经得起合规审查。

3. 报销申请提交

经过审核无误的票据将由会议组织者或指定人员统一整理，并填写详细的报销申请单。报销申请单需清晰列明每项费用的具体用途、金额以及建议的支付方式等信息，并附上所有相关票据和整理好的费用清单。随后，这份完整的报销申请材料将被提交给财务部门进行进一步的审批流程。

4. 报销支付

财务部门在收到报销申请材料后，将依据所在单位的财务制度和报销流程进行细致审批。一旦审批通过，财务部门将按照既定的支付方式(如银行转账等)将报销款项及时支付给相关人员或单位。报销款项的支付标志着会议经费结算的完成，也为后续可能进行的会议效果评估和经验总结奠定了基础。

> **本节金句**
>
> 即时结算，是会议财务管理的利器。

第三节　会议资料存档

会议结束时，工作人员要做好会议文件资料的收集、整理和归档工作，及时送交有关人员妥善保管。

一、归档的具体信息

(一)嘉宾信息

主要包括嘉宾姓名、职务、联系方式、照片、简历等。

(二)会议内容信息

主要包括会议议程，嘉宾发言(包括发言稿、PPT)，会议现场录像、照片、录音等。

(三)会议成果资料

主要包括媒体报道、学术成果、会议议决等。

(四)会议视觉材料

主要包括会议背板、易拉宝、X展架等电子版(PSD格式或CDR格式)、会议手册等。

(五)其他会议资料

如前期沟通文案、预算、邀请函、合同、请示、申请表等。

二、汇总媒体报道

会议的媒体报道包括会议珍贵的影像、文字、图片资料，它代表外界对会议的看法，同时也是会议成果的一部分。因此，本部分将媒体报道汇总单独展开叙述。

(一)媒体分类

常见的媒体划分为电视媒体、广播媒体、报纸媒体、网络媒体。不同类型的媒体报道文件有不同的要求：电视媒体要求有完整的视频文件；广播媒体要求有完整的音频文件；报纸媒体需要有报纸的版面，也可以提供电子版；网络媒体，文字、图片、视频均可。

（二）汇总要求

1. 电视媒体

标明媒体名称、报道日期、节目名称、报道播出时间，最后附上完整视频。

2. 广播媒体

标明媒体名称、报道日期、节目名称、报道播出时间，最后附上完整的音频文件。

3. 报纸媒体

标明媒体名称、报道日期、版次，附上完整报道内容截图。

4. 网络媒体

标明媒体名称、报道日期、网络链接，附上完整的报道内容、图片、完整视频。

各种不同类型的媒体报道要做出目录，再汇总成总的媒体报道目录，以方便日后查询，如表 9-3 所示。

表 9-3　媒体报道汇总表

序号	报道题目	媒体名称	媒体类型	刊发时间	栏目(版次)	备注
1						
2						
3						
4						
5						

三、资料整理方法

（一）资料格式

会议资料的格式分为电子版和纸质版。对于电子版资料，不仅应将原文件储存，还应将其刻录成光盘或上传云盘作为备份；对于纸质版资料，应尽量转换成电子版再进行相应归档处理。

（二）资料排序

资料的整理要全面且清晰，并按照一定的顺序排序。常见的排序方法如下。

一是按会议议程排序，即按照会议议程进行的先后顺序排列文件。

二是按重要程度排序，即按照文件所反映问题的重要程度进行排序。

三是按时间顺序排序，即按照成文时间的先后进行排序。

四是按部门工作排序，即按照会议各部门分工对其所完成的任务、工作内容进行排序。

（三）案卷归档

排序后，要按照文件的特征进行概括以拟写案卷标题，并将文件整理装入文件盒。案卷标题的作用是为档案的管理、编目、登记、检索提供依据。将信息归类、存档完毕后，应做出文档目录，以方便日后查询。

📋 **本节金句**

强化存档意识，记录会议历程。

第四节 寄发感谢信

会议结束后，需要写信给嘉宾以表达对嘉宾所做贡献的谢意，这样也有利于和嘉宾建立良好的合作关系。

一、感谢信的内涵

(一)感谢信的含义

感谢信是向帮助、关心和支持过自己的集体(党政机关、企事业单位、社会团体等)或个人表达谢意的专用书信。感谢信已被广泛应用于个人与个人之间、个人与组织之间、组织与组织之间，用以向给予自己帮助、关心和支持的对方表达感谢。

(二)感谢信的特点

1. 感谢对象明确

感谢信应清楚明确地指出感谢的对象。这意味着信件会点对点地发送，而并非群发给感谢对象。感谢信的发件人会详细列出感谢对象的姓名或单位名称，以确保感谢对象感受到被特别关注和赞赏。

2. 表述事实具体

感谢信中应提供具体而详细的信息，详细描述参会者、特邀嘉宾、合作伙伴和服务商等在会议中所做的贡献和支持。感谢信应回顾事件的重要内容，详细描述感谢对象所做的具体事情，如发表了精彩演讲、提供了宝贵的建议或付出了辛勤的努力。通过具体事实描述，感谢信能够更加有力地传达出对感谢对象的认可和感谢。

3. 感谢色彩鲜明

感谢信应以真诚而热情的语气表达对感谢对象的感激之情。感谢信会使用积极的词语和措辞，明确指出感谢对象的参与和支持对事件的重要性，并突出感谢对象对事件结果的积极影响。通过强调感谢色彩，感谢信能够让感谢对象感受到真挚的感激之情，并加强双方之间的情感联系。

(三)感谢信的发送时间

感谢信的发送时间要依照会议的收尾状况来定，即在会议收尾工作完毕之后，再向嘉宾致谢。一般情况下，会议收尾工作一周左右就可以完成，此时发送感谢信较为合适。同时，也要考虑到嘉宾的行程安排。如果了解到嘉宾在会后的一段时间较为繁忙，就不宜在此时发送感谢信，否则嘉宾可能会因为忙于其他工作而忽略接收到的感谢信，此时可以适当延后发送感谢信的时间。

二、感谢信的结构

感谢信主要包括标题、称呼、正文、结语和落款五个部分。

(一)标题

标题一般采用以下三种形式：

一是单独由文种名称构成，即"感谢信"。

二是感谢对象＋文种名称，如"致×××的感谢信"。

　　三是感谢双方＋文种名称，如"A 单位致×××的感谢信"。

（二）称呼

　　开篇顶格写被感谢的机关、单位、团体或个人的名称或姓名，并在个人姓名后附上"先生"或"女士"，然后加冒号。

（三）正文

　　提行空两格开始写，要求写感谢的内容和感谢的心情，应分段写出以下几个方面。

　　一是感谢的事由：概括叙述感谢的理由，以表达谢意。

　　二是对方的事迹：具体叙述对方的先进事迹，叙述时务必交代清楚人物、事件、时间、地点、原因和结果，尤其要重点叙述关键时刻对方给予的关心和支持。

　　三是揭示意义：在叙述基础上指出对方的支持和帮助对整个事情成功的重要性以及体现出的可贵精神。

（四）结语

　　结语，即感谢信结束时表达敬意、感谢的话，如"此致　敬礼""致以最诚挚的敬意"等。

（五）落款

　　末尾写上单位名称或个人姓名，并署上成文日期。若是单位寄发感谢信，还应加盖公章。

【小资料 9-1】感谢信范例

个人感谢信

尊敬的××先生：

　　××会议在××成功举办。本次会议得到了××和社会各界的高度评价，国内外数十家媒体对论坛进行了全面报道。

　　您在本次论坛所做的精彩演讲《×××》，论点独特，论述全面，受到各界人士的关注和热议，成为本届会议的一大亮点。

　　在此，我们向您为本次会议所付出的努力致敬，并再次感谢您对我们的支持。

　　希望与您保持长期联系，期待与您再次合作！

　　顺祝

商祺/文祺

落款
××年×月×日

单位感谢信

贵州电视台：

　　我校于××年×月×日至×月×日举办的"第六届国内亚洲研究中心主任联席会议"，在贵台领导的大力支持下，在台办工作人员的热情帮助下，获得圆满成功，受到韩国高等教育团队、参会各大学领导及各方面参会人员的充分肯定和高度赞扬，在此，我们对贵台表示衷心的感谢！

　　贵州电视台作为这次会议的承办单位之一，台办工作人员承担了大部分接待任务，为会议的成功举办付出了辛勤的汗水。贵台所有参加会议筹备和接待的工作人员，以贵州人民特有的热情好客，以精益求精、细致入微的工作作风，感动着每位参会代表，从前期筹备到后期接待，协助我们完成策划、会议编排印刷等工作，点点滴滴的细致工作不仅使参会代表对此次会议高度赞扬，更使大家对贵阳流连忘返，对贵州电视台多了一份亲近与感激。在此，我们再次向你们表示衷心感谢！

　　顺祝

商祺

落款

××年×月×日

三、感谢信中的常见错误

　　以下选取了感谢信中常见的三类错误，供读者借鉴。

(一)自我表扬式

　　该类错误主要以表扬自己组织所取得的成果为主，过多强调自己的作用和优势，给人一种自我吹嘘的感觉。这种感谢信并未从参会者或重要嘉宾的角度出发，过于关注自己的功绩，而忽略了感谢对方参与和支持的重要性。

　　针对这类错误，主办方今后在撰写感谢信时应避免自我表扬，而是更多地关注参会者或重要嘉宾的贡献和参与。感谢信可以使用客观和中立的语句和措辞来表达，其内容应侧重于直接表达对他们的感激之情，对他们在会议中的演讲、观点分享或支持的具体贡献给予肯定和赞赏。

某论坛感谢信

尊敬的 ＿＿＿＿＿＿＿＿ :

　　2023年度×××论坛已落下帷幕，论坛现场的和谐气氛、嘉宾的精彩演讲、参会嘉宾聚精会神地倾听与思考的场景，或许依然萦绕在您的眼前。

　　在此，×××组委会全体同仁，对您在百忙之中抽出时间参加此次论坛，表示真诚的谢意！对您一直以来对×××工作的支持和帮助，表示由衷的感谢！

　　在您的关心和支持下，本届论坛取得了丰硕的成果。论坛上，来自韩国、日本、中国香港、泰国、瑞典、南非等国家和地区的传媒专家和来自国内广电、电信和互联网产业的170余位学者、业界精英汇聚一堂，共享国际实战经验，探索×××的发展路径。论坛下，媒体高度关注，赢得广泛影响。中央电视台新闻频道、新华电视、中央人民广播电台、中国国际广播电台对论坛进行了新闻报道；人民网、新浪网、中华传媒网、学术论坛在线为论坛开设了论坛专题；此外，《人民日报》《经济日报》《中国青年报》《新京报》《环球时报》《北京周报》等三十多家中英文媒体也对论坛进行了多角度、全方位的报道。

　　希望在您的支持和帮助下，×××论坛能获得更大的发展！

　　期待与您的再次相见！

　　顺祝商祺！

落款

××年×月×日

（二）过度赞扬式

该类错误在于过分夸大参会者或嘉宾的作用和影响，使用过度的赞美言辞，给人一种虚伪和不真实的感觉。这种感谢信可能会让对方觉得过分恭维或不真诚。

针对这类错误，主办方今后在撰写感谢信时应注意避免过度赞扬和过于夸张的措辞。感谢信应真实地传达对参会者或嘉宾所做贡献的感激之情，用简洁明了的语言表达对他们的认可和感谢，避免使用过于华丽和夸张的辞藻。同时，尊重对方的个人隐私和边界，避免针对个人特质做过多评价。

某论坛感谢信

尊敬的 _____：

您好！

首先，十分感谢您在百忙中出席 2023 年度××××论坛，发表精彩的演讲。

您深邃的思考、敏锐的洞察和深入浅出的语言，吸引了论坛的广泛关注；您的谦和与幽默都让大家非常难忘。

再次感谢您对××××论坛的关注和支持！希望您今后能够继续关注××××的成长，也希望今后能够有更多机会和您合作。

最后，恭祝您在今后的工作和生活中——身体健康！阖家幸福！事业兴旺！万事如意！

落款
××年×月×日

（三）过度甜蜜式

该类错误在于使用过分亲昵和过分甜蜜的措辞或过于花哨和浮夸的措辞，可能给人一种虚假和肤浅的感觉。这种感谢信可能会让对方觉得过分撒娇或夸张，显得不正式和过于亲密。

针对这类错误，主办方在撰写感谢信时应该保持恰当的语气和措辞，避免过度甜蜜和过于花哨的用词。例如，可以使用简洁、真诚和亲切的措辞，以表达对对方的感激之情。感谢信应以正式和专业的语气表达对参会者或嘉宾的感激之情，注重礼节和敬意。

某论坛感谢信

尊敬的 _____：

您好！

十分感谢您在百忙中出席 2023 年度××××论坛，和参会嘉宾分享您对"××××"的思考，感谢您对××××的支持！

您专业的分析、翔实的数据和独特的视角，为论坛带来了新的启示，能邀请您参加本次论坛是一件幸事。

您为论坛带来的美好回忆，将永留我们心间。期待在未来的学术探索中，我们能再次相聚。

衷心祝愿您身体健康！阖家幸福！

落款
××年×月×日

总的来说，主办方在撰写感谢信时应尊重参会者或重要嘉宾的角色和贡献，从他们

的角度出发，真诚地表达对他们的感谢和认可。同时，言辞应适度，避免自我表扬、过度赞扬和过度甜蜜等错误。

📋 **本节金句**

会后感谢要用心，及时表达受欢迎。

第五节　会 议 评 估

评估是指对某一事物的价值给予判断的过程。会议评估是指根据一定的目的和标准，遵循一定的原则，运用科学的方法，对会议各要素、社会效益、经济效益等进行质和量的综合评价的一种活动。会议评估的意义在于：一方面，帮助会议组织者客观评价会议执行效果，发现自身在会议举办过程中存在的问题，从而更好地改善服务和提升自己；另一方面，帮助会议组织者了解参会者的满意程度，为继续办会提供经验、奠定基础。

一、会议评估的流程

(一)明确评估目的

一般来讲，会议评估的主要目的是找出本届会议策划及执行过程中存在的不足，从而能为今后举办类似会议积累经验。

(二)阐明评估内容、对象

评估内容解决的是究竟评估何种问题。以会议效果评估为例，内容至少应该包括经济效益、社会效益、文化效益三个项目。但由于每个会议主题、会议性质、会议规模不同，所以除了以上三方面内容外，可能需要评估其他效果。

会议评估的对象主要是参会者、会议陪同人员。如果会议存在附设展览，还应将参展商纳入评估对象。

(三)确定评估标准

针对每一项评估内容，会议评估人员都应该设计相应的标准或指标。会议评估的标准可包括硬标准和软标准两类。其中，前者更注重结果，因而往往是显性的、定量的指标；后者更关注过程，往往是隐性的、定性的指标。

(四)选择评估方法

1. 会议评估方法

会议评估的方法主要有三种：定性评估、定量评估以及历史比较法。定性评估常用的方法主要有深度访谈法、焦点小组座谈法、观察实验法等；定量评估法主要包括比率分析法、趋势分析法、抽样调查法、数学模型法等；历史比较法主要包括对历史数据的比较和时间序列的回归分析。

评估人员应根据评估目的、对象和内容来选择合适的方法。对于连续多届、多年举办的会议，可以采用历史比较法。当然，为了准确有效地评估会议的效果，可以多种方法并用。

2. 会议评估常用工具

具体而言，在会议评估中常会用到以下工具。

（1）调查问卷。调查问卷是最常用的会议评估的有效方法。调查问卷可以通过以下几种方式进行：现场手工填写、现场计算机或手机填写、会后计算机或手机填写。

（2）面谈。会议结束时邀请部分调查对象集中或分别面谈，征求他们对会议的意见和评价。这种方法只能对会议进行定性评估。

（3）电话调查。会议结束后，打电话给调查对象，征求他们对会议的意见，并请他们对会议进行评估。该方法仅能对会议进行定性评估。

（4）现场观察。在会议现场或各个活动场所派人观察会议和各个活动的进行情况，并观察参会者和活动参加者的反应，从而作出对会议的评估。

（5）述职报告。会议结束后，要求每个工作部门或工作人员将自己在会议全过程中所做工作形成述职报告。

（五）拟定评估实施方案

在拟定会议评估方案时，需要明确几个问题：为何要进行评估，评估的对象是谁，评估的内容是什么，如何开展评估。另外，还需要考虑利用哪些资源才能使会议评估流程更加程序化、规范化、科学化。

对一个事件评估的最佳时机是在该事件刚刚结束的时候。小型会议应在会议工作全部结束时实施评估。对于大型会议，一次会议不仅有大会，而且有多个分组会议，包括会议附设展览和各种参观、访问、浏览等活动。考虑到有些参会者参加完大会和某个分会活动后就会离开，如果在会议全部结束后再进行会议评估，很多参会者就无法参加会议评估了，因此大型会议可在分项活动结束后实施评估。

（六）比较会议效果

比较会议效果是指将会议最终实现的效果与会前预期效果进行比较，找出已经实现的和未实现的预期目标，分析有些预期效果未能达到的主要原因，从而为下一次会议的举办提供借鉴。

（七）撰写评估报告

在会议评估结束前，应将评估过程、收集的信息、分析结果等内容进行整合，形成一份综合性的会议评估报告。会议评估报告至少包括以下五方面内容：（1）会议概述；（2）会议评估的目的；（3）会议评估的内容与标准；（4）会议评估的方法；（5）会议评估的结论与建议。

评估报告应简明扼要，言简意赅，突出评估内容的重点。

（八）建立评估档案

建档的主要目的是存档备查，以便为下次会议的举办提供必要的参考资料，同时也标志着一次会议的真正结束。

二、会议评估的内容

（一）会议议程及内容

会议议程及内容评估主要包括：会议主题、议题的恰当性；会议议程安排的合理性，会议目标的实现是通过会议议程的安排来进行的，而参会者的参与也受到会议议程的影响与限制，因此会议议程安排的合理性是会议评估的重要内容；会议演讲人选择的得当性；会议张贴的论文的学术性和创新性；分组讨论的充分性。

(二)会议各项活动

会议活动评估主要包括：会议的欢迎宴会、欢送宴会安排的合适性；参观、访问、游览、文化体验活动安排的合适性；会议的项目签约、项目推介会安排的合适性。

(三)会议附设展览活动

会议附设展览评价主要包括：展览场地的合适性；展品装卸、存储服务的质量；展览服务的质量；参展效果。

(四)会场设施、服务与环境

评估内容主要有：会场的音响效果；会场的温度、湿度、照明度；会场同声传译设备及服务质量；会场指引系统的完备性；会议饮水服务质量；会议的茶/咖啡服务质量；会议的环境质量。

(五)会议住宿、餐饮

评估内容主要有：会议指定酒店服务的质量；会议餐饮及其服务的质量。

(六)会议目的地质量

评估内容主要有：会议目的地区位；会场区位及通达性；会议目的地环境的质量；会议目的地居民的好客程度；会议目的地旅游景点的吸引力；会议目的地的形象。

(七)会议宣传促销与接待工作

评估内容主要有：会议宣传促销工作的成效；会议接待工作的质量；会议邀请人数、参加人数、实到人数的数量。

(八)总体印象

评估内容主要有：会议对参会者的价值有多大；会议是否达到(高于或低于)会议者的期望值；参会者是否愿意参加下一次的会议。

三、会议评估的角度

任何会议的举行都有以下共同属性：一是会议期间，必须付出一定的代价；二是会议应有一定的目的；三是会议结束后，无论成功与否，或多或少都能给人以启示，使人获得一定的经验和教训。

会议效率的高低，不是一个一成不变的概念，需要从不同角度加以评估。

(一)从付出代价的角度评估

计算会议成本的公式为：

会议成本＝每小时平均工资的 3 倍×2×开会人数×会议时间(小时)

当然，会议实际费用还要加上会场租赁费、资料费、水电费等。在弄明白为每位参会者花了多少钱之后，还应当明白钱是否都花在了刀刃上。目的在于调整员工工作状态的会议，比较容易评估效果。例如，会后员工们卖出的产品是否增多，等等。如果达到预期效果，企业获得的额外利润就应归功于会议。

评估会议是否值得举行，不能仅仅局限于付出的代价，而应考虑会议是否达到了预期目的。

(二)从会议品质的角度评估

为了提高会议效果，可以分开评估会议的各个部分，并对其作出判断。下面提供了一份评估会议质量的清单，可以作为评估时的参考。

1. 会议目的

在清单开头，简要地指出既定的会议目的。

2. 印刷品

对设计和版面是否满意？内容是否正确或者表述清楚？印刷品是否及时提供？所花的费用是否值得？

3. 地点

会议地点的位置是否合适？大小是否合适？住宿、饮食和服务的等级如何？设施是否适用？工作人员是否肯帮忙？参会者的意见如何？

4. 交通

车辆是否保养得很好？车辆是否准时？机动性是否很高？

5. 演讲人

发言内容是否打动人心？讲稿的风格是否合适？内容是否明了？讲稿是如何提供的？

6. 参会者的意见

会议采用的风格是否合适？场地设计与音乐运用是否合适？会议时间是否合适？所花的费用是否值得？

（三）从经验角度的评估

1. 会期

在确保会议效果的前提下，应尽可能缩短会期，提高会议效率。如，预计开一天的会议，可以尽量压缩到半天，这样只需提供一晚的住宿，也可节省开支。

2. 活动

在策划活动时，主办方应根据会议目的、参会者的需求和会议类型的特点灵活选择不同的活动，以最大限度地提升会议的价值和效果。

对于学术会议来说，可以安排更多的研讨会和分组讨论会，以促进专业知识的交流和深入探讨。同时，提供学术成果展示的机会，让参会者能够展示他们的研究成果。另外，可以考虑安排专题讲座或特邀嘉宾演讲，增加学术会议的价值。

对于企业内部会议而言，可以加入团队建设和培训活动，有利于增强团队协作，提升职业技能。此外，可以邀请行业专家进行分享和讨论，帮助员工了解行业动态和趋势，促进企业的发展和创新。

对于行业交流会来说，可以安排产品演示和商务洽谈，为参会者提供商业机会和合作可能。同时，可以设计行业论坛和圆桌会议，让参会者能够交流经验、分享见解，并探讨行业未来的发展方向。

3. 地点

会议地点的技术设施在不断改进，有良好设施的会场利用价值更大，这样可以节省设备的租赁费用。

4. 参会者

参会者的名单要精益求精，不可一味求多，选择参会者应以其最有可能为会议做出贡献为准。人数少意味着会议场地小，可节省场地租赁费、住宿费和餐饮费。

📖 **本节金句**

会议评估的最佳时机，是在会议刚刚结束时。

第六节　会议总结

会议结束后要对会议的方方面面进行总结，写出一份会议的总结报告。会议总结的目的是分析会议策划与组织过程中的经验和教训，为今后会议的举行、会议工作的开展提供参考依据。因此，会议总结在整个工作流程中具有承前启后的作用。

一、会议总结的范围

（一）会议评估报告

会议评估的结果既是会议总结报告的基础，也是会议总结报告参考的重要内容。两者的区别如表9-4所示。

表9-4　会议评估和会议总结的区别

比较指标	会议评估	会议总结
定义	对会议全面审查，进行质和量的综合评价，并给出评价意见和建议	对会议的经验教训、成果、问题等进行归纳、总结、提炼
目的	发现不足，提升质量和效果	提供回顾和参考，促进持续改进
侧重点	关注当前问题的分析和解决，关注错误的原因及未来改进方法	关注过去的亮点和经验，着重总结成果和启示
完成时间	会前、会中、会后均可	只能在会后进行
方法	定性、定量、历史比较法	会议记录、会议讨论、会议纪要
参与者	会议组织者、参会者、第三方评估	会议主持人、会议项目小组
公开程度	仅向会议决策或主办方公开	省略"不足"部分，向参会者公开
结果输出	评估报告，包含对会议的评价意见和建议，供决策者参考	总结报告，包含会议中的经验教训、成功因素、失败因素等

会议总结和会议评估的联系是：两者都旨在促进会议的持续改进和提高，都是为了提高会议的效果和价值，促进团队协作和沟通。具体来说，会议评估可以帮助会议主办方了解会议的目标是否达成、时间是否合理、资源是否充足、参会人员是否满意等方面的情况。而会议总结则可以帮助参会者回顾会议的内容、讨论和决策结果，以便分享经验教训并为未来的项目提供参考。

（二）会前调研

会前调研工作总结主要是对办会目的与宗旨、会议选时与选址、会议主题与议题、会议嘉宾与参会者、会议可行性分析等进行总结。

（三）会前策划

会前策划工作总结主要是对会议策划方案的可行性、策划方案亮点、会议组织机构确定、会议主体活动及子活动设计、会议资金来源及预算计划等进行总结。

（四）会议筹备

会议筹备工作总结主要是对会议前期筹备、中期筹备、倒计时阶段各项主要工作进行总结。

（五）会议执行

会议执行工作总结主要是对会议现场注册、现场接待、现场协调、现场服务、会议专业活动情况、会议文化体验活动情况、会议餐饮活动情况等进行总结。

（六）会议收尾

会议收尾工作总结主要是对会议结束后的收尾工作、财务结算工作等进行总结。

二、会议总结的基本要求与特点

（一）会议总结的基本要求

1. 依据事实，准确可靠

以往工作是会议总结的唯一依据。会议总结必须将过去一段时间之内所做工作的材料全面地收集起来，包括面上的材料与点上的材料、正面的材料与反面的材料、事件材料与数字材料以及背景资料等。事件材料必须真实可信，数字要准确可靠，背景材料要有辅助性，能与事实形成鲜明的对比或者烘托。切忌闭门造车，随意编造事实或数据，欺上瞒下，或者走过场。

2. 分析事实，找出规律

经验与教训是会议总结的重点。要从自己掌握的事实与材料中提炼出规律性的理论认识，这样的会议总结才有意义。

3. 点面结合，重点突出

写会议总结容易犯大而全的错误。所以应当认真掌握会议总结的工作特点，抓精华，找典型，这样的会议总结才不会千篇一律，才具有指导意义。

（二）会议总结的特点

1. 经验性

会议总结和计划相反，是在事后进行的。会议总结的材料必须是真实的，是自身经历过的，包括典型材料和数据，这样才有实践意义。经历过的事情，在写作上往往更多地采用叙述方式。会议总结还应据实议事，运用画龙点睛式的议论，提出主题，写明意义，摆事实，讲道理，事实是主要的，议论是必要的。在写法上，以叙述、说明为主。叙述不是详述，而是概述；说明要平实准确，不必旁征博引。

2. 规律性

会议总结不是把发生过的事实罗列在一起。它必须对收集来的事实、数据等认真地进行整理、分析和研究，找出某种带有普遍性的规律。会议总结要产生评价、议论，即主题和意义以及众多小观点（包括经验性和规律性的思想认识）。而议论不必采用逻辑论证式，而应采用论断式，因为自身情况就是事实论据。会议总结是否具有理论性、规律性，是衡量一篇会议总结质量高低的重要标志。

3. 借鉴性

会议总结对以后的工作具有借鉴作用，有助于会议组织者从中汲取经验和教训，为顺利举办下一次会议奠定基础。

三、会议总结的基本结构

会议总结的基本结构一般包括标题、正文和落款三个部分。

(一)标题

1. 综合性总结标题

该总结标题一般采用"总结单位＋总结时限＋文种",如《××协会 2017 年度会员大会工作总结》。

2. 专题性总结标题

该总结标题则较为灵活,它可以是观点的揭示,也可以是内容的概括,如《关于增加部门预算的总结》。这样的标题不仅省略了单位名称、时间限度,甚至连文种也省略了,只有总结内容。

3. 正副标题

还有的总结为了使重点更突出,常采用双标题的写法,即采用正副标题的形式。正标题往往用来揭示总结的主题,而副标题则指明总结的内容、单位、时间等。

例:

"凝心聚力 共铸辉煌"

——2023 年度某某集团年会总结

(二)正文

会议总结的正文一般包括三个部分:开头、主体和结尾。

1. 开头

开头应用最精练的文字,概括交代会议总结的基本内容,如总结的主要内容、时间、地点、背景、事件经过等。开头也可以将总结出来的规律性的认识、主要的经验或教训、主要的成绩或存在的问题用简短概括的文字写出来。这样,读者在读这篇总结之前就会对总结的全貌有一个大致的了解,也能激发阅读的兴趣,启发和引导读者在以后的阅读中积极思考。

2. 主体

主体部分是总结的重点,主要讲解会议所取得的成绩与经验,即对本届会议工作实践中所获得的物质成果或者精神成果、取得的优异成绩及其成功的原因与条件的分析归纳。

(1)主体结构内容。会议总结主体部分一般分为会议概况、本届会议特点、参会者调查、存在不足、下届会议预告五个部分。

①会议概况,一般通过展现会议数据,反映会议的经营规模和发展状态。

②本届会议特点,通过概括本届会议特色,反映会议的"亮点"。

③参会者调查,通过统计会议现场问卷、网络问卷或面访所获信息,反映会议的效果和参会者的好评。

④存在不足,主要是总结会议举办中存在的问题,分析其原因、提供可供吸取的教训。若是对外发布,本部分可略去;若是对内提供,本部分应保留。

⑤下届会议预告,通过预告下届会议的举办时间、地点以及主办方的联系方式,提醒目标参会者和潜在参会者,有利于下届会议的宣传推广和会议销售顺利开展。

(2)主体结构形式。会议总结主体部分的结构通常分为递进式、并列式和对比式三种。

①递进式。即层层深入地讲述。其特点是各层都以前面一层的意思为论述的基础,各层之间形成步步深入、层层递进的逻辑关系。例如某公司会议总结《"落实责任制入手,加强企业管理"会议总结》,其主体分为三个部分:制定岗位考核标准、严格按标准进行考核、根据考核结果实行奖惩。

②并列式。即从几个方面来阐述。其特点是对会议总结所包含的几项主要内容,分

别进行阐述。几个层次之间的关系是并列的，它们分别从不同的方面来论证总结。但并列式结构，并不是随意罗列，各层意思谁先谁后，也有一定的依据：或按性质的强弱，或按问题的主次，或按时间的先后等。

③对比式。即把两种不同意见、不同方面的情况对照起来加以阐述。

在实践中，会以其中的一种形式为主，两三种结构形式结合使用，这也是长篇会议总结经常采用的结构形式。但是，不管采取哪种结构，都必须集中于一个中心、一个主旨讲深讲透。这样，才能给听众留下一个完整、清晰、深刻的印象。

3. 结尾

结尾即会议总结的结束语，应简明扼要、短小精悍。有以下两种写法。

（1）总结式。总结式结尾即用概括性的语言对正文内容作一个总结。总结式并非在字面上简单重复主体内容，而应是中心论点的确立或主题的升华，使听众对全部报告内容有清晰、完整、深刻的认识和理解，留下鲜明、难忘的印象。

（2）展望式。展望式结尾即用简短的语言对未来的工作作一个展望，展示美好的前景。展望式要有鼓动性和号召力，使听众感到有信心，有力量，充满希望。在表现形式上，可以写得余味无穷，给听众以启示；也可以充满战斗的激情，给人以鼓舞；也可以喊口号、提希望、发号令、提建议。

（三）落款

总结的落款要写明总结的单位名称以及成文日期。如果在标题中已标明了总结的单位名称，落款中这一部分就可以省略。

【拓展阅读9-1】

学术会议
参会总结

✎ **【小资料9-2】安全生产工作会议总结示例**

一、会议的基本情况（略）

二、需要进一步强调的几个问题

1. 确保安全技术措施和临时用电方案实施到位。（略）

2. 切实加强对工程分包施工队伍的安全管理。（略）

3. 为取得安全生产许可证做好准备。（略）

4. 积极参加社会工伤劳动保险。（略）

5. 规范和统一项目经理部安全生产管理体系和制度。（略）

6. 吸取重大火灾事故教训，各单位务必加强对各基地、物业及公共场所的火灾及爆炸等安全隐患的治理，制定并严格实施重、特大安全事故应急救援预案，确保财产安全和职工生命安全。

三、关于认真贯彻落实会议精神的问题

在这次会议上，闫局长和卢副局长都对今后的安全生产管理工作提出了更新、更高的要求，请大家回去后结合本单位的实际情况，认真抓好贯彻落实。在此提几点要求：

1.（略）

2.（略）

3.（略）

四、会议总结的呈现形式

会议总结有以下两种呈现形式。

一是写成文章,以纸质文件或电子文件的形式发送给参会者。

二是按广告风格设计成电子文件发送给参会者(需要时也可以打印为纸质文件)。这种形式的项目总结,需要文案编辑和美术编辑相互配合。文案编辑提供文案,美术编辑提供平面设计。

目前,第二种形式的会议总结已经成为主流。无论以哪一种形式呈现报告,在编排上都要做到图文并茂。会议现场拍摄的照片是图片的重要来源,图片对于项目总结报告的编排,不仅是增加视觉效果的需要,而且基于"有图有真相"的阅读心理更有利于提升传播效果。

在互联网时代,这两种形式的会议总结都会被主办方放在会议项目的官方网站上,供用户浏览或下载。为方便用户使用手机阅读,许多主办方还设计了手机版的会议总结,内容上趋于简洁,版式上更加时尚。

会议总结一般在会议项目结束后的一个月内发布。会议总结发布的时间如果超过一个月,就会随着参会者对会议关注度的下降而使其营销作用减弱。

> **📄 本节金句**
>
> 会议总结的精髓:收集碎片找规律,利用规律解难题。

【复习与思考】

一、本章小结

• 会场收尾的主要工作内容包括物品的回收与整理、引导参会者离场、会场检查、劳务费发放。

• 会议结束后,需要写信给嘉宾以表达对嘉宾所做贡献的谢意,这样也有利于和嘉宾建立良好的合作关系。感谢信是向帮助、关心和支持过自己的集体(党政机关、企事业单位、社会团体等)或个人表达谢意的专用书信。

• 感谢信主要包括标题、称呼、正文、结语和落款五个部分;感谢信中常见的错误主要有自我表扬式、过度赞扬式、过度甜蜜式三类。

• 会议经费的结算是会议组织者在会议结束后对整个经费使用情况,即会议开支费用的结算,其结算依据是会前经费预算。需要统计的会议期间发生的费用包括固定成本、可变成本、预算外支出等;会议费用的结算方式包括收款方式、付款方式。

• 会议结束时,工作人员要做好会议文件资料的收集、整理和归档工作,及时送交有关人员妥善保管;会议资料存档主要归档会议的具体信息并汇总媒体报道;会议资料的格式分为电子版和纸质版。对于电子版资料,不仅应将原文件储存,还应将其刻录成光盘或上传云盘作为备份;对于纸质版资料,应尽量转换成电子版再进行相应归档处理。

• 会议评估是指根据一定的目的和标准,遵循一定的原则,运用科学的方法,对会议各要素、社会效益、经济效益等进行质和量的综合评价的一种活动。

　　• 会议评估的方法主要有三种：定性评估、定量评估以及历史比较法。定性评估常用的方法主要有深度访谈法、焦点小组座谈法、观察实验法等；定量评估法主要包括比率分析法、趋势分析法、抽样调查法、数学模型法等；历史比较法主要包括对历史数据的比较和时间序列的回归分析。

　　• 会议评估的内容主要包括：会议议程及内容；会议各项活动；会议附设展览活动；会场设施、服务与环境；会议住宿、餐饮；会议目的地质量；会议宣传促销与接待工作；总体印象。

　　• 会议效率的高低需要从付出代价的角度、会议品质的角度、经验角度加以评估。

　　• 会议总结在整个工作流程中具有承前启后的作用。会议总结的范围包括会议评估报告、会前调研、会前策划、会议筹备、会议执行、会议收尾。

　　• 会议总结的基本结构一般包括标题、正文和落款三个部分。会议总结的正文一般包括开头、主体和结尾三个部分。会议总结主体部分一般分为会议概况、本届会议特点、参会者调查、存在不足、下届会议预告五个部分。会议总结一般在会议项目结束后的一个月内发布。

二、重点概念

会场收尾	感谢信	会议经费的结算	固定成本
可变成本	预算外支出	会议资料存档	会议评估
会议总结			

三、思考讨论题

1. 会议收尾的主要工作内容包括哪些方面？
2. 感谢信主要由哪几个部分构成？
3. 会议期间发生的费用包括哪些？各自的特点是什么？
4. 如何汇总会议的媒体报道？
5. 会议评估的流程、方法分别是什么？如何撰写会议评估报告？
6. 简述会议总结的基本结构。

【综合案例分析】"中国(上海)会议与旅游产业发展论坛"反馈表

　　为了将来举办更好的论坛，请您填写本问卷。

　　1. 本次论坛您对哪些话题最感兴趣？（请在您最感兴趣的三个话题旁画"√"）

话题	画"√"	话题	画"√"
大数据与商业变革	☐	中国会议旅游产业 O2O 模式探索	☐
会议活动场地和设施管理	☐	ICCA 上海年会的实践与思考	☐
一个会议从业者的十年	☐	会议服务企业的挑战与机遇	☐
释放潜力——面对新生代员工的管理与挑战	☐	数字化活动(Digital Events)的国际实践	☐
中国会议产业——我们的焦虑，我们的预期	☐	如何提高会奖服务的客户体验	☐
会议服务企业的企业伦理与合规之道	☐		

2. 明年的论坛您希望听到什么样的话题？（请在您最感兴趣的三个话题旁画"√"）

话题	画"√"	话题	画"√"
旅游业与会议业的新趋势、挑战与变革	☐	营销创新/新媒体	☐
会议活动信息技术	☐	商业模式/价值链提升	☐
会议服务时间与培训	☐	人才开发与培训	☐
会议品牌化运作	☐	会议战略管理	☐
中国经济展望与思考	☐	其他：	☐

3. 对本次论坛以下各方面您如何评分？（5为非常好，4、3、2依次下降，1为不理想）

评分内容	打分				
	1	2	3	4	5
会议整体感受	☐	☐	☐	☐	☐
会议服务	☐	☐	☐	☐	☐
会议场所	☐	☐	☐	☐	☐
社交活动机会	☐	☐	☐	☐	☐
代表构成	☐	☐	☐	☐	☐

4. 您认为参加这次活动的主要收获是？（最多选三项）

☐获得了行业信息　　☐联络老朋友、结交新朋友　　☐获得了商机
☐了解了新技术　　☐放松了心情
☐了解了一些新的特色活动场所　　☐其他

5. 明年的论坛您会参加吗？

☐会　　☐不会　　☐待定

6. 请留下您的联系方式。

姓名：＿＿＿＿＿＿　单位：＿＿＿＿＿＿　邮件：＿＿＿＿＿＿

谢谢您的参与！请将本问卷交到论坛注册服务台或留在座位上即可。

案例分析与讨论：

1. 该论坛是以何种方法进行会议评估的？这种方法的优缺点是什么？

2. 以本反馈表为例，结合会议评估的内容，分析上述反馈表中包括哪些，不包括哪些。

3. 对本反馈表，你是否还有相关建议？（可从评估主体、评估内容、完成方式等多个角度回答）

第三篇　拓展篇

第十章　会议经济效益

第十一章　会议仪式礼仪

第十章
会议经济效益

本章思维导图

【学习目的】

通过本章的学习，读者应熟悉会议经济效益管理的主要内容，理解会议财务预测的基本程序与主要内容，掌握会议预算编制的程序与方法，能对会议项目进行基本的成本控制，了解会议赞助的基本内容，掌握如何编制赞助说明书，理解会议财务风险的内容、成因及其处理方法。

【思政内容】

党的二十大报告指出，要"坚持把社会效益放在首位、社会效益和经济效益相统一"。在新发展阶段，只有实现会议业的高质量发展，推动会议业健康发展，才能增强市场主体活力，促使会议业发展前景更加光明，提供更多的就业机会，承担更多的社会责任，增强学生的就业意愿，进而完善会议经济发展体系。同时，会议主办方不能只关注会议项目本身的微观经济效益，还需要兼顾经济、社会、生态效益。

会议作为城市对外开放和形象展示、促进企业合作交流、吸引优质投资的重要平台，对城市经济发展的作用愈发凸显。一方面，城市的优势产业会吸引相关行业的高端会议在当地举办；另一方面，高端会议的强大辐射效应也会带动城市重点产业的发展。会议业与城市重点产业的紧密联系，将形成明显的互动效应，焕发新活力。

本章内容旨在引导学生坚持公正公平原则、诚信原则，增强责任心和法治意识；强调遵守国家法律法规的重要性，引导学生如实进行会议财务预测和预算编制，不虚报、不瞒报、不漏报，对自己的工作负责；教育学生守红线、避风险，认识到成本控制与实现可持续发展的关系，培养学生的节约意识，将会议成本控制与风险防范相结合，从而提高会议经济效益，确保会议平稳进行；牢记诚实守信，不欺骗赞助商，不接受非法赞助，避免利益冲突和权力寻租。

【重点内容】

- 会议经济效益管理的主要内容
- 会议财务预测的主要内容
- 会议预算编制的方法
- 会议成本控制的原理与重点
- 编制会议赞助说明书
- 会议财务风险的处理方法

会议项目的成功运营既离不开资金流动，也必须体现经济效益。因此，经济效益分析是举办会议必不可少的内容，它关系到会议能否正常运营。会议经济效益的关键控制点是会议财务管理，即通过管理会议财务活动来实现会议的经济价值。

第一节　会议经济效益概述

会议经济效益是会议项目管理的基础。良好的经济效益是筹办会议最基本的因素之一，不仅将起到增加收益、提高效益的作用，而且对会议组织者了解收入来源及用处，了解收入来源比例，确定主要的收入来源，控制预算等都大有益处。

一、会议经济效益的实质

会议经济效益的实质是对会议资金进行管理。所谓资金，是社会再生产过程中财产物资价值的货币表现。这些财产物资价值，既包括有形资产的价值，也包括无形资产的价值，如专利权、非专利技术、土地使用权和商誉等。会议资金活动主要包括资金的筹集、资金的耗费和资金的回收，其中资金的筹集和资金的回收是会议项目的现金流入，而资金的耗费则是会议项目的现金流出。会议组织者应努力开辟资金渠道，合理分配和使用资金，在资金管理方面保证会议取得成功。

（一）资金的筹集

资金筹集又称筹资，是会议项目资金运动的起点，也是会议项目最初的现金流入。一般情况下，中小型会议主要通过会议主办方自身的经营积累和项目收入来解决项目运营的资金问题；大型会议由于资金需求巨大，需要通过政府和企业赞助、银行借贷等多种方式筹措资金。

（二）资金的耗费

资金的耗费是指会议项目的成本费用支出，是会议项目运营过程中耗费的活劳动和物化劳动的货币表现，导致会议项目经济利益流出。会议的支出项目包括前期调研、宣传推广、会场租赁、会场布置、供应商费用、交通运输费、通信费和人员工资与补贴等。

（三）资金的回收

资金回收是指会议主办方提供产品和劳务后，以主营业务收入或其他业务收入形式收回的资金，它是会议项目管理过程中所形成的经济利益流入，是会议项目利润的主要来源。资金回收的数量通常大于资金耗费的数量，两者的差额即项目的总收益，包括税金、利息和净利润等。会议的收入项目主要包括参会者注册收入、附设展览展位收入、赞助收入、广告收入、设备出租收入以及提供劳务收入等。

二、会议经济效益管理

会议项目经济效益管理的主要内容包括筹资管理、营运资金管理、成本费用管理和利润管理等方面。

（一）筹资管理

会议项目的筹资，是指会议组织者根据会议活动需要，经济有效地筹措和集中资金的活动。按产权关系，资金分为自有资金和借入资金两种形式。会议项目筹资的基本要求是遵循国家法律和政策的规定，贯彻经济效益的原则，从数量和时间上满足会议活动需要，同时降低资金成本，控制财务风险，提高筹资效益，最终实现财务管理的目标。

(二)营运资金管理

会议项目的营运资金是指在会议项目进行过程中快速周转的资金。营运资金有广义和狭义之分。广义上的营运资金又称毛营运资金，是指流动资产占用的资金；狭义上的营运资金又称净营运资金，是指流动资产减去流动负债后的余额。通常，营运资金的管理既包括流动资产的管理，又包括流动负债的管理。

(三)成本费用管理

控制成本费用是实现目标利润的重要手段。会议项目的成本费用管理，是指会议组织者为保证会议目标的实现而制定成本预算，并对会议活动实施过程中发生的成本费用进行检查、监督和控制，努力将实际成本控制在预算范围内的管理过程。

【拓展阅读 10-1】

会议经费
结余处理

(四)利润管理

利润是指会议项目的经营净成果，是会议项目的收入减去成本后的余额。会议项目的利润管理主要包括利润规划和利润控制等方面的内容。会前策划阶段，会议组织者应通过合理的利润规划制定最优的利润方案。通过最优目标利润的制定，一方面明确项目财务目标，使会议活动的全部财务工作围绕目标利润展开；另一方面可以为最终的项目经营绩效考核提供标准。

三、制定会议财务目标

会议经济效益的目标是指会议项目理财活动应当努力达到的境界或水平。会议财务管理目标是指导会议项目理财活动的方向，是评价会议项目经济效益的基本标准，是会议项目理财活动的出发点和落脚点。会议财务目标必须与会议总目标相一致。会议组织者在会议举办前应明确会议的财务目标。

(一)营利性会议

若会议项目的核心财务目标是营利，那么制定财务目标就是必需且非常重要的工作。对于各类营利性会议，其财务目标应是盈利越多越好。

一般来说，会议项目的预期利润至少由三个因素决定：一是历史经验，即去年这个项目的盈利情况；二是流动资金，这是会议项目预算的绝大部分；三是预期利润率，主要指预期利润与投入资金的比率。会议项目的目标统称为投资收益(ROI)，或称项目价值，其计算公式为：

$$投资收益＝净利润/项目总成本$$

(二)非营利性会议

举办会议的目的不是营利，例如，宣传性会议的主要目的是扩大企业声誉，加强与客户的联系或者调研等，则该项目的开支由企业承担。因此，这类会议只要能收回启动资金，做到收支平衡，略有结余即可。有些公益性会议甚至做不到收支平衡，还需要考虑从其他渠道获取一些会议经费，才能保证会议的顺利召开。

✎【小资料 10-1】营利、赢利、盈利辨析

"营利""赢利""盈利"这 3 个词不仅发音相同，词义也极容易产生混淆。

把"营利"解释为"谋取利润"是正确的。"营"在这里是"谋取"的意思。

"赢利"有两个意思：一是指扣除成本获得的利润；二是指经营所得。第二种意思只是说收益增加，未必有利润。

"盈利"只有一个意思，就是"收支相减之后的利润"。

"营利"就是"谋利"，以赚钱为目的，未必赚到钱；"赢利"指的是赚到了钱，可能亏本，也可能盈余；"盈利"指扣除成本，还赚到了钱。

▣ 本节金句

会议财务管理是会议经济效益的关键控制点。

第二节　会议财务预测

会议主办方应依据会议财务活动的客观发展规律，利用已经掌握的财务知识和手段，对会议未来的财务状况作出预测和判断，保证顺利实现会议财务管理的最终目标。根据预测得到的数据编制会议财务预算。会议财务预测是编制会议预算的基础，会议预算又是会议财务预测的综合体现。

一、会议财务预测的基本程序

会议财务预测涉及范围广，影响因素多。为做好会议财务预测工作，必须周密细致地做好会议各项工作，提高会议财务预测工作的准确度。一般而言，会议财务预测可以按下列工作程序进行。

（一）确定预测目标和制定工作方案

确定预测目标是预测工作的开始，也是关键性的工作。有了明确的目标才能收集资料，制定预测方案，配备预测人员，编制财务预算，安排预测工作的日程，使预测工作有条不紊地进行。

（二）收集和整理资料

当预测目标确定后，应按预测的要求收集必要的预测资料，包括会议历史资料和预测需要的其他资料。会议预测最主要的内容是预测参会人员的多少，即会议规模。如果是连续多届举办的会议，前几届参会人数是最主要的预测资料。除收集数字资料外，还应注意收集具体情况和典型案例。应对收集的资料进行检查、整理和鉴别，去掉虚假和无意义的资料，整理出对预测有使用价值的资料和信息。

（三）选择预测方法

会议财务预测通常采用定性预测法，而不采用定量预测法，其原因是不同的会议情况差别很大，会议之间很难寻找可以相互借鉴的数据和资料。定性预测法又称为经验判断法,该方法主要依靠知识、经验和综合分析能力来判断未来会议可能出现的财务状况,把定性信息转化为定量信息,作为判断的手段。经常采用的具体手段有专家调查法、报表调查法、历史类比法和集合意见法等。

(四)进行预测

为取得经验,首先要选择一些情况熟悉的数据(如会议规模)进行预测。其次要根据所预测的数据,确定所选择的预测方案和方法是否可行,分析预测数据的可信程度,总结预测的经验与问题并加以改进。最后预测会议所需的全部数据。

(五)提出预测报告

任何一个好的预测都不可能完全与实际相符。把分析预测出来的结果与实际情况相比较,分析预测误差大小,找出产生误差的原因,不仅为评价此次预测提供资料,而且为今后预测工作积累经验和资料。将预测结果和分析情况撰写成书面报告提交给会议组织者,即完成最后一步预测工作。

二、会议财务预测的主要内容

会议财务预测最重要和最基本的内容如下。

(一)会议规模预测

会议预算是以会议规模,即参加会议的人数为最主要基础数据编制而成的。在会议筹备初期,会议人数带有很大的不确定性,给编制会议预算带来了很大的难度,因此只能根据财务预测的各种基本原理预测出会议规模这个最基本的数据。

例如,连续举办多届的会议,经常采用历史类比法对数据进行分析,估算出本届会议的人数。一般可参考前三届会议的人数,可向这几届会议主办方索取参会代表名录,对每届参加会议的人数进行分析,就可以推算出本届的参会者人数。根据上述方法还能预测出会议其他的辅助数据,例如陪同人员和参加旅游人数等数据。

(二)会议固定支出预测

会议支出包括固定支出和可变支出两类。固定支出是指不随会议人数变化而变化的支出,如场地租金、宣传费用、演讲费用、申办费用、会场布置费用等。可变支出是指随会议人数变化而变化的支出,如餐饮费、住宿费、旅游活动费用、参会者资料印刷费用等。会议的许多固定支出都是发生在会议筹备前期,需要由会议启动资金支付,因此预测出会议固定支出的金额对筹集会议启动资金具有指导意义。

(三)会议保本人数预测

举办会议最基本的财务目标是保证会议不能出现亏损,即会议收入至少应与会议支出相等。由于会议收入主要取决于注册费的高低和参会人数的多少这两项内容,当会议注册费的标准确定之后,会议人数直接影响会议的收入。会议注册收入和参会人数的关系如图 10-1 所示。

在图 10-1 中,总收入(TR)与总成本(TC)相交叉的点即会议盈亏平衡点(E)。盈亏平衡点分别对应横轴、纵轴两个数值。在横轴中,E 点对应的值为保本人数点,即盈亏平衡点的参会者数量;在纵轴中,E 点对应的值为保本人数的会议注册费收入,即盈亏平衡点的注册费收入。

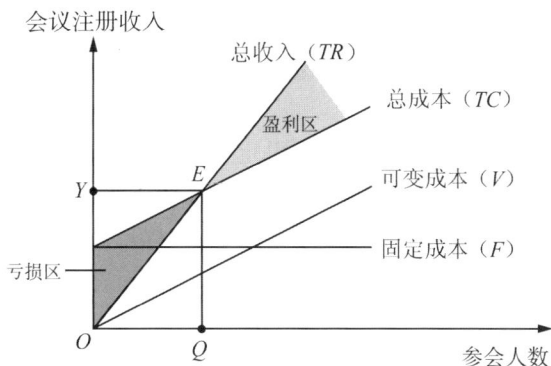

图 10-1 会议注册收入和参会人数关系图

会议盈亏平衡点的基本关系表达式为：

利润＝销售收入－总成本
　　＝销售收入－（变动成本＋固定成本）
　　＝单价×销售量－单位变动成本×销售量－固定成本
　　＝（单价－单位变动成本）×销售量－固定成本

通常可以用下列简单公式来进行计算：

盈亏平衡点人数：

$$Q=\frac{F}{P-C}$$

盈亏平衡点收入：

$$Y=\frac{F}{1-\frac{C}{P}}$$

上式中，如果已求出盈亏平衡点人数 Q，且已知会议注册费价格，那么盈亏平衡点总收入 Y 可以直接用 $Y=PQ$ 计算。

因此有会议盈亏平衡公式：

$$PQ=F+CQ$$

以上公式中，Q＝盈亏平衡点人数，Y＝盈亏平衡点收入，F＝固定成本总额，P＝会议注册费价格，C＝单位可变成本。

（四）会议收入预测

通常在会议各种收入中，注册费的收入是相对比较稳定的，只要人数预测准确，预算的收入和实际的收入不会有很大的差别。

但是会议的其他某些收入，在不同的会议中会有很大的差别，例如会议收入中的宾馆佣金和旅游收入。赞助收入、广告收入也是会议的主要收入，许多会议的盈亏最终取决于赞助收入和广告收入的多少，因此对赞助收入、广告收入的预测也是至关重要的。

会议收入可以通过"开源/增收、节流/节支"来实现，例如，增加参会人数，提高会议注册费价格，降低会议成本等措施来保证目标利润的实现。

本节金句

开源节流，精益求精。

第三节　会议预算编制

编制会议预算，一方面可以预知会议固定支出、可变支出、会议收入及会议的盈亏，以保证会议最终不出现财务亏损；另一方面有助于了解会议启动资金需要的金额，避免出现由于启动资金不足而影响会议正常筹备的情况。

一、会议预算编制的程序

(一)确定预算组成

会议预算主要包括会议收入、会议支出两大部分，其中会议支出又分为固定支出和可变支出。固定支出和可变支出两者之间没有一个统一的划分标准，只要便于在今后的会议筹备中能够随时掌握和调整会议预算即可。

(二)项目逐项分解

当总的预算金额确定后，可以在工作分解的基础上，逐项分解各项目。可以将总预算分解到会议各阶段中，也可以分解到会议项目各个组成部分中。

(三)编制初步预算

预算编制部门要根据对会议项目经营情况的预测分析及各部门提供的计划资料，同时考虑拟举办的会议在进行过程中可能出现的状况，在此基础上编制会议的全部预算。初步预算的编制主要以工作任务一览表、项目进度计划等为依据。

(四)预算调整

由于预算中的金额是根据预测和估算的数据编制的，与实际发生的金额总会有些差距，因此需要不断调整，例如增加或减少某些项目的金额。

(五)预算提交

修正后的会议预算必须提交给上级部门进行审议。为保证会议预算执行的严肃性和权威性，最终的会议预算应取得上级部门的同意和批复，经过相关人员验证之后方能执行。

二、会议预算的构成

(一)固定支出

会议的固定支出不随参会人数或会议规模的变化而变化，具有相对稳定性和可预测性。

1. 申办费用

申办费用主要是指在申办和"竞标"会议时所支出的费用，一般在申办国际会议或国内行业大规模会议时可能发生该笔支出。

2. 公关宣传费用

公关宣传费用主要包括媒体邀请费用、媒体宣传费用、宣传资料制作及寄发费用、会议组委会官网制作费用、召开新闻发布会费用等。

3. 办公费用

(1)购置办公设备费用，如计算机、打印机、传真机、复印机、相机、摄像机等办公用品费用。

（2）基本办公费用，如租赁办公场地费、文具费、交通费、通信费、招待费、快递费等。

4. 人工费用

人工费用主要包括专职工作人员工资、兼职人员劳务费、会议期间临时工补助、翻译费用等。

5. PCO服务费（整体收费）

PCO服务费是指付给专业会议组织者（PCO）的费用。该费用若是按照打包价、整体收费的方式计算，不受参会人数多少的影响，则可以将其归类为固定支出。

6. 会议机构会务费

会议筹备期间，会议组委会要定期开会，可能会涉及会务费。

7. 考察费

即使在本地举办会议，也仍然需要到会议现场进行考察；在异地举办会议，主办单位要派人来检查，会议承办单位应承担主办单位派人检查的费用，如差旅费、住宿费、餐饮费、交通费等。

8. 嘉宾参会费用

嘉宾包括特邀演讲人和仅出席会议不发言的嘉宾，他们一般不用交纳会议注册费。通常情况下，会议主办方需要承担嘉宾的往返交通费，落地后的住宿费、交通费、餐饮费；针对特邀演讲人，还需要根据行业惯例和会议经费情况，为其发放演讲费。

9. 领导参会费用

会议领导主要是指来自会议主办单位和承办单位以及国际组织的负责人。会议组委会需要为其承担往返交通费，落地后的住宿费、交通费、餐饮费等。

10. 会场租金

一般情况下，会场租金占据了整个会议固定支出的较大比重。会场租金通常按单元时间计价，半天为一个单元，共计4小时，即会场租赁使用半小时和4小时的价格是相同的。根据会议规模大小，要租赁的场地包括主会场、分会场、贵宾室、宴会和酒会场所，有时还包括秘书处、新闻采访室、演讲人休息室、新闻中心、工作间等，其中安排宴会和酒会时所使用的场地费一般可以免交。

11. 会场设备租金

根据会议内容、需求以及期望达到的会议效果来决定是否需要租赁会场设备。会场设备一般可由酒店提供，如果酒店提供的设备不能满足需求，应寻求专业的第三方供应商。

（二）可变支出

与固定支出不同，会议的可变支出会随着参会人数或会议规模的变化而变化。虽然单个可变支出项目（如参会者资料费、餐饮费、交通费等）的具体金额可能因参会人数等因素而有所不同，但总的可变支出是可以通过汇总各项可变支出项目来统计的。这要求会议组织者在会议期间对各项可变支出进行实时记录和监控，以便在结算时能够准确计算出总的可变支出金额。

1. 餐饮费

餐饮费在会议可变支出中是比例较大的一笔费用。餐饮费一般包括宴会费用、招待会费用、茶歇费用、会议午餐或晚餐费用。应注意，参会者的早餐费用是不由会议组织者承担的，应由参会者所入住的宾馆或酒店提供。

2. 资料印刷费

会议资料印刷费支出是仅次于餐饮费支出的另一项主要支出。主要包括会议论文集、会刊、会议手册、会议宣传资料等印制费用。

3. 参会者用品费用

参会者用品费用主要包括发放给参会者的胸卡、请柬、各种票证、资料袋等费用。

4. PCO服务费(按人数收费)

如果是按注册人数来支付PCO服务费,这笔费用可计算在可变支出中。

5. 相关税费

应按照国家财政税费标准支付相应的税费。

(三)预算外支出

预算外支出,又称为不可预计支出或应急支出,是指未列入会议预算,因特殊情况或紧急需求而实际产生的支出。这类支出往往具有突发性和不可预测性,如紧急维修费、临时餐费、意外支出等。预算外支出的数额是根据类似办会经验以及会议组织者的风险评估来确定的,一般不超过总支出的10%。会议组织者应当加强对预算外支出的审批和监督力度,确保每一笔预算外支出都经过严格的审批程序并符合相关法规和财务制度的要求。

(四)会议收入

1. 会议注册收入

会议注册收入是会议最主要的收入,是决定会议能否做到盈亏平衡的非常重要的因素。因此,会议注册费的定价尤为重要。如果定价较低,可能使会议出现亏损;若定价较高,可能会使参会者的数量减少。

会议注册费可根据参会者不同类型分别定价。如会员注册可比普通参会者注册费用要低;学生参会的注册费用应定半价或较大折扣;对嘉宾免收会议注册费。此外,也可根据交费时间早晚定价。例如在规定时间之前交费,可以享受会议注册费的折扣;超过规定时间或在会议现场交费,不能享受会议注册费的折扣,仅能实行全额交费。

2. 赞助收入

各类单位的赞助收入是弥补会议可能出现亏损的有效途径。会议组织者应根据预算中的缺口去制订赞助计划,最终实现会议盈亏平衡。

3. 住宿佣金收入

当会议档次较高时,提供住宿的宾馆或酒店希望能接待参会者,因此宾馆或酒店通常会在各方面给会议提供一些优惠条件。例如,每增加一间客房,会给会议少量的房费佣金返还;当会议用房超过一定数量时,可以免费使用宾馆或酒店的会场或设备。

4. 广告收入

广告收入主要来自组委会印制的会刊,可以对参会单位进行文字或图片宣传。会刊中,一般封面和封底的价格相对较高,内页的价格相对较低。此外,广告收入还包括会议现场广告、证件广告、资料袋广告等。

5. 附设展览收入

如今,越来越多的会议流行在会中设置一个小型的附设展览会。展览会可以由会议组织者自己筹备,也可以承包给专门的展览公司。展览的方式可以是传统的搭建展位,也可以用海报、展板、易拉宝等方式。不管是哪种方式,附设展览会都能给会议增加一些收入。

(五)预算总结

如果预算总结中收入大于支出,预算可以通过;如果收入小于支出,就要进行调整。会议的预算编制完成后，由会议秘书处和会议组委会审核批准，如果是国际组织的会议，有时还需要经国际组织批准。

三、会议预算编制的方法

(一)因素估算法

因素估算法，亦称外推估算法。立足于过去对成本产生影响的各种因素在现在和将来仍然起作用这一前提，以过去举办此类会议的成本作为基础，运用一定的数学方法进行处理，推算将要举办的会议成本。利用趋势估算成本，需要注意的是：第一，要有充分的历史资料，能反映各因素和会议规模之间的真正变化趋势；第二，各因素和项目规模之间关系的确定，要用可比价格计算，以消除价格变动的影响；第三，要将当地的自然和社会条件影响因素考虑进去。

(二)类比估算法

利用类似会议的成本来估算该会议的成本。例如，在甲地举办过一场会议，现计划在乙地举办一场同样规模的会议。那么，在甲地举办会议的成本数据就可以作为在乙地举办会议预算的依据，再结合乙地的实际情况，就可以估算出拟举办的乙地会议成本。

(三)自下而上法

将会议各项环节工作按结构进行分解，使之成为若干个程序和子项目，然后对每个细小的程序和子项目估算成本，并将相关相近的程序和子项目的成本相加，得到更高一级的成本估算，依此类推，最后得到整个会议的成本估算。

(四)自上而下法

上层和中层管理人员依靠历史数据和自己的经验估算会议整体的成本以及各阶段成本，然后将估算结果传达给下级，让下级在此基础上，对会议的任务和成本逐级向下分解，直至估算出会议的每个基本单元的成本。此方法的优点是便于将会议的总成本控制在高层管理人员认为有效率的水平之内，但不利于基层人员对成本估算参与决策和管理。

> **本节金句**
>
> 确定预算组成是会议预算编制的起点。

第四节　会议成本控制

会议成本控制是根据预先制定好的会议成本和费用标准与财务预算，按照一定的原则，采用专门的方法，对会议的各种活动支付的成本费用进行严格的管理和监督，把各项成本费用控制在一定范围之内。简单地讲，就是在会议实施过程中依据会议项目预算，努力将实际成本控制在预算范围之内的管理工作。

会议成本控制的关键是经常及时地分析成本绩效，尽早发现成本差异和无效率的活动，立即采取纠正措施，避免会议成本失控。成本控制是会议实现成本管理的重要步骤之一。

一、会议成本控制的依据

(一)会议基准成本

基准成本，是以时间为自变量的预算，被用于量度和监督项目执行成本。将预算成本按照时间累加就可以得到基准成本。会议基准成本是会议成本控制的基础。

(二)会议成本管理绩效报告

会议成本管理绩效反映了会议项目预算的实际执行情况，一份有效的绩效报告会明确反映出会议成本预算数额、实际执行数额和差异数额，指出会议预算执行情况，哪个程序或子项目的成本超过了预算，问题出在何处。差异数额是评价、考核会议成本管理绩效的重要标志。因此，编制会议成本管理绩效报告时需要细心，还应注意可控性、及时性和适用性。

(三)会议的变更要求

正常情况下，会议成本变化是由会议活动的变更造成的。控制成本就要审查变更会议的请求哪些是合理的、必需的，对会议自身的质量和会议绩效的影响有多大，有无其他方案可以实施，避免或减少变更会议却不能收到付款的风险。

(四)会议成本管理计划

会议成本管理计划主要描述当实际成本与预算成本产生差异时如何进行管理，并给出会议成本事前控制的安排和会议成本管理的制度及规定。会议成本管理计划可以高度详细，也可以只给出大致框架，这取决于会议项目相关人员的需要。

二、会议成本控制的原理与重点

(一)会议成本控制的原理

在成本发生时，将实际发生费用与前期预算进行比较，汇集成本差异，产生分析成本差异的原因并采取相应纠正措施，以便控制成本，如图10-2所示。

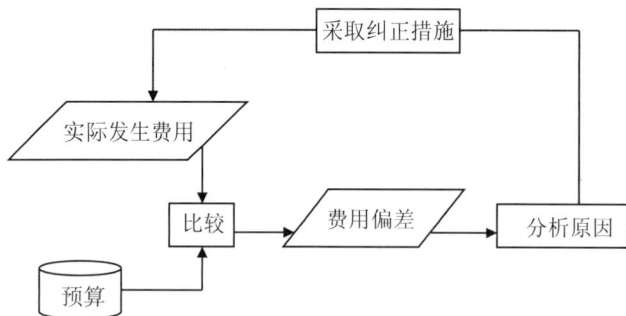

图 10-2　会议成本控制原理图

(二)会议成本控制的重点

会议成本控制可从开源、节流途径考虑。前者主要指扩大会议筹资渠道、增加会议收入；后者主要指降低融资成本、控制会议经营成本等。会议成本控制的重点有直接成本和间接成本。

1. 直接成本

直接成本主要由直接与会议有关的活动支出构成，它可以分为筹备期间活动费用、会议期间活动费用，占整个会议成本的70%以上。其中，餐饮占50%以上。

2. 间接成本

间接成本由不直接用于会议各项活动的支出构成，主要包括折旧费用、人工费用和办公费用等。

三、会议成本控制的流程

（一）实行责任成本制

按照部门实行责任成本制，把经济责任落实到各个组织机构和各分工小组。根据会议活动的特点，将整个会议项目过程分为成本中心或费用中心，每一个中心都是成本责任单位，且都对自己的支出负责。

（二）制定成本控制标准

成本控制标准是检查、衡量、评价实际成本水平的依据。在成本控制过程中，首先要制定切实可行的成本控制标准，用来控制实际成本的发生。会议成本控制主要是将实际发生的成本与制定的成本标准相比较来监督成本控制的实施情况。

成本标准是成本控制的准绳，首先包括成本计划中规定的各项指标。但成本计划中的一些指标比较综合，还不能满足具体控制的要求，这就需要规定一系列具体的标准。确定这些标准的方法，主要有以下三种。

1. 计划指标分解法

计划指标分解法即将大指标分解为小指标。分解时，可以按部门、项目组进行分解，也可以按会议不同阶段的工作内容进行分解。

2. 预算法

预算法即用制定预算的方法来制定控制标准。会议组织者根据会议预算来进行开支，并把它作为成本控制的标准。采用这种方法特别要注意从实际出发来制定预算。

3. 定额法

定额法是指首先要确定会议每个项目成本费用的合理定额，并以此为依据制定成本费用标准。如果定额能直接确定，则可根据定额来制定标准；如果定额不能直接确定，则参考其他会议成本来确定。

在采用上述方法确定成本控制标准时，一定要进行充分的调查研究和科学计算；同时，还要正确处理成本指标与其他技术经济指标的关系（如和质量、生产效率等的关系），从完成企业的总体目标出发，进行综合平衡，防止片面性。

此外，要控制会议成本，必须要有一套相应的制度做保证，主要有以下几项。

（1）实行"谁开会，谁付费"的制度。会议的费用开支一般采用会议主办单位和参会单位共同承担的方式。而实行"谁开会、谁付费"的制度，就是由会议主办单位支付会议所需的全部费用，包括参会单位所支付的那部分，如参会人员的往返交通费、会务费、食宿自理费等。

（2）实行"谁参会，谁交费"的制度。只强化会议主办单位的会议成本意识还不够，还应当强化参会者本人（或本单位）的会议成本意识。

（3）实行"谁超支，谁付费"的制度。只有实行这项制度，才能有效地防止会议主办单位随意扩大会议规模和提高费用标准的行为，同时避免参会者对会议设施和生活服务提出过高要求。

(三)控制成本形成过程

在成本形成过程中,要按照已经确定的成本控制标准,对形成的实际成本进行控制。成本控制要根据成本形成过程的不同特点进行。

1. 会议筹备阶段

在会议筹备阶段,主要是对固定支出的控制。筹备阶段所产生的会议成本主要有以下几项。

(1)活动费用。其中,印刷和邮递费用占启动费用的70%。

(2)折旧费用。指企业所拥有的或控制的固定资产按照使用情况计提的折旧费用。

(3)人工费用。主要包括员工工资总额、社会保险费用、员工福利费用、劳动保护费用和其他人工费用支出。

(4)管理费用。管理费用属于期间费用,在发生的当期就计入当期的损益。会议常见的管理费用包括申办费、办公费、业务招待费、税金、技术转让费、咨询费、诉讼费、上缴管理费以及其他费用。

2. 会议执行阶段

在会议执行阶段,资金支出占比最大,一般占到会议总资金支出的70%左右。由于各种原因,会议人数变化的规律主要表现为:实际参加会议的人数总会比预订人数少一些。因此,可对以下项目进行调整。

(1)餐饮费。餐饮费是会议举办期间最大的一项支出,通常占会议总支出的50%。餐饮费也是会议可变支出的主要部分,会议执行阶段餐饮费的成本控制是最重要的环节。例如,由于会议人员数量遵循递减的规律,即参会的人数会随着会议的进行越来越少,通常参加下午会议的人数会比参加上午会议的人数少一些,参加分组会的人数比参加主会场会议的人数又要少一些。根据这种规律,可适当递减每次茶歇和午餐的预订人数。

(2)会场。会议举办期间,由于参加会议的人数越来越少,对会场的及时调整也是成本控制的一项措施。由于每天参加会议人数的递减,有时还要将原预订的大会议室改为小会议室,或将原预订的分会场减少几个,这样调整一方面是为了减少开支,另一方面是为了确保会议交流的效果。

成本控制要掌握每个阶段形成成本的主要原因,然后进行分析,而且对成本的控制要服从整个会议最后的效益。

(四)分析成本差异

利用成本标准与实际发生的各项成本进行比较,就可以揭示出两者之间的差异。通过揭示差异,就会发现实际成本是节约还是超支。如果实际成本低于标准成本,则为节约差异,也就是有利差异;如果实际成本高于标准成本,则为超支差异,也就是不利差异。通过成本差异的分析,会议组织者可以进一步查找出产生差异的原因,从而区分哪些是可控成本,哪些是不可控成本,然后针对问题产生的原因对该部门提出建议,并进行有效控制。

【拓展阅读 10-2】

会议成本的误区

(五)纠正偏差

在上一步的基础上,分析形成成本差异的原因。同时针对会议不可控的因素或不符合目前实际成本的因素,对成本目标进行调整,以适应最新情况。对人为、不恰当、可控的因素,则需要归到各自成本责任中心主管人员之下,对每个成本控制责任人的行为进行调整,以期最后的实际成本符合成本目标。

(六)编制成本控制报告

成本控制报告是成本控制的最终结果。该报告的主要内容是关于会议实际产生的成本清单、成本控制目标清单,以及二者之间的差异和原因。报告内容应与其责任范围一致,报告的列示要简明、清晰、实用。

🔖 **本节金句**

精打细算控成本,千方百计提效益。

第五节 会议赞助

会议收入主要来源于参会者的注册费。当注册费不能全部承担会议支出时,会议组织者只能采取两个措施:其一,降低会议中一些活动的档次;其二,寻求赞助以确保会议财务的收支平衡。在会议的各种赞助中,企业赞助是最主要的赞助方式。

一、会议赞助的基本步骤

(一)明确赞助目的

每次赞助活动都有它的目的。会议赞助活动的目的一般有以下几种:一是追求新闻效应,扩大社会影响;二是增强宣传效果,提高经济效益;三是联络公众感情,改善社会关系;四是提高社会效益,树立良好形象。明确赞助目的能够帮助主办方更好地定位赞助商需求,并为后续的工作打下基础。

(二)选择赞助对象

选择适合的赞助对象可以提高合作的成功率和效果。赞助对象包括企业、组织、个人等不同的赞助商。主办方需要根据会议的性质和目标受众,以及赞助商的行业背景、知名度、品牌价值观的契合度、可提供的资源和赞助经验等因素进行选择。同时,主办方还需要与潜在赞助商进行沟通和洽谈,确保赞助商与会议的价值观和利益相契合。

(三)制订计划与具体实施

一旦选择了赞助对象,主办方需要制订赞助计划并具体实施。这包括确定赞助方案、赞助等级和赞助形式,明确赞助商获得的权益和回报,以及达成赞助合作的具体条款和约定。主办方需要制定详细的赞助文件和宣传材料,向潜在赞助商介绍会议的价值和机会,并就赞助合作进行谈判和协商。计划制订好以后,要派专门的工作人员负责各项赞助方案的具体实施,运用公共关系技巧去扩大组织的社会影响。如果遇到不正当赞助要求和摊派,应坚决拒绝,必要时可诉诸社会舆论和法律。

(四)检测赞助效果

在合作期间和赞助结束后,主办方需要进行赞助效果的检测和评估。主办方可以通过会后问卷调查、赞助商反馈和会议评估等方式,了解赞助对会议的实际贡献和影响。这有助于主办方了解赞助合作的效果,为未来的赞助活动提供参考经验和改进建议。

二、赞助商提案洽谈

(一)评估活动方案

在开始寻找赞助商之前，需要花一定的时间来评估活动方案，评估内容包括：该活动是高品位的吗？计划是否周详？是否新颖、有创意、有趣？有无明星参与？谁将要参加和出席该活动？能否吸引媒体报道该活动，换句话说，是否值得赞助？是否能够吸引赞助商？赞助商如何支持活动？活动所需要的支持是什么，资金、设施、服务还是志愿者等？选择一个赞助商还是多个赞助商？在选择赞助商时一般要避免因选择相同类别或行业中的赞助商而发生冲突。

(二)挖掘和确定赞助商的获利点

在确定活动有赞助价值之后，就需要开始撰写赞助计划书，在计划书中列明所有赞助商的获利点。如果可以，应尽量写明可评估的等同价值，如媒体报道和广告的等同价值等。

对赞助商有价值的要点一般为：在会议举办期间，赞助商是否有机会促销产品或服务？潜在赞助商最有价值之处的展露度如何？会议将会得到媒体报道吗，媒体是什么级别的？会议的地点和经费如何？会议宣传方式是什么？其他增值和扩大活动影响的方式有哪些？有无赞助商员工参与活动的机会？

(三)定义潜在的赞助商

寻找潜在的赞助商是一项费时且需要耐心的工作。任何与活动有关的或者是有业务往来的公司都可能成为赞助商，但要注意以下几点：一般不能同时选择相互之间有竞争关系的公司成为赞助商；必须根据会议的类型和规模来选择赞助商；必须考虑赞助的形式，如是现金、实物还是人力，不要忽视实物赞助和提供的服务，这些能抵消成本的赞助形式与现金具有同等价值。会议组织者应结合会议的目标市场，根据以上多方面考虑，列出适合本次活动的赞助商名单。

(四)研究潜在的赞助商

在接触潜在的赞助商之前，需要对赞助商的业务进行一些研究。

(1)该公司的业务概况——全面了解企业。

(2)该公司的经营哲学——有没有可以替赞助商创新的活动宣传概念。

(3)该公司有没有赞助经费——赞助的可能性。

(4)该公司做预算的时间——何时找赞助商洽谈成功的机会比较大。

(5)该公司过去所赞助的活动类型——它所关注的目标市场及需求。

(6)最近相关的媒体报道——它最近是否有宣传的需求。

(7)潜在的赞助商所在行业的发展趋势——揣摩赞助商可能会做哪些市场拓展。

(8)购买和使用其产品/服务的顾客——与我们所拥有的资源是否匹配。

(9)广告的策略——我们可以为它做哪些宣传或促销活动。

(10)公司在企业形象、宣传推广、顾客关系和经济发展方面的目标——企业想做些什么事情，而这些事情有哪些是我们的活动可以帮着做的。

(11)赞助的决策者——应该找谁去谈。

对此，会议组织者可以从该公司的年报、报纸杂志、合作伙伴等方面了解潜在赞助商的以上信息。

（五）撰写赞助建议书

赞助商的类型一般可以分为独家赞助商、联合赞助商、实物赞助商、媒体赞助商。根据会议对赞助商的需要，撰写一份正式的赞助建议书。赞助建议书主要用于向潜在赞助商提出赞助请求，目的是争取对方的支持。它通常包括会议背景、赞助机会、赞助商可以获得的权益以及具体的赞助方式，重点在于说服对方参与会议的赞助。赞助建议书的内容应当简明扼要，通常控制在5～6页内，要注意突出会议的关键信息和赞助机会，以便潜在赞助商快速了解并作出决策。

三、编制赞助说明书

赞助说明书是在赞助商决定赞助后提供的详细合作说明，主要包括赞助商的类型、金额、具体权益、如何获得赞助商的回报（如广告位置、产品展示机会等）。赞助建议书与赞助说明书的区别是，前者是争取赞助的工具，后者是对已达成合作的详细解释。赞助说明书主要包括下列内容。

（一）综述

简单扼要地介绍会议方案，赞助商的宣传点或获益点、投资额度、决策期限等。

（二）会议简介

对会议本身的介绍要突出本届会议的背景。例如是否是国际组织的会议，它的国际地位和对国内该学科领域的影响，特别强调参加会议的国际和国内的代表人数，一般的企业会更看重国内参会代表的数量，因为这些企业可以通过与国内会议代表的联系在将来占领更大的国内市场。

如果赞助商不了解会议的主办单位，必须对主办单位进行简要介绍，对会议的背景资料，包括构思和主要参与者（包括政府部门领导、行业资深人士、明星、学术专家）也进行一定的介绍。

（三）会议方案

详细介绍会议方案，包括时间、期限、地点、主体活动和子活动、参与人数和目标受众；表明会议的目标；提供过去类似会议的资料，如媒体报道等。

（四）赞助投资及回报方案

这部分应包括一个详细的赞助内容，如现金、产品、奖金、奖品、广告、促销、服务、专业咨询等。每项内容应转换成定量的价格，必须明确所有成本和利润的数量；同时，赞助的投入应与所提供的回报相关联，不要过低估计成本，也不要高估会议的商业价值。

应明确列出赞助商所有的展露点、宣传机会和获益点，包括无形的利益，如提高组织形象、增加公众认知度等。如果可能，将所有回报进行量化。

一般而言，会议赞助投资及回报方案可分为综合赞助和单项赞助两类。

综合赞助是指赞助商赞助会议一笔固定费用，但不能指明费用的具体用途，由会议组织者全权支配。根据会议可能获得赞助的具体情况，可确定固定赞助费用的金额，有时还可设置不同金额的赞助标准，根据赞助费用的多少分别命名为金牌、银牌和铜牌赞助。作为对赞助商的回报，会议组织者要在会议的筹备和举办期间为赞助商提供各种活动机会来宣传其产品和技术，扩大其影响力，如在会议期间作新技术演讲、提供免费展台、提供企业资料在会上散发等。

单项赞助是指赞助商对会议的某项活动或会议的某个用品提供专项赞助。赞助的会议活动可以包括会议的开幕式、招待会及宴会等主要活动，赞助金额既可以是该活动的全部费用，也可以是部分费用。所赞助的活动可以冠以赞助商的名称，例如"××之夜"。赞助会议的各项用品包括会议的资料包、会议论文集、会议中使用的签字笔等。赞助的形式既可以是现金赞助，也可以是实物赞助。不管哪种形式，赞助商都可以将其名称印制在会议用品之上，以宣传和扩大影响力。

(五)赞助程序

当赞助商收到赞助说明书后，经过认真的研究，认为该会议有赞助价值时，一般会主动与会议组织者取得联系，选择并确定赞助项目、赞助方式、赞助金额和赞助要求。会议组织者也可设置一个赞助截止日期，来鼓励赞助商尽早与会议主办方取得联系。当某个赞助项目的赞助商不止一个时，一般遵循按时间顺序先联系的先确定的原则。

(六)付款方式

赞助费用既可以一次性付清，即趸交，也可以分期付款。不管采用何种方式，赞助书上都要有明确的付款方式和付款要求。

(七)附录

附录包括其他相关材料，如赞助计划书和大概的预算、推荐函或支持函、媒体报道、照片、以前活动的方案，以及一切可以增强说服力的材料。

赞助说明书必须明确标明赞助的类型：独家赞助还是其他。为了方便决策，应说明其他公司参与的类型。

四、签订赞助协议书

签订赞助协议书是合作双方明确权利和责任的重要步骤，有助于保障合作的顺利进行，为双方建立起合作的法律依据。赞助协议书的针对性较强，会议主办方与每个赞助商所签订的协议书的内容都不完全相同。赞助的项目、金额和其他条款也允许与会议赞助说明书不同。赞助协议书在协议未执行完毕前，对任何第三方完全保密。

(一)协商条款

在签订赞助协议书之前，会议主办方和赞助商会通过协商共同确定具体的赞助条款，包括：赞助金额，即赞助商将提供的资金或资源的具体数额；赞助的级别，如金牌赞助商、银牌赞助商等，以及相应级别所享有的权益。

(二)约定权益

赞助协议书中明确规定赞助商将获得的权益，以确保其得到预期的回报。这些权益可以包括品牌曝光机会，如在会议期间展示赞助商的标识和宣传材料。此外，赞助商还可获得展示产品或服务的机会，如在展览区域设置专门展位，并与参会者进行交流。其他权益还可以包括赞助商的标识出现在会议网站、会议手册、广告和宣传物料中，或者获得会议演讲的机会等。

(三)拟定协议

一旦确定了协商的条款和约定的权益，会议主办方会将这些协议条款写进赞助协议书中。这份协议书将详细记录双方商定的各项事宜，并确保双方对合作的期望和要求一致。赞助协议书通常由会议主办方的法务部门或法律顾问负责拟定，以确保合法性和有效性。

赞助协议书一般包括以下四部分内容：第一部分是赞助商所选择的赞助方式、赞助金额和付款日期；第二部分是会议组织者提供给赞助商各个方面的承诺，例如为赞助商举办产品推介会，提供一定面积的展台，允许赞助商现场发放资料等；第三部分是双方落实前两部分内容的工作程序和时间期限；第四部分是违约责任。

（四）签署协议

在协议书编写完成后，会议主办方和赞助商双方需要进行最后的协商和确认，并在双方满意后由双方代表签字并加盖单位的公章。签署协议是确立合作关系的关键一步，表明双方对合作的承诺和共同目标。

对于小型的会议赞助活动，双方可以简单地签署一份意向书（见表 10-1）。

表 10-1　××会议赞助申请表

年　月　日

赞助单位名称			
通信地址		邮政编码	
联系人		电　话	
传　真		E-mail	
公司网址			
我公司申请赞助第×届××会议			
综合类赞助		单项类赞助	
□金牌赞助商		□会议茶歇赞助 □会议资料包赞助 □会议论文集光盘赞助 □会议计算机设备赞助	
□银牌赞助商		□会议纪念册赞助 □会议活动用车赞助 □会议代表证赞助 □会议用本笔赞助	
签字：		（单位公章）	
请传真或邮寄此表到： ××会议组委会招商组 电话：　　　　E-mail： 网址：			

对于较大的会议赞助活动，双方应签订正式的书面协议并确认所有条款。

五、维持与赞助商的关系

会议主办方一定要协调好与赞助商的关系，争取让赞助商成为会议的"第二受众"，应满足赞助商合理、正常的需要。与赞助商保持持续稳定的关系，有利于以后在计划其他活动时节省时间和精力。

（一）定期沟通

会议主办方应与赞助商保持密切联系，通过定期在线会议、电子邮件、工作群交流等方式，分享会议筹备进展、赞助活动、参会者的反馈等信息。定期沟通有助于双方了解对方的需求，解决潜在问题，并确保合作的顺利进行。

(二)履行承诺

在签订赞助协议书后，会议主办方应严格遵守协议条款，履行对赞助商的承诺，确保赞助商能够享有预期的权益和回报，并提供必要的支持和服务。主办方应确保提供给赞助商的待遇不打折，妥善安排赞助商的宣传活动，并提供相关的支援和协助，以满足赞助商的需求。

(三)提供反馈与评估

在与赞助商合作期间，会议主办方应定期与其分享参会者的反馈和评估结果，以及品牌曝光和市场影响的统计数据。这些数据和信息可以帮助赞助商了解合作的效果和价值，以及他们的品牌在会议中的影响力。主办方可提供相关的报告、调查数据、媒体报道等，以确保赞助商对合作的效果有清晰的了解。在每次会议之后应该立即进行一个完整的评估，包括赞助商投资回报的量化总结以及媒体报道的简报、活动光盘、摄影资料等。

通过定期沟通、履行承诺和提供反馈与评估，会议主办方可以与赞助商建立起互信和合作的基础，并确保赞助商对合作的满意度和参与度的提升。这有助于促进合作的顺利进行，并为未来的合作奠定良好的基础。

六、感谢赞助商

赞助商往往能在会议经费最困难时向会议提供经费支持，许多会议都是因为有了赞助经费才能顺利举办而不至于出现亏损。因此，会议主办方要努力创造尽可能多的机会来表达对赞助商的感谢。以下方式可供参考。

(一)公开感谢

在会议期间或会后，会议主办方应通过公开致辞、印刷材料、社交媒体等多种渠道，向赞助商公开感谢其支持和合作，并强调其对会议成功的贡献。

1. 会议文件

通常应在会议的所有主要文件上刊登对赞助商的感谢，这些文件包括会议邀请函、会刊、参会指南等。在会刊中，可将全部赞助商列出，按赞助金额的多少排序，一般刊登在封三或封底的位置。有的会议也在文摘上对赞助商进行感谢，但如果是正式出版的学术性比较强的论文集，则很少刊登感谢之词。

2. 会场内外

可在会议主要入口处搭建展板，在上面列出所有赞助商进行感谢。有的会议将主要赞助商的徽标印制在大会会场主席台的背景板上，进一步增强感谢效果。

3. 会议活动

可以利用开幕式、开幕招待会、闭幕式或闭幕宴会等会议活动的机会，由会议的主要领导进行口头答谢。

4. 颁奖活动

对于主要赞助商还可以颁发奖品。颁奖活动一般都放到欢迎晚宴或闭幕式上，作为该项活动的一个主要内容。奖品可以是会议主办方根据会议主题所涉及的学科领域或所涉及的行业制作的有特殊意义的纪念品。

（二）定制感谢礼物

为了表达对赞助商的感激之情，会议主办方可以根据赞助商的喜好和合作成果，定制特别的感谢礼物。这些礼物可以是定制的 T 恤衫、照片、会议录像、会议纪念品、金属牌匾、感谢信等。定制礼物，可以突出赞助商在活动中的重要地位，并加深合作伙伴关系。

（三）赞助后的关系保持

与赞助商的合作结束后，会议主办方应继续与其保持联系，定期分享会议成果、关于行业的最新信息等。这种信息共享可以帮助赞助商了解他们在会议中的影响力和回报，同时也为未来的合作奠定基础。保持与赞助商的长期关系，有助于建立持久的合作伙伴关系，获得更多的赞助支持。

> 📋 **本节金句**
>
> 打动赞助商的往往不是会议本身，而是会议能否给赞助商带来价值。

第六节　会议财务风险

加强会议财务管理是进行财务风险预测的前提。在会议项目投资风险预测时，可通过测定现金流入额、投资回报率和内部报酬率等指标，选择投资项目以降低风险。

一、会议财务风险的含义

财务风险作为一种经济风险，无论是在实务界还是在理论界都受到广泛的重视。

（一）狭义

狭义的会议财务风险通常被称为举债筹资风险，是指会议组织者由于举债而给会议主办方财务成果（企业利润或股东收益）带来的不确定性。举债筹资，一方面可以满足投资需要，为扩大规模和提高收益创造前提条件；另一方面也增加了按期还本付息的筹资负担。

（二）广义

广义的会议财务风险是指在会议企业的各项财务活动中，由于内外部环境及各种难以预计或无法控制的因素影响，在一定时期内会议企业的实际财务收益与预期财务收益发生偏离，从而蒙受损失的可能性。它是从会议企业理财活动的全过程和财务的整体观念透视财务本质来界定财务风险的。

二、会议财务风险的表现形式

在市场经济条件下，会议企业财务风险贯穿于会议企业财务各个环节，一般包括筹资风险、投资风险、现金流量风险、利率风险和汇率风险等。

（一）筹资风险

筹资风险是指会议组织者在筹资活动中由于资金供需市场、宏观经济环境的变化或筹资来源结构、币种结构、期限结构等因素而给会议企业财务成果带来的不确定性。随着金融市场体系的不断发展、完善，资金来源渠道呈现多元化，筹资方式也出现多样化，主要包括债务筹资和股权筹资方式。借款融资的风险主要表现为会议组织者是否能及时还本付息。

(二)投资风险

投资风险是指会议组织者在投资活动中，由于受到各种难以预计或难以控制因素的影响而给会议财务成果带来的不确定性，致使投资收益率达不到预期目标而产生的风险。在投资过程中，投资决策不科学，投资所形成的资产结构不合理等因素都会导致投资项目不能达到预期效益，从而影响会议项目的盈利水平和偿债能力，产生财务风险。

会议投资风险主要有以下三种。

一是会议项目不能按期举办，不能盈利；或虽然举办，但出现亏损，导致会议组织者盈利能力和偿债能力降低。

二是会议项目并无亏损，但盈利水平很低，利润率低于银行存款利息率。

三是会议项目既没有亏损，利润率也高于银行存款利息率，但低于会议组织者目前的资金利润率水平。

如某会议公司筹备举办某新主题的论坛，由于未做好充分的市场调研，已经投入了相当数量的人力、财力、物力，却受到国家宏观调控政策的影响，论坛最终夭折，这种情况就属于投资决策不科学带来的风险。

(三)现金流量风险

现金流量风险是指会议组织者现金流入与现金流出在时间上不一致所形成的风险。由于会议筹备时间较长，特别是大中型会议往往需要半年以上的时间，必然会产生各项成本开支。会前现金流出大于现金流入，在会议项目无从获得其他现金流入时，为了不至于使现金流中断而无法继续进行会议项目的运营，也可以考虑负债筹资。

(四)利率风险

利率风险是指在一定时期内由于利率水平的不确定性变动导致经济损失的可能性。在市场经济条件下，利率是资金的价格，是调节货币市场资金供求的杠杆，利率风险的存在导致了利息收支以及资本市场价值的不确定性。因此，在安排银行贷款时，要考虑到利率变化的可能，合理安排贷款种类和期限。

(五)汇率风险

汇率风险是指在一定时期内由于汇率变动引起的会议组织者外汇业务成果的不确定性。外汇市场上各国货币的供求状况会受到国际收支、通货膨胀率、利率、国家货币政策等诸多因素的影响而发生变动，汇率也会随之变化，从而给会议组织者从事的国外筹资、国外投资和国际贸易等各项活动带来风险。

三、会议财务风险的成因

财务风险是市场经济社会化大生产的客观产物，不同的财务风险产生的具体原因不尽相同，准确把握会议组织者财务风险的来源和种类，加强会议财务管理是进行财务风险预测的前提。会议组织者应建立财务信息网络，保证及时获得足够的高质量的财务信息，为预测财务风险和正确决策提供依据。在此基础上，可以采用定性和定量相结合的方法，分析判断有风险情况下的期望收益，还可以采用统计方法对风险程度进行衡量。在进行会议项目投资风险预测中，可以通过测定现金流入额、投资回报率和内部报酬率等指标，选择投资项目以降低风险。总体来说，会议财务风险是会议财务活动本身及其环境复杂多变性和会议财务主体主观认识的局限性共同作用的结果。具体表现如下。

（一）会议项目外部财务环境复杂多变

1. 自然环境的不确定性

自然界的运动发展过程呈现出不规则的变化趋势，通常是人类无法预知和控制的。会议组织者的流动资产、固定资产等会因为地震、海啸、洪水等不可抗力的自然灾害的发生而产生损耗或毁损；会议组织者的应收账款等会因为债务人的死亡而无法收回。

2. 政治环境的不确定性

政治环境的不确定性主要是指种族、宗教、国家的冲突、叛乱、战争等因素所引起的风险。例如，战争引起世界原油价格上涨，进而导致成品油价格上涨，使运输企业增加了营运成本而提高运输价格，则参会者考虑交通成本会减少参会，给会议造成风险。筹备大型国际会议的财务风险往往由此因素引起。

3. 经济环境的不确定性

国家经济环境的变化主要包括产业结构、GDP 增长状况、经济周期的波动、国际收支与汇率、利率、通货膨胀与就业、工资水平等诸多方面，任何一个环节的变化都可能给会议组织者带来财务风险。

（二）会议组织者财务决策失误

会议组织者在进行财务决策时，面对自然和经济运动规律的不规则性、财务活动的复杂性，财务主体由于受到自身经验和能力的局限，不可能完全准确地预见客观经济活动的变化，信息稍有偏差，并由此导致各项决策的失误，从而造成风险。

四、会议财务风险的应对方法

（一）风险自留

风险自留是指会议组织者或经济单位、个人自己承担部分或全部后果的风险财务应对方法。风险自留就是将风险留给自己承担，是从内部财务的角度应对风险。它包括两个方面的内容：自保风险和承担风险。

1. 自保风险

自保风险即会议组织者自身通过预测其拥有的风险损失发生的概率与程度，并根据企业自身的财务能力，预先提取基金以弥补风险所致损失的积极的自我承担行为。

2. 承担风险

承担风险即当某种风险不可避免或该风险的存在可能获得较大利润或较少支出时，会议组织者本身将风险承担下来，自身承受风险所造成的损失。

（二）风险转移

风险转移是将可能出现的经济损失后果转嫁出去。这种以转嫁损失后果为特征的风险转移包括保险转移与非保险转移。

1. 保险转移

从风险管理的角度来看，保险是一种风险转移机制。通过这一机制，众多的经济单位结合在一起，建立保险基金，共同对付意外事故。面临风险的经济单位，通过参加保险，将风险转移给保险公司，以财务上确定的小额支出来应对经济生活中的不确定性。而保险公司则借助概率论中的大数法则，将大量面临同样风险的经济单位组织起来，按照损失分摊原则，建立保险基金，使整个社会的经济生活得以稳定。

当购买保险被当作风险转移的一种手段时，每个保险购买者都面临一个基本问题，即用最少的保险费获得最佳的保障，从而实现利益最大化。购买保险需要考虑的因素包括以下方面：一是哪些风险需要购买保险；二是选择哪种保险；三是选择哪家保险公司；四是选择怎样的投保条件。

在确定好保险转移的项目后，会议组织者可采取以下六个步骤来购买保险，分别为：确定投保风险、选择保险险种、确定保险金额、研究保险费率、选择保险机构、斟酌保险条款。

2. 非保险转移

财务性非保险类风险转移又称为合同转移，是指通过各类经济合同将可能产生的潜在损失后果转移给商业合作伙伴的做法。其优点主要有：适用对象比较广泛、具体操作措施灵活多样、直接成本较低、有利于促进全社会控制风险、减少风险。其缺点主要包括：受法律和情理的双重限制、对合同条文理解的差异可能引发问题、转让人要承担一定的代价、受让人有时无力承担所转移的损失责任等。

会议风险非保险转移最常见的情况如下：一是会议主办方将合同责任和风险转移给对方当事人；二是承包商进行合同转让或工程分包；三是第三方担保。

会议风险非保险转移可采取免责约定和保证合同两种实施方式。免责约定是指合同的一方通过合同条款，将合同中发生的对他人人身伤害和财产损失的责任转移给另一方承担；保证合同是指由保证人对被保证人因其行为不忠实或不履行某种明确的义务而导致损失予以赔偿的一种书面合同。

> **📋 本节金句**
>
> 风险识别是会议风险管理的首要环节。

☕【复习与思考】

一、本章小结

• 会议经济效益是会议项目管理的基础，会议经济效益的实质是对会议资金进行管理。会议资金活动主要包括资金的筹集、资金的耗费和资金的回收。

• 会议项目经济效益管理的主要内容包括筹资管理、营运资金管理、成本费用管理和利润管理等方面。

• 会议财务管理目标是指导会议项目理财活动的方向，是评价会议项目经济效益的基本标准，是会议项目理财活动的出发点和落脚点。对于各类营利性会议，其财务目标应是盈利越多越好；对于非营利性会议，只要能收回启动资金，做到收支平衡，略有结余即可。

• 会议主办方应依据会议财务活动的客观发展规律，利用已经掌握的财务知识和手段，对会议未来的财务状况作出预测和判断，保证顺利实现会议财务管理的最终目标。会议财务预测的基本程序主要包括确定预测目标和制定工作方案、收集和整理资料、选择预测方法、进行预测、提出预测报告。

• 会议财务预测的主要内容包括会议规模预测、会议固定支出预测、会议保本人数预测、会议收入预测等。

• 编制会议预算，一方面可以预知会议固定支出、可变支出、会议收入及会议的盈亏，以保证会议最终不出现财务亏损；另一方面有助于了解会议启动资金需要的金额，避免出现由于启动资金不足而影响会议正常筹备的情况。

- 会议预算编制的程序主要包括确定预算组成、项目逐项分解、编制初步预算、预算调整、预算提交等。
- 会议预算主要由固定支出、可变支出、预算外支出、会议收入、预算总结五个部分构成。其中，固定支出包括申办费用、公关宣传费用、办公费用、人工费用、PCO 服务费(整体收费)、会议机构会务费、考察费、嘉宾参会费用、领导参会费用、会场租金、会场设备租金等；可变支出包括餐饮费、资料印刷费、参会者用品费用、PCO 服务费(按人数收费)、相关税费等；会议收入常见的渠道主要有会议注册收入、赞助收入、住宿佣金收入、广告收入、附设展览收入等。
- 会议预算编制的方法包括因素估算法、类比估算法、自下而上法、自上而下法。
- 会议成本控制是根据预先制定好的会议成本和费用标准与财务预算，按照一定的原则，采用专门的方法，对会议的各种活动支付的成本费用进行严格的管理和监督，把各项成本费用控制在一定范围之内。
- 会议成本控制的依据主要包括会议基准成本、会议成本管理绩效报告、会议的变更要求、会议成本管理计划等。
- 会议成本控制的原理是，在成本发生时，将实际发生费用与前期预算进行比较，汇集成本差异，分析产生成本差异的原因并采取相应纠正措施，以便控制成本。会议成本控制的重点是直接成本与间接成本。
- 会议成本控制的流程包括实行责任成本制、制定成本控制标准、控制成本形成过程、分析成本差异、纠正偏差、编制成本控制报告等步骤。
- 确定会议成本控制标准的方法主要有计划指标分解法、预算法、定额法等。
- 当注册费不能全部承担会议的支出时，会议组织者只能采取两个措施：其一，降低会议中一些活动的档次；其二，寻求赞助以确保会议财务的收支平衡。在会议的各种赞助中，企业赞助是最主要的赞助方式。
- 赞助商提案洽谈过程主要包括评估活动方案、挖掘和确定赞助商的获利点、定义潜在的赞助商、研究潜在的赞助商、撰写赞助建议书等环节。
- 会议赞助投资及回报方案可分为综合赞助和单项赞助两类。综合赞助是指赞助商赞助会议一笔固定费用，但不能指明费用的具体用途，由会议组织者全权支配；单项赞助是指赞助商对会议的某项活动或会议的某个用品提供专项赞助。
- 赞助说明书的主要内容包括综述、会议简介、会议方案、赞助投资及回报方案、赞助程序、付款方式和附录等。
- 会议主办方要努力创造尽可能多的机会来表达对赞助商的感谢，可通过公开感谢、定制感谢礼物、赞助后的关系保持等方式。
- 狭义的会议财务风险通常被称为举债筹资风险，是指会议组织者由于举债而给会议主办方财务成果(企业利润或股东收益)带来的不确定性；广义的会议财务风险是指在会议企业的各项财务活动中，由于内外部环境及各种难以预计或无法控制的因素影响，在一定时期内会议企业的实际财务收益与预期财务收益发生偏离，从而蒙受损失的可能性。
- 会议财务风险主要包括筹资风险、投资风险、现金流量风险、利率风险和汇率风险等。会议财务风险主要由会议项目外部财务环境复杂多变和会议组织者财务决策失误引起。前者具体包括自然环境的不确定性、政治环境的不确定性、经济环境的不确定性。
- 会议财务风险可通过风险自留、风险转移进行应对。

二、重点概念

会议经济效益　　会议财务管理目标　　会议财务预测　　　会议规模预测

盈亏平衡点　　　会议预算　　　　　会议成本控制　　　赞助说明书

会议财务风险

三、思考讨论题

1. 会议经济效益管理的具体内容是什么?

2. 营利性会议和非营利性会议的财务管理目标分别是什么?

3. 会议财务预测的基本程序和主要内容是什么?

4. 会议预算编制的方法有哪些?

5. 会议成本控制的流程是什么?

6. 如何与赞助商进行会议赞助洽谈?

7. 编制会议赞助说明书应包括哪些内容?

8. 会议财务风险的成因及应对方法是什么?

【综合案例分析】某培训会议的经济效益分析

> 　　某培训会议的收益主要是参会人员的参会费,每人800元。会议场地租金为10 000元(可容纳300人),专家讲课费10 000元,每人每天住宿费100元,会议共3天,资料费每人30元,会议项目组成员相关管理费用为10 000元,前期公共关系费用5 000元。

案例分析与讨论:

1. 对该项目进行成本性态分析(判断固定成本和可变成本)。

2. 分析保本人数(盈亏平衡人数/规模)。

3. 假设该项目的目标利润为5万元,分析项目规模应达到什么水平(参会人数为多少)。

4. 分析边际利润。

5. 如果实际参会人数为260人,那么该会议项目的利润为多少?

第十一章
会议仪式礼仪

本章思维导图

📖 【学习目的】

通过本章的学习，读者应掌握会议礼仪的基本规范，常见的会议仪式（签字仪式、商务谈判与会见仪式），会场布置与组织以及应遵守的礼仪规范，了解迎送礼仪的要求，能有效组织各类会议仪式活动。

📚 【思政内容】

党的二十大报告指出："提高全社会文明程度。实施公民道德建设工程，弘扬中华传统美德，加强家庭家教家风建设，加强和改进未成年人思想道德建设，推动明大德、守公德、严私德，提高人民道德水准和文明素养。"报告着重强调提高全社会文明程度，深刻把握了全面建设社会主义现代化国家的文化导向和文化功能，指明了文化强国的文明水准和社会基础，对建设社会主义文化强国，开启全面建设社会主义现代化国家新征程具有重大意义。文明是现代化国家的显著标志。提高全社会文明程度，要坚持重在建设、以立为本，坚持久久为功、持之以恒，努力推动形成适应新时代要求的思想观念、精神面貌、文明风尚、行为规范。

我国会议产业的不断发展要求会议从业人员除了要具备扎实的理论知识，还要懂得会议礼仪。纵观历史，所有的会议、展览、节庆活动等，都无法脱离礼仪的引导、调整。标准的礼仪服务是确保会议顺利进行、提升会议影响力和知名度的重要手段。可以说，礼仪服务是会展业的一种潜在的发展支撑，是会展业的根本要求和素质规范，体现了一个公司及个人的精神面貌和服务理念，是客户可以直观地感知并作出评价的基础。会议从业人员应掌握规范的礼仪服务知识，并将其运用到会议活动中，从而促进会议活动的顺利进行。

本章内容旨在引导学生厚植民族精神，将中华礼仪风尚内化于心、外化于行，深化文明交流互鉴，推动中华文化更好走向世界。通过举办各类会议仪式专题活动，涵养优良学风，培养学生开拓创新的职业品格和行为习惯，增强学生的爱国、敬业意识，自觉把小我融入大我。

📝 【重点内容】

- 会议礼仪规范
- 签字仪式准备及程序
- 商务谈判准备及礼仪要求
- 会见仪式现场布置
- 迎送礼仪的内容

会议仪式礼仪是现代社会的重要社交方式，重视与规范会议礼仪对于提高会议绩效、树立组织形象都具有关键性作用。

第一节　会议礼仪规范

会议礼仪是召开会议前、会议中及会议后参会者应注意的事项，懂得会议礼仪对会议精神的执行有较大的促进作用。

一、会议礼仪的基本要求

（一）周全考虑

周全考虑是指在会前策划及筹备阶段，对会议活动过程中的各个环节（细节）都要全面考虑，以防闪失。会议礼仪不仅涉及会议的各项议程，还包括对一切可能影响会议顺利进行的因素的考虑，如天气、交通、会场、现场服务、后勤服务、对参会者的安排等。总之，会议主办单位要从主、客观因素等诸多方面来考虑会议的礼仪工作，以确保会议的圆满成功。

（二）精心安排

首先，在会期安排上既要张弛结合，又要紧凑高效；其次，准备工作要充分，包括准备好文件袋、代表证、投票箱等；最后，对与会人员的接送、入（退）场，领导的座位安排，以及各种用品、设备等都要到位。

（三）细节服务

会议的服务对象主要有参会领导和贵宾、采访会议的新闻工作者等，应注意针对不同的服务对象要有不同的服务内容，使会议主题不仅在会内得到体现，而且在会外得到延伸。

参会领导和贵宾的身份特殊，他们不一定有正式参会者的全部权利，然而却享有比正式参会者更高的待遇。会议过程中为贵宾服务，要本着敬重、照顾的原则，使他们也能够为会议的气氛所感染，从而在精神上融入会议，真正为会议锦上添花。

对普通参会者，应提供实实在在的服务，例如解决会议期间所有参会者工作和生活的不便，从而使参会者安心开会，行使权利，并有所收获。

会议经常需要邀请新闻媒体的相关人员参加，以扩大会议影响。因此，会议主办单位应尽可能为新闻工作者的采访报道提供便利服务。

二、会议服务礼仪

（一）会前服务礼仪

首先，对会议室进行检查，做好会场的保洁、整理，要达到会议服务良好工作标准的要求。其次，按会议要求，在开会半小时前准备好开水、茶叶、茶杯等。最后，会议服务人员应在会前半小时按要求着工作服上岗，站在会场入口显眼位置，面带微笑，等待参会人员入场。

（二）会间服务礼仪

1. 人员仪表

保持个人卫生，常修指甲，头发梳洗干净、整齐、不染发；化淡妆，不浓妆艳抹，手上饰物只限戴手表。

2. 倒水服务

如无特殊情况，服务员应在客人落座后倒水。大型会议中，服务员也可在会前10分钟将主场茶水倒满；会议进行过程中，刚开始时，一般15分钟添水一次，之后一般20分钟添水一次，主要根据主办单位的情况而定。添加茶水时要求服务人员动作敏捷、轻盈，尽量不发出声音。

斟茶时，先主位，再副主位，依此类推，前排以后可以从一侧开始依次倒茶水。为参会者倒水时，要站在参会者右后侧，将茶盖翻放在桌上，以确保卫生，然后拿起杯子倒水，茶杯要拿到参会者身后再斟倒，以免挡住参会者的视线。

主席台人员超过半小时未饮用的茶水，服务人员应根据需要为其更换一杯新的热茶水；演讲台上每更换一次演讲人，服务人员需更换一次茶杯或水杯，更换时要使用托盘。

3. 会场休息

会中休息或休会期间应进行简单的保洁，撤去空瓶，更换新的矿泉水，但不得翻动主办单位的文件资料。

（三）会后服务礼仪

会议结束，工作人员应立即打开会场大门，在门外站立，微笑送客。随后，应进行会后清场，将现场所有剩余纸杯或水瓶进行清理，关闭会议厅的灯光、门。

三、参会人员礼仪

（一）参会者礼仪

参加会议的人员在开会过程中应注意一些礼仪。

1. 参会之前

（1）到达守时。事先阅读会议通知，提前到达会场，一般提前5～10分钟。自觉签到，进出有序，按会议安排落座，不早退。如确因特殊原因需中途退场，应轻手轻脚，不打扰其他人。

（2）仪表整洁。衣着整洁，举止大方。出席正式会议和宴请，要着正装，男士宜穿深色西服，女士宜穿中长裙或长裤。如果参加大型公务活动，则按要求统一着装。如果是户外会议，应事先询问主办单位是否适合穿休闲服。

（3）举止规范。在参加会议时，应端正坐姿，不可东倒西歪或趴在桌子上。不要搔首、掏耳、挖鼻、剔牙、剪指甲，更不要脱了鞋子抠脚。室内若无烟灰缸，表示不能抽烟。若在会议开始前，主持人仍未介绍参会人士，可主动伸手和自己周围的人握手，并且进行自我介绍。

2. 会议进行时

（1）保持安静。进入会场后，将移动电话关机或置于静音状态，不随意接、打电话，如确实需要接、打电话，应轻步走出会议室。

（2）专心聆听。做好记录，不与周围的人私下小声说话或交头接耳，不在会议上看报纸、玩手机、打瞌睡,切忌出现不文明行为。发言人发言结束时,应鼓掌致意。

(3)发言切题。发言要先做好准备,发言顺序遵从议程表或主持人的安排。发言音量适中,以参会人员都能听到为宜;发表见解要言简意赅,不脱离主题。发言内容要求做到中心突出、材料翔实、感情真实、语言生动。发言时力戒自我宣传、自我推销,更不能有对听众不尊重的语言动作和表情。发言要严格遵守会议主办单位规定的时间。

(4)彼此尊重。在表决期间,可能会有不同的意见产生,参会者也应遵守会场礼仪。发言必须先取得主席或主持人的许可,一般不超过3分钟,发言时先介绍自己的姓名、单位,每位发言人发言不可以超过3次等。

3. 会议结束后

会议结束后,要按顺序离开会场。要让上级领导、客人先离开会场,不要拥挤和横冲直撞。离开会场时,要将座椅归位,清理好自己区域内的卫生。

(二)发言人礼仪

发言人是会场的中心人物,对会议的质量起着重要的作用。发言人要言之有物、言之有理、言之有味,使听众能了解主旨,有所收获。对会议发言人或报告人来说,其礼仪主要表现在发言要遵守秩序。

一般来说,会议发言有正式发言和自由发言两种。前者一般是领导作报告,后者一般是讨论发言。正式发言者应衣冠整齐,走上主席台时步态应自然、刚劲有力,体现一种成竹在胸、自信自强的风度与气质;发言时应口齿清晰,讲究逻辑,简明扼要。如果是书面发言,要时常抬头扫视一下会场,不能低头读稿,旁若无人。如会场里响起掌声,可以适时鼓掌答礼,等掌声静落后,再继续发言。发言或作报告时一般应使用普通话,不能大量使用方言或土语。发言或作报告过程中还应注意观察参会者的反应,以便根据具体情况对内容进行相应的调整。发言完毕,发言人应对听众的聆听表达谢意。

自由发言则较随意,发言应讲究顺序,不能争抢发言;发言应简短,观点应明确;与他人有分歧,应以理服人,态度平和,听从主持人的指挥,不能只顾自己。

如果有会议参加者对发言人提问,应礼貌作答,对不能回答的问题,应机智而礼貌地说明理由,对提问人的批评和意见应认真听取,即使提问者的批评是错误的,也不应失态。

四、不同类型会议的礼仪规范

以下介绍最常用的三种会议礼仪规范,分别为工作会议礼仪规范、洽谈会礼仪规范、茶话会礼仪规范。

(一)工作会议礼仪规范

工作会议礼仪的对象主要是本单位、本行业或本系统的人员。工作会议礼仪规范应从会议纪律要求、端正会风两个方面着手。

1. 会议纪律要求

如果有工作装,应该穿工作装。参会者应比规定开会时间提前5～10分钟到达会场,而不要等开会时间到了才不紧不慢地进入会场,否则会对别人造成影响。

开会期间,应该表现出认真听讲的姿态。开会也是在工作,认真听讲的姿态不仅表现出你的工作态度,也是对正在发言者的尊重。趴着、倚靠、打哈欠、胡乱涂画、低头睡觉、接打电话、来回走动以及和邻座交头接耳的行为，都是非常不礼貌的。

在每个人发言结束后，应该鼓掌以示对他讲话的肯定和支持。

2. 端正会风

工作会议仅是工作过程中的一个环节，所以有必要克服开会过多、过长的形式主义作风。如果会风不正，不仅误事，还会养成办事拖拉、工作效率低下的不良习惯。端正会风的具体做法如下。

(1)控制会议。控制会议是指对于会议的数量、规模、经费、时间、地点等，都要作出明确的规定。制定有关会议的审批、经费使用额度、管理权限的条例，并由职务较高的专人严格监督执行。

(2)改进会风。会风能够反映出一个单位及其领导的工作作风。如果会议过多，会期过长，讲究排场气势，都是不良风气。改进会风，首先，需要摒弃形式主义。有具体、明确的内容再组织会议，开会必须解决具体问题。其次，要严格限制会议总量。限制会议总量对于杜绝会山会海、提高会议效率非常有用。

那么，怎样提高会议效率呢? 可以参考以下做法。

第一，改进会议方式。对于一般性会议，可以召开无会场会议，比如使用现代通信设备：电视、广播、电话、互联网等方式开会，可以大幅度节约会议成本。

第二，集中主题。一次会议上不管安排几项会议内容，都要使会议主题明确，这样既方便讨论，又方便执行。

第三，压缩内容。应围绕会议主题，删掉那些可有可无的内容。

第四，限定时间。对于会议的起止时间、发言时间、讨论时间，事先都要明确规定，并且严格执行。

第五，领导示范。会风的端正，领导的示范是必需的。和自己无关的会议，不应该参加；准时参加会议，并严格遵守会议礼仪；提倡无会场会议；带头控制发言时间等。

(二)洽谈会礼仪规范

1. 洽谈会的礼仪性准备

安排或准备洽谈会时，应当注重自己的仪表，预备好洽谈的场所，布置好洽谈的座次，并且以此来显示对洽谈的重视和对洽谈对象的尊重。

洽谈会是单位和单位之间的交往，所以应该表现的是敬业、职业、干练、效率的形象。在仪表上，要有严格的要求。如男士不准蓬头垢面，不准留胡子或留大鬓角。女士应选择端庄、素雅的发型，化淡妆。

由于洽谈会关系大局，所以在这种场合，应该穿着正统、简约、高雅、规范的正式的礼仪服装。男士应穿深色三件套西装和白色衬衫，打素色或条纹式领带，配深色袜子和黑色系带皮鞋。女士应穿深色西装套裙和白色衬衫，搭配肉色长筒袜或连裤袜、黑色高跟或半高跟皮鞋。

2. 洽谈会的座次安排

座次问题在举行正式洽谈会时，必须予以重视。只有小规模洽谈会或预备性洽谈会才可以不用讲究。

举行双边洽谈时，应使用长桌或椭圆形桌子，主客双方座次安排与商务谈判座次安排相同。

3. 坚持洽谈的三大方针

洽谈过程中，双方人员的态度、心理、方式、手法等都对洽谈构成了重大的影响。

(1)依法办事。洽谈者所进行的一切活动，都必须依照国家的法律办事才能确保既得利益。

(2)礼敬于人。洽谈者在洽谈会的整个过程中，要时时、处处、事事表现出对对方不失真诚的敬意，且在今后的进一步商务交往中也能潜移默化地发挥"你敬我一尺，我敬你一丈"的功效。

(3)互利互惠、平等协调。洽谈是一种合作或为合作而进行的准备，所以洽谈的所有参与方能双赢互惠才是洽谈圆满成功的表现。

如果把商务洽谈视为"一次性买卖"，主张赢得越多越好，争取以自己的大获全胜和对手的彻底失败来作为洽谈会的最终结果，必将危及己方与对方的进一步合作，而且也会"赢得"不好的商誉。

(三)茶话会礼仪规范

和其他类型的商务会议相比，茶话会是社交色彩最浓的一种。

1. 茶话会的目的

茶话会是为了联络老朋友、结交新朋友而组织的具有对外联络和招待性质的社交性集会。茶话会一般不排座次，并备有茶点，参会者可以自由发言。

2. 茶话会的举办

茶话会礼仪，具体内容涉及确定茶话会主题、嘉宾邀请、时间地点选择、茶点准备、座次安排、茶话会基本议程、茶话会发言七个方面。

(1)确定茶话会主题。茶话会主题可以分为三类，即联谊、娱乐、专题。以联谊为主题的茶话会是目前最为常见的一种类型；以娱乐为主题的茶话会，为了活跃气氛，会安排一些文娱节目，并以此作为茶话会的主要内容，以现场的自由参加与即兴表演为主；专题茶话会，是在某个特定的时刻，或为某些专门问题而召开的茶话会，以听取某些专业人士的见解或是和某些与本单位有特定关系的人士进行对话。

(2)嘉宾邀请。主办单位在筹办茶话会时，必须围绕主题来邀请嘉宾，尤其是确定好主要的参会者。嘉宾可以是本单位的顾问、社会知名人士、合作伙伴等各方面人士。茶话会的嘉宾名单一经确定，应立即以请柬的形式向对方提出正式邀请。按惯例，茶话会的请柬应在半个月之前被送达或寄达被邀请者，被邀请者可以不必答复。

(3)时间地点选择。这是茶话会取得成功的重要条件。辞旧迎新、周年庆典、重大决策前后、遭遇危难挫折时，都是召开茶话会的良机。

根据惯例，举行茶话会的最佳时间是16：00左右。有些时候，也可以安排在10：00左右。在具体进行操作时，无须生搬硬套，应该以参会者，特别是主要参会者的方便与否以及当地人的生活习惯为准。茶话会往往可长可短，关键是要看现场有多少人发言，发言是否踊跃。茶话会的时间应限制在1~2小时。

适合举行茶话会的场地主要有主办单位的会议厅、宾馆的多功能厅、主办单位负责人的私家客厅、主办单位负责人的私家庭院或露天花园、包场高档的营业性茶楼或茶室。餐厅、歌厅、酒吧等地方，不适宜举办茶话会。

(4)茶点准备。茶话会不上主食，不安排品酒，只提供茶点。茶话会重"说"不重"吃"，不应在吃的方面过多下功夫。在茶话会上，茶点应当被定位为配角。在准备茶点时要注意：用来待客的茶叶、茶具，务必要精心准备，尽量挑选上品，不要滥竽充数。

还要注意照顾不同参会者的口味，尽量准备多种茶叶。最好选用陶瓷茶具，并且茶杯、茶碗、茶壶尽量成套。按惯例，茶话会结束后不必再聚餐。

（5）座次安排。从总体上讲，参会者具体座次的安排必须和茶话会的主题相适应。安排茶话会参会者具体座次时，可以采取下列方式。

①环绕式。环绕式排位即不设立主席台，把座椅、沙发、茶几摆放在会场的四周，不明确座次的具体尊卑，而由参会者入场后自由就座。该座次安排方式与茶话会的主题最相符。

②散座式。散座式排位常见于在室外举行的茶话会。它的座椅、沙发、茶几可自由组合，甚至可由参会者根据个人要求而随意安置。这样就容易创造出一种宽松、惬意的社交环境。

③圆桌式。圆桌式排位，指的是在会场上摆放圆桌，请参会者在周围自由就座，如图 11-1 所示。圆桌式排位又可分为两种形式：一是适合人数较少的，仅在会场中央安放一张大型的椭圆形会议桌，并请全体参会者在周围就座。二是在会场上安放数张圆桌，请参会者自由组合。

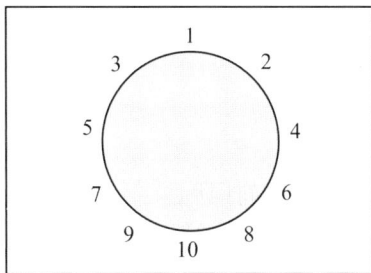

图 11-1　圆桌式排位

④主席式。在茶话会上，这种排位是指在会场上，主持人、主人和主宾被有意识地安排在一起就座，并且按照常规就座。

（6）茶话会基本议程。

第一项：主持人宣布茶话会开始。宣布开始前，主持人邀请参会者落座；宣布开始后，主持人可对主要参会者略加介绍。

第二项：主办单位的主要负责人讲话。他的讲话应以阐明这次茶话会的主题为中心内容，还可以代表主办单位对全体参会者表示欢迎和感谢，并且恳请大家一如既往地理解和支持。

第三项：参会者发言。这些发言在任何情况下都是茶话会的重心。为了确保参会者在发言中直言不讳，畅所欲言，通常主办单位事先不对发言者进行指定和排序，也不限制发言的具体时间，而是提倡参会者自由地进行即兴式发言。一个人可以多次发言，不断补充、完善自己的见解、主张。

【拓展阅读 11-1】

万达开会，
没人敢睡

第四项：主持人总结。主持人略作总结后，宣布茶话会结束。

（7）茶话会发言。发言在茶话会上举足轻重。茶话会上，假如没有人踊跃发言，或者参会者的发言严重脱题，都会导致茶话会的最终失败。

茶话会上，主持人更重要的作用是在现场审时度势、因势利导地引导参会者发言，并且控制会议的全局。大家争相发言时，由主持人决定发言顺序。没有人发言时，主持人应引出新的话题，或者恳请某位人士发言。会场发生争执时，主持人要出面劝阻。在每位参会者发言前，主持人可以对发言者略作介绍。发言的前后，主持人要带头鼓掌致意。

参会者在茶话会上的发言以及表现等必须得体。在要求发言时，可以举手示意，但也要注意谦让，不要争抢；不管自己有何高见，都不要打断别人的发言。肯定成绩时，要力戒阿谀奉承；提出批评时，不能讽刺挖苦。切忌当场表达不满，甚至私下里进行人身攻击。

本节金句

人员规范精细化，服务水准精细化。

第二节　签字仪式

签字仪式是一个组织与对方经过会谈、协商，形成了某项协议或议定，再互换正式文本的仪式。它是一种比较隆重的活动，礼仪规范较为严格。

一、签字仪式的内涵

(一)签字仪式的含义

在会议活动中产生缔约性文件，如国际公约、议定书、谅解备忘录、合同、意向书、联合公报、共同宣言等，一般都要举行仪式，由参会各方共同签署。签字仪式即缔约各方共同签署会谈最后文件的公开仪式。

(二)签字仪式的作用

1. 确定会谈文件的效力

签字是对特定的书面意见表示确认的行为。会谈中产生的正式文件只有经过会谈各方的签字才能生效。因此，会谈的最后文件一般都要经过签字仪式正式签署，以示确认并据此生效。

2. 体现各方对会谈成果的重视

签字仪式是签订会谈文件的一种较为隆重的形式，有时各方还会派出身份较高的领导出席。因此，只有在会谈各方对会谈成果满意时才会举行。举行签字仪式本身就说明了会谈各方的诚意，体现了各方对会谈成果的重视。

3. 见证和扩大影响

举行签字仪式时，签字各方都要派代表参加，有时还会邀请第三方作为见证人，并邀请媒体前来采访进行宣传报道，既强化了见证的作用，又扩大了影响，有利于树立签字各方的形象。

(三)签字仪式的阶段

签字仪式一般分为以下三个阶段。

第一阶段：草拟阶段。这一阶段的主要工作为拟定合同文本。

第二阶段：准备阶段。这一阶段的主要工作为签字场地选择、人员安排、签字厅布置、签字厅座次安排等。

第三阶段：签字阶段。这一阶段的主要工作为开始入座、签署文本、交换文本、举杯庆贺、合影留念、有序退场等。

二、签字仪式的准备

(一)文本准备

1. 定稿

定稿即通过谈判和磋商确定会谈正式文件的各项具体条款及其表述，是文本准备的前提。谈判的过程就是定稿的过程，只有在文本定稿后才能举行签字仪式。

2. 确定正本和副本

正本，即签字文本，签字后由各方保存或专门机构保存。副本，一般情况下不用签字、盖章，或者只盖章不签字。

3. 校印

校对定稿后，印制正本和副本。

4. 提前盖章

为保证文本在签字仪式后立即生效，一般在仪式前，先在签字文本上盖上双方的公章。外交方面的签字文本需要事先加盖火漆印。

以上是所有签字仪式活动文本准备工作均应遵循的内容，若涉及涉外签字活动，在文本准备中应注意以下几方面。

(1)确定使用的文字。涉外双方缔约，如果双方使用不同的语言文字，签字文本应用双方的文字写成，必要时可以使用第三种文字。

使用多种文字起草和印制文本可能对某些条款产生不同理解和解释时，应规定以一种文字为准。

(2)根据优先原则印制文本。

①本国的文字文本在先。涉外双边会谈的签字文本如用双方的文字同时印制，在本国保存的文本中，应将本国的文字置于前面，对方的文字文本列于后面。

例如，中美签署文件，在中方保存的文件中，中文在前，英文在后；在美方保存的文件中，英文在前，中文在后。

②本国国名在先。双边会谈签字文本中并提双方国名或领导人姓名时，在本国保存的文本中，本国的国名和领导人姓名应列在前面。

例如，中日签署和平友好条约，《中华人民共和国和日本国和平友好条约》是中方保存的文本标题，反之亦然。日方保存的做法，又叫"倒版"。

(3)本国签字在先(优先签字)。这里又分为两种情况：涉外双边签字缔约，本国签字应安排在本国保存的文本签字处的前面，左右并排则在左侧，如图11-2所示。

图 11-2　涉外双边签字缔约签字图

如中美双方签字，中方保存的文本，无论是中文文字文本还是英文文字文本，中方签字的位置在前，美方在后，如图 11-3 所示。

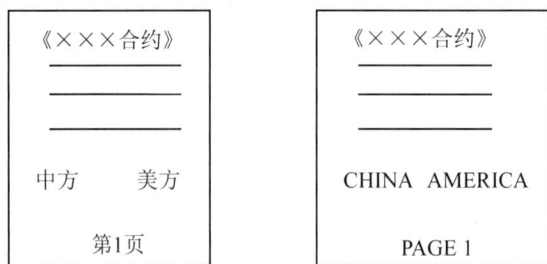

图 11-3　中美双方签字文本

该规定仅适用于双边缔约。多边缔约时，一般按国名的英文字母排序。

(二)商定参加人员

签字仪式的参加人员共有五类主体，分别为签字人员、领导、见证人、助签人、主持人。

1. 签字人员

签字人员可以是参加谈判的主谈人，也可以是签约各方派出的更高级别的领导人。签字人员需要符合以下条件：一是具有法定资格。需要有全权证书、委托书。二是级别对等。各方签字人员的职务和身份应一致或大致相等。

2. 领导

为表示对谈判成果的重视和庆贺，签约各方也可以派出身份较高的领导参加签字仪式，但也应注意级别大体相当。

3. 见证人

见证人主要是参加会谈的人员，各方人数应大致相等。可以邀请保证人、协调人、律师、公证人员等作为见证人参加签字仪式。

4. 助签人

助签人即在签字过程中帮助签字人员翻揭文本，指明需要签字的地方。一旦签错，会造成文本作废，甚至导致签字仪式失败。

5. 主持人

如果签字仪式中安排了各方领导致辞等活动，应安排主持人向参会者介绍致辞人的身份。

(三)现场布置

1. 签字桌椅

(1)桌椅。长方桌，上铺深绿色或暗红色、白色等干净整洁的台布，桌后放两把椅子作为双方签字人员的座位。

若签字方较多，则可增加长桌子，增加座位；多方签字仪式可将桌子排成圆形或方形，或仅放一把椅子，由各方代表依次签字，如图 11-4 所示。

(2)座次礼仪。涉外签字仪式中，主宾双方座次安排应以"右"为尊，如图 11-5 所示；多边签字仪式座次，一般按英文国名首字母的顺序排列，也可以按事先商定的顺序排列。

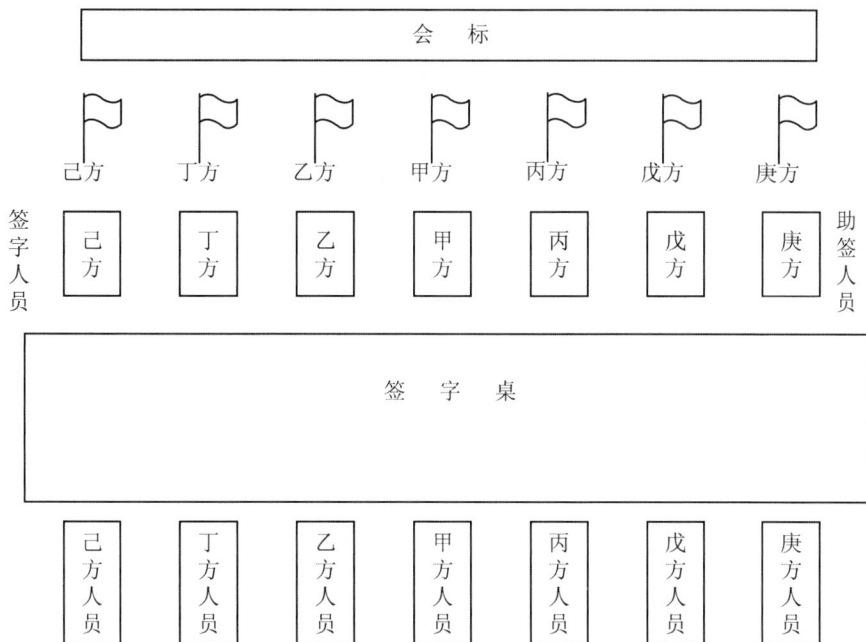

图 11-4　多方签字仪式图

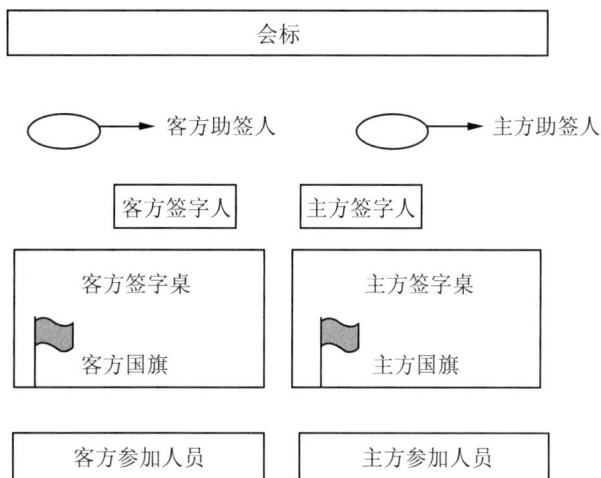

图 11-5　涉外签字仪式图

（3）座签

座签上一般写明签约的国家或组织的名称、签字人的职务及姓名，如图 11-6 所示。涉外签字仪式应用中英文两种文字标识。目前，流行的签字仪式环节已经摒弃了纸笔，取而代之的是电子签名一体机。使用该设备，签字人只需在触摸屏上手写签名，其背后的大屏幕则能实时呈现签字人的笔迹，如图 11-7 所示。然而，如果需要保存双方的合同或作为重要文件，仍然应该考虑签订纸质文件。

图 11-6　签字仪式座签

图 11-7　使用签名一体机的签字仪式

2. 国旗

双边签字，双方国旗可按签字人的座位插在签字桌中央的旗架上，也可以分别插于签字桌两端或并挂在背面的墙上，如图 11-8 所示。

图 11-8　中国和澳大利亚签订协议

多边签字，国旗则插在各方签字人座位前的桌上或身后，如果有现场会标，国旗不应该遮挡会标，如图 11-9 所示。

图 11-9　中海油与伊拉克、土耳其签署协议

3. 文具

主要包括黑色签字笔、签字用纸，其中签字所用的纸和笔必须符合归档要求。

4. 文本

各方保存的文本置于各方签字座位前的桌子上。

5. 参加人员的位置

双边和多边缔约，参加签字仪式的人员按惯例分别站立于签字人员后面左右两边，领导人按礼宾次序从中间向两侧排列，如图 11-10 所示。

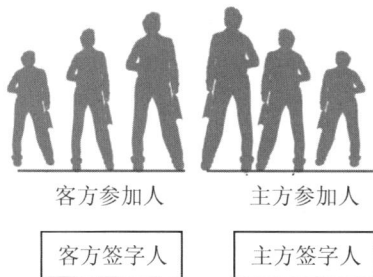

客方参加人　　主方参加人

| 客方签字人 | 主方签字人 |

图 11-10　签字仪式参加人员的位置

参加人员的位置排列要强调两个原则：一是主左、宾右；二是中间高于两侧。

6. 讲台

如果签字仪式要安排各方领导致辞，可以在签字桌的右侧摆放讲台，也可以不设讲台而放置落地话筒。

7. 会标

书写方法如下。

(1)由签约双方名称、签字文本标题和"签字仪式"或"签约仪式"组成，如图 11-11 所示。

(2)由签约各方的名称、签约内容和"签约仪式"或"签字仪式"组成，如图 11-12 所示。

图 11-11　签字仪式会标 1

图 11-12　签字仪式会标 2

8. 香槟酒

签字仪式结束后，各方有时会举行小型酒会，应事先准备好香槟酒、酒杯等。

三、签字仪式的程序

（一）介绍嘉宾

主持人向全体参加人员介绍签字各方的主要领导以及其他贵宾；若有致辞情况，主持人可请各方领导先后致辞，致辞顺序一般为：双边签字仪式为先主后客，多边签字仪式按签字顺序致辞。领导或嘉宾致辞可安排在签字仪式之前，也可安排在签字完毕之后。

（二）宣布开始

主持人宣布签字仪式开始，签字人员进入签字环节。

（三）签字环节

首先，助签人翻开文本，指明签字处，签字人在己方保存的文本上签字。

其次，各方在各自保存的文本上签完字后，由助签人合上文本，在签字人的身后互相交换文本(不宜在桌上移动传递)。

最后，助签人打开对方保存的文本，指明签字处，请签字人逐一签字。

（四）交换文本

签字完毕，各方签字人员起立，相互交换文本并握手致意。

（五）仪式庆祝

如举行小型酒会、举行记者招待会或新闻发布会等。

本节金句

签字台前的礼节，是责任与信任的契约。

第三节　商务谈判

商务谈判是商界人士所进行的洽谈，是重要的商务会议活动之一。

一、主方谈判礼仪

（一）主座谈判接待准备

主座谈判是指在东道主所在地举行的谈判。主座谈判中，作为东道主一方出面安排各项谈判事宜时，一定要在迎送、款待、场地布置、座次安排等方面精心周密准备，尽量做到主随客便，主应客求，以获得客方的理解、信赖和尊重。

1. 成立接待小组

成员由后勤保障(食宿方面)、交通、通信、医疗等各环节的负责人员组成，涉外谈判还应备有翻译。

2. 了解客方基本情况，收集有关信息

可向客方索要谈判代表团成员的名单，了解其性别、职务、级别及一行人数，以此作为食宿安排的依据；掌握客方抵离的具体时间、地点、交通方式，以安排迎送的车辆和人员，预订返程车船票或飞机票。若有外籍人士参加，主方人员应配备翻译人员。

3. 拟定接待方案

(1)根据客方的意图、情况和主方的实际，拟定接待计划和日程安排表。

(2)日程安排还要注意时间上紧凑。

(3)日程安排表拟出后，可传真给客方征询意见。

(4)待客方无异议确定以后，即可打印。

(5)如涉外谈判，则要将日程安排表翻译成客方文字，日程安排表可在客方抵达后交由客方副领队分发，亦可将其放在客方成员住房的桌子上。

（6）主座谈判中，东道主可根据实际情况举行接风、送行、庆祝签约的宴会或招待会，客方谈判代表在谈判期间的费用通常都是由其自理的。

（二）主座谈判迎送工作

主座谈判迎送工作应注意以下几点。

第一，主方应确定与客方谈判代表团的身份、职位对等；准确掌握对方抵离的时间，主方所有迎送人员都应先于客方到达指定地点迎候。

第二，主方应主动到机场、车站、码头迎接，并提前15分钟到达约定地点。

第三，对于客方身份特殊或尊贵的领导，还可以安排献花；迎接的客人较多时，主方迎接人员可以按身份职位的高低顺序列队迎接，双方人员互相握手致意，问候寒暄。

第四，如果主方主要领导陪同乘车，应该请客方主要领导坐在其右侧，最好客人从右侧门上车，主人从左侧门上车，避免从客人座前穿过。

二、谈判室布置与座次安排

（一）谈判室选择与布置

小规模谈判可在会客室，有条件的话最好安排2~3个房间。一间作为主要谈判室，另一间作为双方进行内部协商的密谈室，再配一个休息室。

（二）谈判桌摆放及座次安排

1. 长方形或椭圆形

谈判座次礼仪是重要的礼仪规范体现，它的排定要依据会场的设置而定。一般有两种情况：一种叫横式，即谈判桌在谈判厅是横着摆放；另一种叫竖式，谈判桌在谈判厅里竖着摆放。

（1）谈判桌横放。若谈判桌横放，则正面对门为上座，应属于客方，背面对门为下座，属于主方，如图11-13所示。

（2）谈判桌竖放。若谈判桌竖放，则应以进门方向为准，右侧为上，属客方，左侧为下，属主方，如图11-14所示。

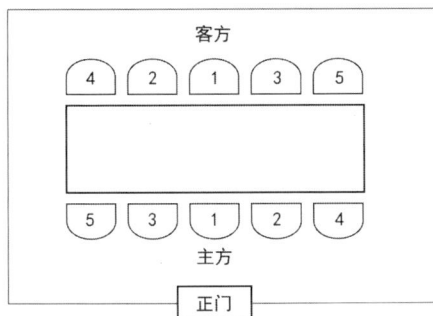

图11-13　谈判桌横放

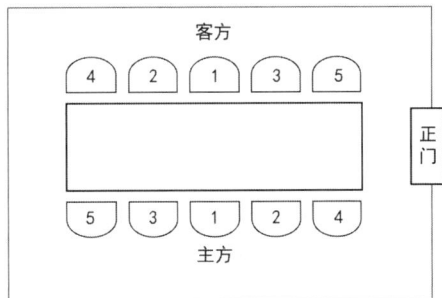

图11-14　谈判桌竖放

（3）双方主谈人（首席代表）各在己方一边的中间就座，译员安排在主谈人右侧，其余人员则遵循右高左低的原则，依照职位高低自近而远地分别在主谈人两侧就座。

2. 圆形

多边谈判一般采用圆形谈判桌，国际惯例上称为"圆桌会议"。在举行国际或国内政治谈判时，为避免席次争执，表示参加各方地位平等起见，参加各方围圆桌而坐，或用方桌但仍摆成圆形，如图 11-15 所示。

图 11-15　圆桌会议

三、出席商务谈判的礼仪要求

(一)仪容整洁

仪容是指一个人的身体不着装的部位，主要是头发、面部和手部。对于商界人士仪容的要求是干净整齐、端庄大方。谈判前，不要进食大蒜、葱、韭菜、洋葱、腐乳之类的食物，保持牙齿清洁，没有食品残留物，也没有异味。

1. 男性

(1)头发：发型简单大方，长短适当，干净整齐，不留新潮、怪异的发型，不蓬头乱发，不染发、烫发。

(2)手：谈判时，握手问候、交换名片和递送文件等都会将手展示于人，因此，及时修剪指甲、保持手的干净整洁也是必要的。

(3)面部：保持干净清爽，养成每天上班前必剃须的习惯，不留胡子，也不能留大鬓角。

2. 女性

出席商务谈判的女性，应选择端庄大方的发型。过于时髦、怪异的发型，染发和不加以固定的长发，都不适合出现在这种场合。选用的发卡、发箍以朴实素雅为佳。

(1)脸部应化淡雅的日妆，保持妆容和谐清爽，一般不宜文眉、文眼线，唇膏和眼影也不要过于浓艳，要与服饰协调。可适当使用气味清新的香水，但香气不可过于浓烈。

(2)女性手部除保持干净整洁外，可适当使用无色指甲油，不宜涂抹彩色指甲油。

(二)服饰规范

1. 男性

(1)应穿深色(蓝、黑、灰、棕)的三件套或两件套西装、白色(或与西装同色系)衬衣，打素色或条纹领带，配深色袜子和黑色皮鞋。

(2)除结婚戒指外，一般不戴其他首饰，最好能佩戴一只有品位的手表，既能掌握时间，又是最好的装饰品。

（3）在商务谈判场合，男性不应穿着夹克衫、牛仔裤、T恤衫、旅游鞋、凉鞋等休闲服装出席。

2. 女性

（1）端庄、典雅的套裙是商界女性出席谈判场合的最佳选择，以体现着装者的稳重、端庄；可配上肉色的长筒袜或连裤丝袜、黑色的高（中）跟鞋，还可适当点缀一两件首饰或胸针（花）、丝巾等。

（2）出席商务谈判的女性，切忌穿着太紧、太透、太花、太露、太短的休闲装或牛仔装、运动装，也不要佩戴太多首饰，否则既显得没有教养，也显得没有品位。

（三）言谈举止文明得体

1. 说话

（1）商务谈判人员要求语言表达准确，口齿清晰，言辞有礼，要多用敬语和谦语，尽量采用委婉的表达方式。

（2）商务谈判时，还要善于倾听对方的意见，要准确把握对方的意图。

（3）说话速度不宜太快，涉外谈判时更应照顾到翻译的方便。言行举止友好和善，面带微笑，有助于推动问题的解决。

2. 举止

出席谈判人员的举止要自然大方，优雅得体。

四、谈判过程中的礼仪

商务谈判过程中，自始至终都贯穿一定的礼仪规范，具体如下。

（一）主方准时迎候

主方人员应先于客方到达谈判地点，当客方人员到达时，主方人员在大楼门口迎候；亦可指定专人在大楼门口接引客人，主方人员只在谈判室门口迎候。

（二）相互介绍

双方由主谈人介绍各自成员，互相握手、问候、致意。然后由客方先行进入谈判室或宾主双方同时进入谈判室，主方人员待客方人员落座后再坐下。

（三）安排合影

重要的谈判，在正式开始前，双方作简短致辞，互赠纪念品，安排合影后再入座。

合影位置的排列，通常是主方主谈人居中，其右侧是客方主谈人，客方其余代表依次排列，主方其余代表一般站在两端。

（四）人员清场

双方人员入座后谈判正式开始，这时非谈判人员应全部离开谈判室；在谈判进行中，双方要关闭所有的通信工具（或调到静音），人员也不要随便进出。

（五）茶水服务

谈判中，主方应提供茶水、咖啡等饮料，服务人员添茶续水时动作要小心，可在休会或某一方密谈时进行。

（六）谈判迎送

谈判结束后，主方人员应将客方人员送至电梯口或送到大楼门口上车，握手告别，目送客人汽车开动后再离开。

(七)参观考察

如果安排了与谈判内容密切相关的参观考察活动，则应在参观点安排专门的接待人员，并悬挂欢迎性的标语横幅。

本节金句

商务礼仪非小事，举手投足见格局。

第四节　会见仪式

一、会见的含义

会见在国际上一般称为接见或拜见。按照国际惯例，凡职级高的人会见职级低的人或主人会见客人，都称为接见或召见；凡职级低的人会见职级高的人或客人会见主人，都称为拜见或拜会。我国不做上述区分，统称为会见。

会见从内容上来区分，可以分为政治性的、事务性的和礼节性的，或兼而有之。

应邀正式访问的外国领导人，在抵达邀请国的当天或次日，即会见邀请国主要领导人。各国会见方式也不尽相同，有的分别会见，有的集体会见。会见通常安排在会客室、会客厅或办公室。礼节性会见时，通常双方均有陪同人员参加。

二、现场布置

(一)座位安排

1. 座位的排列形状

会见仪式中，座位的排列形状有弧形、椭圆形、马蹄形、半圆形、直角形、T形和长方形等，具体可以根据会见的性质、参加人数和会客室的设施条件而定。

其中，弧形座位适用于涉外会见，主方派翻译，如图11-16所示；椭圆形座位适用于人数较少的涉外会见，如图11-17所示；马蹄形座位适用于人数较少的涉外会见，如图11-18所示；半圆形座位适用于涉外会见，宾主双方同时派翻译，如图11-19所示；直角形座位适用于人数较少的涉外会见，如图11-20所示；T形座位适用于接见下属人员或公关性会见，如图11-21所示；长方形座位适用于接见外宾，如图11-22所示。

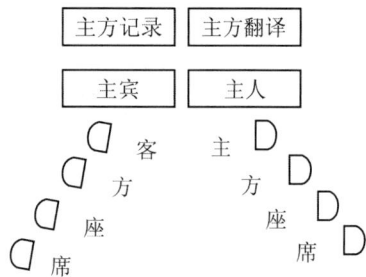

图11-16　弧形座位　　　图11-17　椭圆形座位　　　图11-18　马蹄形座位

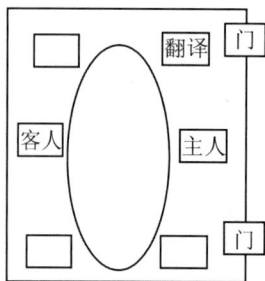

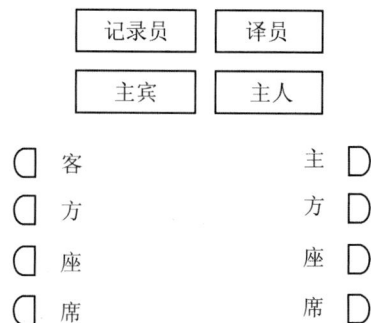

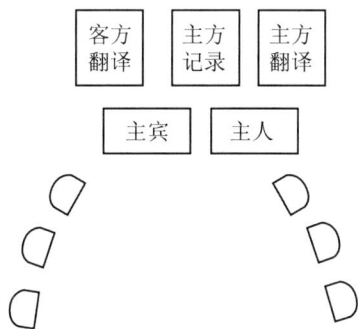

图 11-19 半圆形座位

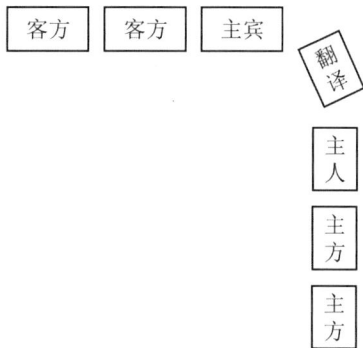

图 11-20 直角形座位

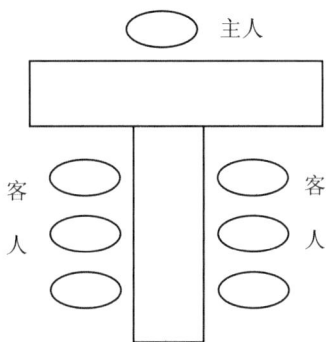

图 11-21 T形座位

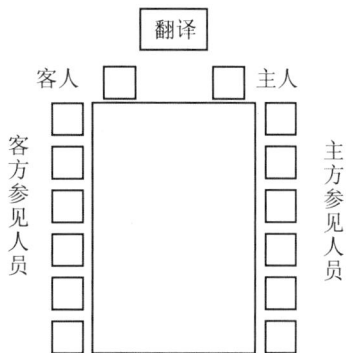

图 11-22 长方形座位

2. 座位的排列次序

涉外会见仪式应按照主左客右的惯例来安排座位。宾主双方的其他人员按同样的方位各坐一边，并按职位高低从中间向两边排列。

国内单位领导人之间会见，主人和客人居中而坐，一般不分左右，但也可按照国际惯例主左客右来安排。

（二）国旗

可在宾主座位两侧放置两国国旗；涉外召见应悬挂主方国旗。

（三）扩音设备

会客厅较大，会见人数较多，应安装扩音设备。

（四）茶水

由于会见往往需要较长时间，因此，应准备足够的茶水。时间较长的会见，中途一般不斟茶，仅在发言间隙进行。

（五）鲜花

会场鲜花布置是按照会场环境的特点，利用以室内观叶植物为主的观赏材料，结合会议需要，对会场进行美化装饰。桌上可摆设小型观花或观叶植物，如文竹、瓜叶菊、海棠等，但数量不能过多，种类不能过繁。桌上如摆放切花，其色彩应与桌面或台布的色彩相统一。

【小资料 11-1】西方国家送花的常识与禁忌

不同的国家有不同的风土人情，人们对鲜花花语的理解也有所差异，花的颜色和枝数都有讲究。例如，在加拿大送给当地友人花束时，需要注意白色的百合是不吉利的，在当地只有开追悼会时才用白色的花，还有菊花也不能送。

在法国，黄色的花表示不忠诚的意思，也只有在葬礼时才使用菊花。拉丁美洲的部分国家，将菊花视为一种妖花，人死之后才会摆放菊花，而在中国菊花被赋予"花中君子"的称号。

绛紫色的花在巴西主要用于葬礼，如果是去瑞典、芬兰等北欧国家，千万不要送绛紫色的花。

日本人对送花有很多忌讳，荷花不能为礼相赠，探望病人时忌用淡黄色、白色的花。山茶花发音跟日语中的"死"接近，并且山茶花凋零时整个花头都会掉落，这在日本被认为是非常不吉利的。在日本，菊花是皇室贵族的象征，一般人不敢轻易接受这种礼物。

英国人认为黄玫瑰象征着分离，所以去主人家做客时不要送黄玫瑰和百合花。在西班牙，大丽花和菊花都表示死亡，所以西班牙人非常忌讳送这两种花。墨西哥人认为红色会给人带来晦气，黄色意味着死亡，所以在送给主人花束时也需要注意避开这两种颜色。

送给友人花束时以单数为佳。在一些西方国家中，送花需要注意花束的枝数不能是"4"。另外，日本人很忌讳赠送的数量为"9"，当你送的花数量为"9"时，就等于视他为强盗。在欧美国家花束的数量不能为"13"，"13"是非常忌讳的数字。

本节金句

细节藏于布置中，气度显于仪式上。

第五节 迎送礼仪

迎来送往作为常见的社交礼节，在国际交往中和组织间交往中不可缺少，对来访客人，应视其身份、两国或两个组织间的关系、活动的性质等因素，安排相应的迎送仪式。

一、迎送前准备

(一)确定迎送规格

确定迎送规格时要注意国际惯例。主要迎送人员通常与来宾身份相当或者相差不大，尽量做到对等、对口。为了简化迎送礼仪，主要迎送人员更多地在来宾下榻的宾馆(或饭店)迎接或送别，而另由职务相宜人员负责机场(或车站、码头)的迎送活动。

(二)掌握迎送时间、地点

迎接客人必须在来宾乘坐的飞机(或火车、轮船)抵达之前到达机场(或车站、码头)等候，送行则应在客人登机(或车、船)前到达机场(或车站、码头)。因此必须准确掌握来宾所乘坐交通工具的航班号、车次、船次以及抵离时间，并将这些情况和迎送人员名单一并通知机场(或车站、码头)，以便做好接站(或送站)准备。

接、送站前，应保持与机场(或车站、码头)的联系，随时掌握来宾所乘航班(或车次、船次)的变化情况。如有晚点情况，应及时作出相应安排。接站时，迎候人员应留足途中时间，提前到达，以免因迟到而失礼。

(三)注意迎送的细节

迎接客人时应安排好迎送的车辆，准备好献给客人的鲜花，并提前了解对方的背景，设定好途中交谈的话题等。

二、迎送礼仪内容

(一)迎宾礼仪

(1)见到客人光临，应主动上前彬彬有礼地亲切问候，表示热忱的欢迎。

(2)如果是主陪人员陪同客人，那么要并排与客人同行。如是随行人员，则应走在客人和主陪人员的后面。

(3)陪同客人步行，一般应在客人的左侧，以示尊重。

(4)负责引导时，应走在客人左前方一两步远的地方和客人的步速一致，遇到路口或转弯处，应用手示意方向并加以提示，如图11-23所示。

图11-23　迎宾引导礼仪

(5)乘电梯时，如有专人服务，应请客人先进，如无专人服务，接待人员应先进去操作，到达时请客人先行。

(6)进房间时，如门朝外开，应请客人先进，如门朝里开，陪同人员应先进去，扶住门，然后再请客人进入。

(二)送宾礼仪

(1)对于外来的客人，要尽可能地为客人设法预购返程车票、船票或飞机票，或者提供购买方便。如自己实在无力解决，要尽早通知客人，免得客人措手不及。为客人代购车、船、机票，应问清车次、航班、时间以及具体要求。

(2)接待人员在问清宾客共有多少件行李物品时，小心地提携并负责运送到车上。

(3)安置好行李后，不要立即转身离去，而应向宾客做一下交代，并施礼感谢光临和致告别语。

(4)轻轻替顾客关上车门，注意不要让宾客的衣裙被车门夹住，门要关得恰到好处，不能太轻而关不上，也不能太重而惊吓到客人。

(5)车辆启动时，不要立即结束送别，应面带笑容，向客人挥手告别，目送离去。

(6)前往机场、码头或车站送别时应与客人一一握手,祝愿客人旅途顺利并欢迎其再次光临。将客人送上车、船或飞机后,送行人员应面带微笑,挥手告别,待车、船或飞机离开后,直到看不见对方时,方可返回。

【小资料 11-2】各国有趣的送客礼

左手礼

印度、马来西亚、缅甸和冈比亚等国,人们用左手干脏活、完成如厕程序。平时端菜、接物、送客等,都不允许用左手。对不受欢迎的客人,主人送客用左手打发。

送鞋礼

尼泊尔山区民族对远道而来的客人,开始送一顶尼泊尔帽表示欢迎。告别时,还要送上一双尼泊尔鞋。男客送黑色,女客送红色,意为祝客人归途顺利,前途无量。

抹泥礼

新几内亚人在送别客人时会高声尖叫。还把道路上的泥土往客人身上抹,据说此举表达了对客人的真心诚意。

收伞礼

泰国北部农村的一些少数民族地区,客人来时有撑伞欢迎的习俗。若主人把伞收拢存放,则暗示主人要送客了。

白色礼

匈牙利人很好客,不管你带不带礼物到主人家,送客时他们都要送一份白色的礼物,表示祝你诸事顺利之意。

🔖 **本节金句**

迎以真诚,送以尊重,会议迎送的每一处细节都是对参会者价值的高度认可。

【复习与思考】

一、本章小结

- 会议礼仪的基本要求包括周全考虑、精心安排、细节服务。

- 参会人员在参会之前,应做到到达守时、仪表整洁、举止规范;在会议进行时,应做到保持安静、专心聆听、发言切题、彼此尊重;在会议结束后,要按顺序离开会场。

- 工作会议礼仪的对象主要是本单位、本行业或本系统的人员。工作会议礼仪规范应从会议纪律要求、端正会风两个方面着手。

- 洽谈会礼仪规范,可从洽谈会的礼仪性准备、洽谈会的座次安排、坚持洽谈的三大方针(依法办事、礼敬于人、互利互惠、平等协调)着手。

- 茶话会礼仪,具体内容主要涉及确定茶话会主题、嘉宾邀请、时间地点选择、茶点准备、座次安排、茶话会基本议程、茶话会发言七个方面。

- 签字仪式即缔约各方共同签署会谈最后文件的公开仪式。

- 签字仪式一般分为三个阶段:草拟阶段(拟定合同文本)、准备阶段(签字场地选择、人员安排、签字厅布置、签字厅座次安排等)、签字阶段(开始入座、签署文本、交换文本、举杯庆贺、合影留念、有序退场等)。

• 签字仪式准备分为文本准备、商定参加人员、现场布置三个环节。其中，文本准备应确定会谈正式文件的正本和副本，并提前印制盖章；商定参加人员，主要由签字人员、领导、见证人、助签人、主持人五类主体构成；现场布置可从签字桌椅、国旗、文具、文本、参加人员的位置、讲台、会标、香槟酒等方面进行。

• 主座谈判中，作为东道主一方出面安排各项谈判事宜时，一定要在迎送、款待、场地布置、座次安排等方面精心周密准备，尽量做到主随客便，主应客求，以获得客方的理解、信赖和尊重。

• 商务谈判中，若谈判桌横放，则正面对门为上座，应属于客方，背面对门为下座，属于主方；若谈判桌竖放，则应以进门方向为准，右侧为上，属客方，左侧为下，属主方。

• 出席商务谈判的人员，应做到仪容整洁、服饰规范、言谈举止文明得体。

• 按照国际惯例，凡职级高的人会见职级低的人或主人会见客人，都称为接见或召见；凡职级低的人会见职级高的人或客人会见主人，都称为拜见或拜会。我国不作上述区分，统称为会见。会见通常安排在会客室、会客厅或办公室。礼节性会见时，通常双方均有陪同人员参加。

• 会见仪式中，座位的排列形状有弧形、椭圆形、马蹄形、半圆形、直角形、T形和长方形等，具体可以根据会见的性质、参加人数和会客室的设施条件而定。

• 涉外会见仪式应按照主左客右的惯例来安排座位。宾主双方的其他人员按同样的方位各坐一边，并按职位高低从中间向两边排列。国内单位领导人之间会见，主人和客人居中而坐，一般不分左右，但也可按照国际惯例主左客右来安排。

• 在安排迎送仪式前，应注意确定迎送规格，掌握迎送时间、地点，注意迎送的细节。

• 迎送礼仪主要分为迎宾礼仪和送宾礼仪。

二、重点概念

会议礼仪　　签字仪式　　谈判座次礼仪　　会见座位安排　　迎送礼仪

三、思考讨论题

1. 会议礼仪的基本要求有哪些？
2. 参会者、发言人的会议礼仪要求有哪些？
3. 工作会议、洽谈会、茶话会的礼仪规范有哪些？
4. 签字仪式如何准备？签字仪式的程序包括哪些环节？
5. 商务谈判座次安排有何要求？
6. 会见仪式现场如何布置？
7. 迎送礼仪的具体内容是什么？

【综合案例分析】参加国际会议的礼仪常识与易犯的七种差错

近年来，中国官员、企业家和学者越来越频繁地出现在大型高端国际会议上，如八国峰会、亚太经合组织领导人会议、中非论坛、博鳌论坛、达沃斯论坛等。需要提醒中国参会嘉宾的是，出席国际会议有一些约定俗成的礼仪和规则，否则会被人认为失礼和没有教养。

以下是一些会议礼仪常识和一些中国同胞容易犯的差错。

常识1：准时抵达会场，按照会场的指定座位或区域落座。

差错：抢坐前排，或退居后排，把会场中间留出空白，易造成刻意给会议主人难堪的错觉。

常识2：正式会议开始以后，尽量避免频繁进出会场。

差错：会议中因为电话和内急溜出会场，会让主讲人感受到自己不被尊重。

常识3：进出会场或上下电梯时要遵循女士优先的原则，不论对方是什么身份。

差错：某些中国嘉宾通常会在女官员、女企业家、女学者、女明星面前遵循女士优先的原则，对待女翻译、女导游、女陪同、女记者等其他人却不能一视同仁。

常识4：不在会场和餐厅里大声喧哗，不在客人面前大声接听电话。

差错：部分地方官员和企业家常常会在公开场合训斥下属，令人侧目。

常识5：无论是在主席台，还是在台下，坐姿都要端正。

差错：一些嘉宾落座时习惯性的抖腿行为极为不雅观。

常识6：服饰礼仪上，出席正式会议和宴请，要穿正装，男士着深色西服，女士着中长裙、长裤均可。男士要身穿衬衣，衬衣和领带要及时更换，袜子应是深色的，并把裤脚包在袜子里。女士的衣服最好每天都换一套。

差错：男士参加会议时着休闲装或花色的衣袜，女士着短裤、超短裙、休闲装等，都是不合规范的。

常识7：仪态礼仪上，集体行动时，互相之间要保持距离，尤其同性之间不能太亲密，不能勾肩搭背。领导不要戴墨镜。

差错：部分官员喜欢前呼后拥，部分下属喜欢照顾领导，对领导太敬畏、太谦卑，反而有损领导的国际形象。

资料来源：新浪网，2007-09-13，有删改。

案例分析与讨论：

1. 以上案例反映了一些中国同胞参加国际会议时存在什么问题？

2. 在参加国际会议时，参会者应做到哪些基本的礼仪规范？

3. 如何普及和提高参会者的参会礼仪知识？